INTRODUCTION AUX SCIENCES CRIMINELLES

Collection *Sciences criminelles*
dirigée par Robert Cario

La collection ***Sciences criminelles*** se destine à la publication de travaux consacrés à l'analyse complexe du phénomène criminel. Multidisciplinaire par définition, elle a vocation à promouvoir les réflexions critiques portées par les disciplines impliquées, dont l'angle d'approche spécifique enrichit la connaissance globale du crime, tant en ce qui concerne les protagonistes (infracteur, victime, société) que les stratégies d'intervention sociale (prévention, répression, traitement). En France comme à l'étranger.
Les contributions, émanant de chercheurs, de praticiens de la justice ou du travail social, empruntent la forme d'ouvrages de doctrine, de recherches collectives ou d'actes de rencontres scientifiques.

Deux séries complètent la Collection. Le ***Traité de sciences criminelles***, multi-auteurs, présente sous la forme de manuels les principales disciplines qui composent les sciences criminelles : philosophie criminelle, criminologie, politique criminelle, droit criminel, procédure pénale, criminalistique, médecine légale et victimologie.

Les ***Controverses*** rassemblent de courts essais sur des questions majeures de la connaissance scientifique dans le champ criminologique. En pointant leurs contradictions, (re)découvertes et zones d'ombre, les réflexions participent à une meilleure compréhension de la complexité des conduites humaines.

A paraître
S. Harrati, Psychopathologie des femmes criminelles
J. Lasserre Capdeville, T. Sagardoytho, Les droits de la défense dans le procès pénal
L.M. Villerbu (Dir.), Temps psychique, temps judiciaire

Derniers ouvrages parus
M. Jaccoud (Dir.), Justice réparatrice et médiation : convergences ou divergences ?
D. Salas (Dir.), Victimes de guerre : en quête de justice
I. Dréan-Rivette, Le principe de personnalisation de la peine dans le code pénal
O. Chevrier, Crime ou folie : l'affaire Joseph Vacher
L. Mortet, La suspension médicale de peine
B. Gaillard, La médiation à l'épreuve du 'nous' social
P. Thys, Criminels de guerre. Etude criminologique
L.M. Villerbu (Dir.), Identification et sérialité
Inavem (Dir.), Humanité et compétence dans l'aide aux victimes
P. Mbanzoulou et al. (Dir.), Les nouvelles figures de la dangerosité
N. Pignoux, La réparation des victimes d'infractions pénales
J. Piednoir, La police à l'épreuve des incivilités

Traité de sciences criminelles
7-1. J.P. Allinne, Gouverner le crime. Histoire des politiques criminelles françaises : 1789-1920
7-2. J.P. Allinne, Gouverner le crime. Histoire des politiques criminelles françaises : 1920-2002
8. R. Cario, Justice restaurative. Principes et promesses

Controverses
Y. Le Pennec, Centres fermés, prisons ouvertes. Luttes sociales et pratiques éducatives spécialisées
R. Cario, La prévention précoce des comportements criminels. Stigmatisation ou bientraitance sociale ?
R. Cario, P. Mbanzoulou (Dir.), La victime est-elle coupable ?
P. Mbanzoulou, N. Tercq, La médiation familiale pénale
P. Mbanzoulou, La violence à l'école : où est passé l'adulte ?
P.V. Tournier, Loi pénitentiaire : contexte et enjeux

Robert CARIO

INTRODUCTION AUX SCIENCES CRIMINELLES

Pour une approche globale et intégrée du phénomène criminel

6ème édition

L'Harmattan

du même auteur

Femmes et criminelles, Erès 1992

Les femmes résistent au crime, L'Harmattan, 1997

Jeunes délinquants. A la recherche de la socialisation perdue, L'Harmattan (1996), 2ème éd. 2000

Victimologie. De l'effraction du lien intersubjectif à la restauration sociale, Vol. 1, Ed. L'Harmattan, 3 éd. 2006

Victimologie. Volume 2 : Les textes essentiels, L'Harmattan, 2è. Ed. 2003

L'aîné(e) victime. La fin d'un tabou ?, Ed. L'Harmattan, 2004

La prévention précoce des comportements criminels. Stigmatisation ou bientraitance sociale ?, L'Harmattan, 2004

Justice restaurative. Principes et promesses, L'Harmattan, 2005

En (co)direction

La criminalité des femmes, Erès 1989

La Personnalité criminelle, Erès 1991

La peine de mort au seuil du troisième millénaire, Erès 1993

Profession criminologue : spécialisation ou professionnalisation ? Erès, 1994

La médiation pénale : entre répression et réparation, L'Harmattan, 1997

Les abuseurs sexuels : quel(s) traitement(s), L'Harmattan, 1998

Les politiques publiques interministérielles d'aide aux victimes, 2001

Œuvre de justice et victimes, L'Harmattan, 2001

Victimes : du traumatisme à la réparation, L'Harmattan, 2002

L'aide aux victimes : 20 ans après, L'Harmattan, 2003

La victime est-elle coupable ?, L'Harmattan, 2004

Les droits des victimes d'infraction, La Documentation française, 2007

Psychocriminologie. Prévention, prise en charge, expertise, Ed. Dunod, 2008

à Henri Laborit
mon oncle d'Amérique

A Anna et Sonia

Sixième édition revue et corrigée, septembre 2008

5-7, rue de l'Ecole polytechnique, 75005 Paris

http://www.librairieharmattan.com
diffusion.harmattan@wanadoo.fr
harmattan1@wanadoo.fr

ISBN : 978-2-296-06771-4
EAN : 9782296067714

PRINCIPALES ABREVIATIONS

A.A.I.	Autorité administrative inédépendante
Adde..................	Ajouter
A.I.C..................	Annales internationales de criminologie
A.I.D.P.	Association internationale de droit pénal
A.J.pén..	Actualité Juridique pénal
Al.	Alinéa
ANJAP	Association nationale des juges de l'application des peines
A.N.R.U	Agence natioanle de rénovation urbaine
A.P.A.V.I.M.......	Association paloise d'aide aux victimes d'infractions et de médiation
A.P.J..................	Agent de police judiciaire
A.R.C.A.............	Association régionale de criminologie d'Aquitaine
Arch. Phil. Droit.	Archives de philosophie du droit
Arch. Pol. Crim. .	Archives de politique criminelle
Art.	Article
A.S.J..................	Annuaire statistique de la justice
Assoc.................	Association
BEX....................	Bureau de l'exécution des peines
B.J.S..................	Bureau of Justice Statistics, US Department of Justice
Bull.....................	Bulletin
Bull. crim.	Bulletin des arrêts de la Cour de cassation (Chambre Criminelle)
C.A.....................	Cour d'appel
C.A.P..................	Contrat d'action de prévention
C. Ass.................	Cour d'assises
Cass....................	Cour de cassation
C.C.P.D/C.D.P.D.	Conseil communal/Départemental de prévention de la délinquance
C.D.P.C.	Comité européen des problèmes criminels
C.E.	Conseil de l'Europe
C.E.D.H.............	Convention européenne des droits de l'homme
C.E.S.D.I.P.	Centre de recherches sociologiques sur le droit et les institutions pénales
Cf	Confer
C.G.C.T	Code Général des Collectivités Territoriales
C.I.D.H..............	Cour interaméricaine des droits de l'homme
C.J.C.E.	Cour de justice des communautés européennes
Chap...................	Chapitre
Chron..................	Chronique
C.I.V.I.	Commission d'indemnisation des victimes d'infractions
C.L.C.J./C.J.	Comité de liaison des associations de contrôle Judiciaire / Citoyens et justice
C.L.S.P.D.	Contrat local de sécurité et de prévention de la délinquance
C.N.A.V..	Conseil National de l'aide aux victimes
C.N.E.F.P.N.	Centre national d'études et de formation de la Police nationale
C.N.E.R.P...........	Centre national d'études et de recherches pénitentiaires
C.N.I.D.F.F.	Centre national d'information et de documentation des femmes et des familles
C.N.I.L.	Commission Nationale de l'Informatique et des libertés
C.N.O.	Centre national d'observation de Fresnes
C.N.P.D.............	Conseil national de prévention de la délinquance
C.N.V.	Conseil national des villes
Coll.....................	Collection
Comp..................	Comparez
Concl..................	Conclusion

Contra................	Solution contraire
C.P.....................	Code pénal
C.P.A.L.	Comité post-pénal et d'assistance aux libérés
C.P.I.	Cour pénale internationale
C.P.P.	Code de procédure pénale
C.R.I.V.	Centre de recherche interdisciplinaire de Vaucresson
C.R.P.C.	Comparution sur reconnaissance préalable de culpabilité
C.T.N.E.R.H.I.	Comité technique national d'études et de recherches sur les handicaps et les inadaptations
C.U.C.S.	Contrat urbain de cohésion sociale
D........................	Recueil Dalloz
Déc.	Décret
D.D.A.S.S...........	Direction départementale de l'action sanitaire et sociale
Dir.	Ouvrage publié sous la direction de...
D.I.V.	Délégation interministérielle à la ville
Dr.	Droit
Dév. et soc./D.S..	Déviance et société (revue)
D.S.Q.................	Développement social des quartiers
Ed.	Editions, éditeur
E.N.M................	Ecole nationale de la magistrature
Eod. loc.	Eodem loco, même référence, même endroit
EPCVM.............	Enquêtes permanentes sur les conditions de vie des ménages / Insee
Gaz.pal.	Gazette du Palais
F.I.P.P................	Fondation internationale pénale et pénitentiaire
HALDE	Haute autorité de lutte contre les discriminations et pour l'égalité
HEUNI...............	Institut européen sur la prévention et le contrôle du crime d'Helsinki
Ibid.	Ibidem, même référence
I.H.E.S.I./INHES	Institut des hautes études sur la sécurité intérieure
I.N.A.V.E.M.......	Institut national d'aide aux victimes et de médiation
I.N.E.D.	Institut national d'études démographiques
Infra...................	Ci-dessous
I.N.S.E.E.	Institut national de la statistique et des études économiques
I.T.T	Incapacité temporaire totale
JCP / S.J.	La semaine juridique
J. Cl. Pén.	Jurisclasseur droit pénal
J.A.P....................	Juge de l'application des peines
J.D.J....................	Journal du droit des jeunes
J.L.D...................	Juge des libertés et de la détention
J.O.	Journal officiel
J.O.C.E.	Journal officiel des communautés européennes
J.R.	Justice restaurative
L.	Loi
L.G.D.J.	Librairie générale de droit et de jurisprudence
L.O.L.F..............	Loi organique relative aux lois de finance
Min. Justice	Ministère de la justice
n°	Numéro
N.C.P..................	Nouveau code pénal
N.E.P.	Nouvelles études pénales
Not......................	Notamment
O.C.D.E.............	Organisation de coopération et de développement économiques (1960)
O.I.P.	Observatoire international des prisons
O.M.S................	Organisation mondiale de la santé
O.N.G.	Organisation non gouvernementale
O.N.U.	Organisation des Nations unies
Op. cit................	Opere citato, Ouvrage, article... déjà cité
O.P.J.	Officier de police judiciaire

Ord.	Ordonnance
P., pp.	Page(s)
P.I.B.	Produit intérieur brut
P.J.J.	Protection judiciaire de la jeunesse
P.L.H.	Programmes locaux d'habitat
Polycop.	Polycopié (ronéoté)
P.O.P.	Permanence d'orientation pénale
P.P.S.	Problèmes politiques et sociaux
P.U.F.	Presses universitaires de France
R.A.A.P.	Rapport annuel de l'administration pénitentiaire
Rap.	Rapport
R.D.P.C.	Revue de droit pénal et de criminologie
Rev.	Revue
Rev. pénit.	Revue pénitentiaire et de droit pénal
Rev. sc. crim.	Revue de science criminelle
R.F.D.A.	Revue française de droit administratif
R.F.S.	Revue française de sociologie
R.I.C.P.T.	Revue internationale de criminologie et de police technique
R.I.D.P.	Revue internationale de droit pénal
R.I.S.S.	Revue internationale des sciences sociales
R.P.D.S	Revue pratique de droit social
R.P.S.	Revue pénale suisse
R.S.C.	Revue de science criminelle et de droit pénal comparé
R.T.D.H.	Revue trimestrielle des droits de l'homme
S.E.A.T	Service éducatif auprès du tribunal
S.I.D.F.	Société internationale de défense sociale
S.I.C.	Société internationale de criminologie
S.M.P.R.	Service médico-psychologique régional
S.P.I.P	Service pénitentiaire d'insertion et de probation
Suiv., ss.	Suivants(s)
Supra	Ci-dessus
T	Tome
T.G.I.	Tribunal de grande instance
T.I.G.	Travail d'intérêt général
T.T.R.	Traitement en temps réel
U.E.	Union européenne
U.M.J	Unité médico-judiciaire
Univ	Université
V	Voir
Vol	Volume
ZFU	Zone franche urbaine
ZRU	Zone de redynamisation urbaine
Z.U.S.	Zone urbaine sensible

Introduction

La Justice est l'affaire de tous : elle se situe au centre des préoccupations de la société civile. Elle est, en ce sens, fondatrice de l'harmonie sociale comme de l'ordre social et garante de la promotion des droits et devoirs des êtres humains coexistant au sein de la communauté sociale. Pour peu que la justice pénale ou répressive, en particulier, soit intégrée dans un véritable système démocratique, elle concerne bien tous les individus.

Une telle philosophie de la justice, loin d'être une utopie – sinon d'une utopie rationnelle, comme le précisait P. BOURDIEU, capable de jouer de la connaissance du probable pour faire advenir le possible –, ne semble pour autant pas avoir complètement pénétré le système contemporain de justice pénale, en France pour le moins. Des commentateurs avisés, toujours plus nombreux, théoriciens de la criminologie ou du droit, praticiens institutionnels ou associatifs du monde de la justice pénale, insistent en effet sur la crise profonde que traverse la Justice, sur le préoccupant tournant [1] que semble prendre notre justice. Ils stigmatisent son mode de fonctionnement au travers de l'application très inégale de la loi [2], d'un retour à

1. J. DANET, *Justice pénale, le tournant*, Ed. Gallimard 2006, Série Le Monde actuel, 393 p. ; V. également J.P. JEAN, *Le système pénal*, Ed. La Découverte, Coll. Repères, 2008, 122 p.

2. N. HERPIN, *L'application de la loi : deux poids, deux mesures*, Ed. Le Seuil, 1977, 186 p. ; V. également A.J. ARNAUD, *Clefs pour la justice*, Ed. Seghers, 1977 et not. p. 7 et s. ; T. LEVY, *Le désir de punir. Sur le privilège pénal*, Ed. Fayard, 1979, 258 p. ; A. BRUNEL, *Justice. L'autorité sans pouvoir*,

l'ordre et de l'instauration d'un nouveau contrôle social [3], d'une volonté de punir [4] sans concession, d'une mise au pas de la justice [5] notamment. D'autres auteurs dressent l'éloge de la barbarie judiciaire [6] à l'égard de ceux qui la subissent ès-qualités de défavorisés, d'exclus [7], voire de boucs émissaires [8]. Quelques statisticiens des sciences criminologiques ou sociales, parfois confirmés mais souvent simples apprentis, observent plus globalement encore le phénomène criminel en termes d'accroissement quantitatif et d'insécurité quasi généralisée [9]. Si la

---

Ed. du Félin, 1991, 158 p. ; H. HAENEL et J. HARTUIS, *Justice sinistrée : démocratie en danger*, Ed. Economica, 1991, 132 p. ; P. TRUCHE, Violente justice/justice non violente, *In Cahiers Français*, Ed. La Doc. Française, 1991, n°251, p. 111 et s. ; J.L. BODIGUEL, *Les magistrats : un corps sans âme*, PUF, Coll. Politique d'aujourd'hui, 1991, 294 p. ; D. ROBERT, *La justice et le chaos,* Ed. Stock, 1996, 347 p. ; H. HAENEL, M.A. FRISON-ROCHE, *Le juge et la politique. Nouvelles règles du jeu*, PUF, 1998, 272 p. ; D. SOULEZ-LARIVIERE, H. DALLE (Dir.), *Notre Justice. Le livre vérité de la justice française*, Ed. Robert Laffont, 2002, 444 p. ; G. SAINATI, L. BONELLI (Dir.), *La machine à punir. Pratiques et discours sécuritaires*, Ed. L'esprit frappeur, 2001-95, 295 p. ; J.F. BURGELIN, P. LOMBARD, *Le procès de la justice*, Ed. Plon, 2003, 162 p. ; G. CASADAMONT, P. PONCELA, *Il n'y a pas de peine juste*, Ed. O. Jacob, 2004, 279 p. ; L'horreur judiciaire, *Les dossiers du Canard enchaîné*, 2005-95, 82 p.

3. V. L. MUCCHIELLI (Dir.), *La frénésie sécuritaire*, Ed. La Découverte, 2008, Coll. Sur le vif, 138 p.

4. D. SALAS, *La volonté de punir. Essai sur le populisme pénal*, Hachette Littératures, 2005, 287 p.

5. V. not. M. BERNARD-REQUIN, *Juges accusés, levez-vous !*, Ed. du Seuil, 2006, 203 p. ; D. BARELLA, *Journal d'une justice en miettes*, Hugo Doc., 2006, 259 p. ; A. GARAPON, D . SALAS, *Les nouvelles sorcières de Salem. Leçons d'Outreau*, Ed. du Seuil, 2006, 170 p.

6. T. LEVY, *Eloge de la barbarie judiciaire*, Ed. O. Jacob, 2004, 188 p.

7. V. J.M. BESSETTE, *Sociologie du crime*, PUF, Coll. Le sociologue, 1982, 178 p. ; Idem (Dir.), *Crime et cultures*, Ed. L'Harmattan, Coll. Logiques sociales, 1999, 310 p. ; R. LENOIR, *Les exclus*, Le Seuil, 1989, 192 p. ; Comp. A. TOURAINE, Face à l'exclusion, *In Esprit*, 1991/2, p. 7 et s. ; J. GAILLOT, *Coup de gueule contre l'exclusion*, Ed. Ramsay, 1994, 138 p. ; D. AJBALI, *Violences et immigration*, Ed. Desmaret, 2001, 271 p.

8. V. en ce sens, M. FOUCAULT, *Surveiller et punir*, Ed. NRF/Gallimard, 1976, 319 p.

9. V. not. A. PEYREFITTE (Dir.), *Réponses à la violence*, Presses Pocket 1977, Vol. 2, p. 456 et s. ; M. DELMAS-MARTY, *Les chemins de la répression*,

sérénité ne caractérise effectivement pas la réaction sociale à la criminalité, c'est simplement parce qu'elle est mise en œuvre par des êtres humains à l'encontre d'autres êtres humains ; les uns participent à la protection des valeurs normativement établies par la socio-culture dominante, les autres les ont précisément transgressées. La période actuelle semble se crisper, de manière parfois caricaturale au regard de la morphologie du phénomène attestant depuis de nombreuses années d'une régression réelle des crimes les plus gravement attentatoires aux valeurs sociales essentielles (leur meilleure révélation est un autre problème) [10], sur des stratégies de réaction aux actes posés, de plus en plus éloignées de l'humanité des personnes qu'ils impliquent. Ainsi, la « frénésie sécuritaire » [11], souvent portée par un courant victimaire pas toujours soucieux des victimes directes, s'inscrit aujourd'hui en rupture [12] avec nos principes fondamentaux de droit pénal et de procédure pénale (jugement des fous, remise en cause de la non rétroactivité de la loi pénale ou de la prescription de l'action publique, droit des mineurs adultomorphique, rétention de sûreté notamment) [13]. Une telle « décadence

---

PUF, Coll. Droit d'aujourd'hui, 1980, p. 26 et s. ; J. TOUBON, *Pour en finir avec la peur. La sécurité sans esprit de parti*, Ed. Laffont, 1984, 202 p. ; D. DUPREZ et M. HEDLI, *Le mal des banlieues ? Sentiment d'insécurité et crise identitaire*, Ed. L'Harmattan, Coll. Logiques sociales, 1992, p. 75 et s. ; S. ROCHE, *Le sentiment d'insécurité*, PUF, Coll. Sociologie d'aujourd'hui, 1993, 320 p. ; A. BEGAG et C. DELORME, *Quartiers sensibles*, Ed. du Seuil, Coll. Le point virgule, 1994, p. 43 et s. ; S. ROCHE, *Sociologie politique de l'insécurité. Violences urbaines, inégalités et globalisation*, PUF, 1998, 283 p. ; R. BOUSQUET, *Insécurité : nouveaux risques. Les quartiers de tous les dangers*, Ed. L'Harmattan, Coll. Villes et entreprises, 1998, 232 p. ; A. BAUER, X. RAUFER, *Violences et insécurité urbaines*, PUF, Que sais-je ?, 9è éd. 2006-3421, 127 p. ; L. RUDOLPH, C. SOULLEZ, *Les stratégies de la sécurité 2002-2007*, PUF, Coll. Questions judiciaires, 2007, 238 p.

10. V. not. R. CARIO, *Victimologie. De l'effraction du lien intersubjectif à la restauration sociale*, Ed. L'Harmattan, Coll. Sciences criminelles, 3è ed. 2006-1, 335 p., not. 86 et s.

11. V. L. MUCCHIELLI (Dir.), *op. cit.*, p. 5 et s.

12. V. not. les écrits de S. PORTELLI, *Traité de démagogie appliquée*, Ed. Michalon, Coll. Régénération, 2006, 138 p. ; *Ruptures*, Lulu Ed., 2007, 102 p.

13. V. not. Les droits des victimes d'infraction, La Documentation française, *Problèmes politiques et sociaux*, 2007-943, p. 89 et s. ; J. DANET, Jus-

sécuritaire » [14], reposant sur une idéologie répressive populiste à courte ambition, d'inspiration largement étatsunienne [15], s'appuie sur les peurs diffuses et variées qui envahissent le champ social contemporain [16]. Alimentée par une logorrhée normative quasi pathologique, sans précédent, elle est condamnée à l'échec. Sa prolifération, non coordonnée au sein d'une approche beaucoup plus globale de prévention du phénomène criminel a maintes fois été condamnée [17]. Rien d'étonnant alors à ce que les citoyens eux-mêmes perdent confiance en leur justice : 70 % de jugements insatisfaisants en janvier 2006 [18]. Interrogées à leur tour, les victimes, généralement satisfaites dans près d'un cas sur deux, déclarent que justice leur a été rendue dans seulement un peu plus d'un tiers des atteintes aux personnes aux conséquences très graves. La médiation est la procédure qui procure le plus de satisfaction : 55 % des personnes interrogées [19].

Il apparaît que la démarche des sciences criminelles, dans ce contexte spécifique, est proprement anthropologique, au sens

---

tice pénale. Le tournant, *op. cit.*, p. 19 et s. ; J.P. JEAN, Le système pénal, *op. cit.*, p. 31 et s.

14. V. G. SAINATI, U. SCHALCHLI, La fabrique éd., 2007, 105 p.

15. P. LANDREVILLE, Va-t-on vers une américanisation des politiques de sécurité en Europe ?, *In* L. MUCCHIELLI, P. ROBERT (Dir.), *Crime et sécurité. L'état des savoirs*, Ed. La Découverte, 2002, pp. 424-433 ; E. MORGAN, M. MORGAN, W.S. HYLTON, J. BRUNER, *Une passion américaine : prison et peine de mort*, Les Empêcheurs de penser en rond, 2004, 125 p. ; G. SAINATI, U. SCHALCHLI, *op. cit.*, p. 16 et s.

16. V. récemment L. BONELLI, *La France a peur. Une histoire sociale de l'insécurité*, Ed. La Découverte, 2008, 418 p.

17. V. *Infra*, Chap. 3, section 2.

18. V. not. F. DABI, Y.M. CANN, *Les français et la Justice*, ifop.com ; V. également R. PACHE, E. FORT, *Enquête de satisfaction auprès des usagers de la Justice*, multigraph., 2001, 24 p., gip-recherche-justice.fr ; M. DELBERGHE, Services publics. Des usagers satisfaits, *In Le Monde*, 21 juin 2008, p. 22 où il est noté que si 67 % des usagers interrogés ont une bonne opinion de la police et de la gendarmerie, ils ne sont plus que 46 % en ce qui concerne la Justice ; D. SALAS, A. CARSTOIU, *La Justice*, Le cavalier bleu éd., Coll. Idées reçues, 2008, p. 12 et s.

19. V. not. Z. BELMOKHTAR, Les victimes face à la justice : le sentiment de satisfaction sur la réponse judiciaire, *In Infostat Justice*, déc. 2007-98, 4 p.

large : étudier l'être humain qualifié d'infracteur dans son milieu social [20]. C'est bien ce que prétend atteindre l'analyse du phénomène criminel, susceptible d'être étudié et décrit en tant que tel, comme réalité objective et subjective. A ce propos, quelques précisions terminologiques s'imposent immédiatement. La « criminalité » est fréquemment considérée comme constitutive du « phénomène criminel » lui-même. Les deux expressions ne doivent pourtant pas être perçues comme tout à fait synonymes dans la mesure où la notion de criminalité recouvre deux acceptions, en France en tout cas. Au sens large, il s'agit du ***phénomène criminel***, ensemble de réalités objectives et subjectives a-normales, regroupant les comportements criminels et les actes infractionnels, envisagés dans leur endroit – du point de vue de l'infracteur – comme dans leur envers – du point de vue de la victime. Au sens étroit, il s'agit seulement des infractions commises à un moment donné, dans un pays donné [21].

Dans le même esprit générique, le terme de « délinquance », prétendu de connotation beaucoup moins péjorative – sinon comme indicateur de moindre gravité du phénomène observé – est souvent préféré à celui de « criminalité », sans que les utilisateurs soient toujours très explicites sur leur choix. La « criminalité » serait davantage l'affaire des criminels (auteurs de crime au sens juridique et précis du terme), la délinquance celle des délinquants (auteurs de délits). Le terme d'***infracteur*** devrait seul être utilisé pour évoquer les personnes qui transgressent la norme pénale (quelle que soit sa nature), pour au moins deux raisons majeures : la première provient de la variabilité des incriminations dans le temps et dans l'espace ; la seconde, de la présomption d'innocence qui protège ceux qui ne sont pas

---

20. Les premières réunions scientifiques d'ampleur des criminalistes eurent tout d'abord lieu dans le cadre des sept Congrès d'Anthropologie Criminelle (de 1895 à 1911) ; A. LACASSAGNE, R. GARRAUD et G. TARDE fondèrent, dans le même esprit, les *Archives d'Anthropologie Criminelle* en 1886, publiées jusqu'en 1915, www.hstl.crhst.cnrs.fr/criminocorpus ; V. J. PINATEL, *Traité de Criminologie*, Ed. Dalloz, 1975, p. 259 et s.

21. Comp. E. De GREEFF, *Introduction à la criminologie* (1937), 2è éd. 1946, J. Vandenplas éd., p. 39 et s.

définitivement condamnés. Et il convient également de bien distinguer « l'***incrimination*** » (opération consistant à ériger en interdit un comportement particulier) de « l'***infraction*** » elle-même (attestant de la transgression concrète de l'interdit par l'infracteur).

Bien plus confuse encore apparaît la doctrine qui semble avoir définitivement banni toute référence au concept de crime (au sens criminologique) en englobant le phénomène criminel dans la « déviance » [22]. Cette scotomisation est excessive car, à ne pas vouloir admettre que le ***crime*** (*crimen*) est réservé au grief de nature pénale (l'infraction) que l'on accuse un tiers (l'infracteur) d'avoir commis, on élargit considérablement le champ des sciences criminelles et, partant, le contrôle socio-judiciaire. C'est de cette extension/confusion-là que naissent la plupart des discordes entre criminalistes, au sens large de ceux qui se préoccupent de la prévention et de la répression du phénomène criminel [23]. Que des actes de « déviance » soient aujourd'hui qualifiés pénalement est tout autant excessif mais procède d'un autre débat : celui de la définition et du domaine du crime, au sens des sciences criminelles.

Une confusion supplémentaire provient encore des appréciations portées sur ces concepts dans les systèmes de justice pénale de *Common Law* qui distinguent nettement *criminality* (comportement criminel) de *crime* (acte criminel). Des difficultés de communication, voire de compréhension mutuelle, ne manquent pas d'apparaître lorsqu'il s'agit d'analyser la préven-

---

22. V. A. OGIEN, *Sociologie de la déviance*, Ed. A. Colin, 1995, 231 p. ; Comp. J. ELLUL, *Déviances et déviants dans notre société intolérante*, Ed. Erès, Coll. Trajets, 1992, p. 7 et s. ; V. également les articles publiés à l'occasion du Vingtième anniversaire de Déviance et société, *In D.S.*, 1997-1, pp. 5-95 ; N. CARRIER, Les criminels universitaires. Les formations discursives de la déviance criminalisée, *In Champ pénal*, 2005-2, en ligne www.champpenal.revues.org ; Comment devient-on délinquant ?, *In Sc. humaines*, 2006-176, pp. 8-19.

23. V. not. sur cet aspect L. MUCCHIELLI, *In Histoire de la criminologie française,* Ed. L'Harmattan, 1995, pp. 545-500 ; R. CARIO, *In* G. KELLENS (Dir.), *Criminologie et société. Le criminologue dans la cité : hier, aujourd'hui, demain*, Actes du cinquantième anniversaire de l'Ecole Liégeoise de Criminologie Jean Constant, Ed. Bruylant, 1998, 162 p., spé. pp. 101-116.

tion du phénomène criminel, entendue d'une manière très large en France, alors que l'expression anglo-saxonne de *criminality prevention* est réservée à la seule prévention des comportements criminels, celle de *crime prevention* à la prévention (notamment situationnelle) des actes criminels [24]. Dans les développements qui vont suivre, l'absence de nuance de la doctrine contemporaine française conduira à évoquer parfois le phénomène criminel au travers de la « criminalité », entendue alors au sens le plus large, sauf indication précise contraire.

Enfin et pour l'essentiel, il importe de se convaincre que « l'***insécurité*** », cheval de bataille des « sécuritaires » de tous crins, n'est en aucun cas susceptible d'être réduite aux conséquences du seul crime. Il y a là une confusion grave, démagogiquement entretenue par nombre de médias et de partis politiques au cours des récentes campagnes électorales principalement [25], avec la « ***peur du crime*** » [26]. Cette dernière est toujours consécutive à un vécu personnel (ou à l'égard d'un proche) de victimisation, de nature pénale par définition. Et ce n'est que dans ce cadre-là qu'il peut être question d'insécurité criminelle, pour autant loin d'être la plus préoccupante parmi les autres sources de l'insécurité tant décriée aujourd'hui. En effet, entendue au sens large, l'insécurité correspond à un ensemble de préoccupations, d'inquiétudes, voire d'angoisses d'origines diverses : d'ordre professionnel, sanitaire, social, culturel, ethnique principalement. Plus globalement, l'insécurité contemporaine témoigne d'un sentiment de mal-être existentiel plus ou moins prononcé. Et c'est bien à ces formes d'insécurité-là que le leitmotiv de la « tolérance zéro » doit impérativement

---

24. Sur ces aspects, V. *Infra*, Chap. 3, Sect. 2, § 1.

25. V. not. M. DAGNAUD (Dir.), Médias et violence. L'état du débat, *In Problèmes politiques et sociaux*, 2003-886, 123 p. ; R. CARIO, Médias et insécurité : entre droit d'informer et illusions sécuritaires, *In Rec. Dalloz*, 2004, Chron., pp. 75-80.

26. Sur ces confusions, V. not. les définitions retenues par les récentes « enquêtes de victimation » précisant que « le sentiment d'insécurité se mesure en utilisant le taux de préoccupation envers la délinquance (préoccupation « sécurité ») ainsi que différents taux de peurs (peur chez soi, peur le soir dans son quartier, peur dans les transports en commun et peur pour ses enfants) », *In Note rapide. Sécurité et comportements*, 2003-4, www.iaurif.org.

s'appliquer, car elles sont la cause d'authentiques inégalités voire d'injustice profonde [27].

D'apparition récente, les sciences criminelles empruntent largement leurs méthodes aux sciences sociales [28]. Multidisciplinaires par définition, elles doivent s'adapter aux progrès scientifiques permanents que développent les disciplines qui la composent, d'origines biologique, psychologique et sociologique, *lato sensu*. La construction de leur objet et, surtout, son déplacement (ou sa reconstruction) sont significatifs à cet égard : l'infraction (objectivement considérée dans ses éléments constitutifs), l'infracteur (subjectivement responsable de ses actes ou déterminé dans ses comportements), la société (au travers de ses prérogatives de création de la norme et de sanction de sa violation), la victime (acteur passif ou actif de l'infraction et de sa réparation). Une telle évolution est cohérente et conduit à analyser, aujourd'hui, le phénomène criminel dans sa complexité individuelle et sociale, à travers une attitude transdisci-

27. V. not. G. SAINATI, De l'insécurité à l'insécurisation de la population, *In Justice*, 2001-167, pp. 17-19 ; L. BONELLI, Tolérance zéro pour les « encombrants », *Ibid.*, pp. 13-16 ; Le sécuritaire contre la sécurité, Dossier *In Hommes et libertés*, 2002-120, pp. 30-57 ; P. ROBERT, *L'insécurité en France*, Ed. La Découverte, Repères, 2002-353, 120 p. ; Obsessions sécuritaires, *In* Manière de voir, *Le Monde diplomatique*, 2003-71, 98 p. ; S. SAMSON, L. PUECH, Les charlatans du mirage sécuritaire, *In Justice*, 2004-179, pp. 2-6 ; Comp. R. CASTEL, *L'insécurité sociale. Qu'est-ce qu'être protégé*, Le Seuil, 2003, p. 29, 53, 89.

28. Pour un aperçu global des méthodes en sciences sociales, V. M. GRAWITZ, *Méthodes des sciences sociales*, Dalloz, 11è éd. 2001, 1019 p. ; R. QUIVY, L. VAN CAMPENHOUDT, *Manuel de recherche en sciences sociales*, 2è éd., Ed. Dunod, 1995, 284 p. ; R. BOUDON, *Les méthodes en sociologie*, PUF/Que sais-je ?, 1988, n°1334, 127 p. ; J.L. LOUBET DEL BAYLE, *Initiation aux méthodes des sciences sociales*, Ed. L'Harmattan, 2000, 272 p. ; S. BOUCHARD, C. CYR (Dir.), *Recherche psychosociale. Pour harmoniser recherche et pratique*, Presses Univ. Du Québec, 1998, 605 p. ; Comp. K. POPPER, *La logique de la découverte scientifique* (1934), Ed. Payot, 1982, 492 p. ; T.S. KUHN, *La structure des révolutions scientifiques* (1962), Ed. Flammarion, Coll. Champs, 1983, 237 p. ; P. FEYERABEND, *Contre la méthode. Esquisse d'une théorie anarchiste de la connaissance,* Ed. Le Seuil, 1979, 340 p.

plinaire affirmée [29], dans le cadre d'une justice authentiquement restaurative [30].

L'introduction aux sciences criminelles ici entreprise repose, précisément, sur une **stratégie globale et intégrée**, au sens d'une approche permettant de faire entrer dans un programme plus vaste les éléments divers du phénomène observé, ayant chacun leurs particularités, mais n'ayant de valeur et de signification que par une appréciation d'ensemble. C'est animé d'une telle ambition qu'il convient, à présent, de tracer les limites (1) et de fixer le domaine (2) des sciences criminelles, qui ont acquis une importance (3) essentielle en quelques décennies (4,5).

1. Définition des sciences criminelles

Les sciences criminelles sont constituées par l'ensemble des champs disciplinaires concernés par le phénomène criminel. D'origines et de contenus divers (philosophie criminelle, criminologie, politique criminelle, droit criminel, criminalistique, victimologie, principalement) [31], elles ont en commun leur objet : la prévention, la répression et/ou le traitement du phénomène criminel (actes et comportements criminels) du point de vue de tous les protagonistes (infracteur, victime, société).

Participant d'un ensemble hétéroclite, elles ne peuvent pour autant prétendre, à l'heure actuelle, à une quelconque autonomie : elles sont étroitement dépendantes des disciplines qu'elles agrègent, dont certaines sont insusceptibles d'être qualifiées de

29. V. J. DESCHAMPS, *Savoir et/ou pouvoir. Essai sur la démarche scientifico-technique*, Presses Univ. Pau, 1996, p. 29 et s. ; D. de BECHILLON (Dir.), *Les défis de la complexité. Vers un nouveau paradigme de la connaissance,* Ed. L'Harmattan, 1994, 214 p.

30. V. not. G. JOHNSTONE, *Restorative justice : ideas, values, debates*, Willan pub., 2002, 190 p. ; La justice réparatrice, *In Criminologie*, 1999, 32-1, pp. 1-159 ; La justice restaurative et les victimes, *In Les cahiers de la Justice, Revue d'études de l'ENM*, Ed. Dalloz, 2005-1 ; H. ZEHR, *The little book of restorative justice*, Good books Pub., 2002, 72 p. ; R. CARIO, *Justice restaurative. Principes et promesses*, Ed. L'Harmattan, Coll. Traité de sciences criminelles, 2005-8, 164 p.

31. V. *Infra*, le contenu des sciences criminelles, Chap. 4.

science. Elles ne favorisent que rarement, au surplus, l'approche globale et intégrée du phénomène qu'elles sont censées dominer. Bien plus, certaines d'entre elles ont un objet soit plus vaste encore (la criminologie), soit plus étroit (la criminalistique) que la seule prévention et/ou répression du phénomène criminel. Quand bien même quelques auteurs l'appellent de leurs vœux, *La* science criminelle n'est pas encore née et l'on peut légitimement douter d'une telle perspective scientifique, tant sont fortes les résistances à l'intégration [32], tant est vaste et mal borné le domaine embrassé par l'étude du crime au sens large.

2. Domaine des sciences criminelles

Le domaine privilégié des sciences criminelles est communément délimité par le cadrage légal du phénomène criminel : l'infraction. Action ou omission de nature à troubler l'harmonie sociale, l'infraction est susceptible de degrés selon sa gravité : crime, délit ou contravention. Néanmoins, ce domaine assez étroit de l'incrimination et de la sanction consécutive des comportements légalement interdits doit être étendu à des situations voisines lorsque les sciences criminelles se préoccupent de prévenir le phénomène criminel (tant en ce qui concerne la criminalité que le crime). Il n'est alors plus seulement question de repérer les comportements nuisibles aux personnes et aux biens, à l'ordre social plus généralement, mais d'assurer la plus grande harmonie possible au sein de la communauté sociale, à tous les points de vue. L'œuvre est délicate, ambitieuse et à défaut de politique criminelle cohérente et rationnelle, elle a peu de chances d'aboutir.

---

32. V. en ce sens J.C. SOYER, *Justice en perdition*, Ed. Plon, 1982, 224 p. ; A. PEYREFITTE, *Les chevaux du lac Ladoga. La justice entre feu et glace,* Ed. Plon, 1981, 426 p. ; M.L. RASSAT, *Pour une politique anticriminelle du bon sens,* Ed. La Table ronde, 1983, 204 p. ; L. NEGRIER-DORMONT, *Le criminologue dans la cité,* Ed. Européenne Erasme, 1990, 181 p. ; P. CONTE, La réflexion sur la recherche juridique universitaire ou l'art de faire prendre des vessies pour des lanternes (éloge de la découverte), *In Droits,* Rev. française de théorie juridique, 1994/20, pp. 143-148 ; Comp. J. PINATEL, *La société criminogène*, Ed. Calmann-Lévy, Coll. Examens, 1971, p. 257 et s.

Quoi qu'il en soit, à ce stade de l'analyse, les sciences criminelles auront à connaître de la criminalité (au sens large) mais encore de l'inadaptation (des inadaptations) et de la déviance (des déviances). L'inadaptation apparaît comme l'incapacité, plus ou moins prononcée, de l'individu à réagir harmonieusement aux stimuli de son milieu (au sens le plus large) [33]. Elle est protéiforme, évolutive et dynamique par définition. Il peut s'agir d'une inadaptation physique ou biologique de l'individu à son milieu, exceptionnelle néanmoins quant à l'espèce humaine. Il peut encore s'agir d'une inadaptation psychosociale, attestant de troubles de comportement perturbateurs de la socialisation. Il peut enfin et plus généralement s'agir d'inadaptation socioculturelle, expression de conflits divers entre générations, entre individus et groupes d'individus, entre groupes de personnes et collectivités publiques... En tout état de cause, ces différentes formes d'inadaptation témoignent de difficultés plus ou moins graves et durables – mais non pas définitivement irréversibles – d'insertion au sein de la communauté humaine, d'incapacité à adhérer aux valeurs que cette société considère comme fondatrices de la coexistence sociale.

La déviance est « considérée comme étant un comportement problématique, comme posant au groupe un problème ou un conflit à résoudre » [34]. Les toxicomanies (alcools, drogues, médicaments psychotropes) [35], le suicide, la prostitution, le vagabondage notamment [36], non prohibés légalement pour eux-mêmes, bénéficient pourtant des actions/opérations de prévention mises en place par les sciences criminelles.

---

33. J. PINATEL, *op. cit.*, p. 112 et s.

34. J. PINATEL, *Le phénomène criminel*, Ed. M.A., 1987, p. 64 et s. ; A.K. COHEN, *La déviance*, Ed. Duculot, 1971, 239 p.

35. Sur ces aspects, V. not. A. ERHENBERG, P. MIGNON (Dir.), *Drogues, politique et société*, Ed. Le Monde/Descartes, 1992, 369 p. ; M.A. SCHMELCK, *Introduction à l'étude des toxicomanies*, Ed. Nathan, 1993, 128 p. ; H. LAGRANGE, *De l'affrontement à l'esquive. Violences, délinquance et usage de drogues*, Ed. Syros, 2001, 299 p.

36. V. A.K. COHEN, *op. cit.*, qui inclut les pots de vin, la tricherie, l'infidélité conjugale, etc..., p. 13.

On peut admettre que les concepts de criminalité (au sens large), de déviance et d'inadaptation, auxquels pourraient être joints ceux de marginalité et d'exclusion [37], recouvrent des réalités sociales très proches aux contours finalement flous, à l'émergence parfois cumulée. Seule l'accession au rang d'infraction détermine la frontière tangible entre ces situations diverses qui posent effectivement toutes problème au groupe social et qui ont toutes en commun de concerner préférentiellement des populations défavorisées. Certains auteurs ont parfois tenté d'organiser dans le temps ces différents comportements sociaux, en soulignant que l'inadaptation apparaît dès l'enfance, la déviance au cours des premiers moments de l'adolescence, la « délinquance » (contraventions et délits) et la « criminalité » (crimes) s'étalant de la puberté à l'âge adulte. Un tel schéma laisserait supposer l'existence d'un *continuum* de l'inadaptation à la criminalité la plus grave, voire d'un certain déterminisme entre les stades évoqués. Il prétendrait surtout considérer la criminalité comme le sommet de la déviance. Rien n'est moins sûr car de multiples inadaptés ou déviants n'auront jamais maille à partir avec la justice ; à l'inverse, de nombreux infracteurs ne seront jamais inquiétés par la justice [38].

---

37. V. C. FERRAND, *Exclusion et sous prolétariat*, Ed. Programme 7/PUF, 1982, 124 p. ; Comp. M. XIBERRAS, *Les théories de l'exclusion*, Ed. Méridiens Klincksieck, Coll. Références Sociologie, 2è éd. 2000, 242 p. ; V. encore sur ce concept « fourre-tout », très rarement envisagé sous sa double dimension de construction sociale et de processus biographique de marginalisation, S. PAUGAM, *L'exclusion. L'état des savoirs,* Ed. La Découverte, 1996, p. 111 et s. ; Y a-t-il des exclus ? L'exclusion en débat, *In Rev. Lien social et politiques/RIAC,* 1995-34, 170 p.

38. V. J. ELLUL, *op. cit.,* p. 14 ; E. GOFFMAN, *Stigmates. Les usages sociaux des handicaps* (1963), Les Ed. de Minuit, 1975, p. 149 et s. ; H.S. BECKER, *Outsiders. Etude de sociologie de la violence*, PUF, 1985, not. p. 33 et s. ; sur cette justice à plusieurs vitesses, V. également R. CARIO, La responsabilité des hautes autorités politiques de l'Etat quant aux actes accomplis dans l'exercice de leurs fonctions. Le cas de la France, *In R.I.C.P.T.*, 1995/1, pp. 21-37 ; Comp. J. de MAILLARD, *Crimes et lois*, Ed. Flammarion, Coll. Dominos, 1994, 128 p.

3. Importance des sciences criminelles

En dépit de la place restreinte habituellement accordée à l'enseignement des sciences criminelles [39], leur importance est considérable non seulement au sein des disciplines juridiques en particulier mais encore dans les aspects quotidiens de la vie sociale. Une telle importance peut se mesurer à un triple point de vue : théorique, pratique et humain.

D'un point de vue théorique, il n'est pas vain de souligner que les sciences criminelles sont toujours et plus que jamais d'actualité. Elles sont au centre des problèmes fondamentaux que traverse notre civilisation, au gré des fluctuations politiques, économiques et culturelles : droit à la vie, à la dignité, à la liberté, à l'égalité, à l'intégration sociale, à la différence, etc... La question des droits de l'Homme [40], des droits humains plus exactement, a par ailleurs complètement renouvelé la démarche et les méthodes des sciences criminelles, qui se sont ainsi définitivement ouvertes aux sciences médicales, humaines et sociales. Par leur approche objective et critique des phénomènes sociaux qui caractérisent cette fin de siècle un peu partout dans le monde, elles sont de nature à empêcher, dans les Etats démocratiques ou en voie de démocratisation pour le moins, les tentatives à asservir certaines branches qui les composent au profit des gouvernements en place. C'est sur leur impulsion qu'a vu le jour, au niveau international et régional, tout un arsenal juridico-culturel relativement aux droits et obligations des êtres humains, d'autant plus nécessaire que le crime se mondialise en

---

39. V. C. LAZERGES (Dir.), *L'enseignement des sciences criminelles aujourd'hui*, Ed. Erès, 1991, 139 p. ; R. CARIO, A.M. FAVARD, R. OTTENHOF (dir.), *Profession criminologue : spécialisation ou professionnalisation*, Ed. Erès, 1994, 227 p.

40. V. sur la notion, Y. MADIOT, *Les droits de l'homme*, Ed. M.A., 1987, 237 p. ; J. BARRET-KRIEGEL, *Les droits de l'homme et le droit naturel*, PUF, Coll. Quadrige, 1989, 118 p. ; M. GAUCHET, *La révolution des droits de l'homme*, Ed. Gallimard, 1989, 341 p. ; M. CONCHE, *Le fondement de la morale,* PUF, Coll. Perspectives critiques, 2è éd., 1993, 149 p. ; Comp. H. LABORIT, *L'esprit du grenier*, Ed. Grasset, 1992, p. 217 et s. ; P. MANENT, *La cité de l'homme*, Ed. Fayard, Coll. L'esprit de la cité, 1994, 304 p. ; J.F. RENUCCI, *Traité de droit européen des droits de l'homme*, LGDJ, Coll. Manuels, 2007, 1135 p.

empruntant les supports technologiques les plus sophistiqués [41]. Paradoxalement, cet essor considérable des sciences criminelles a conduit à une criminalisation excessive d'actes perturbant plus ou moins gravement la vie sociale, dans le cadre d'un système [42] de justice pénale de plus en plus complexe.

D'un point de vue pratique, l'importance des sciences criminelles apparaît, tout d'abord, au travers de la prolifération des comportements interdits, rendant ainsi très probable, voire inévitable, la rencontre du simple citoyen avec le système de justice pénale. Le ministère de la justice dénombre aujourd'hui environ 13 000 infractions [43]. Toutes versions et modalités confondues, il y aurait, en fait, 40 000 potentialités de trans-

---

41. V. par ex. les textes adoptés par les Nations Unies, sous l'impulsion de René CASSIN not. : *Déclaration Universelle des droits de l'homme* (New York, 10 déc. 1948) ; Pactes internationaux relatifs, le premier, aux *Droits économiques, sociaux et culturels* et le second aux *Droits civils et politiques* (New York, 16 déc. 1966, entrés en vigueur le 3 janv. et le 23 mars 1976 respectivement) ; *Convention Internationale sur les droits de l'enfant* (New York, 20 nov. 1989) ; *Convention Européenne de sauvegarde des droits de l'homme et des libertés fondamentales* (Rome, 4 nov. 1950, entrée en vigueur le 3 sept. 1953) ; Sur ces différents points, V. *Droits de l'homme en droit international. Textes de base*, Public. Conseil de l'Europe, Strasbourg 1993, 483 p. ; A. HUET et R. KOERING-JOULIN, *Droit pénal international*, PUF, Coll. Themis, 2001, 456 p. ; sur la lente mise en place d'un droit pénal international (il existe aujourd'hui plus de 300 instruments internationaux dans le domaine pénal) et la création de la Cour Pénale Internationale (Rome, 17 juill. 1998), V. not. M.C. BASSIOUNI, *The statute of the international criminal court*, Transnational publishers Inc., 1999, 793 p. ; M.C. BASSIOUNI, *Introduction au droit pénal international*, Ed. Bruylant, 2002, 343 p. ; W. BOURDON, E. DUVERGER, *La Cour pénale internationale. Le Statut de Rome*, Le Seuil, coll. Points, 2000, 364 p. ; M. DELMAS-MARTY, A. CASSESE (Dir.), *Crimes internationaux et juridictions internationales*, PUF, 2002, 336 p. ; www.icc-cpi.int.

42. V. not. M. CAVADINO, J. DIGNAN, *The penal system : an introduction*, Ed. Sage, 3rd ed. 2002, p. 1 et s.

43. Le répertoire informatisé du Ministère de la Justice, NATINF, a catalogué à ce jour 13 000 infractions (dont 300 crimes et 5 000 délits) ; Comp. Y. CHARPENEL, *Les rendez-vous de la politique pénale. Concilier devoir de justice et exigence de sécurité*, Ed. A. Colin, Coll. Sociétales, 2006, qui souligne, p. 57, que « les statistiques implacables (car certaines) du casier judiciaire […] révèlent que les juridictions pénales utilisent environ 200 incriminations sur les 15 000 à leur disposition et que 60 d'entre elles correspondent à 90 % des condamnations ».

gresser une valeur normativement protégée ! Cette inflation pénale [44] rend non seulement artificiel le droit pénal contemporain mais encore et surtout tout à fait désuet l'adage exhortant, avec « l'humour glacé du législateur », que « nul n'est censé ignorer la loi » [45]. D'autant plus que, dans ce même ordre d'idées, des enquêtes renouvelées sur les représentations sociales du crime indiquent qu'environ un quart seulement des infractions participent d'un consensus social [46].

L'importance pratique des sciences criminelles se mesure, ensuite, à l'aune de l'ampleur du phénomène criminel. Celle-ci s'apprécie non seulement au travers des manifestations visibles prises en charge par le système de justice pénale, mais encore et peut-être surtout, au travers des activités criminelles non visibles ou ne faisant pas l'objet d'une poursuite judiciaire. Notons sommairement que le Parquet a été saisi, en 2006, de 5 305 394 plaintes, dénonciations et procès verbaux ; que la police judiciaire a constaté, en 2007, 3 589 293 crimes et délits ; que la justice pénale a prononcé, en 2006, 654 229 condamnations à l'encontre d'auteurs de crimes, délits et contraventions de 5ème classe ; que 64 250 prisonniers étaient incarcérés au 1er juillet

---

44. Cette politique inflationniste n'est pas réservée au seul domaine pénal. Il y avait déjà 8 000 lois et 80 000 décrets en vigueur dans notre pays en 1995 et l'Administration produirait, chaque année, 10 000 circulaires ! Cité *In* A. BARTHELEMY, *Un avenir pour la ville. Face à la crise urbaine,* Ed. Esprit, 1995, p. 91 ; N. GUIBERT, P. SMOLAR, Sécurité, délinquance, l'avalanche législative, *In Le Monde*, 6 déc. 2006, pp. 22-23 ; E. ROHDE, « Trop de loi, tue la loi…. La jungle législative, *In Le Monde*, 24 janvier 2007, pp. 20-21 ; J. DANET, La spéculation pénale enfle, crevons la bulle !, *In Hommes et libertés*, 2007-139, pp. 12-15 ; du même auteur, Cinq ans de frénésie pénale, *In* L. MUCCHIELLI, (Dir.), La frénésie sécuritaire, *op. cit.*, pp. 19-29, où est souligné que « de 2002 à 2007, quarante lois ont modifié le code de procédure pénale et trente le code pénal », p. 20 ; J.P. JEAN, Le système pénal, *op. cit.*, p. 31 et s..

45. V. J. LACAN, *Ecrits,* Introduction théorique aux fonctions de la psychanalyse en criminologie, Le Seuil, 1966, pp. 125-149.

46. V. en ce sens, P. ROBERT et C. FAUGERON, *Les forces cachées de la justice*, Ed. Le Centurion, 1980, p. 186-188 ; M. DELMAS-MARTY, *Pour un droit commun,* Le Seuil, 1994, p. 29 et s. ; A. GARAPON, D. SALAS, *La République pénalisée,* Ed. Hachette, 1996, p. 31 et s.

2008, pour une capacité de 50 806 places [47]. Une telle situation, absolument inacceptable, est totalement historique dans notre pays [48]. Les espoirs portés par la nomination, tant attendue, d'un contrôleur général des lieux privatifs de liberté en juin 2008 [49], seront-ils aussitôt ruinés par les dispositions du projet de loi pénitentiaire déposé fin juillet, insusceptibles, en l'état actuel de leur rédaction, de véritablement lutter contre la surpopulation carcérale endémique dans notre pays ces dernières années [50] ?

Le volume et les caractéristiques du phénomène criminel feront l'objet d'une présentation détaillée plus avant. Il convient simplement d'indiquer ici qu'il est essentiel de ne pas se laisser abuser sur l'évolution de ce phénomène, caractérisé depuis le début de ce siècle par un abaissement significatif des infractions contre les personnes et un accroissement très sensible des atteintes à la propriété. Le sentiment dominant la perception sociale du phénomène, qualifié rapidement d'insécurité, est devenu le *leitmotiv* de la plupart des acteurs de la politique criminelle contemporaine. Très objectivement, il faut reconnaître que cette appréciation populaire est davantage alimentée par les infractions de petite délinquance contre les biens que par les actes de grande criminalité contre les personnes ou l'autorité publique : 98% contre 2% respectivement [51]. La « montée » des revendications populistes de plus grande sécurité semble donc devoir être sérieusement nuancée [52].

---

47. A cette date, 68 151 personnes étaient écrouées, soit en plus des détenus (dont 17 495 prévenus), 3 901 condamnés en placement sous surveillance électronique et 460 condamnés en placement extérieur non hébergés, http://prison.justice.gouv.

48. V. Le Monde du 23 juill. 2008, p. 11 ; V. *Arpenter le champ pénal*, http://arpenter-champ-penal.blogspot.com.

49. V. A. SALLES, Jean-Marie Delarue. Le juste des prisons, *In Le Monde*, 24 juin 2008, p. 16.

50 .V. A. SALLES, Le projet de loi pénitentiaire enterre le principe d'un détenu par cellule, *In Le Monde*, 29 (p. 9) et 31 (p. 10) juill. 2008.

51. V. *Infra*, Chap. 1, Sect. 1.

52. Sur cette question très sensible, V. not. Sécurité et justice, *In Regards sur l'actualité*, 2002-284, pp. 5-63 ; H. LAGRANGE, *Demandes de sécurité.*

L'importance des sciences criminelles est, enfin et surtout, manifeste ***d'un point de vue humain***. En ce sens, l'infracteur et, plus précisément encore la personnalité de l'infracteur, sont au centre des préoccupations du législateur, du juge et des acteurs sociaux en charge de la prévention et du traitement du phénomène criminel. La nécessaire adaptation de la sanction pénale (au sens large) aux caractéristiques de personnalité de l'auteur de l'acte criminel ainsi qu'au milieu social dans lequel il évolue commande une approche multidisciplinaire. A défaut d'adéquation entre les aptitudes psycho-sociales de la personne condamnée et la peine prononcée, sa (re)socialisation est compromise, la récidive probable. Les disciplines qui composent les sciences criminelles offrent, par leurs diversité et complémentarité, une telle perspective de traitement de resocialisation.

L'importance des sciences criminelles du point de vue humain doit encore être soulignée au travers de l'inévitable spécialisation, voire professionnalisation des différents acteurs appelés à intervenir dans ce combat contre la criminalité : travailleurs sociaux, policiers, magistrats principalement. Les insuffisances notables et généralisées qui accablent, en ce sens, les intervenants en science criminelle participent largement aux échecs enregistrés par les politiques criminelles qui ne cessent de se succéder depuis quelques années. L'absence de criminologue, généraliste ou clinicien, est particulièrement aberrante dans notre pays.

Enfin et pour l'essentiel, l'importance des sciences criminelles s'exprime au niveau des victimes du crime. Pour être récent, un puissant mouvement émerge un peu partout dans le monde pour consolider la réparation et la restauration des personnes victimes d'infractions pénales. Les réflexions et expériences les plus contemporaines sont très ambitieuses. Elles soutiennent, d'une part, que la prise en charge des victimes doit être globale et non plus éclatée ; elles prônent, d'autre part, que dans la me-

---

France, Europe, Etats-Unis, Le Seuil, Coll. La République des idées, 2003, 109 p. ; D. PEYRAT, *Éloge de la sécurité*, Ed. Gallimard / Le Monde, 2003, 238 p. ; S. ROCHE (Dir.), *En quête de sécurité. Causes de la délinquance et nouvelles réponses*, Ed. A. Colin, 2003, 343 p.

sure du possible les victimes soient associées à la (re)socialisation des condamnés, dès le déclenchement des poursuites, dans le cadre d'une justice restaurative, consistant à rendre aux intéressés le conflit qui les oppose en vue de trouver, par eux-mêmes, les solutions pour en sortir dignement, sous le contrôle du juge [53]. C'est finalement ce dont témoigne, aussi, l'histoire des sciences criminelles.

4. Origines lointaines des sciences criminelles

Depuis les premiers jours de l'humanité, l'harmonie sociale est supposée reposer sur un consensus entre les membres d'une même communauté, interdisant en son sein toute atteinte aux personnes ou aux biens. De la même manière, les multiples peuples de l'humanité ont progressivement établi et souscrit à des pactes de non agression (au sens large) destinés à assurer la survie et la pérennité de l'espèce humaine. L'histoire de l'humanité nous enseigne des réalités beaucoup moins idéales : aux rivalités intra-familiales ont succédé d'incessants conflits entre familles, clans, tribus, groupes ethniques organisés, petits ou grands Etats, Confédérations de Nations... Le moteur de l'évolution culturelle et sociale semble, en effet, avoir été et demeure la domination de l'autre, quel qu'il soit (individu ou objet) et où qu'il soit, dès lors qu'il est identifié comme gratifiant, comme susceptible de participer à l'équilibre de son propre organisme, de procurer finalement du plaisir [54].

Notre société contemporaine est l'archétype même de cette difficile, sinon impossible, harmonie sociale dans la mesure où la compétition [55], la concurrence, l'accumulation des richesses [56] sont érigées comme modes principaux de régulation des

---

53. V. *Infra*, Chap. 4, Sect. 6.

54. Sur ces notions, V. R. CARIO, *Femmes et criminelles*, Ed. Erès, 1992, p. 37 et s.

55. V. en ce sens H. LABORIT, *La colombe assassinée*, Ed. Grasset, 1983, 211 p.

56. Il est établi en ce sens que seulement 20 % des personnes les plus riches possèdent 86 % de la richesse mondiale, 20 % des plus pauvres moins de 1,3 % ! Les trois plus grandes fortunes du monde possèdent un capital équiva-

relations humaines. Pour canaliser les agressivités éventuelles et surtout protéger les droits individuels, des interdits ont été posés et leur violation sanctionnée. De manière insensible mais inéluctable, l'Etat s'est arrogé au cours des siècles le pouvoir de fixer normativement les valeurs protégées et celui, corrélatif, d'organiser la répression à l'égard de ceux qui les transgressent. Cette évolution s'est souvent faite par l'intégration des règles coutumières jusqu'alors applicables, mais non pas toujours. Ont ainsi subsisté des pratiques culturelles privées de règlement des conflits (que l'on redécouvre aujourd'hui), parallèlement à l'organisation autoritaire de la répression pénale [57]. Pour autant, à de rares exceptions près, la lutte étatique contre le crime s'est développée d'une manière très empirique, sans autre ambition que celle de neutraliser purement et simplement l'auteur du crime ou du délit. Quelques voix se sont sans doute élevées [58] contre la radicalité d'un tel traitement du phénomène criminel, sans succès. Les gouvernements de la France ont très longtemps été sans hésitation quant au bien fondé de la valeur protégée, sans illusion quant au devenir de celui qui la viole : à l'infaillibilité répondait l'élimination.

Dans ces conditions, le droit pénal (général et spécial) et la procédure pénale ont dominé la répression du phénomène criminel durant des siècles. Leur histoire se confond, jusqu'à une

---

lent au PIB de 48 pays. Si l'indicateur des différences Nord/Sud s'établissait de 30 à 1 en 1965, il est aujourd'hui de 70 contre 1 ; V. M. LEZERTUA, Movimientos migratorios y derecho de asilo en la era de la globalization, *In Eguzkilore*, 2004.

57. V. en ce sens, N. ROULAND, *Anthropologie juridique*, PUF, 1988, not. p. 319 et s. ; R. VERDIER, G. COURTOIS, Y. THOMAS, *La vengeance : étude d'ethnologie, d'histoire et de philosophie*, Ed. Cujas, 1984, 4 vol., 225, 196, 160 et 256 p. ; J.P. BONAFE-SCHMITT et al., *Les médiations, la médiation*, Ed. Erès, Coll. Trajet, 1999, 302 p. ; R. CARIO, Justice restaurative, *op. cit.*, p. 27 et s.

58. Ainsi et not. PLATON, dans *La République* et *Les lois*, demandait qu'on enseigne surtout aux criminels comment ne plus commettre d'infractions en leur apportant l'instruction et la formation qui leur font si souvent défaut ; R. CHARLES, *Histoire du Droit pénal*, PUF, Que sais-je ?, 4è éd. 1976-690, p. 5 et s. ; M. ANCEL, *La défense sociale*, PUF, Que sais-je ?, 2è éd. 1989-2201, p. 9 et s. ; J. PINATEL, *Histoire des sciences de l'homme et de la criminologie*, Ed. L'Harmattan, Traité de Sciences Criminelles, Vol. 3, 2001, p. 18 et s.

époque très récente, avec celle des sciences criminelles elles-mêmes [59]. Les excès du droit pénal de l'Ancien Régime – reconnus en termes d'hétérogénéité, d'arbitraire, d'inégalité sociale et d'extrême rigueur – ont provoqué sa très forte remise en question au cours du XVIIIè siècle, ouvrant ainsi l'analyse du phénomène criminel à des disciplines scientifiques nouvelles.

5. Naissance et évolution des sciences criminelles

Les sciences criminelles ont émergé réellement dès l'instant où la répression (puis la prévention) contre le crime s'est déplacée sur le terrain de la rationalité. *La philosophie des lumières* a joué un rôle considérable en ce sens. La plupart des travaux développés en cette fin de XVIIIè siècle ont déterminé le droit pénal moderne et, plus généralement, constituent le point de départ d'une approche scientifique du phénomène criminel.

Les précurseurs d'une telle évolution ont en ce sens fermement critiqué la répression pénale de l'époque. Nul doute qu'autant le droit pénal matériel (incriminations et sanctions) que formel (procédure pénale) concourraient principalement à l'élimination du condamné. Les vertus expiatoires de la sanction prononcée étaient supposées l'aider à racheter sa faute. C'est contre cette fonction de rétribution morale (de nature divine notamment) que se sont élevés MONTESQUIEU, ROUSSEAU et VOLTAIRE en France, BECCARIA, BENTHAM et HOWARD à l'étranger. De manière plus ou moins approfondie et spécialisée, tous ont ré-

59. Pour une approche plus détaillée, V. J.M. CARBASSE, *Histoire du droit pénal et de la justice criminelle*, PUF, Coll. Droit fondamental, 2è éd. 2006, 486 p. ; A. LAINGUI, *Histoire du droit pénal*, PUF/Que sais-je ?, 1985, n°690, 128 p. ; J. PINATEL, *Traité élémentaire de science pénitentiaire et de défense sociale*, Ed. Sirey, 1950, 567 p. ; P. LASCOUMES, P. PONCELA, P. LENOËL, *Au nom de l'ordre. Une histoire politique du Code Pénal*, Ed. Hachette, 1989, 404 p. ; F. TULKENS et M. VAN de KERCHOVE, *Introduction au droit Pénal. Aspects juridiques et criminologiques*, Ed. Story Scientia, Bruxelles, 1991, p. 3 et s. ; J. PRADEL, *Histoire des doctrines pénales*, PUF, Coll. Que sais-je ?, 1989, n°2484, 128 p. ; B. GARNOT, *La justice en France de l'an mil à 1914*, Ed. Nathan/Université, 1993, 126 p. ; J.P. ALLINNE, *Gouverner le crime. Les politiques criminelles de la Révolution au XXIè siècle. 1. L'ordre des notables : 1789-1920*, Ed. L'Harmattan, Coll. Traité de sciences criminelles, 2003, Vol. 7-1, 301 p. ; *2. Le temps des doutes : 1920-2004*, 2004, Vol. 7-2, 304 p.

clamé un adoucissement général de la répression et la mise en place d'un véritable système de justice pénale reposant sur les idées (qui deviendront des principes) de légalité, de nécessité, de proportionnalité et de célérité [60].

C'est ainsi que *l'approche classique*, qualifiée comme telle aujourd'hui, a sans cesse balancé entre les doctrines rétributives et les doctrines utilitaristes. Cependant, les unes comme les autres reposent sur ce postulat fondamental selon lequel l'être humain est doué d'un libre arbitre. En conséquence, il choisit librement de commettre les actes interdits par la loi pénale. Les doctrines rétributives, issues de l'Ancien régime, assimilent la faute au péché. La peine, juste en elle même, doit faire souffrir le condamné, la douleur étant posée comme condition d'expiation de la faute commise [61]. Les théories utilitaires, issues de la période révolutionnaire, sont dominées par le souci de défense de la société. Elles prônent que la peine a pour but d'empêcher le crime. On comprend alors que les doctrines rétributives s'attachent à atteindre le condamné lui-même par des châtiments corporels souvent définitifs, à l'aune de la seule gravité de l'acte. A l'inverse mais avec autant de sévérité, la peine utilitaire doit conduire à détourner du crime par intimidation, le « crime devant se faire davantage craindre par la répression à

---

60. Sur les critiques et propositions de ces auteurs, V. not. C. MONTESQUIEU, *De l'esprit des lois* (1748), Ed. Garnier Flammarion, 1979, 2 Tomes, 507 et 638 p. ; J.J. ROUSSEAU, *Du contrat social* (1762), Ed. Garnier/Flammarion, 1966, 187 p. ; VOLTAIRE, *Dictionnaire philosophique* (1764), Ed. Garnier/Flammarion, 1964, 380 p. ; C. BECCARIA, *Des délits et des peines* (1764), Ed. Flammarion, Coll. Champs, 1979, 202 p. ; J. BENTHAM, *Théorie des peines et des récompenses* (1775), Ed. Bossange, 1825, 111 p. ; J. HOWARD, *L'état des prisons, des hôpitaux et des maisons de force en Europe au XVIIIè siècle* (1777), Les éditions de l'Atelier, 1994, 599 p. ; Sur l'ensemble de la question, V. not. M. FOUCAULT, *op. cit.*, p. 36 et s. ; R. CHARLES, *op. cit.*, p. 29 et s.

61. Les théories kantiennes de justice absolue sont à cet égard bien connues (V. par ex. *Métaphysique des mœurs*, 1797) ; Comp. J. VIALATOUX, *La morale de Kant*, PUF, Coll. Initiation philosophique, 1968, p. 17 et s.

laquelle il expose que désirer par la satisfaction qu'il procure »[62].

Au milieu du XIXè siècle, quelques auteurs ont tenté, avec un certain succès, de combiner le libre arbitre spiritualiste et la défense sociale utilitaire, en les gommant de leurs excès. Ce premier essai d'approche synthétique a été immortalisé par la célèbre formule d'ORTOLAN : « Jamais plus qu'il n'est juste, jamais plus qu'il n'est utile »[63].

Les sciences criminelles vont alors connaître un essor remarquable et durable, consolidé par l'avènement du positivisme et la naissance de la criminologie scientifique au tournant du siècle. Inspirée de la pensée philosophique d'Auguste COMTE[64], *l'approche positiviste* défend que l'homme ne jouit pas du libre arbitre mais voit ses actions déterminées par sa constitution personnelle et par le milieu au sein duquel il évolue, victime, en d'autres termes, d'un déterminisme biologique et/ou social. Partant, c'est moins les caractéristiques objectives de l'infraction que la dangerosité de l'auteur de l'acte qu'il importe de traiter. D'où cette orientation fondamentale pour les sciences criminelles de l'adaptation du traitement (de la sanction) à la personnalité du condamné. L'ouverture opérée par les positivistes apparaît

---

62. V. J. BENTHAM, *op. cit.*, p. 13 et s. ; J.M. VARAUT, L'utilitarisme de J. Bentham, prémisse et mesure de la justice pénale, *In* R.S.C., 1982/2, p. 261 et s. ; sur le contenu du Code pénal révolutionnaire, V. P. LASCOUSMES, P. PONCELA, Intérêts à protéger et classification des infractions, *In* F. GERARD, F. OST, M. VAN de KERCHOVE, *Droit et intérêt*, Pub. Fac. Univ. St Louis, Bruxelles, 1990, Vol. 3, pp. 55-81.

63. V. J. ORTOLAN, *Eléments de droit pénal*, Ed. Plon, 1863/64, 3 è éd., 2 Tomes, 606 et 580 p., et spé. T. 1, p. 92 ; M.P. ROSSI, *Traité de droit pénal*, Ed. Sautelet/Barbezat et Cie, Paris/Genève, 1829, 3 Tomes, 308, 340 et 320 p. ; Comp. C. BECCARIA, *op. cit.*, qui avait « importé » des sciences médicales le précepte fondamental *Primum non nocere, «* Avant tout ne pas nuire ».

64. Doctrine qui, très schématiquement, ne déclare au surplus recevables que les vérités positives (*i.e.* scientifiques), à l'exclusion de toute investigation axée sur l'essence des choses (*i.e.* métaphysique) ; V. not. de cet auteur, *Cours de philosophie positive* (1830-1842) ; V. également, F. JONAS, *Histoire de la sociologie*, Ed. Larousse, 1991, p. 185 et s. ; G. DUROZOI et A. ROUSSEL, *Dictionnaire de philosophie*, Nathan Ed., 2è éd. 1990, p. 65 et s.

bien fondatrice d'une approche nouvelle du phénomène criminel. La mise en œuvre de la réaction sociale positiviste privilégie le recours aux sciences humaines et sociales, le droit pénal et le crime qu'il poursuit ne constituant qu'une des formes potentielles de la pathologie sociale. Dans cette perspective, l'infracteur (encore qualifié de « microbe social ») doit bénéficier d'un examen médico-psychologique et social destiné à percevoir les contours de sa personnalité. Selon sa dangerosité évaluée [65], il sera alors soumis à une mesure de sûreté et/ou à une peine véritable. Bien plus et indépendamment de l'existence d'une infraction préalable, certains individus dangereux socialement pourront être appréhendés en vue d'un traitement préventif (alcooliques, drogués, vagabonds, etc...).

Pour certain que soit l'échec de l'approche classique du phénomène criminel (augmentation constante du volume et des formes du phénomène criminel, taux important de récidive carcérale notamment), les propositions positivistes, relayées par un certain impérialisme criminologique [66], n'emportent pas toutes l'adhésion. Principalement, l'extension massive du domaine de la réaction sociale au-delà des limites protectrices du principe de légalité des délits et des peines ne saurait être admise.

C'est donc tout naturellement en réaction aux dangers de l'approche strictement positiviste qu'une voie nouvelle, médiane, fut investiguée tout d'abord de manière *pragmatique* et de plus en plus éclectique par la suite avec la doctrine de la défense sociale nouvelle [67]. A côté du droit pénal classique ont

---

65. V. sur ce point les remarques d'E. FERRI (*La sociologie criminelle,* Ed. Alcan, 1905, p. 467 et s.) à partir du critère d'état dangereux proposé par R. GAROFALO au travers de deux concepts complémentaires : la témibilité et l'adaptabilité, déterminées par la qualité plus ou moins antisociale de l'acte ou de l'agent, respectivement.

66. V. M. ANCEL, *La défense sociale nouvelle*, Ed. Cujas, p. 189 et s. ; V. encore les propos tenus par H. DONNEDIEU de VABRES à cet égard, *In Revue Int. de Criminologie*, 1950, Vol. IV/3, p. 164.

67. V. not. les travaux de R. SALEILLES (*L'individualisation de la peine*, Ed. Alcan, 1898, 281 p.), de P. CUCHE (*Traité de Science et de législation pénitentiaires*, L.G.D.J., 1905, p. 2 et s.) ; C'est à cette époque qu'est née L'Union Internationale de Droit Pénal (1889), fondée par A. PRINS, G. VAN HAMEL et F. VON LISZT. Franchement positiviste à ses débuts, l'Union (deve-

été en ce sens concrètement introduites diverses mesures d'individualisation de la sanction pénale, d'inspiration nettement positiviste néanmoins : libération conditionnelle (sortie avant la fin de la peine privative de liberté, L. 14 août 1885), relégation des multirécidivistes (L. 27 mai 1885)[68], sursis à exécution de la peine d'emprisonnement (L. 26 mars 1891), régime spécial applicable aux mineurs (L. 22 juillet 1912)[69].

Les *sciences criminelles* naissent réellement durant cette même période (fin XIXè-début XXè siècle), par la consolidation ou l'apparition de la plupart des disciplines scientifiques qui les composent. Ainsi, la criminologie, fondée par trois savants italiens (Cesare LOMBROSO, Enrico FERRI et Raffaele GAROFALO)[70] abonde la réflexion positiviste. Elle offre surtout aux agences de contrôle social du phénomène criminel (juges et travailleurs sociaux chargés de l'exécution des peines) les moyens de mettre en place l'observation du condamné, aux points de vue bio-anthropologique, psychologique et social. Les travaux de savants français comme, notamment, Benjamin A. MOREL[71], Er-

---

nue Association en 1924) adopta rapidement une position beaucoup plus éclectique, déclarant devoir envisager la criminalité et les moyens de lutter contre elle aussi bien au point de vue anthropologique et sociologique que juridique ; V. Le centenaire de l'U.I.D.P./A.I.D.P., *In Rev. Internat. de Droit Pénal*, 1990/61, 353 p.

68. La relégation, peine complémentaire obligatoire, intervenait après exécution par les intéressés de la peine principale. Elle consistait, initialement, en leur transportation vers les colonies françaises ; plus tard, la relégation, devenue temporaire et facultative, s'exécuta en France métropolitaine. Elle fut remplacée en 1970 par la tutelle pénale, elle-même supprimée par la loi du 2 fév. 1981 ; V. sur ce point, J. PINATEL, La société criminogène, *op. cit.*, p. 162 et s.

69. La loi du 22 juil. 1912 a en ce sens, not., institué : la présomption absolue d'irresponsabilité pénale des mineurs de 13 ans ; une juridiction spéciale pour les mineurs délinquants ; la mesure de liberté surveillée ; V. sur ces points, B. BOULOC, *Droit pénal général*, Dalloz, 19è éd. 2005, p. 379 et s. ; R. CARIO, *Jeunes délinquants. A la recherche de la socialisation perdue*, Ed. L'Harmattan, Coll. Transdisciplines, 1999, p. 20 et s.

70. V. de ces auteurs, respectivement, *L'homme criminel* (1893), Ed. Alcan, 1895, 2 Tomes, 556 et 572 p. ; *La sociologie criminelle* (1893), *op. cit.*, 640 p. ; *La criminologie* (1885), Ed. Alcan, 2è éd. 1890, 454 p.

71. V. *Traité des dégénérescences physiques, intellectuelles et morales de l'espèce humaine et des causes qui produisent ces variétés maladives*, 1857,

nest DUPRE [72], Gabriel TARDE [73], Emile DURKHEIM [74] et Alexandre LACASSAGNE [75] sont fameux à cet égard [76].

A partir de cette époque charnière, chacun des champs disciplinaires va développer en son sein une spécialisation scientifique interne en termes de biologie criminelle, de psychologie criminelle et de sociologie criminelle. Le droit pénal lui-même (général et spécial) et la procédure pénale se diversifient et se perfectionnent au travers, par exemple, de l'élargissement de la notion de démence [77], des premières incriminations des comportements d'omission [78], de l'instrumentalisation de la police

---

Ed. J.B. Baillère ; V. C. DEBUYST, Morel et la Psychiatrie légale : la mise en place de la notion de dégénérescence, *In Déviance et société*, 1994/XVIII-2, pp. 133-152.

72. V. Les perversions instinctives, *In Archives d'anthropologie criminelle*, 1912, p. 502 et s.

73. V. *La philosophie pénale* (1890), Cujas, 4è éd., 1972, 578 p.

74. V. *Les règles de la méthode sociologique* (1895), PUF, Coll. Quadrige, 20è éd., 1981, 149 p. ; *Le suicide. Etude de sociologie* (1897), PUF, 5è éd., 1976, 463 p.

75. V. *Précis de médecine légale*, Ed. Masson, 1905, 885 p. ; La théorie du milieu social de LACASSAGNE repose sur ce fameux postulat selon lequel « les sociétés n'ont que les criminels qu'elles méritent ».

76. V. sur ces différentes théories, R. GASSIN, *Criminologie*, Coll. Précis Dalloz, 6è éd., 2007, p. 158 et s. ; J. PINATEL, Traité de criminologie, *op. cit.*, p. 259 et s. ; L. MUCCHIELLI (Dir.), *Histoire de la criminologie française*, Ed. L'Harmattan, 1995, 535 p. ; C. DEBUYST, F. DIGNEFFE, J.M. LABADIE et A. PIRES, *Histoire des savoirs sur le crime et la peine*, Vol. 1, Des savoirs diffus à la notion de criminel-né, Ed. De Boeck/P.U. Montréal et Ottawa, 1995, 366 p. ; Vol. 2, *La rationalité scientifique et la naissance de la criminologie*, 1998, 518 p. ; M. KALUSZYNSKI, *La République à l'épreuve du crime. La construction du crime comme objet politique. 1880-1920*, LGDJ, Coll. Réseau européen Droit et société, 2002-9, 251 p. ; M. RENEVILLE, *Crime et folie*, Ed. Fayard, 2003, 527 p.

77. Au fur et à mesure des progrès de la psychiatrie (fondée par P. PINEL et J. ESQUIROL à la fin du XVIIIè siècle), de la psychologie et de la psychanalyse, le concept de démence (réservé à ceux dont les facultés mentales étaient totalement altérées) s'ouvre aux états voisins de la démence, non sans polémiques ; V. B. BOULOC, Droit pénal général, *op. cit.*, p. 355 et s.

78. En ce sens, la loi du 19 avril 1898 assimila la privation de soins et d'aliments à enfants de moins de quinze ans à des coups et blessures, voire à un meurtre ou à un assassinat ; V. ancien art. 312 *C.P.*

judiciaire [79]... Mais durant de longues décennies encore, il convient de le souligner, l'approche du phénomène criminel sera menée de manière isolée par chaque discipline, participant ainsi d'un réductionnisme patent [80]. Il n'empêche que les conclusions des recherches effectuées par les spécialistes de ces différentes sciences (dans l'ordre fondamental comme dans les perspectives appliquées) sont plus ou moins prises en considération lors de l'élaboration de la politique de prévention et de traitement du phénomène criminel.

L'éclectisme dans la réponse pénale à la criminalité a, ensuite et en ce sens, été systématisé et théorisé par la doctrine de *Défense sociale nouvelle* au lendemain de la seconde guerre mondiale. Pour être issue du positivisme, la Défense sociale nouvelle s'en démarque néanmoins nettement. Elle cherche en effet à réaliser un équilibre entre l'individu et la société, au travers d'une politique criminelle fondée sur l'idée que la société a elle-même des devoirs envers le citoyen et qu'elle peut commettre envers lui des actes dommageables. D'où la nécessité, selon les promoteurs de la Défense sociale nouvelle, d'organiser judiciairement la réaction sociale, d'intégrer la peine et la mesure de sûreté dans un système unitaire [81], afin d'assurer le respect de la dignité humaine et de garantir les libertés individuelles. Définie par Marc ANCEL comme une « doctrine humaniste de protection sociale contre le crime » [82], la Défense sociale nouvelle, loin de sacrifier le droit pénal à la criminologie, entend au contraire les

---

79. C'est ainsi que dans les années 1880, A. BERTILLON créait l'anthropométrie criminelle, ancêtre de l'identité judiciaire ; V. *Infra*, Chap. 4, Sect. 5.

80. V. sur ce point, H. LABORIT, La colombe assassinée, *op. cit.,* p. 26 : « Le réductionnisme consiste à couper la commande extérieure à un niveau d'organisation, la commande extérieure au système que l'on observe et à croire qu'en décrivant le fonctionnement de ce niveau d'organisation isolé, on a compris l'ensemble du fonctionnement du système » ; E. MORIN, (*La méthode. 3. La connaissance de la connaissance*, Ed. Le Seuil, Coll. Points, 1986, 249 p.) stigmatise dans le même sens « le cloisonnement disciplinaire », p. 12 ; V. également du même auteur, *op. cit.* (1. La nature de la nature), not. p. 123 et s.

81. V. M. ANCEL, *op. cit.*, p. 185 et s.

82. M. ANCEL, *Ibid.*, p. 340 et V. également p. 203 et s.

harmoniser dans les perspectives de la politique criminelle moderne.

Cet art de choisir dans diverses théories les acquis scientifiques qui participent à la rationalisation de l'approche du phénomène criminel en même temps qu'à l'humanisation de la réaction sociale a longtemps été perçu comme mineur, avec parfois une nuance péjorative. La démarche est pourtant d'une incontestable richesse dans un domaine dominé par la complexité des causes d'émergence du phénomène et des réponses à lui apporter. C'est grâce à une telle ouverture que s'insinue aujourd'hui, lentement mais sûrement, la nécessité d'une appréhension globale du phénomène criminel. L'œuvre de justice ne s'épanouira en effet que si elle permet de réparer les torts causés à tous (infracteur, victime, communauté), dans le respect des devoirs et des droits de chacun.

La politique criminelle actuellement conduite dans notre pays n'est naturellement pas univoque. De multiples, fréquents et regrettables conflits entre politiques criminelles législative, réglementaire et judiciaire en attestent formellement [83]. Pour autant, l'essentiel des textes adoptés depuis 1945 sont nettement inspirés de la doctrine de défense sociale nouvelle [84] : généralisation du régime applicable aux mineurs condamnés (Ord. 2 février 1945, 25 mai 1951 et L. 8 fév. 1995) ou en danger (Ord. 23 déc. 1958 et L. 4 juin 1970), extension de ce régime aux jeunes adultes (L. 17 juil. 1970, D. 18 fév. 1975, L. 11 juil.

---

83. V. sur ces points, C. LAZERGES, *La politique criminelle*, Ed. L'Harmattan, Traité de Sciences Criminelles, Vol. 1, 2000, p. 59 et s. ; V. *Infra*, Chap. 4, Sect. 3.

84. V. sur ce point, B. BOULOC, Droit pénal général, *op. cit.*, p. 69 et s. ; Mais il apparaît bien évident qu'aujourd'hui même le législateur pénal et le juge répressif prennent en compte la gravité subjective de la faute commise. Les multiples qualifications pénales de l'homicide en sont un bon exemple. Les possibilités offertes au juge de moduler le quantum de la peine en deçà du maximum prévu, de l'assortir du sursis, de prononcer ou non des peines complémentaires, d'ajourner le prononcé de la peine not., participent sans doute du principe d'individualisation mais encore de l'intime appréciation subjective de la gravité de la violation ; V. La place du droit pénal dans le droit, *In Rev. sc. crim.*, 2000-1, pp. 1-192.

1975) [85] ; examen approfondi de la personnalité de l'infracteur mineur (Art. 8 Ord. 1945) ou majeur (Ord. 4 juin 1960 et L. 24 août 1993 mod. art. 81 C.P.P.) ; mesures de protection à l'égard des alcooliques dangereux pour autrui (L. 15 avril 1954) et des toxicomanes (L. 24 déc. 1953 et 13 déc. 1970) ; limitation de la détention provisoire en général (L. 17 juil. 1970 et not. L. 10 juil. 1989, L. 30 déc. 1996), pour les mineurs en particulier (L. 6 juil. 1989 et 4 janv. 1993 mod. art. 11 Ord. 1945) [86] ; introduction et élargissement des substituts aux courtes peines privatives de liberté (L. 11 juil. 1975 et 10 juin 1983) ; suppression de la peine de mort (L. 9 oct. 1981) [87] ; amélioration des conditions de détention (D. 23 mai 1975, 26 janv. 1983 et 6 août 1985) ; présence de l'avocat lors de la garde à vue (L. 4 janv. 1993) ; responsabilité pénale des personnes morales (art. 121-2 C.P. entré en vigueur le 1er mars 1994) ; protection des mineurs victimes d'abus sexuels (L. 17 juin 1998) ; généralisation de l'accès au droit (L. 18 déc. 1998) ; renforcement de la protection de la présomption d'innocence et des droits des victimes (L. 15 juin 2000), juridictionnalisation de l'application des peines (L. 9 mars 2004), aide au recouvrement des dommages et intérêts pour les victimes d'infractions (L. 1er juill. 2008) notamment...

On ne saurait néanmoins ignorer qu'en fonction des aléas de la politique intérieure, le législateur pénal est parfois conduit à privilégier, dans la lutte contre le crime, l'approche répressive

85. V. J.F. Renucci, *Enfance délinquante et enfance en danger*, Ed. du CNRS, 1990, 304 p. ; F. Bailleau, *Les jeunes face à la justice pénale,* Ed. Syros, 1996, 237 p. ; R. Cario, Jeunes délinquants, *op. cit.,* 416 p. ; C. Blatier, *La délinquance des mineurs. L'enfant, le psychologue, le droit*, P.U. Grenoble, Coll. Vies sociales, 1999-14, 292 p. ; F. Bailleau, Y. Cartuyels (Dir.), *La justice pénale des mineurs en Europe*, Ed. L'Harmattan, Coll. Logiques sociales, 2007, 330 p. ; P. Pedron, *Droit et pratiques éducatives de la Protection judiciaire de la jeunesse*, Ed. Gualino, 2è éd. 2008, 810 p. ; P. Bonfils, A. Gouttenoire, *Droit des mineurs*, Ed. Dalloz, Coll. Précis, 2008, p. 679 et s.

86. Sur cette question évolutive, V. not. J. Pradel, *Procédure pénale*, Ed. Cujas, 13è éd. 2006, p. 636 et s.

87. V. R. Cario (Dir.), *La peine de mort au seuil du troisième millénaire*, Ed. Erès, 1993, 196 p. ; J. de Maillard, *op. cit.*, 128 p.

(ou néo-classique), l'infracteur étant considéré comme seul responsable de ses actes [88]. Diverses dispositions sont ainsi venues rompre avec l'humanisation et l'individualisation des sanctions amorcées depuis de très nombreuses années : amenuisement des pouvoirs du juge de l'application des peines (L. 22 oct. 1978 et 2 fév. 1981) ; institution d'une période de sûreté interdisant le bénéfice de mesures d'assouplissement de la peine privative de liberté (L. 22 oct. 1978, 2 fév. 1981, 9 sept. 1986) ; généralisation des contrôles et vérifications d'identité (L. 2 fév. 1981, 9 sept. 1986, 24 août 1993) ; instauration de la réclusion criminelle à perpétuité réelle (L. 1er fév. 1994) ; comparution à délai rapproché des mineurs (L. 1er juil. 1996) ; adoption du placement sous surveillance électronique (bracelet électronique)(L. 19 déc. 1997, L. 12 déc. 2005) ; centres éducatifs fermés, sanctions éducatives à l'égard des mineurs (L. 9 sept. 2002), atteintes graves aux spécificités du droit des mineurs plus généralement (L. 5 mars 2007) [89] ; atteintes aux libertés fondamentales en matière de sécurité quotidienne (L. 15 nov. 2001) ou de sécurité intérieure (L. 18 mars 2003), extension des fichiers de police, vidéosurveillance généralisée (L. 24 janv. 2006) ; précipitation du procès pénal (L. 9 septembre 2002, 9 mars 2004), traitement de la récidive (L. 12 déc. 2005, 10 août 2007), rétention de sûreté [90] (L. 25 fév. 2008) notamment...

A l'opposé, par une excessive politisation de l'analyse du phénomène criminel, quelques auteurs (juristes ou criminolo-

---

88. V. not. M.L. Rassat, *Droit pénal général*, PUF, Coll. Droit fondamental, 2è éd. 1999, p. 31 et s. ; R. Merle, *La pénitence et la peine*, Ed. Cerf/Cujas, 1985, 157 p. ; X. Rauffer, *Le cimetière des utopies*, Ed. Suger, 1986, 249 p. ; sur le concept de choix rationnel, V. R. Cario, Jeunes délinquants, *op. cit.*, p. 166 et s. et réf. citées ; une telle objectivation de l'acte domine un courant criminologique contemporain influant ; Comp. *Infra*, Chap. 2, Sect. 1, § 1, C.

89. V. not. C. Lazerges, La mutation du modèle protectionniste de justice des mineurs, *In R.C.S.*, 2008-1, pp. 200-207.

90. V. par ex. A. Salles, Les personnes « dangereuses » pourront être enfermées à vie, *In Le Monde*, 23 fév. 2008, p. 1, 2, 10 ; Rétention de sûreté et irresponsabilité pénale. Une rupture de civilisation, *In Dedans Dehors*, 2008-64, 17-32 ; La nouvelle rétention de sûreté, *In A.J.pén.*, Dossier, 2008-4, pp. 161-180.

gues) réclament plus ou moins fermement l'abolition du système de justice pénale, intimement et définitivement lié au pouvoir politique en place, l'infracteur étant alors davantage considéré comme victime du système pénal, comme un bouc émissaire [91]. Dans ce même esprit mais de manière plus nuancée et constructive, certains partisans de ce courant de pensée réclament la dépénalisation des comportements non manifestement contraires à l'harmonie sociale ou s'analysant davantage comme des manquements à la discipline communautaire. D'autres encore soulignent les avantages de la déjudiciarisation dans le règlement des conflits de moindre gravité par l'adoption de procédés novateurs, dont certains, participant de cette idée, ont déjà été intégrés dans la loi comme la dispense de peine, l'ajournement du prononcé de la sanction avec mise à l'épreuve, la médiation pénale [92], notamment...

C'est dans un tel contexte d'incertitudes législative, réglementaire [93], judiciaire et doctrinale, où l'idéologie domine la

---

91. V. en ce sens not., I. TAYLOR, P. WALTON and J. YOUNG, *The new criminology. For a social theory of deviance*, 6è éd./1973, Ed. Routledge and Kegan Paul, London, 325 p. ; Comp. H.S. BECKER, Outsiders. Etude de sociologie de la violence, *op. cit.*, p. 9 où l'auteur déclare que ce sont les groupes sociaux qui créent la déviance en adoptant les règles dont l'infraction constitue la déviance ; Dans le même sens, P. ROBERT, *La question pénale*, Ed. Droz, Genève, 1984, p. 107, souligne que la loi pénale crée l'infraction par son institution même ; V. encore L. HULSMAN, J. BERNAT de CELIS, *Peines perdues. Le système pénal en question*, Ed. Le Centurion, 1982, 182 p.

92. Sur cette très intéressante ouverture, V. C. LAZERGES, Essai de classification des procédures de médiation, *In Archives Pol. Crim.*, 1992/14, p. 17 et s. ; *La médiation-réparation pénale à l'égard des mineurs*, Pub. Min. Justice, multigraph., 1991, 87 p. ; R. CARIO (Dir.), *La médiation pénale : entre répression et réparation,* Ed. L'Harmattan, 1997, 239 p. ; J. FAGET, *La médiation. Essai de politique pénale*, Ed. Erès, Coll. Trajets, 1997, 210 p. ; P. MBANZOULOU, *La médiation pénale*, Ed. L'Harmattan, Coll. La justice au quotidien, 2è éd. 2004, 85 p. ; I. AERTSEN, R. MACKAY, C. PELIKAN, J. WILLEMSENS, M. WRIGHT, *Renouer les liens sociaux. Médiation et justice réparatrice en Europe*, Ed. Conseil de l'Europe, 2004, 141 p.

93. L'histoire - récente - de l'indispensable réforme du Code pénal (commencée en 1974, votée le 22 juill. 1992 et dont l'entrée en vigueur a été plusieurs fois reportée) ainsi que celle de la procédure pénale (L. 4 janv. 1993 mod. L. 13 juill. 1993 not.) en constituent des illustrations d'autant plus préoccupantes que leur réforme est quasi perpétuelle ! ; V. C. LAZERGES (Dir.),

politique de la nation, où le sens commun tient lieu de « seul critère de véracité et de sérieux des opinions » [94], où le pragmatisme (en réponse aux « audaces théoriques ») [95] institue en paradigme [96] les stratégies en cascade, que les sciences criminelles évoluent. Et cette situation risque de perdurer aussi longtemps que la prévention du phénomène criminel s'inscrira dans la précipitation des alternances doctrinales et/ou politiques. Les réponses (qui se doivent d'être « toujours innovantes ») se succèdent sans que l'on se soucie trop de leur impact réel sur le fléau combattu, en se gardant bien de s'attaquer vraiment aux raisons de son émergence. La redécouverte contemporaine de la victime, longtemps oubliée du procès pénal [97], a permis la mise en place de politiques publiques d'aide en leur faveur [98]. Mais une telle stratégie risque, paradoxalement, de conduire à l'émergence d'une société victimaire [99], dont l'une des conséquences majeure serait d'aggraver le sort des condamnés [100].

Réflexions sur le nouveau Code pénal, Ed. A. Pédone, 1995, 169 p. ; Sur la frénésie des réformes tant en droit pénal substantiel que processuel, V. également J. DANET, *In Le nouveau procès pénal après la loi Perben II*, Ed. Dalloz, 2004, p. XIII et s. : en trois ans seulement, 22 lois ont modifié le code pénal et 19 le code de procédure pénale. La loi du 9 mars 2004 a modifié pas moins de 600 textes dont 460 articles du Code procédure pénale.

94. V. en ce sens M. BENASAYAG, E. CHARLTON, *Cette douce certitude du pire. Pour une théorie critique de l'engagement*, Ed. La Découverte, Coll. Essais, 1991, 199 p.

95. V. sur cet aspect, les pertinentes réflexions de J. PINATEL, Le mouvement des faits, des idées et de la réaction sociale en criminologie, *In Actas Oitavo congresso internacional de criminologia*, Lisboa, 1978, p. 13 et s.

96. Comp. A.M. FAVARD, Quelle place pour le criminologue dans la ville, *In* R. CARIO et al., Profession criminologue, *op. cit.*, p. 111 et réf. citées.

97. V. not. J.P. ALLINNE, Les victimes : des oubliées de l'histoire du droit ?, *In* R. CARIO et D. SALAS (Dir.), *Œuvre de justice et victimes*, Ed. L'Harmattan, Coll. Sciences criminelles, 2001, pp. 25-58 ; R. CARIO, L'évolution de l'aide aux victimes en France, *In Les Petites Affiches*, 2005-80, pp. 3-11.

98. V. not. A. BERNARD et R. CARIO, *Les politiques publiques interministérielles d'aide aux victimes*, Ed. L'Harmattan, Coll. Sciences criminelles, 2001, 286 p.

99. V. not. P. BRUCKNER, *La tentation de l'innocence*, Ed. Grasset, 1995, Livre de Poche, 13927, 283 p. ; T. LEVY, Éloge de la barbarie judiciaire, *op.*

Or et à cet égard, les principaux enseignements de l'anthropologie juridique méritent d'être pris en compte. Cette discipline, assez nouvelle en France, indique en effet bien aux juristes en général, aux pénalistes en particulier, que l'explication évolutionniste (unilinéaire principalement) de la réaction pénale, de la vengeance archaïque à la peine régulatrice, est bien simpliste. Tout semble au contraire indiquer que le pluralisme (peines privées/peines publiques ; élimination/réintégration ; déshumanisation/réconciliation) fut et doit encore caractériser la réaction sociale au phénomène criminel. Dans le même esprit, l'évolution des sociétés humaines n'est en aucun cas réductible au schéma considérant que les sociétés civilisées (contemporaines) sont beaucoup mieux organisées (aux plans politique, culturel, juridique et économique notamment) que les sociétés primitives ayant réuni les premiers humains, dont elles sont issues. L'analyse et l'observation de ces dernières attestent, bien davantage, de l'existence de règles précises en de multiples domaines ainsi que d'une cohésion socio-culturelle qui manquent cruellement aujourd'hui [101]. Ce constat de l'évolution de l'être humain, du sauvage primitif (frustre et violent) à l'individu civilisé (intelligent et altruiste) a fortement inspiré les premiers criminalistes dans leurs approches des comportements criminels.

En cela pénalistes classiques ou néo-classiques et précurseurs de la bio-psychologie criminelle se rejoignent car, chacun

---

cit., 188 p. et s. ; D. SALAS, *La volonté de punir. Essai sur le populisme pénal*, Hachette littératures, 2004, 287 p.

100. V. sur cet aspect not. R. CARIO, Qui a peur des victimes ?, *In A.J.pén.*, 2004-12, pp. 434-437.

101. V. not. N. ROULAND, Anthropologie juridique, *op. cit.*, 496 p. et Que sais-je ?, 1990-2528, p. 14 et s. ; N. CHRISTIE, *Au bout de nos peines* (*Limits to pain*, 19), trad. D. KAMINSKI, Ed. De Boeck/Larcier, Coll. Perspectives criminologiques, 2005, 136 p. ; M. RAYNAL, *Justice traditionnelle - Justice moderne. Le devin, le juge, le sorcier*, Ed. L'Harmattan, 1994, 338 p. ; P. DUMOUCHEL (Dir.), *Violences, victimes et vengeances*, Ed. L'Harmattan, Presses Univ. Laval, Coll. comprendre pour agir, 2000, 232 p. ; G. KELLENS, *Punir. Pénologie et droit des sanctions pénales*, Ed. Univ. De Liège, 2000, 485 p. ; R. VERDIER (Dir.), *Vengeance. Le face-à-face victime/agresseur*, Ed. Autrement, Coll. Mutations, 2004, 237 p.

à leur manière, ils ont abordé le crime et le criminel de manière abusivement réductionniste. La permanence du phénomène criminel illustre l'échec de telles démarches strictement évolutionnistes. En ce domaine du phénomène criminel, il convient d'aborder les caractéristiques des conflits exprimés par une approche multidisciplinaire. Leur règlement exige tout autant une réponse sociale éclatée entre judiciaire et communautaire. Par conséquent, la préservation des valeurs socio-culturelles considérées comme fondamentales [102] par une prévention adaptée, la resocialisation de ceux d'entre nous qui les transgressent par un programme de traitement personnalisé, la restauration globale des victimes par un accompagnement approprié, le rétablissement de la paix sociale par des politiques locales concertées constituent bien les ambitions que soutiennent les sciences criminelles. Et il faut se convaincre que seuls un essor significatif de celles-ci et une prise en compte effective et durable des propositions issues des recherches scientifiques entreprises permettront de maîtriser ce fléau social moderne que constitue le phénomène criminel.

Une telle réorientation de la stratégie de lutte contre le phénomène criminel (comportements criminels et actes criminels) suppose des compétences professionnelles précises et adaptées. Ce n'est pas le moindre des enjeux des sciences criminelles que de promouvoir, dans l'endroit comme dans l'envers du crime, *la professionnalisation et/ou la spécialisation* des intervenants chargés de le prévenir et, en cas d'échec de le traiter. Or de ce point de vue, il est patent de constater qu'il manque, dans notre système de justice pénale, un corps professionnel spécialisé : celui de ***criminologue***. Les textes ministériels, comme les nombreux rapports les plus récents insistent sur cette inévitable spécialisation et envisagent, comme toujours, des formations « adaptées », généralement complémentaires à la formation de base des personnels intéressés. Ce n'est pas suffisant au regard de la complexité du phénomène criminel, humain par définition. C'est bien ce qui ressort du Rapport LAMANDA au travers des

102. Naturellement, ces valeurs fondamentales, ou essentielles, ne se confondent pas complètement avec ce que d'aucuns nomment « valeurs traditionnelles ».

premières propositions formulées : promouvoir l'enseignement et la recherche en criminologie ; favoriser l'enseignement universitaire approprié à la qualification de criminologue clinicien ; compléter en criminologie clinique les formations initiales et continue de certains professionnels [103].

Le temps est venu de prendre, au plus haut niveau de l'Etat, la décision de mettre en place des filières universitaires conduisant au métier de criminologue (englobant celui de victimologue), dont les compétences et les activités multiples ne sont plus à démontrer, dans le cadre d'une éthique et d'une déontologie éprouvées ? On comprend mal les résistances, qu'elles soient de politique politicienne ou d'esprit disciplinaire de chapelle. La connaissance élargie des problématiques de la prévention, de la répression et du traitement du phénomène criminel ferait de ce professionnel, en sciences criminelles au sens le plus large, l'interlocuteur privilégié du juge, à qui la décision ne cessera jamais d'appartenir : interface entre les savoirs techniques des experts ou des spécialistes de l'aide aux victimes d'une part, coordonnateur de l'exécution et de l'évaluation des décisions prononcées, de l'autre, sous le contrôle du juge [104].

---

103. *Amoindrir les risques de récidive criminelle des condamnés dangereux*, Rapport à M. le Président de la République, multigraph., 2008, 70 p., en ligne not. sur criminologie.univ-pau.fr/ressources.

104. Sur la formation en criminologie, en général, V. not. D. CAROLL, J. PINATEL, L'enseignement de la criminologie, *In Les sciences sociales dans l'enseignement supérieur*, Pub. UNESCO, 1956, 169 p. ; C. LAZERGES (Dir.), *L'enseignement des sciences criminelles aujourd'hui*, Ed. Erès, 1991, 139 p. ; V. R. CARIO, A.M. FAVARD, R. OTTENHOF (Dir.), *Profession criminologue : spécialisation ou professionnalisation ?*, Actes du 28è Congrès de l'Association Française de Criminologie, Ed. Erès, Coll. Criminologie et sciences de l'homme, 1994, et not. pp. 75-109 et pp. 111-122 ; G. KELLENS (Dir.), *Criminologie et société. Le criminologue dans la cité : hier, aujourd'hui, demain*, Actes du cinquantième anniversaire de l'Ecole Liégeoise de Criminologie Jean CONSTANT, Ed. Bruylant, 1998, 162 p. ; R. GASSIN, Criminologie, *op. cit.*, pp. 239-282 ; L. MUCCHIELLI, L'impossible constitution d'une discipline criminologique en France. Cadres institutionnels, enjeux normatifs et développements de la recherche des années 1880 à nos jours, *In Criminologie*, 2004-1, pp. 13-42 ; J. PROULX, *Profession criminologue*, Les Presses univ. Montréal, 2007, 70 p.

A l'instar de la situation observable au Canada, en Belgique et dans le monde anglo-saxon plus généralement, consacrant la professionnalisation de criminologues « généralistes » comme la spécialisation aux questions criminologiques classiques (générale et clinique) dans la formation initiale ou continue des divers intervenants en sciences criminelles, une telle décision responsable favoriserait encore grandement les collaborations partenariales futures, chacun pouvant comprendre les préoccupations de l'autre, tous ayant en commun la recherche des moyens les meilleurs pour favoriser la réparation des victimes au même titre que la (re)socialisation des condamnés [105]. Leur situation personnelle et sociale est trop préoccupante et complexe pour qu'elle soit abandonnée aux seuls disciples de Monsieur Jourdain. Le temps des querelles de chapelles est révolu, notre responsabilité professionnelle nous commande une approche globale et intégrée, toutes disciplines confondues, tous intervenants associés : législateur, décideurs, acteurs, chercheurs.

L'intérêt et le but d'une introduction générale aux sciences criminelles n'échapperont, à l'issue de ces développements, à personne. Il importe ainsi de tracer, tout d'abord, les contours généraux du phénomène criminel sur le vif, au travers des séries statistiques disponibles, des moyens dont dispose le système de justice pénale pour lui faire face (1). Les caractéristiques observées ne devraient pas manquer d'influer les discours théoriques sur le crime (2). La présentation préalable de ces contours du phénomène criminel est seule de nature à éclairer l'objet des sciences criminelles : de la prévention, prioritaire, du phénomène criminel à la répression, en cas d'échec de celle-ci, des comportements criminels orientée vers la resocialisation des condamnés (3). L'exposé du contenu des diverses composantes des sciences criminelles confirmera, enfin, la pertinence de l'approche globale et intégrée du phénomène criminel, seule susceptible de consolider ou de rétablir, le cas échéant, l'Harmonie sociale (4).

---

105. Comp. M. GABEL, L'impossible partenariat des professionnels : une maltraitance institutionnelle indirecte ?, *In Les cahiers de l'actif,* 248-249, pp. 31-36.

1

Les contours généraux du phénomene criminel

Dans ce domaine si particulier du phénomène criminel, l'approche scientifique est le seul rempart aux intuitions et appréciations hâtives, non fondées et souvent clichéistes. Les discours élaborés par les chercheurs, qu'il s'agisse de prévention, de répression ou de traitement, résistent assez généralement mal à la pression des faits sélectionnés voire manipulés par les détracteurs des sciences criminelles. Le bon sens, le sens commun, toujours réducteurs lorsqu'ils prétendent s'appliquer aux comportements humains, excellent en l'amalgame, voire la provocation : tout est bon ou presque pour condamner (ce qui *per se* n'est pas à remettre en cause) le criminel et combattre l'insécurité sociale dont il paraît être la principale, sinon la seule, cause. Tour à tour sont évoqués : la cruauté de l'acte (au travers de ses modalités d'exécution ou relativement à la victime) ; la détresse de la victime et/ou de ses proches ; la détermination de son auteur (en insistant sur le caractère volontaire du comportement) ; la faiblesse des moyens dont dispose la société pour prévenir ce type de fléau social ; le coût social estimé considérable de la prise en charge d'individus si peu recommandables ; la certitude de la récidive... Eu égard, enfin, aux difficultés socio-économico-culturelles que traversent nos sociétés libérales, certains estiment inconvenant de provoquer la (re)socialisation de ceux qui semblent s'être, par leur geste criminel, exclus sciemment de la société.

La présentation du discours commun sur la criminalité pourra paraître à d'aucuns caricaturale et bien superflue. Pourtant et sans doute malgré eux, tous les citoyens sont concernés par ce phénomène social là, auquel ils ne sont certainement pas étrangers au fond. C'est au niveau de la dimension factuelle et événementielle du phénomène qu'il y a décalage, (més)désinformation entre discours et réalités [1]. Aussi, pour bien situer et se pénétrer des théories, des discours et des réalisations relativement à la lutte contre le crime, il devient indispensable de connaître préalablement le phénomène criminel [2], dans ses caractéristiques générales dont l'exactitude et l'exhaustivité supportent néanmoins quelques critiques d'ordre méthodologique (Section 1). Dans le même ordre d'idées, il apparaît utile de mesurer l'ampleur des moyens (humains, financiers et matériels) dont dispose le système de justice pénale pour mener à bien ses missions générales de prévention et de traitement du phénomène (Section 2).

---

1. V. L. HULSMAN, J. BERNAT de CELIS, *Peines perdues. Le système pénal en question*, Ed. DHS/Le Centurion, 1982, p. 55 et s.

2. V. sur l'ensemble de la question, G. CAMILLERI, C. LAZERGES, *Atlas de la criminalité en France*, Ed. Reclus/La Doc. Française, Coll. Dynamique du territoire, 1992, 159 p. ; P. FIACRE, Les infractions de masse : chiffres et tendances, *In Les cahiers de la sécurité intérieure*, 1996-23, pp. 14-22 ; B. AUBUSSON de CAVARLAY, Notes statistiques, *In* C. LAZERGES, J.P. BALDUYCK, *Réponses à la délinquance des mineurs*, La Doc. française, 1998, pp. 263-291 ; Association Pénombre, *Chiffres en folie*, Ed. La Découverte, 1999, 226 p. ; L. MUCCHIELLI, *Violences et insécurité. Fantasmes et réalités dans le débat français*, Ed. La Découverte, 2001, 142 p. ; Observatoire National de la Délinquance, *Premier Rapport*, Ed. INHES, 2005, 627 p. ; L. et S. TOURNYOL du CLOS, La délinquance des jeunes, *op. cit.*, 255 p. ; Comp. M. MAGUIRE, R. MORGAN, R. REINER (Eds), *The Oxford handbook of criminology,* Clarendon Press, 4th ed. 2007, pp. 241-301 ; S. PORTELLI, *Ruptures*, Lulu éd., 2007, Faux bilan, p. 7 et s.

Section 1. Caractéristiques générales du phénomène criminel

Pour utile que paraisse la présentation des faits qualifiés de criminels effectivement commis sur le territoire national, encore convient-il de l'aborder avec rigueur. La règle des niveaux d'interprétation commande la division des développements entre les observations qui participent du niveau de la criminalité (au sens étroit des actes commis) (§ 1) et celles qui concernent celui des criminels (§ 2). Quelques développements méritent encore d'être spécialement consacrés aux victimes, éternelles oubliées d'un phénomène qui les affecte pourtant directement (§ 3). Ces connaissances supportent néanmoins quelques critiques d'ordre méthodologique relativement à leur exhaustivité et surtout à leur exactitude qu'il importe de bien maîtriser avant d'en généraliser les résultats (§ 4).

§ 1 – La criminalité

L'observation des actes criminels, majoritairement posés en zone urbaine [3], est généralement envisagée dans une triple perspective en fonction de la visibilité plus ou moins grande des infractions commises. La criminalité réelle est ainsi constituée par l'ensemble des infractions commises à un moment donné sur un territoire donné. Elle se compose donc, tout d'abord, de la masse des infractions connues des autorités de contrôle et de poursuite : police (en milieu urbain), gendarmerie (en milieu semi-urbain et rural) et justice. Mais elle comprend encore les infractions n'ayant pas été découvertes ou n'ayant pas fait l'objet d'un report auprès des services précités. Ces manifestations sont systématisées en termes de criminalité apparente, de criminalité légale et de criminalité cachée. Deux indicateurs vont être spé-

3. A un point tel que la politique de la ville tend à absorber, abusivement parfois, toutes les questions relatives à la criminalité ; V. I. ZAKINE, A. MATHE, A. REYNAUD, C. SAMET, *La ville. Peurs et espérances*, *In* Rev. Pénitentiaire et de Dr. Pénal, 1995/2, pp. 9-230 (également publié à La Documentation Française, 1995, 246 p.) ; C. LAZERGES, *Introduction à la politique criminelle*, Ed. L'Harmattan, Coll. Sciences criminelles, 2000-1, p. 109 et s. ; V. *Infra*, Chap. 3, Sect. 2, § 1, C.

cialement commentés : le volume et la direction de la criminalité, au sens large.

A – La criminalité cachée

Avec beaucoup d'acuité, cette première masse d'infractions, connue encore sous le nom de criminalité latente, imagée par le fameux chiffre noir de la criminalité, pose un problème essentiel à tous ceux qui se préoccupent de la prévention et de la répression du phénomène criminel. En premier lieu, parce que les études développées en vue de circonscrire la criminalité cachée (délicates à mener au plan méthodologique) [4] indiquent l'ampleur des comportements délinquantiels non connus ou non reportés. En second lieu, parce que dans de telles conditions, ce dont ont à connaître les agences officielles de contrôle social n'est qu'un produit en quelque sorte dénaturé du phénomène observé. Les infracteurs repérés ne sont pas représentatifs, quantitativement, de l'ensemble du phénomène [5]. Ils attestent surtout, qualitativement, de leur inaptitude à échapper à la répression. Ces deux remarques revêtent d'autant plus d'acuité que tout au long du processus pénal divers filtres vont encore per-

---

4. V. R. ZAUBERMAN, Grandes enquêtes en recherche pénale et difficultés de réalisation : réflexions complémentaires à propos des enquêtes de victimisation, *In Déviance et Société*, 1982/6, p. 281 et s.

5. Pour une appréciation très optimiste de l'exhaustivité du recueil policier, V. C. CHIARAMONTI, L'asocialité dénoncée par ses victimes, *In Données Sociales 1990*, Pub. INSEE, p. 434 et s. ; du même auteur, Un solide instrument de mesure : la statistique des faits constatés établie par la Direction Centrale de la Police Judiciaire, *In Cahiers de la Sécurité Intérieure*, 1991/4, p. 15 et s. ; Comp. U. ZVEKIC, Les attitudes des victimes envers la police et la punitivité : résultats des sondages internationaux de victimisation, *In R.I.C.P.T.*, 1997-1, pp. 3-13 ; L. MUCCHIELLI, L'expertise policière de la « violence urbaine » : sa construction intellectuelle et ses usages dans le débat public français, *In Déviance et Société*, 2000-24, pp. 351-375 ; J.H. MATELLY, C. MOUHANNA, *Police : des chiffres et des doutes*, Ed. Michalon, 2007, 268 p. ; L. MUCCHIELLI, Faire du chiffre : le « nouveau management de la sécurité », *In* L. MUCCHIELLI (Dir.), La frénésie sécuritaire, *op. cit.*, pp. 99-112 ; J.P. JEAN, Le système pénal, *op. cit.*, p.8 et s.

mettre des sorties du système, pour des raisons plus ou moins avouables [6].

Les études effectuées sur le chiffre noir de la criminalité sont éloquentes à cet égard, qu'il s'agisse d'enquêtes d'auto-confession [7] (ou de délinquance auto reportée) ou d'enquêtes de victimisation [8] : toutes infractions confondues, une part importante des personnes interrogées (de cinq à huit sur dix selon les enquêtes) a eu, directement ou indirectement, affaire avec la délinquance.

Il est extrêmement hasardeux de tirer des conclusions fiables et généralisables de tels constats. Si le phénomène criminel semble relativement banalisé et en permanente évolution (« En tout homme sommeille un criminel », enseignaient les Anciens), encore faut-il s'entendre sur la définition même de crime et sur les actes considérés comme criminels [9]. Dans ces conditions, la relative représentativité de la face visible du phénomène pro-

---

6. V. sur ce point essentiel not., B. AUBUSSON de CAVARLAY, Du parquet au jugement : la sélection des affaires et des personnes poursuivies, *In* Données Sociales 1990, *op. cit.*, p. 430 et s. ; Comp. P. ROBERT, B. AUBUSSON de CAVARLAY, M.P. POTTIER et P. TOURNIER, *Les comptes du crime*, Ed. L'Harmattan, 2è éd. refondue, 1994, p. 25 et s. ; V. *Infra,* § 4.

7. V. R. CARIO, *Les femmes résistent au crime*, Ed. l'Harmattan, Coll. Transdisciplines, 1997, p. 54 et s. et références citées ; F. GLOWACZ, C. GAVRAY, Dynamiques familiales : la clinique à l'épreuve de l'auto-révélation, *In* M. BORN, P. THYS (Dir.), *Délinquance juvénile et famille*, Ed. L'Harmattan, Coll. Sciences criminelles, 2001, p. 49 et s. ; M. BORN, *Psychologie de la délinquance*, Ed. De Boeck, 2è éd. 2005, p. 21 et s.

8. V. not. R. ZAUBERMAN, P. ROBERT, C. PEREZ-DIAZ, *Les victimes. Comportements et attitudes. Enquête nationale de victimation*, pub. CESDIP, 1990/52, 2 vol., 282 et 587 p. ; G. LOPEZ, *Victimologie,* Dalloz, 1997, p. 6 et s. ; R. CARIO, Victimologie, *op. cit.*, p. 92 et s. ; Observatoire National de la Délinquance, Premier Rapport annuel, pub. INHES, 2005, *op. cit.*, p. 97 et s. ; V. *Infra*, § 3.

9. Sur les nouvelles formes de criminalité, dans l'espace (transfrontalière, régionale, mondiale), dans le contenu (blanchiment d'argent, corruption...) comme dans les modalités de mise en œuvre (organisations criminelles mafieuses...), V. not. J. de MAILLARD, *op. cit.*, p. 10 et s. ; P. CSONKA, Council of Europe activities related to information technology, data protection and computer crime, *In Inform. and Communic. Technol. Law,* Oxford, 1996-5, pp. 177-196 ; Comp. L. HULSMAN, J. BERNAT de CELIS, *op. cit.*, p. 68 et s.

vient de la répétition des comportements criminels (majoritairement dirigés contre la propriété), laquelle détermine le maintien des intéressés dans le processus. Dans le même ordre d'idées, les infractions graves contre les personnes, les biens et l'autorité demeurent assez rarement cachées, à l'inverse des infractions banales et astucieuses contre les biens dont la découverte et l'élucidation sont très aléatoires. Pour autant, il est incontestable que, pour des raisons diverses, avouées ou non, des individus et/ou des infractions échappent au système de justice pénale, particulièrement en ce qui concerne les « crimes en col blanc » et, dans une moindre mesure, les infractions commises dans le cercle restreint de la famille. L'analyse des statistiques de criminalité apparente est riche d'enseignements à ces divers égards.

B – La criminalité apparente

Elle est constituée par l'ensemble des infractions ayant fait l'objet d'un procès verbal de police ou de gendarmerie [10] réunies sous la tutelle du Ministère de l'intérieur à compter du 1er janvier 2009 [11]. Publiées annuellement dans « l'état 4001 », les

10. Concrètement, la Gendarmerie couvre 95% du territoire national ; le critère de délimitation des zones de compétence précisait, depuis la Loi du 23 avril 1941, que le régime de la police nationale est établi dans une commune de plus de 10 000 habitants (mod. D. 19 sept. 1996). Depuis l'été 2003, un redéploiement d'envergure, légitime, est en cours, appuyé sur l'élargissement des attributions de Ministre de l'Intérieur à la gendarmerie nationale dans le cadre de leurs missions de sécurité intérieure (V. D. 15 mai 2002 ; L. 18 mars 2003 pour la sécurité intérieure) et accompagné de moyens supplémentaires ; V. également Art. L 2214-1 Code général des collectivités territoriales ; F. DIEU, *Politiques publiques de sécurité*, Ed. L'Harmattan, Coll. Sécurité et société, 1999, 254 p. ; F. DIEU, Réformer l'offre de sécurité dans les territoires ruraux français, *In* S. ROCHE (Dir.), *Réformer la police et la sécurité. Les nouvelles tendances en Europe et aux Etats-Unis*, Ed. O. Jacob, 2004, pp. 107-126 ; L. MUCCHIELLI (Dir.), *Gendarmes et voleurs. De l'évolution de la délinquance aux défis du métier*, Ed. L'Harmattan, Coll. Sécurité et société, 2007, 312 p. ; M. CUSSON, B. DUPONT, F. LEMIEUX et al. (Dir.), *Traité de sécurité intérieure*, Presses polytechniques et univ. romandes, 2008, 705 p. ; interieur.gouv.fr ; inhes.interieur.gouv.fr.

11. I. MANDRAUD, Au 1er janvier 2009, les gendarmes sous tutelle du ministère de l'intérieur, *In Le Monde*, 24 oct. 2008, p. 12.

statistiques de police judiciaire, pour être encore lacunaires [12], sont néanmoins un indicateur utile des caractéristiques des actes criminels perpétrés en France. Elles sont susceptibles de renseigner encore sur les modalités de fonctionnement des services engagés dans les actions de police judiciaire, sur les orientations données à ces actions et sur leur efficacité à prévenir et assurer la paix et la sécurité publiques. Elles ne rapportent par conséquent pas l'état des affaires traitées directement par la police (dans le cadre bien trop informel de l'admonestation policière) et de celles inscrites sur la main courante (selon des critères par toujours aisés à déceler et rarement harmonisés).

Le volume de la criminalité apparente

En 2007, 3 589 293 crimes et délits (commis ou simplement tentés) ont été constatés sur le territoire national, dont plus des trois-quarts par la police nationale [13]. Ce résultat indique une baisse de 3,7 % du nombre de faits au regard de ceux enregistrés en 2006 [14]. La délinquance de voie publique, regroupant les infractions « qui incommodent le plus les particuliers dans leur vie quotidienne » [15], représente 45,40 % de l'ensemble des infractions enregistrées, élucidées dans seulement 12,15 % des cas [16]. Rapporté à la population française, le taux de criminalité

---

12. V. Rapport de l'Observatoire National de la Délinquance, *In Le Monde*, 4 mars 2005, p. 10-11, 16 ; *Aspects de la criminalité et de la délinquance constatées en France en 2007*, lesrapports.ladocumentationfrancaise.fr

13. Sont exclus de ces statistiques : toutes les contraventions, les délits relatifs à la circulation routière, les infractions relevées par d'autres institutions habilitées (Douanes, not.), les actes de police administrative.

14. V. M. DELEAN, Les chiffres élastiques de la délinquance, *In Libération*, 18-19 oct. 1986 ; Comp. J. GATTI-DOMENACH, L'utilisation des statistiques policières dans le discours politique, *In Cahiers de la Sécurité Intérieure*, 1991/4, p. 177 et s. ; J.H. MATELLY, C. MOUHANNA, *Police : des chiffres et des doutes*, Ed. Michalon, 2007, 268 p.

15. Cet « agrégat » regroupe des « cambriolages, des vols d'automobiles et de véhicules de transport avec fret, des vols d'accessoires automobiles, des vols de deux roues, des vols à la roulotte, des vols à la tire, des destructions et dégradations de biens publics et privés (sauf incendies et attentats), des destructions et dégradations de véhicules privés, des vols avec violences et des vols à main armée ».

16. En 2007, le taux moyen d'élucidation est de 36,1 %.

apparente, pour mille habitants, est de 58,3. En chiffres bruts, l'évolution depuis 1975 est la suivante :

Tableau n°1 – Evolution des faits constatés par la Police Judiciaire

Année	Nombre de faits constatés	Population Française	Taux pour 1000 habitants
1975	1 912 327	52 699 169	36.29
1980	2 627 508	53 731 387	48.90
1985	3 579 194	55 062 478	65.00
1990	3 492 712	56 614 493	61.69
1995	3 665 320	58 027 305	63.17
2000	3 771 849	58 746 500	64.21
2005	3 589 293	60 561 200	62.35

Source : INSEE

Le taux de progression des faits durant la période analysée (de 1975 à 2007) est de 1.9 alors que celui de la population française est de 1.2 seulement [17]. L'augmentation des faits constatés est patente. Son explication sera néanmoins nuancée.

En relation avec la situation observable dans les Etats membres de l'Union Européenne, le taux de criminalité relevé en France en 2006 (61.03 pour mille habitants) se situe à un niveau assez élevé, à population comparable : Espagne, 41.80 ; Allemagne, 50.80 ; Royaume-Uni, 97.8 [18]. Les taux observés aux Etats-Unis et au Canada ont été respectivement de 40.3 et 46.3 [19]. Au sein des Etats-membres, les crimes et délits ont « globalement progressé de 0,6 % pas an entre 1995 et 2005 ». Si la tendance est nettement orientée à la baisse pour les homicides (moins 3% par an), les violences et agressions (sexuelles notamment, plus 4%) comme les vols avec violences (plus 5 %) progressent jusqu'en 2003 un peu partout [20].

17. 52 699 169 en 1975, contre 61 538 000 en 2007.

18. V. interieur.gouv.fr/statistiques.

19. V. *La criminalité en France. Rapport de l'Observatoire National de la Délinquance 2007*, sous la dir. d'A. Bauer, CNRS Ed., 2007, p. 514 et s.

20. V. La note de veille du Centre d'Analyse stratégique, déc. 2007-84 ; http://www.epp.eurostat.ec.europa.eu.

La direction de la criminalité apparente

Il est toujours arbitraire de vouloir dégager des lignes-forces à partir d'un phénomène rendu multiforme par la nature juridique très variée des infractions et par la diversité de leurs auteurs. Il est néanmoins utile de procéder par regroupements grossiers pour obtenir des informations synthétiques sur la direction de la criminalité. A titre indicatif, le tableau suivant, établi à partir des chiffres fournis par les Services de police judiciaire, regroupe les faits constatés, par ordre de fréquence, au cours de l'année 2007.

Tableau 2 – Nature des faits constatés en 2007

Nature des faits constatés	Nombre	%	Elucidation %
Vols (y compris recels) *Dont* vols à main armée 5 294 – 00,14 % Vols avec violence 107 591 – 02,99 % Vols simples 771 021 – 21,48 % Recels 38 446 – 01,07 %	1 939 570	54,03	14,37
Infractions économiques et financières	345 416	09,62	57,70
Crimes et délits contre les personnes *Dont* homicides 826 Tentatives d'homicide 1 040 Infractions contre les mœurs 39 135 (viols : 10 132) agressions sexuelles 13 115	386 603	10,77	74,35
Autres infractions (dont stupéfiants) stupéfiants seuls 157 008 – 04,37 % (trafic ou revente sans usage, 5 797)	917 704	25,56	57,40
	3 589 293	100,00	-

Source : Ministère de l'intérieur

Très majoritairement, les faits constatés témoignent d'une criminalité dirigée contre les biens : dans près de neuf cas sur dix (89,23 %). Logiquement, les infractions contre les personnes, crimes et délits confondus, ne représentent, bien qu'en légère hausse, qu'un peu plus d'un fait constaté sur dix. Les infractions graves contre les personnes, dont l'élucidation intervient dans plus de trois cas sur quatre, concernent 826 homicides, correspondant à 0,02 % (en chiffres absolus) de l'ensemble des faits constatés en 2007 (à 0,21 % en chiffres relatifs, *i.e.* par rapport aux seules infractions contre les personnes).

Les vols avec violences (dont 5 294 avec armes et 107 591 sans) représentent 5,82 % de la rubrique « vols, y compris recels ». Les vols avec entrée par ruse (9 853) et les cambriolages (312 384), 16,61 %. Les vols simples (771 021), les vols liés à l'automobile et aux deux roues motorisés (694 981, dont les deux tiers sont des vols d'accessoires ou à la roulotte) en constituent l'essentiel (75.58 % en chiffres relatifs). Il n'est pas anodin de noter que ces vols « simples » regroupent deux faits constaté sur cinq (1 466 002, soit 40,84 %).

Comme sa dénomination y invite, la catégorie « autres infractions », fourre tout s'il en est, agrège notamment les destructions et dégradations de biens (462 395, 50,38 %), les infractions aux conditions générales d'entrée et de séjour des étrangers (88 088, 9,59 %). Mais contrairement à ce que suggère l'annonce entre parenthèses des infractions à la législation sur les stupéfiants, ces faits constatés ne représentent que 17,10 % de la rubrique (4,37 % en chiffres absolus), massivement caractéristiques de trafic pour usage et, surtout, d'usage dans près de neuf as sur dix !

Dans une perspective évolutive, ou rétrospective, il est encore possible d'indiquer que la progression des vols constatés (y compris le recel) depuis 1975 est de 1.57, celle des infractions à la réglementation sur les stupéfiants, à la paix publique et à d'autres réglementations de 3.30, celle des escroqueries et infractions économiques ou financières de 1.09, celle des infractions contre les personnes de 4.40 [21]. C'est à des considérations voisines que conduit la présentation des statistiques judiciaires.

C – La criminalité légale

La criminalité légale est constituée par l'ensemble des décisions rendues par les Cours et Tribunaux français statuant en matière répressive. A chaque catégorie légale d'infractions correspond une juridiction particulière : les crimes sont jugés par

21. La comparaison avec la situation observable en 1950 est tout à fait éloquente (faits constatés multipliés par 6.2) : progression des vols de 10.3 ; des infractions astucieuses contre les biens de 8.0 ; des infractions relatives à la réglementation sur les stupéfiants et autres réglementations de 3.2 ; des infractions contre les personnes de 5.6.

les cours d'assises (102, *i.e.* une par département et Territoire d'outre-mer), les délits par les tribunaux de grande instance siégeant en audience correctionnelle (au nombre de 181, siégeant en audience collégiale ou à juge unique), les contraventions de 5è classe par les tribunaux de police (475).

Il est essentiel de préciser qu'en amont des décisions rendues par les tribunaux répressifs un nombre conséquent d'affaires constatées par procès verbal de police judiciaire ne connaîtra pas de suites judiciaires. En ce sens et en application du principe de l'opportunité des poursuites, le Parquet a classé sans suite, en 2007, 76,9 % des plaintes, dénonciations et procès verbaux traités (dont l'auteur était connu dans près de deux cas sur cinq). A ne s'en tenir qu'aux chiffres relatifs aux seules affaires poursuivables [22], le taux de réponse pénale, avancé de plus en plus fréquemment pour rassurer les justiciables, est nettement différent : 80,4 % (dont 33,96 % de procédures alternatives aux poursuites et 46,43 % de poursuites). Trois indicateurs peuvent être extraits des statistiques judiciaires : l'ampleur, la nature des infractions jugées et celle des décisions rendues.

Le volume des infractions jugées par les tribunaux répressifs

En 2006, 654 229 condamnations ont été prononcées [23]. Les crimes représentaient 0,51 % de l'ensemble (soit 3 385 cas), les délits 94,82 % (soit 620 391 cas), les contraventions de 5è classe 4,65 % (soit 30 453 cas). Les modifications intervenues dans les modalités de recueil et de traitement statistique des décisions rendues par les tribunaux répressifs rendent illusoire une com-

22. Ces « affaires poursuivables » sont une nouveauté dans la présentation des statistiques judiciaires depuis 1999. Elles représentent 1 525 114 des 4 960 284 affaires traitées, ces dernières constituant elles-mêmes 93,3 % des procès-verbaux reçus par le parquet en 2006 ; *Les chiffres-clés de la justice*, 2007, p. 14 et s. ; V. justice.gouv.fr ; Comp. J.P. JEAN, Affaires classées, *In Pénombre*, 2001-24, pp. 5-6.

23. Ces condamnations ont parfois sanctionné plusieurs infractions : 933 048 en 2006 : soit 4 265 crimes (0,45 %), 883 589 délits (94,69 %) et 45 194 contraventions de 5è classe (4,84 %) ; V. O. TIMBARD, *Les condamnations en 2006*, Pub. Min. Justice, 2007, multigraph., p. 7 et s.

paraison, sur plusieurs années judiciaires quant au volume global des condamnations [24]. Par contre, la part respective des différentes catégories d'infraction peut-être signalée depuis 1975.

Tableau n°3 – Evolution des crimes et délits

	Crimes		Délits		Contraventions		
Année	Nombre	%	Nombre	%	Nombre	%	Total
1975	2 076	0,38	387 242	72,53	144 517	27,07	533 835
1980	2 255	0,35	472 397	75,36	152 137	24,27	626 789
1985	2 373	0,35	553 843	82,97	111 273	16,67	667 489
1990	2 607	0,45	469 137	82,36	97 810	17,17	569 554
1995	2 703	0,72	342 945	91,66	28 495	07,61	374 143
2000	3 243	0.55	445 176	76,51	133 407	22,90	581 826
2005	3 232	0,54	521 118	87,88	68 148	11,49	592 948

Source : Annuaire statistique de la justice

Est-il besoin de souligner la part très faible que représentent les condamnations pour crimes dans l'ensemble des décisions rendues : un cas sur deux cents. On ne peut alors feindre d'ignorer, dans ces conditions, que l'insécurité d'origine criminelle ne provient pas seulement, loin s'en faut, des atteintes graves contre les personnes ou contre les biens [25]. Il importe de noter en ce sens que les infractions mortelles volontaires contre les personnes connaissent une baisse significative constante depuis le milieu du XIXème siècle, quel que soit le sexe de leur auteur : 2 500 homicides volontaires en 1850 contre 471 en 2006, alors que la population française a plus que doublé durant cette

24. Fort malheureusement, les dernières livraisons statistiques ne permettent plus de ventiler les résultats selon le nombre d'individus effectivement concernés, le nombre d'infractions effectivement commises par individu... ; Comp. *Statistique annuelle. Les condamnations de 1993,* Vol. 12, La Doc. Française, 1996, p. 11 et s.

25. Il n'est pas inutile de remarquer que d'autres insécurités frappent certains de nos concitoyens. Chaque année, en France, environ 1 000 travailleurs décèdent des suites d'un accident du travail ou d'une maladie professionnelle ; près de 5 000 autres personnes lors d'accidents de la circulation ; 4 000 meurent d'infections nosocomiales ; plus de 11 000 se suicident ; plus de 20 000 sont victimes d'un accident domestique ; 20 000 sont portées disparues, principalement (sans compter les morts consécutives à des maladies ou troubles physiologiques qui affectent préférentiellement les populations dominées et les plus démunies, comme le cancer ou l'alcoolisme) ; V. not. E.C. KRUG et coll. (Dir.), *Rapport mondial sur la violence et la santé*, public. O.M.S., 2002, 376 p. ; V. not. J.Y. NAU, Mortalité par cancer : les inégalités sociales ont augmenté, *In Le Monde*, 3 sept. 2008, p. 8.

période [26]. Avant d'analyser la nature des infractions ainsi sanctionnées, il doit être remarqué que le volume global de la criminalité légale se situe, depuis environ deux décennies, autour de 600 000 cas par an, attestant pas là qu'il s'agit plutôt d'une statistique de service informant davantage sur les activités des juridictions que sur la criminalité légale elle-même.

La direction des infractions sanctionnées

Par ordre d'importance, les personnes condamnées par les tribunaux répressifs en 2006 avaient plutôt dirigé leurs activités criminelles contre la réglementation relative à la circulation routière, contre les biens, contre les personnes, contre l'économie et contre d'autres réglementations. Le tableau suivant répartit les condamnations prononcées en 2006 selon la nature de l'infraction [27].

Tableau 4 – Répartition des condamnations selon la nature de l'infraction

	Nombre	%
Circulation routière et transport	278 295	42,53
Dont Conduite en état alcoolique	*150 095*	
Défaut d'assurance	*41 837*	
Grand excès de vitesse	*5 996*	
Atteintes aux biens	154 862	23,67
Dont Vols, recels, destructions et dégradations	*139 483*	
Atteintes aux personnes	107 820	16, 48
Dont Homicides volontaires	*471*	
Viols	*1 814*	
Coups et violences volontaires	*62 596*	
Homicides et blessures involontaires	*13 284*	
(par conducteur)	*(11 80)3*	
Matière économique et financière	20 836	03,18
Dont Chèques	*3 189*	
Travail illégal	*5 409*	
Autres infractions	92 416	14,12
Dont Acquisition, trafic et usage de stupéfiants	*40 205*	
Séjour irrégulier des étrangers	*4 333*	
	654 229	100,00

Source : Ministère de la justice

26. V. en ce sens J.C. CHESNAIS, *Les morts violentes en France*, Pub. PUF/INED, 1976, p. 25 et s. ; *Rev. Sciences humaines*, 1995-54, p. 27 ; Comp. S. ROCHE, Sociologie politique de l'insécurité, *op. cit.*, p. 31 et s. ; L. MUCCHIELLI, Misère du débat sur l'insécurité, *In J.D.J.*, 2002-17, pp. 16-19.

27. Pour le détail des infractions sanctionnées, V. Les condamnations en 2006, *op. cit.*, p. 18 et s.

On ne saurait être surpris ni de la hiérarchie, ni de la part respective des catégories d'infractions observées. Il est tout à fait normal que demeurent plus que proportionnellement dans le système pénal les infractions les plus graves contre les personnes comme celles contre les biens. Pour autant, les atteintes aux personnes n'attraient qu'environ une condamnation sur cinq, crimes et délits confondus. Les différences notables observables par rapport aux statistiques de police judiciaire sont néanmoins à interpréter avec une extrême prudence en l'absence de véritable correspondance entre les séries statistiques de criminalité apparente et de criminalité légale. Quoi qu'il en soit, on ne saurait reporter la présentation des sanctions prononcées, authentique indicateur de la proportionnalité de la réponse pénale à la gravité, largement délictuelle, des infractions commises.

La nature des sanctions prononcées

Pour atteindre à plus de pertinence dans le commentaire, il eut été intéressant de mettre en corrélation la nature des infractions commises avec celle des sanctions prononcées. Dans le cadre de la présente analyse, on se contentera d'un aperçu général des peines et mesures retenues par les juridictions répressives.

Tableau 5 – Peines prononcées à titre principal en 2006

Nature de la peine	Nombre	Quantum moyen Ferme
Réclusion criminelle	1 257	14,2 années *
Dont à perpétuité	*25*	
Peine d'emprisonnement	317 322	7,5 mois
Dont partie ferme	*118 839*	
Peine d'amende	228 428	585 €
Peine alternative	69 445	
Dont suspension du permis de conduire	*23 564*	
Jour amende	*19 434*	
Travail d'intérêt général	*16 178*	
Mesure éducative	30 057	
Dispense de peine	7 720	
Condamnations après détention provisoire	35 056	
Dont crime	*2 484*	
Délits	*32 554*	
	654 229	

* hors réclusion criminelle à perpétuité

L'importance de la réponse carcérale à une criminalité largement orientée vers les biens étonne profondément : dans près d'une condamnation sur deux (48,69 %) (dont environ 18,16 % de peines fermes et 30,33 % avec sursis total). Ce constat apparaît encore aggravé par la durée moyenne de l'incarcération en matière délictuelle : 7,5 mois d'emprisonnement. Sans trop grand risque d'être contredit, la disproportion entre le trouble à l'ordre social et la réaction qu'il a engendrée doit être affirmée, la privation de liberté constituant la peine hiérarchiquement la plus élevée de notre système répressif.

L'amende représente plus du tiers des condamnations (34,91 %). Au-delà de la faible efficacité de la mesure, tant au niveau de son instrumentalité (à resocialiser), de ses vertus symboliques (à apaiser socialement) que pédagogique, il est surtout permis de penser que l'amende ne peut généralement pas être acquittée par les intéressés, la plupart du temps sans ressource. Et que l'amende soit parfois prononcée avec sursis rend encore plus obscur le sens de la fonction pénale qui la sous-tend.

On remarquera également le faible recours aux peines alternatives, introduites largement et très opportunément dans l'arsenal répressif en 1975 et 1983 notamment [28]. Ces mesures de nature à ne pas trop perturber la socialisation des intéressés, difficile par définition, ont été prononcées, en légère hausse, dans à peine plus d'une condamnation sur dix (10,61 %) [29]. Elles sont majoritairement constituées par les suspensions de

---

28. Pour une confirmation du caractère traditionnellement confidentiel des alternatives à l'incarcération, V. not. J. BERNAT de CELIS, Pourquoi les tribunaux français appliquent-ils si peu les peines dites de substitution ?, *In Arch. Pol. Crim.*, 1984/7, p. 199 et s. ; V. également R. CARIO, Le travail d'intérêt général après 10 ans d'application en France, *In Eguzkilore*, Cuaderno del Instituto Vasco de Criminologia, 1993/7, p. 41 et s. ; *Le T.I.G. a 10 ans. Le résultat en vaut la peine,* Pub. Min. Justice, multigraph., 1994, 132 p. ; Comp. Les alternatives sortent de l'ombre, *In Dedans Dehors*, 2007-60, pp. 14-33 ; M. HERZOG-EVANS, Les articles 474 et 723-15 ou le sens retrouvé des courtes peines d'emprisonnement. Plaidoyer pour un artisanat judiciaire, *In A.J.pén.*, 2008-6, pp. 274-276.

29. Pour une vue d'ensemble de ces mesures, V. B. BOULOC, Droit pénal général, *op. cit.*, p. 430 et s.

permis de conduire (3,60 %), les jours amende (2,97 %) et les travaux d'intérêt général (2,47 %).

Les mesures et sanctions éducatives (4,59 %, dont les trois quarts consistent en des admonestations, remises aux parents, dispenses de mesure) concernent principalement les mineurs condamnés et un nombre restreint de jeunes majeurs. Contrairement aux prévisions de l'Ordonnance du 2 février 1945, ces mesures de protection et d'éducation, assez étonnement, sont fortement concurrencées par les sanctions de nature pénale. En 2006, les juridictions pour mineurs ont prononcé 20 091 peines privatives de liberté (dont 28,9 % fermes), 4 838 amendes avec ou sans sursis, 4 504 TIG et sursis TIG, 1 637 sanctions éducatives, soit 41,4 % de peines au sens strict par rapport à l'ensemble des décisions définitives (74 973) [30].

Quant aux dispenses de peine, elles ne représentent que 1,18 % de l'ensemble des condamnations.

Un tel manque de nuance dans la réaction sociale à la délinquance est d'autant plus regrettable que les structures d'accueil des condamnés à la peine privative de liberté sont fortement encombrées et, particulièrement, les Maisons d'Arrêt destinées à recevoir les condamnés à de courtes peines d'emprisonnement (les deux tiers des cas). En ce sens, au 1er juillet 2008, 64 250 personnes étaient incarcérées dans les 195 établissements pénitentiaires français, d'une capacité totale de 50 806 places [31]. En seulement vingt ans, la progression du nombre de personnes incarcérées a augmenté de 60 % [32]. Parmi elles, plus d'un quart de prévenus (27,22 %, en diminution régulière) [33], toujours

30. V. P. ROBERT, *op. cit.* (1994), p. 215 et s. ; R. CARIO, Jeunes délinquants, *op. cit.*, p. 125 et s. ; en 2003, les mesures éducatives ne représentaient que 56,49 % des sanctions définitives prises par les juridictions pour enfants.

31. V. *Statistique mensuelle de la population écrouée et détenue en France*, pub. Adm. Pénitentiaire, en ligne justice.gouv.fr.

32. Ces chiffres seraient encore aggravés si toutes les peines prononcées étaient effectivement exécutées. Sur cette « évasion pénale », V. J. de MAILLARD, *op. cit.*, p. 46 et s.

33. Ce taux de prévenus avoisinait généralement 40 % en moyenne, toutes catégories de prévenus confondues. Il s'affiche à la baisse depuis seulement quelques années. Il importe de noter que ce taux est plus élevé chez les fem-

présumés innocents, dont l'affaire est en cours d'instruction ou en attente de jugement définitif. Le taux moyen d'encombrement (comme la notion de capacité d'accueil), dorénavant qualifié « densité carcérale » [34] varie profondément d'un établissement à l'autre : 120 % en moyenne, atteignant assez fréquemment plus de 150 % dans les Maisons d'arrêt où deux voire trois détenus sont incarcérés dans une cellule destinée à recevoir un seul prisonnier, dont la surface est très généralement inférieure à 9 m^2 [35].

L'impression d'une réponse rigoureuse à la criminalité est confirmée enfin par la constatation, depuis quelques années déjà, de l'allongement de la durée moyenne de la peine délictuelle qui a doublé en 20 ans. Dans le même esprit et de manière tout aussi discutable, nombre de courtes peines privatives de liberté « couvrent », en fait, le temps passé en détention provisoire. Une telle aggravation de la situation des prisonniers provient encore de l'augmentation du prononcé des peines comprises entre 5 et 10 ans et de la chute catastrophique de l'octroi des libérations conditionnelles [36].

---

mes (37,59 %) et surtout chez les mineurs (54,98 %, au 1er juillet 200_) ; V. Stat. Mensuelle, *op. cit.*

34. V. sur ces aspects, les importants travaux d'A. Kensey et P. Tournier, not. en ligne apenter-champ-penal-blogspot.com.

35. V. sur ces différents aspects, not. C. FAUGERON, P. TOURNIER, La crise des prisons françaises, *In* La justice, *Cahiers Français*, 1991/251, p. 3 et s. ; P. TOURNIER, *Démographie des prisons françaises : toujours plus*, Public. CESDIP, 1992, n° 64, 114 p. ; J. FAVARD, *Les prisons*, Ed. Flammarion, Coll. Dominos, 1994/18, 126 p. ; Prisons à la dérive. Inflation carcérale et dérive pénale. Pour une nouvelle intelligence de la peine, *In* Rev. *Esprit*, 1995/10, p. et s. ; Densité de population carcérale, *In Cahiers de démographie pénitentiaire,* 1997-4, 4 p. ; A. GARCIA, Surpeuplées, les prisons françaises sont au bord de l'explosion, *In Le Monde*, 16 août 2002/4.

36. V. en ce sens not., Observatoire international des prisons (OIP), *Le guide du prisonnier*, Ed. La Découverte, 3è éd. 2004, p. 115 et s. ; V. également Rapport J. FLOCH, *Situation dans les prisons françaises*, 2000-2521, Http://www.assemblée-nationale.fr ; J.J. HYEST, G.P. CABANEL, *Prisons : une humiliation pour la République*, Les Rapports du Sénat, 1999/2000-449, 2 vol., 224 et 551 p. (Annexes), Http://www.senat.fr ; Rapport D. FARGE, Président de la Commission sur la libération conditionnelle, multigraph., 2000,

Une telle situation ne nous est guère enviée au niveau européen. Le taux de détention pour 100 000 habitants observé en France au 1er septembre 2006 se situait à un niveau médian : 91,6. A population comparable, on note les taux suivants : en Italie, 65,2 ; en Allemagne, 95,8. La Fédération de Russie affichait le taux le plus fort (608,6), les Pays nordiques des chiffres parmi les plus faibles (Suède, 79 ; Finlande, 70,6 ; Danemark, 69,2 ; Norvège, 67,8). Le pourcentage de prévenus dans la population pénale (31,9 %) apparaît supérieur à la moyenne européenne (25,5 %), derrière notamment l'Italie (58,4), la Turquie (50,6), la Belgique (41,8), les taux de prévenus les plus faibles s'observant notamment en Finlande (18,4), en Angleterre et au Pays de Galles (18,7), en Pologne (16,6). Dans le même sens, la durée moyenne de détention est parmi les plus élevées d'Europe en 2005 : 8,4 mois [37].

Dans de telles conditions, le décalage entre les réalités répressives françaises et les pertinentes recommandations du Comité des ministres aux Etats membres du Conseil de l'Europe apparaît insurmontable : « En proposant ou en prononçant des peines, il faudrait tenir compte de l'effet probable de la peine sur la personne du délinquant, en vue d'éviter des souffrances inutiles et pour ne pas empêcher la réinsertion sociale du délinquant » [38]. Fort de cette première série de considérations objectives quant au volume, à la direction et aux modalités de sanction de la criminalité, il importe de se déplacer maintenant vers l'auteur de l'acte, vers cet infracteur dont le profil ne manquera pas davantage de surprendre.

---

53 p. plus Annexes ; Collectif « octobre 2001 », *Comment sanctionner le crime ? »*, Ed. Erès, Coll. Trajet, 2002, 150 p.

37. V. M.F. Aebi, N. Delgrande, *Statistique pénale du Conseil de l'Europe. Space I. Enquête 2006*, multigraph. 2008, 92 p., en ligne coe.int ; Pour une approche plus globale de la situation française, V. *Prisons. Un état des lieux*, pub. Observatoire International des Prisons / L'esprit frappeur, 2000, 320 p. ; Observatoire International des Prisons, *Les conditions de détention en France*, Public. O.I.P., 2003, p. ; Comp. Rapport de la commission nationale de déontologie de la sécurité (La Documentation française, 2005, 536 p.), Dossier *In Dedans/Dehors*, 2004-43, pp. 9-17.

38. V. art. 8, Annexes à la *Recommandation R(92)17* sur La cohérence dans le prononcé des peines, pub. Conseil de l'Europe, 1993, p. 7.

§ 2 – Les criminels

Très schématiquement, le criminel peut être profilé comme étant, *plus que proportionnellement*, de sexe masculin, plutôt jeune, étranger et de statut socio-culturel défavorisé.

A – Le sexe des criminels [39]

Dans toutes les séries statistiques disponibles, les hommes occupent une place de choix : 85,12 % des personnes mises en cause [40] par les Services de police judiciaire en 2007 (960 844 sur 1 128 871) ; 90,5 % des condamnés par les juridictions répressives françaises en 2006 (591 826 sur 654 229) [41] ; 96,4 % de la population pénale incarcérée au 1er juillet 2008 (61 936 sur 64 250) [42] !

Une telle sous représentation d'infracteurs de sexe féminin (les femmes regroupant en effet un peu plus de la moitié de la population française) [43] provient davantage de caractéristiques

---

39. Il est anormalement courant de n'évoquer que le 'sexe' et non le 'genre', voire la 'classe de sexe' des intéressés. Ces concepts sont pourtant bien distincts. Au sexe biologique s'oppose le sexe social. Le genre, c'est l'identité sociale associée à chaque sexe. Le sexe n'étant finalement qu'une variable biologique, le genre une variable politique, sociale et culturelle, interdépendantes ; V. not. D. LABERGE, Sexe, genre et classe de sexe : quelques interpellations au droit pénal, *In* Femmes et droit pénal, *Dev. et Société,* 1992, 16-3, p. 271 et s.

40. Il s'agit des personnes « contre lesquelles ont été réunis des éléments ou des indices attestant qu'elles sont auteurs, coauteurs ou complices d'un crime ou d'un délit », *In* Aspects de la criminalité en France, *op. cit.*

41. Et leur présence se raréfie encore selon la gravité de l'infraction commise (taux moyen de 9,2 %, soit 48 045) : 4.93 % en matière de crime (167/3 385) ; 9,41 % en matière de délits (54 809/581 860) et 9,32 % en matière de contraventions de 5è classe (2 707/28 986) ; V. Les condamnations en 2006, *op. cit.*, p. 198 et s.

42. Cette proportion de femmes dans la population pénale est très inférieure aux observations menées en Europe (5,1 % en moyenne) et not. en Espagne (7,8), au Portugal (7,0), en Hongrie (6,7) ou en Russie (6,9). V. M.F. AEBI, N. DELGRANDE, Statistique pénale du Conseil de l'Europe, *op. cit.*, Tableau 3, p. 41, coe.int.

43. Au 1er janv. 2005, les femmes âgées de 10 à moins de 75 ans étaient au nombre de 24 379 629, les hommes de 23 826 203 (le pourcentage global,

psychologiques et/ou sociales que de quelconques particularismes d'ordre strictement bio-physiologique ou social. Dans le même sens, la sur-représentation des femmes dans quelques infractions significatives quantitativement (comme les coups à enfants en matière criminelle, les non présentation d'enfant ou les infractions astucieuses contre les biens en matière délictuelle) ne confirme rien d'autre que l'existence d'opportunités criminelles directement dépendantes de leur statut social [44].

Les études scientifiques sur cette résistance éminemment positive des femmes à la criminalité sont rares. Il n'est pas surprenant par conséquent que de telles évidences n'aient pas encore convaincu les chercheurs ou les acteurs contemporains de la politique criminelle de la nécessité de porter une attention toute particulière à la criminalité des femmes [45]. Il en va d'ailleurs de même quant aux mineurs et aux jeunes majeurs condamnés pris en charge par le système de justice pénale.

---

toutes tranches d'âges confondues, de femmes était à cette date de 51,14 %) ; insee.fr.

44. Les « spécialités » masculines procèdent des mêmes justifications : vols et recels qualifiés en matière criminelle ; infractions à la réglementation sur la circulation routière en matière correctionnelle.

45. Sur cette question fondamentale, V. not. M.A. BERTRAND, *Les femmes et la criminalité* (1979), Ed. Athéna, Montréal, 2003, 209 p. ; F. HEIDENSOHN, *Women and crime*, Ed. Macmillan, London, 1985, 213 p. ; D. LABERGE, Les recherches sur les femmes criminalisées, *In Ann. Internat. de Criminologie*, 1991/29, p. 21 et s. ; R. CARIO, Femmes et criminelles, *op. cit.*, p. 52 et s. ; Les femmes résistent au crime, *op. cit.*, p. 23, 55 et s. ; F.L. MARY, *Femmes, délinquances et contrôle pénal.* Analyse socio-démographique des statistiques administratives françaises, Pub. CESDIP, Etudes et données pénales, 1996-75, 260 p. ; C. PARENT, *Féminismes et criminologie*, DeBoeck Université/ Presses Univ. Ottawa, 1998, 176 p. ; S. HARRATI, *La criminalité des femmes : la « sérialité » comme modèle d'étude du « processus acte »,* Thèse, Toulouse, 2003, Tome 1, 307 p. ; N. LANCTOT, La délinquance féminine : l'éclosion et l'évolution, *In* M. LE BLANC, M. OUIMET, D. SZABO (Dir.), *La criminologie empirique au Québec*, Presses Univ. Montréal, Coll. Paramètres, 3è éd. 2003, pp. 421-467 ; *Femmes criminelles*, pub. CNEF de la police nationale, 2005, multigraph. 199 p. ; L. et S. TOURNYOL du CLOS, La délinquance des jeunes, *op. cit.*, p. 197 et s. ; R. CARIO, L.M. VILLERBU, Les femmes et le crime aujourd'hui. Approche criminologique », *In Figures de femmes criminelles*, 2008, PUF, à paraître.

B – L'âge des criminels

De recherche scientifique constante sur ce thème, la sur-représentation des infracteurs âgés de moins de trente ans est flagrante, en comparaison aux tranches d'âges constitutives de la pyramide des âges dans la population française [46]. En effet et généralement, près de deux condamnés sur cinq, chez les hommes comme chez les femmes, ont moins de vingt-cinq ans. La tranche d'âges des « 18 moins de 24 ans » concerne 30,67 % des condamnés alors que la place qu'elle occupe dans la population française n'est que de 9,10 % en 2005. C'est souligner que les individus appartenant à ces tranches d'âges, d'amplitude maximale de dix années, s'investissent préférentiellement dans la criminalité que leurs aînés (trois condamnés sur cinq ont de 25 à 60 ans, pour une amplitude de trente-cinq années). Seules les statistiques de criminalité légale permettent de détailler les classes d'âges des intéressés. Naturellement, les bornages, très imparfaits notamment à partir de 30 ans, nous sont imposés par les séries disponibles. A titre d'exemple, l'âge des condamnés en 2006 est présenté dans le tableau suivant.

Tableau 6 – Répartition des condamnés par âges en 2006

Ages	Condamnés		Population française	
	Nombre	%	Nombre	%
Moins de 18 ans	58 347	8,91	(13 515 454)	-
De 18 à moins de 25 ans	200 699	30,67	5 512 753 *	9,10
De 25 à moins de 40 ans	231 352	35,36	12 346 885	20,38
De 40 à moins de 60 ans	148 053	22,63	16 582 099	27,38
60 ans et plus	15 778	2,41	12 605 009	20,81
Totaux	654 229	100,00	60 561 200 [47]	-

* Il s'agit des 15-24 ans (Source INSEE)

La place des mineurs dans la criminalité (apparente comme légale) est assez généralement faible, mais pour autant très préoccupante. En ce sens, les mineurs représentaient 18,04 % des personnes mises en cause en 2007 ; 8,9 % des condamnés en

46. V. not. B. AUBUSSON de CAVARLAY, T. GODEFROY, *Condamnations et condamnés : qui condamne t-on ? A quoi ? Pourquoi ?*, pub. SEPC, 1981, polycop., 2 vol., 179 et 195 p. ; P. ROBERT, C. FAUGERON, *Les forces cachées de la justice*, Ed. Le Centurion, 1980, p. 87 et s.

47. Population totale au 1er janvier 2005, les moins de 15 ans représentant 11 175 584 de l'ensemble, soit 18,45 %.

2006. Si l'on considère plus largement le statut de « jeune adulte » [48] (18-21 ans, voire 18-25 ans, soit 200 699), les résultats se modifient profondément puisque plus d'un condamné sur trois est ainsi concerné : 39,59 %. L'activité la plus intense a lieu dans la classe d'âges des 21-25 ans [49].

La situation observable en prison indique un nombre nettement limité de mineurs, lesquels ne devraient plus subir une telle sanction privative de liberté dans un avenir que l'on souhaitait très proche [50]. Les réalités les plus contemporaines conduisent à en douter, le nombre des adolescents incarcérés s'affichant à nouveau à la hausse. Au 1er juillet 2008, 793 mineurs de moins de 18 ans, soit 1,23 % de la population pénale, étaient incarcérés. Parmi eux, 436 prévenus, soit 54,98 % de l'ensemble des mineurs prisonniers [51].

Depuis quelques années, la précocité est invoquée avec force comme la caractéristique nouvelle des comportements criminels. Rien n'est moins sûr si l'on oppose à la symbolique des

---

48. Sur cette notion, V. M. ANCEL, Le problème des jeunes adultes délinquants devant les conceptions de la défense sociale, *In* R.S.C., 1961, p. 565 et s. ; du même auteur, La défense sociale nouvelle, *op. cit.*, p. 238 et s. ; V. également J. PINATEL, Rapport général au VIè Congrès international de défense sociale, Le statut légal et le traitement des jeunes adultes délinquants, *In* A. BESSON et M. ANCEL (Dir.), *Seuils d'âge et législation pénale*, Belgrade, 1961, Ed. Cujas, 272 p. ; *Jeunes adultes délinquants et politique criminelle*, Pub. Conseil de l'Europe, Coll. Recherche criminologique, Vol. XXX, 1994, 153 p. ; R. CARIO, Jeunes délinquants, *op. cit.*, p. 276 et s.

49. Pour plus de détails, V. O. TIMBARD, Les condamnations en 2006, *op. cit.*, p. 207 et s.

50. Cette situation étonnante n'est pas nouvelle, V. R. CARIO, Aspectos estadisticos del internamiento de menores en Francia, *In* A. BERISTAIN y J.L. de la CUESTA (ed.), *Los derechos humanos ante la criminologia y el derecho penal*, San Sebastian, 1986, p. 131 et s. ; A. KENSEY, Mineurs en prison : aspects statistiques, *In* Péril « jeunes » ? *Cahiers de la sécurité intérieure,* 1997-29, pp. 39-47 ; Comp. art. 37 de la Convention Internationale sur les Droits de l'Enfant.

51. Les résultats selon l'âge des condamnés ne sont plus présentés dans la Statistique mensuelle (une fois encore, plus les moyens informatiques évoluent, plus « rares » sont les items proposés !) mais il demeure que les moins de 25 ans représentent plus du quart des personnes incarcérées.

discours les réalités pratiques. Les utilisateurs du concept y recourent davantage pour souligner l'âge de plus en plus précoce auquel les adolescents passeraient à l'acte criminel que pour souligner l'émergence de plus en plus précoce des traditionnels handicaps de la socialisation des jeunes. Annoncée un peu partout, la précocité des comportements criminels ne semble pourtant pas avoir atteint, de manière significative pour le moins, les instruments statistiques disponibles. Dans le même sens, les travaux sur la criminalité cachée, au travers des enquêtes de délinquance auto-reportée, pour souligner la forte proportion de jeunes adolescents engagés dans des activités délictuelles ne constatent pas davantage le rajeunissement massif de ceux qui déclarent être passés à l'acte criminel [52].

C – La nationalité des criminels

Sans aucune mesure avec la part qu'ils représentent dans la population française (comprise entre 7,4 % d'immigrés et 5,6 % d'étrangers au dernier recensement général), la participation des étrangers à la criminalité est d'autant plus importante que l'entonnoir de la répression se resserre [53]. En ce sens, les étrangers constituent 20,89 % des personnes mises en cause par les Services de police et de gendarmerie en 2007 (235 767 individus). En

---

52. V. *Délinquance et précocité,* Actes du 29è Congrès de l'Assoc. Française de Criminologie, Beauvais, multigraph., Vol. 1, et spé. les interventions à l'Atelier A, Peut-on repérer à travers les faits enregistrés un rajeunissement des auteurs de conduites délictueuses ou, à âge égal, une aggravation de la nature des actes commis ?, pp. 81-204 ; F. BAILLEAU, *Les jeunes face à la justice pénale,* p. 51 et s. ; R. CARIO, Jeunes délinquants, *op. cit.*, p. 211 et s. ; L. MUCCHIELLI, *Violences et insécurité. Fantasmes et réalités dans le débat français*, Ed. La Découverte, 2002, pp. 84-122 ; M. BORN, P. THYS (Dir.), Délinquance juvénile et famille, *op. cit.*, 256 p. ; S. ROCHE, *La délinquance des jeunes. Les 13-19 ans racontent leurs délits*, Ed. du Seuil, Coll. L'épreuve des faits, 2001, 303 p. ; M. BORN, *Psychologie de la délinquance*, Ed. De Boeck, Coll. Ouvertures psychologiques, 2è éd. 2005, 294 p. ; V. *Infra*, Chap. 2.

53. Un immigré est une personne née à l'étranger, ne possédant pas la nationalité française à la naissance, mais susceptible de l'acquérir par la suite ; V. J. BOËLDIEU, C. BORREL, La proportion d'immigrés est stable depuis 25 ans, *In INSEE Première*, 2000-748

matière de criminalité légale, le taux d'extranéité est de 12,56 % en 2006 (77 207). Le pourcentage de non nationaux est le plus fort au sein de la population pénale métropolitaine au 1er janvier 2008 : 19,1 %.

Très majoritairement de sexe masculin, les étrangers interpellés et condamnés sont d'origine africaine (des pays du Maghreb surtout) dans plus d'un cas sur deux (50,2 %) ou européenne (dans 32,9 % des cas). Cette survisibilité, qui n'étonne plus aujourd'hui [54], a néanmoins de quoi surprendre. Au-delà des explications d'ordre folklorique, une telle réaction sociale différentielle est injustifiée au regard des activités criminelles comparées des étrangers et des autochtones.

Les résultats observés sont généralement caractéristiques d'une criminalité acquisitive contre les biens, liée plus ou moins directement au statut précaire des auteurs des actes repérés et condamnés. La part des étrangers est ainsi naturellement très forte dans les condamnations qui sanctionnent l'entrée et le séjour irréguliers en France (art. 19 Ord. 2 nov. 1945, mod. L 11 mai 1998). Ils sont encore sur-représentés, par rapport à l'ensemble des condamnés, dans les infractions en relation avec les trafics de stupéfiants. A l'inverse, ils sont nettement moins présents en matière de circulation routière. L'isolement linguistique et culturel que subissent ces infracteurs lorsqu'ils sont pris en charge par les autorités de contrôle social est d'autant plus grand qu'ils sont généralement dotés d'un faible bagage scolaire et professionnel [55]. Il va sans dire que la remarque doit être étendue aux nationaux.

---

54. V. P. Robert, C. Faugeron, Les forces cachées de la justice, *op. cit.*, p. 90 et s.

55. Comp. R. Cario, *op. cit.* (1992), p. 85 et s. ; V. également P. Tournier, P. Robert, *In Regards sur l'actualité*, Ed. La Doc. Française, 1992/179, p. 47 et s., synthèse actualisée de leur ouvrage *Etrangers et délinquance. Les chiffres du débat*, Ed. L'Harmattan, 1991, 264 p. ; R. Cario, La réaction sociale aux infractions commises en France par les étrangers, *In Rev. de Droit pénal et de criminologie,* 1995/6, pp. 587-604 ; Etrangers en prison, *In Information Prison-Justice*, pub. ARAPEJ, 1998-84, p. 13 et s. ; F. Brion, *Contrôle de l'immigration, crime et discrimination,* Thèse, Univ. Louvain la Neuve, 1995, multigraph., 374 p. ; I. Guyot, *L'étranger incarcéré*, Thèse,

D – Le degré d'instruction des criminels

L'influence prépondérante de l'instruction sur la criminalité a été maintes fois soulignée. D'aucuns ont très tôt prétendu que l'acquisition de solides connaissances scolaires écarterait de la délinquance. D'autres ont tenté d'établir les corrélations entre le degré d'instruction atteint par les infracteurs et les formes de leur criminalité. Actuellement, les données de la neurophysiologie des comportements humains tendent à démontrer l'importance essentielle du langage, des pratiques linguistiques sur l'émergence, le développement et la réitération des passages à l'acte (criminel ou non). En tous cas, la scolarisation obligatoire, pour avoir entraîné l'ouverture d'un nombre considérable d'écoles, n'a pas pour autant, contrairement aux pertinentes intuitions de Victor HUGO, provoqué la fermeture d'une seule prison, loin s'en faut !

De ce point de vue, le constat est assez dramatique. D'une manière assez grossière, on déplore qu'environ sept condamnés sur dix n'aient pas dépassé le niveau d'instruction primaire (dont 10 % d'illettrés). Des études plus monographiques ont relevé que le niveau moyen d'instruction d'un détenu correspondait à celui d'un élève de cours élémentaire 2ème année, de cours moyen 1ère année chez les femmes. Une récente enquête menée par l'Administration pénitentiaire en 2007, dans 166 sites pénitentiaires sur 175, auprès de 43 946 personnes, confirme les très grandes difficultés de la population pénale détenue : « 1,4 % n'ont jamais été scolarisés ; 3 % ne parlent pas du tout le français et 4,6 % le parlent de manière rudimentaire ; 49 % sont sans diplôme ; 75 % ne dépassent pas le niveau CAP ; 32 % des personnes sont issues de cursus courts ou d'échecs du système scolaire (primaire, enseignement spécialisé, classes relais, collège avant la 3e) ; 11,5 % sont en situation

---

Univ. Pau, 1999, 2 Vol., multigraph., 729 p. ; L. VAN EECKHOUT, A Marseille, une association tire de la rue les mineurs étrangers, *In Le Monde*, 31 mai 2005/18 ; sur la disparition, tant attendue, de la double peine (sanction plus expulsion) dont étaient victimes, rétroactivement, tous les étrangers, V. art. 131-30-1 et 2 *C.P.* ajoutés par la L. du 26 nov. 2003, J.O. du 27.

d'illettrisme grave ou avéré au regard du test. ; 13,7 % échouent au test du fait de difficultés moindres » [56].

En échec scolaire patent, ces détenus ont été scolarisés au sein d'établissements classés en Zone d'Education Prioritaire, dans les sections d'enseignement général et professionnel adaptés et orientés, pour attendre l'âge fatidique des seize ans, vers les Sections d'éducation spécialisée ou les Etablissements régionaux d'enseignement adapté [57]. A défaut, au surplus, de richesses matérielles, la satisfaction des besoins socio-culturels vers laquelle tout acteur social est tendu les a conduit à emprunter des voies illégitimes d'appropriation. Et du niveau scolaire atteint, plus globalement des pratiques linguistiques, dépendent les aptitudes plus ou moins prononcées à la gestualisation ou à la symbolisation des affects douloureux en provenance de l'extérieur, dépendent donc les passages à l'acte criminel. Quand bien même on observe, ces toutes dernières années, un léger relèvement du niveau d'instruction des condamnés, il demeure très insuffisant [58].

---

56. V. *L'Administration pénitentiaire en chiffres au 1er janvier 2008*, www.justice.gouv.fr.

57. V. not. M. BODIER, C. CHAMBAZ, Lire, écrire : les difficultés des adultes, *In Données sociales 1996*, pub. INSEE, 1996, pp. 490-497 ; J.P. TERRAIL (Dir.), *La scolarisation de la France : critique de l'état des lieux,* Ed. Dispute, 1997, 250 p. ; Le sens de l'école, Dossier, *In Rev. Sciences humaines,* 1997-76, p. 18 et s. ; Sur l'harmonisation de la carte des Z.E.P., V. *Effort financier consacré à la politique de la ville,* pub. D.I.V., 1997, p. 43 et s.

58. Sur les liens entre scolarisation et violences, V. not. E. DEBARBIEUX, *La violence en milieu scolaire. 1 – L'état des lieux*, Ed. ESF, 1997, 180 p. ; Comp. B. CHARLOT, J . EMIN (Dir.), *Violences à l'école. Etat des savoirs*, Ed. A. Colin, 1997, 432 p. ; E. DEBARBIEUX, *La violence en milieu scolaire. 2 – Le désordre des choses*, Ed. ESF, 1999, 190 p. ; M.L. MARTINEZ, *Vers la réduction de la violence à l'école. Contribution à l'étude de quelques concepts pour une anthropologie relationnelle de la personne en philosophie de l'éducation*, Presses Univ. du Septentrion, Coll. Thèse à la carte, 1999, 492 p. ; P. BOUMARD (Dir.), *L'école, les jeunes, la déviance*, PUF, Coll. Education et formation, 1999, 174 p. ; P. BAUDRY, C. BLAYA, M. CHOQUET, E. DEBARBIEUX, X. POMMEREAU, *Souffrances et violences à l'adolescence. Qu'en penser ? Que faire ?*, Ed. E.S.F., 2000, 161 p. ; E. DEBARBIEUX. (Dir.), *L'oppression quotidienne*, La Doc. Française, 2002, 249 p.

E – Autres caractéristiques socio-démographiques

Parmi les caractéristiques socio-démographiques autres que l'âge, le sexe et la nationalité, la misère socio-économique endémique des milieux auxquels appartiennent les infracteurs doit être soulignée. Plus généralement, d'autres facteurs cumulés ont perturbé la socialisation des intéressés devenus infracteurs. Malheureusement, les séries statistiques classiques sont assez généralement muettes sur ces questions d'une importance pourtant capitale pour les sciences criminelles.

Le niveau socio-économique des criminels

Qu'il s'agisse du milieu inéluctable (d'origine) ou choisi (propre) des infracteurs, une constante se dessine, flagrante : la pauvreté socio-économique. Les recherches qui ont été effectuées sur cet aspect, délicates à comparer entre elles (à cause de la nature même des catégories socio-professionnelles retenues et des échantillons sélectionnés), indiquent pourtant parmi les condamnés une sur-représentation, par rapport à la population française, des personnes sans activité professionnelle, des ouvriers, des manœuvres et des personnels de service. A l'inverse, les infracteurs sont nettement sous-représentés dans les catégories professions libérales, cadres supérieurs et cadres moyens.

Cette dernière remarque ne doit pour autant pas conduire à oublier que de manière de plus en plus préoccupante, la criminalité « en col blanc » sévit dans les classes favorisées : corruption, trafic d'influence, blanchiment de capitaux provenant d'activités criminelles diverses, notamment. Une telle évolution souligne certes la relative banalisation du crime mais encore et surtout que, pour être sur-adaptés socialement, les auteurs de telles infractions n'en sont pas moins des infracteurs et, par conséquent, ils doivent devenir dorénavant justiciables des tribunaux ordinaires [59].

---

59. V. sur ces points, J. PINATEL, Traité de criminologie, *op. cit.,* p. 428 et s. ; Comp. J. de MAILLARD, *op. cit.*, p. 83 et s. ; V. également P. LASCOUMES, *Corruptions*, Presses de Sciences Po, 1999, 169 p.

Mais aujourd'hui encore les comportements criminels sanctionnés sont massivement posés par des individus en situation de grande précarité. Et sans que l'on puisse évoquer un quelconque déterminisme social intangible, il convient néanmoins de constater la tragique reproduction sociale de la pauvreté (au sens le plus large) qui contamine, de génération en génération, les familles les plus défavorisées [60]. De récentes recherches semblent indiquer que 15 à 20 % des enfants issus de milieux vulnérables sont à risque, c'est à dire qu'ils « ne réussissent pas à atteindre le niveau requis à l'école, abandonnent souvent leurs études et, de ce fait, ne parviennent pas à s'intégrer à un modèle normalement admis de responsabilité sociale, notamment en ce qui concerne le travail et la vie d'adulte » [61]. L'échec de l'intégration sociale se cristallise autour de problèmes de santé, d'alcoolisme, de toxicomanie, de chômage et de délinquance, notamment. Subséquemment, une délinquance de précarité, voire de survie, se développe à la mesure de l'ampleur de la fracture sociale : galopante.

La socialisation pauvre des criminels

Il est en ce sens possible de mettre en évidence l'existence de multiples facteurs qui perturbent profondément la socialisation de ceux qui sont susceptibles de passer à l'acte criminel. De tels « facteurs de risque » apparaissent au sein des lieux principaux de socialisation de l'enfant : famille, école, groupe de pairs. Ils peuvent encore provenir de problèmes personnels aux

---

60. V. not. A.M. MARCHETTI, *Pauvretés en prison*, Ed. Erès, Coll. Trajets, 1997, 222 p. ; Prison : peine de pauvre et pauvre peine, Dossier *In Dedans/Dehors*, 2005-47, pp. 9-23 ; Comp. L. WACQUANT, *Punir les pauvres. Le nouveau gouvernement de la misère*, Ed. Agone, Coll. Contre-feux, 2004, 347 p. ; S. PAUGAM, *Les formes élémentaires de la pauvreté*, PUF, Coll. Le lien social, 2005, 276 p. ; Emmaüs/OIP, *Pauvreté, exclusions : la prison en question*, Actes, multigraph., en cours de publication ; le taux d'activité des détenus est passé de 47,6 % en 2001 à 33,5 % en 2004 et le revenu moyen journalier du détenu travailleur a chuté en cinq ans de 4 € à 1,6 € ! V. Y. BELKAÏD, *In Le Monde*, 10-11 avril 2005/8, 12.

61. V. *Les enfants à risque,* Centre pour la recherche et l'innovation dans l'enseignement, Pub. O.C.D.E., 1995, 159 p.

intéressés eux-mêmes. Bien sûr, des « facteurs de protection » se manifestent en ces mêmes lieux de socialisation. De nature à réduire la vulnérabilité de l'enfant, ils l'aident à s'adapter, de manière constructive, aux perturbations et bouleversements divers qu'il est susceptible de rencontrer dans ces divers milieux de vie [62].

Une précision essentielle s'impose : aucun des facteurs de risque n'est suffisant, en lui-même, pour « déterminer » un quelconque trouble du comportement. C'est leur accumulation et persistance (parfois avec un effet multiplicateur pernicieux) [63] qui est de nature à laisser craindre un règlement agressif du conflit dans lequel l'enfant ou l'adolescent s'expose ou est exposé. Sans compter sur les interactions possibles avec les facteurs de protection. La question est extrêmement complexe. Il n'empêche que l'association de certains risques susceptibles de conduire à la délinquance a été relevée dans la plupart des études en fonction de l'âge et du sexe des intéressés.

---

62. V. sur ces différents aspects M. CHOQUET et S. LEDOUX, *Adolescents. Enquête nationale,* Ed. INSERM, 1994, 346 p. ; P. JEAMMET (Dir.), *Adolescences*, Pub. Fondation de France, 1993, 151 p. ; J. SELOSSE, *op. cit.*, p. 395 et s. ; M. BORN, Jeunes déviants ou délinquants juvéniles ?, *op. cit.*, p. 81 et s. ; *La protection des jeunes contre les dangers physiques et moraux,* Pub. Conseil de l'Europe, 1990, 76 p. et not. p. 15 et s. ; M. HUYETTE, *Guide de la protection de l'enfant,* Dunod, 1997, p. 428 et s. ; D.A. ANDREWS, J. BONTA, S. WORMITH, Il est possible de prévoir et d'influencer la récidive, *In Forum,* 1989/1-2, p. 14 et s. ; Les enfants à risque, O.C.D.E., *op. cit.,* p. 59 et s. ; J. GRAHAM, B. BOWLING, *op. cit,* p. 83 et s. ; *L'adolescence : un défi pour la famille,* XXVème Conférence des Ministres européens chargés des affaires familiales, Pub. Conseil de l'Europe, 1997, 141 p. et spé. p. 41 et s. ; B. CYRULNIK, *Un merveilleux malheur*, Ed. O. Jacob, 1999, 239 p. ; L. BALAGNO et al., *La résilience : le réalisme de l'espérance. Des interactions au fil du temps*, Ed. Erès, Coll. Fondation pour l'enfance, 2001, 180 p. ; S. BLANCHARD, Comment prévenir le « mal-être » des 12-25 ans, *In Le Monde* 25 avril 2002/20.

63. V. en ce sens, P. EVANS, Les enfants et adolescents à risque, *In* Les enfants à risque, *op. cit.,* qui rappelle le constat de M. RUTTER selon lequel pour « les enfants qui pâtissent d'un facteur de risque, la probabilité de subir des conséquences graves est la même que pour ceux qui ne sont exposés à aucun facteur de risque. En revanche, s'il existe deux ou trois facteurs de risque, la possibilité de résultats défavorables est quatre fois plus forte. Avec quatre facteurs de risque, cette possibilité est multipliée par dix », p. 20.

Ainsi Marie CHOQUET et Sylvie LEDOUX, dans le cadre d'une recherche menée auprès de 12 391 jeunes de 11 à 19 ans [64], soulignent que « Toutes les conduites (ou troubles) sont liées à l'âge : la consommation de drogue, la dépressivité et l'absentéisme scolaire augmentent avec l'âge ; seules les conduites violentes diminuent. Toutes les conduites (ou troubles) sont liées au sexe : les conduites violentes, la consommation de drogue et l'absentéisme scolaire sont plus fréquents parmi les garçons ; dépressivité et tentatives de suicide le sont plus parmi les filles » [65]. En d'autres termes, les garçons adopteraient plutôt des troubles de la conduite (ou des troubles de l'agir), les filles des troubles corporalisés (ou des troubles du ressentir). Et cette différence s'accentuerait avec l'âge [66].

Les mêmes auteures ont conduit, avec quelques autres collaborateurs, une autre recherche auprès de 917 jeunes pris en charge par la Protection Judiciaire de la Jeunesse au titre de l'enfance en danger ou de l'enfance délinquante [67]. Les résultats présentés accentuent encore le précédent constat, les jeunes de la P.J.J. accumulant des difficultés multiples, chroniques et graves aux niveaux familial, scolaire et personnel, et de manière nettement plus défavorable encore chez les filles. Les problèmes de santé de ces jeunes, notamment, sont impressionnants et débouchent sur des troubles du comportement, la consommation de produits psycho-actifs divers et des malaises psychologiques (gestualisés dans un cas sur deux chez les filles par des tentatives de suicide). Les violences subies revêtent également une importance capitale, les jeunes de la P.J.J. ayant été souvent victimes à un âge précoce de violences physiques (un jeune sur

64. 5 800 000 jeunes et adolescents fréquentaient à l'époque de la recherche les établissements scolaires français du second degré.

65. M. CHOQUET et S. LEDOUX, *op. cit.*, p. 257 et s.

66. Comp. R. CARIO, Les femmes résistent au crime, *op. cit.*, p. 40 et s. ; P.G. COSLIN, *op. cit.*, p. 213 et s.

67. M. CHOQUET, S. LEDOUX, C. HASSLER, C. PARE, A. DRU, D. CAZIER, M.L. VINCENT, D. DRAY, *Adolescents (14-21 ans) de la Protection Judiciaire de la Jeunesse. Enquête épidémiologique*, multigraph., Min. Justice/P.J.J., 1998, 146 p.

deux) et/ou de violences sexuelles (une fille sur trois). De telles souffrances sont intolérables aujourd'hui [68].

D'autres travaux ont tenté la hiérarchisation des facteurs généraux de risque avéré de criminalité, très voisine aux deux sexes : 1) les attitudes ou les pairs antisociaux ; 2) les problèmes de tempérament ou de conduite ; 3) les difficultés scolaires ; 4) les mauvaises relations avec les parents [69]. Plus généralement, se trouvent ainsi mis en évidence les facteurs associés aux troubles de conduite les plus importants : le sexe et l'âge ; l'ambiance familiale et le climat scolaire ressentis ; la santé ; les fréquentations ; la consommation de produits toxiques ; les violences subies, physiques chez les garçons, sexuelles chez les filles.

Cette liste n'est pas exhaustive. Elle indique pourtant déjà, de manière absolument dramatique, que les pauvretés et les exclusions (au sens le plus large des expressions) ne sont pas rares dans nos pays démocratiques, en brutale contradiction avec les droits fondamentaux de l'être humain comme notamment : l'égale dignité de tous, la non discrimination, le droit à

---

68. Sur la présentation des souffrances et carences, multiples et profondes, accumulées par ces jeunes et les conséquences inacceptables qu'elles engendrent sur les caractéristiques de leur socialisation comme sur la structuration de leur personnalité, V. M. CHOQUET, Point de vue épistémologique, *In* P. BAUDRY et al., *op. cit.*, pp. 75-98 ; V. également, C. REY (Dir.), Les adolescents face à la violence, *op. cit.*, et spé. V. COURTECUISSE, Interactions entre violences agies et violences subies à l'adolescence, pp. 13-23 ; *Ibid.*, E.A. SAND, O. JEANNERET, C. ROMER, Aspects étiologiques des comportements agressifs chez les jeunes adolescents et les jeunes adultes : violence intentionnelle et interpersonnelle, pp. 65-89 ; *Recommandation R(00)20* sur Le rôle de l'intervention psychosociale précoce dans la prévention des comportements criminels, 2001, 57 p. ; C. CARRA, *Délinquance juvénile et quartiers « sensibles ». Histoires de vie*, Ed. L'Harmattan, Coll. Déviance et société, 2001, 197 p. ; M. VAILLANT, C. LAOUENAN, *Les violences du quotidien. Idées fausses et vraies questions*, Ed. De la Martinière Jeunesse, 2002, 232 p. ; J.E. DUMAS, *Psychopathologie de l'enfant et de l'adolescent*, 2è éd. 2002, Ed. De Boeck, Coll. Ouvertures psychologiques, 520 p. ; M. CHOQUET, C. HASSLER, D. MORIN, *Violences des collégiens et lycéens : constats et évolutions*, Pub. INSERM, 2005, 143 p.

69. V. L. SIMOURD, D.A. ANDREWS, Délinquance chez les hommes, délinquance chez les femmes. Corrélation, *In Rev. Forum,* 1994/1-6, pp. 26-31.

un niveau de vie suffisant, le droit au logement, le droit à l'éducation, au travail, à la santé, à la protection de la famille, le droit au respect de la vie privée, à la personnalité juridique, à la vie, à l'intégrité physique, à la justice, le droit à participer à la vie politique, sociale et culturelle [70]...

Il va de soi que de tels droits sont également acquis aux victimes que l'acte criminel frappe injustement. Assez étonnement, pour peu que l'on s'intéresse à elles, les victimes présentent des caractéristiques socio-démographiques proches de celles des infracteurs. Elles sont surtout bien plus nombreuses que ne le laissent apparaître les chiffres officiels, incapable de saisir le phénomène dans ses réalités.

§ 3 – Les victimes

Les séries statistiques disponibles (de police judiciaire et de justice) comportent en effet deux défauts majeurs. Elles rendent un compte non seulement simplifié (voire parfois même simpliste) mais surtout incomplet des événements criminels qui se déroulent dans notre pays. Elles sont étrangement muettes sur les caractéristiques socio-démographiques des victimes [71].

A – L'état des victimisations

A ne compter que les actes et à ne compter que leur(s) auteur(s), on omet de prendre en compte les victimes, souvent

70. V. art. 1 et s. de la Déclaration Universelle des Droits de l'Homme ; art. 11 et s. du Pacte International relatif aux droits économiques, sociaux et culturels ; Comp. La réalisation des droits économiques et sociaux, Rapport de L. DESPOUY sur *Les droits de l'homme et l'extrême pauvreté*, Doc. Nations Unies, E/CN.4-Sub.2/13, juin 1996, multigraph., 63 p. ; V. également *Les enfants de la rue,* Comité directeur sur la politique sociale, pub. Cons. Eur., 1994, p. 23 et s. ; Dossier Jeunes errants, *In J.D.J.*, 1996/160, p. 8 et s. ; N. QUELOZ et al. (Dir.), *Délinquance des jeunes et justice des mineurs. Les défis des migrations et de la pluralité ethnique*, Staempfli Ed. / Bruylant Ed., Coll. Criminalité, justice et sanction, 2005-5, 816 p.

71. Sur l'ensemble de ces questions, V. not. R. CARIO, Victimologie, *op. cit.*, pp. 67-97.

multiples, des infractions concernées. Autant les vols, les cambriolages, les escroqueries que les agressions sont souvent commis en série et frappent de nombreuses victimes. Il n'y a guère qu'à l'occasion des crimes les plus graves, comme l'homicide principalement, que la victime est généralement unique.

Dans le même sens, à ne compter que les condamnations infligées à l'auteur de l'infraction (éventuellement associée à d'autres commises par ce même infracteur), on perd totalement de vue le contexte, la situation au sein desquels s'est cristallisé le conflit. Ainsi, la simple comptabilisation des faits criminels ignore la diversité des traumatismes et dommages subis, plus ou moins profonds, plus ou moins durables.

Bien davantage encore, les faits reportés et jugés évacuent la complexité des situations au sein desquelles beaucoup de conflits se sont noués. Le chef d'inculpation réduit abusivement à une catégorie pénale précise les faits reprochés, souvent commis à plusieurs, en des lieux et des moments particuliers, pour des motivations parfois très spéciales. Il en va ainsi des violences scolaires ou urbaines, des violences intrafamiliales, des attentats terroristes, des accidents collectifs comme des violences en milieu professionnel, d'émergence récente. Pour avoir en commun d'être fortement médiatisées, de telles violences ne peuvent être entendues, leur(s) auteur(s) jugé(s) et leur(s) victime(s) réparée(s) que par une appréciation globale, multidisciplinaire, des faits commis et des réponses socio-judiciaires apportées.

Mais surtout, il est aujourd'hui scientifiquement admis qu'une part non négligeable d'infractions échappe aux poursuites pénales, par défaut de report aux autorités compétentes. Pour des raisons diverses, certaines victimisations ne sont pas connues des autorités sociales ou judiciaires : la vulnérabilité de la victime, la honte à dévoiler publiquement autant les violences familiales que son incapacité à les faire cesser, la peur des représailles ou l'angoisse de l'avenir à reconstruire, la crainte de raviver le traumatisme, l'appréhension d'une victimisation secondaire à cause de l'appartenance à une population marginalisée en constituent les principales raisons. L'ignorance ou l'inaccessibilité des recours sociaux offerts, leurs difficultés procédurales, leurs coûts, la perte de confiance dans les institutions garantes de la sécurité comme dans celles chargées de la répression ou de la réparation, sont autant d'autres justifications à ne pas déposer plainte.

C'est toute la question des victimisations cachées, mise en lumière par les travaux des chercheures féministes à la fin des années 60. Les enquêtes de victimisation développées à l'époque ont amélioré notablement la connaissance scientifique des victimes à un triple point de vue. Elles ont permis de mieux mesurer le chiffre noir et comprendre les défaillances de la reportabilité. Elles ont ouvert aux caractéristiques socio-démographiques des victimes. Elles ont caractérisé l'existence d'une victimisation secondaire tout au long du processus pénal. Il importe de préciser que c'est sur la base de ces constats que des Services d'aide aux victimes ont vu le jour un peu partout dans le monde continental.

Deux séries d'enquêtes de victimisation font actuellement autorité en la matière. De manière régulière, le Département de Justice américain étudie les victimisations d'origine criminelle au travers de la fameuse *National Crime Victimization Survey* [72]. Les derniers résultats disponibles, pour indiquer un taux élevé, soulignent une baisse des victimisations (reportées ou non auprès des services de police). En matière de crimes violents contre les personnes, le taux de victimisation est, en 2006, de 24,6 pour 1 000 personnes âgées de 12 ans et plus (un peu plus d'une personne sur quarante). En matière de crime contre la propriété, le taux est de 159.5 pour 1 000 foyers (soit un foyer sur six) [73].

---

72. Pour plus de détails sur cette enquête (méthodologie et résultats précis), V. *Criminal Victimization in The United States. 1994,* U.S. Dep. of Justice, B.J.S., 1997, 150 p.

73. En chiffres bruts, 25,077 millions de personnes ont été victimes de crimes contre la propriété (dans 75,69 % des cas) et de crimes de violence (dans 24,3 % des cas) ; V. M. Rand, S.M. Catalano, *Criminal Victimization 2006*, U.S. Department of Justice, Bureau of Justice Statistics, multigraph., déc. 2007, ncjrs.org.

Dans le même esprit, la plus complète des Enquêtes internationales de victimisation (*I.C.V.S.*) a été effectuée en 1995 auprès de 130 000 personnes provenant de 55 pays. Rejoignant sur certains aspects les conclusions de la *N.C.V.S.* précitée, elle souligne le caractère généralement urbain du crime et sa banalisation dans les pays observés, privilégiés ou non. La probabilité à être victime au cours d'une période de cinq années est supérieure à un cas sur deux, le risque d'agression physique touche une personne sur cinq. Par conséquent, la majorité des foyers vivant en milieu urbain verra l'un de ses membres agressé sur une période de cinq années [74].

Des enquêtes de ce type ont également lieu en France, mais de manière bien plus épisodique et limitée, non sans confusion parfois entre victimisation d'origine criminelle et insécurité [75]. Elles proviennent essentiellement des travaux des chercheurs du CESDIP. Une enquête nationale a été effectuée en 1984-85, auprès d'un échantillon de 11 156 personnes de plus de 15 ans, dont 2 291 ont déclaré avoir été victimes au cours des deux

74. J. VAN DIJK, 'Criminal victimisation : a global view', Paper presented at the International Conference on *Surveying crime. A global perspective*, Rome, nov. 1998, multigraph., 34 p. ; MAYHEW P., VAN DIJK J., Criminal victimisation in eleven industrialised countries, *In Onderzoek en beleid*, Min. Justice des Pays-Bas, 1997-162, 113 p. ; J. VAN KESTEREN, P. MAYHEW, P. NIEUWBEERTA, Criminal victimization in seventeen industrialised countries, *In Onderzoek en beleid*, 2001-187 ; A. ALVAZZI DEL FRATE, J. VAN KESTEREN, *Criminal victimisation in Urban Europe*, UNICRI, 2004, 31 p., unicri.it/icvs

75. V. not. W. ACKERMANN, R. DULONG, H.P. JEUDY, *Imaginaires de l'insécurité,* Librairie des Méridiens, 1983, Coll. Réponses sociologiques, 120 p. ; S. ROCHE, *Le sentiment d'insécurité,* PUF, Coll. Sociologie d'aujourd'hui, 1993, 320 p. ; S. ROCHE, *Insécurité et liberté*, Ed. Le seuil, 1994, 191 p. ; H. LAGRANGE, *La civilité à l'épreuve : crime et sentiments d'insécurité*, PUF, Coll. Sociologie d'aujourd'hui, 320 p. ; J.P. GREMY, *Les français et l'insécurité. Trois sondages réalisés en 1996 sur l'insécurité et ses remèdes*, IHESI, Etudes et Recherches, multigraph., 1997, pp. 7-25 ; P. PERETTI-WATEL, *L'enquête de victimation IHESI/INSEE. Première exploitation de l'enquête 1999*, pub. IHESI, multigraph., 36 p. ; du même auteur, L'inscription du sentiment d'insécurité dans le tissu urbain, *In Les cahiers de la sécurité intérieure*, 2000-39, pp. 201-221.

années précédentes [76]. L'introduction, en 1996, dans l'enquête sur les conditions de vie des ménages menée régulièrement par l'INSEE, de questions relatives à d'éventuelles victimisations (reportées ou non) des intéressés durant les années 1994-95, a offert aux chercheurs du CESDIP la possibilité d'analyser les évolutions survenues 10 ans après leur enquête, les statistiques policières étant également appelées à l'analyse. Concernant les agressions, les tendances observées soulignent une augmentation sensible du taux d'incidence [77] : de 4,9 en 84-85 à 9,9 % des répondants en 1994-95 [78], assortie de cette double remarque que les agressions les plus graves (avec ITT supérieures à 8 jours) et les cas de multivictimation apparaissent plus nombreux. Les données policières confirment, dans une moindre mesure, ce mouvement. Concernant les cambriolages de résidence principale, la tendance semble s'inscrire à la baisse : de 5,9 à 4,9 pour cent ménages, soit 23 % de faits en moins. Une diminution moins sensible semble également caractériser les statistiques policières (moins 15,6 %). Concernant les vols de et dans les voitures, une très forte croissance s'observe : de 5,4 à 13,7 % pour 100 véhicules, ce que ne paraissent pas confirmer les statistiques policières. Le taux de plainte diminue nettement, sans doute davantage à cause des vols dans les véhicules, très faiblement reportés. Concernant les autres vols, la relative stabilité du taux d'incidence (de 8,5 à 8,6 pour cent habitants de plus de 14 ans) masque l'augmentation nettement plus importante du taux de prévalence (plus 26,4 %). Au cours de la période analysée, les multivictimations chutent de 20 %. Les taux de plainte diminuent également notablement (moins 17,8 %). Les données

---

76. V. R. ZAUBERMAN et al., *op. cit.* (1990), Vol. 1, p. 27-50 ; R. ZAUBERMAN, P. ROBERT, *Du côté des victimes. Un autre regard sur la délinquance*, Ed. L'Harmattan, Série Déviance, 1995, p. 141 et s.

77. Ce taux mesure le nombre de faits subis pour 100 répondants au cours de la période de référence ; il s'obtient en multipliant le taux de prévalence (proportion de personnes ou de ménages atteint(e)s au moins une fois au cours de la période de référence) par la multivictimation (nombre moyen de faits par victime), V. P. ROBERT et al., *op. cit.* (1999), p. 259.

78. Comp. E. CRENNER, Insécurité et préoccupations sécuritaires, *In Données sociales*, 1999, p. 366 et s. où le taux observé en 1995-1996 est ramené à 5 %.

policières correspondantes affichent quant à elles une relative stabilité [79].

Il semblerait que notre pays s'investisse enfin dans la connaissance systématique des victimisations subies par le biais d'enquêtes régionales tout d'abord [80]. Au niveau national, ensuite, les enquêtes permanentes sur les conditions de vie des ménages (EPCVM) font apparaître des chiffres assez constants tout au long des huit années observées (1997, 2004). Sur 1000 personnes interrogées, environ 67 déclarent avoir été personnellement victimes d'agression au cours des années 2002-2003 (dont 40 une seule fois). Concernant la plus récente agression, il s'est agi d'une agression physique dans 35 % des cas (dont 25 avec injures et/ou menaces), de menaces et injures dans 35 %, de menaces uniquement dans 9 % des cas. Sur 1000 personnes interrogées, environ 51 déclarent avoir été personnellement victimes de vol au cours de ces deux mêmes années (dont 41 une seule fois). Sur 1000 ménages, 25 déclarent avoir eu leur résidence principale cambriolée (dont 23 une seule fois). Sur 1000 ménages, 111 possédant ou ayant possédé une voiture ont été victimes d'un vol de voiture, à la roulotte ou d'accessoire automobile [81].

Plus récemment encore, l'Observatoire national de la délinquance [82] s'est associé à l'INSEE pour mener à bien, dans le prolongement des EPCVM, une ambitieuse enquête « Cadre de vie et sécurité ». Les résultats de l'année 2005 ont été obtenus

---

79. V. P. ROBERT, R. ZAUBERMAN, M.L. POTTIER, H. LAGRANGE, Mesurer le crime. Entre statistiques de police et enquêtes de victimisation (1985-1995), *In Rev. Française de Sociologie*, 1999 XL-2, pp. 259 et s.

80. V. not. les deux enquêtes menées en Ile-de-France par l'Institut d'aménagement et d'urbanisme de la Région en 2001 et 2003, *In Note rapide, Sécurité et comportements*, 2003-341 et 2004-355, www.iaurif.org ; R. ZAUBERMAN, P. ROBERT, M.L. POTTIER, Profils de victimes, profils de victimations, *In D.S.*, 2004-28-3, pp. 369-384.

81. V. *France portrait social. 2004-2005*, pub. INSEE, Coll. Références, 2004, 272 p., spé. pp. 234-235 ; B. AUBUSSON, N. LALAM, R. PADIEU, P. ZAMORA, Les statistiques de la délinquance, *In France portrait Social. 2002-2003*, Pub. INSEE, 2002, pp. 141-158 ; Observatoire National de la délinquance, Premier rapport 2005, *op. cit.*, pp. 97-123, 219-297.

82. Créé par D. du 27 juil. 2004, comme l'un des deux départements de l'Institut national des hautes études de sécurité (INHES).

auprès d'un échantillon d'un peu plus de 12 000 ménages, dont environ 1500 habitants, touchant ainsi environ 24 000 individus de 15 ans ou plus [83]. La seconde enquête, menée sur l'année 2005 auprès de 25 720 personnes, indique que 7,8 % d'entre elles ont été agressées, au moins une fois, physiquement (dans 1,2 % des situations) ou verbalement (dans 5,6 % des cas, il s'agit en effet d'injures et de menaces). Les vols avec violences complétaient l'enquête : ils représentent 0,5 % des interviewées [84].

B – Les caractéristiques des victimes

La plupart des enquêtes de victimisation ont intégré des questionnements relatifs aux caractéristiques socio-démographiques des victimes. Ainsi et d'une manière synthétique, la victime est, plus que proportionnellement, un homme, jeune, de statut socio-économique très faible, habitant en zone fortement urbanisée et vivant la plupart de son temps hors du domicile. La victime connaît généralement son agresseur et fait souvent l'objet de revictimisation. Un tel profil-type provient des observations effectuées dans la plupart des pays concernés [85].

Aux Etats-Unis, en matière d'atteintes violentes aux personnes, les hommes (26.3 pour 1000 personnes) sont significativement plus souvent victimes que les femmes (19.0), les noirs davantage que les blancs (29.1, 21.5), les jeunes de moins de 25 ans bien plus que les plus âgés [86], les foyers les moins fortunés sont plus exposés que les mieux lotis (49.9 pour les revenus inférieurs à 3 750 € annuels ; 17.5 pour les revenus supérieurs à 37 500 €). Dans plus de la moitié des crimes violents contre les personnes, la victime connaissait l'agresseur (dans 42 % des cas

---

83. V. not. Premier rapport 2005, *op. cit.*, pp. 110-113.

84. V. C. Rizk, J. Boe, Les résultats de l'enquête de victimation 2006, *In Grand angle*, 2006-10, inhes.interieur.gouv.

85. Comp. R. Cario, Victimologie, *op. cit.*, p. 80, 114 et s.

86. V. M. Rand, S.M. Catalano, Criminal victimization 2006, *op. cit.*, p. 6 ; à titre d'exemple, le taux est, pour les 12-15 ans de 48.1 ; les 16-19, de 55.6 ; les 20-24, de 45.4 ; les 25-34, de 26.3 ; les 35-49, de 18.3 ; les 50-64, de 10.5, les 65 ans et plus, de 2.5 (*Ibid.*, p. 4).

concernant les victimes de sexe masculin ; 67 % des victimes du sexe féminin) ; sept victimes de viol ou d'agression sexuelle sur dix également, tout comme une victime d'agression aggravée sur deux. Dans un quart des crimes violents, le criminel usa d'une arme. Concernant plus spécifiquement l'homicide (16 204 en 2002) [87], à nouveau en baisse depuis 1993 (24 526), les victimes sont, aux trois quarts, des hommes, à égalité entre blancs et noirs, sept sur huit sont âgés de plus de 18 ans, tués par armes à feu dans 70 % des cas. Les risques d'être homicidé étant plus importants dans le sud des Etats-Unis et dans les grandes cités métropolitaines [88].

La dernière enquête internationale de victimisation met en évidence que les crimes estimés les plus graves contre les biens dépendent beaucoup de l'urbanisation, de conditions socio-économiques défavorables et d'un style de vie très engagé dans les activités à l'extérieur, diurnes comme nocturnes. Les agressions contre les personnes, seconde catégorie de crimes considérés comme sérieux par les victimes, proviendraient encore de conditions socio-économiques défavorables, d'une éducation défaillante, du même *outgoing lifestyle* et de la possession d'une arme [89]. Deux victimes sur cinq ont été revictimisées au cours de la même année. Les personnes victimes de survictimisation sont généralement jeunes, habitent dans une grande agglomération, possèdent de bons revenus et vivent souvent à l'extérieur.

Beaucoup de similitudes avec les enquêtes étrangères transparaissent des diverses enquêtes françaises. Les hommes davantage que les femmes (sauf à observer qu'elles reportent sans doute moins les violences sexuelles ou conjugales subies) quant

---

87. Dont le taux pour 100 000 habitants, parmi les plus élevés au monde, souligne cependant le renversement à la baisse opéré à la fin des années 80 : 4.6 en 1950 ; 5.1 en 1960 ; 7.9 en 1970 ; 10.2 en 1980 ; 9.4 en 1990 ; 5.5 en 2000, 5.7 en 2003… contre moins de 2 en France not. ; V. M. CUSSON, Paradoxes américains : autodéfense et homicide, *In R.I.C.P.T.S.*, 1999-3, pp. 259-277 ; V. également M. KILLIAS, Gun ownership, suicide and homicide. An international perspective, *In* A. ALVAZZI DEL FRATE, U. ZVEKIC, J. VAN DIJK (Dir.), Understanding crime, *op, cit.*, pp. 289-302.

88. V. J.A. FOX, M.W. ZAMITZ, *Homicide trends in the United States*, B.J.S. pub., 2004, 158 p. ; www.ojp.us.doj.gov/bjs.

89. V. J. VAN DIJK, *op. cit.*, pp. 7-9.

aux violences physiques, les femmes relativement aux injures, les jeunes davantage que les aînés, sont victimes d'agressions, à répétition dans un tiers des cas. Une telle survictimisation pourrait provenir des conduites différentes selon le genre, en relation avec les types de sortie et les endroits que fréquentent les jeunes hommes. Les cadres supérieurs et les professions libérales sembleraient plus souvent victimes de menaces et d'insultes que les personnes défavorisées, davantage victimes d'agressions physiques. Majoritairement situés en zones urbaines, les lieux d'agressions sont moins les transports en commun ou les parkings que la rue, le foyer familial lui-même et le lieu de travail. L'agresseur est connu de la plupart des victimes lorsque les violences sont exercées à domicile ou sur les lieux de travail. En matière d'atteintes aux biens, les hommes semblent toujours plus victimisés que les femmes, pour tout ce qui touche au véhicule automobile (vol, vandalisme et soustraction d'objets). Phénomène d'ampleur en milieu urbain, ces infractions sont fortement dirigées vers la plupart des cadres, même modestes, survictimisés dans les tranches d'âges de 25 à 50 ans. Les cambriolages, en baisse notable à cause vraisemblablement d'une meilleure prévention situationnelle, frappent les ménages urbains d'âge moyen (30-50 ans), appartenant aux classes les plus actives et les mieux établies socialement. Les autres vols concernent indifféremment les jeunes urbains de moins de 25 ans, dans la plupart des catégories socio-professionnelles, à l'exception des ouvriers en milieu urbain et des agriculteurs en milieu rural [90].

La mobilisation des recours dépend assez directement de la nature de la victimisation. Le dépôt de plainte auprès des services de police apparaît important en matière de cambriolages (plus de huit ménages sur dix) et de vols de voitures (plus d'un ménage sur trois) pour des raisons strictement assurantielles. La reportabilité est bien moindre à l'égard des agressions (une

---

90. V. P. ROBERT et al., *op. cit.*, p. 259 et s. ; E. CRENNER, Insécurité et préoccupations sécuritaires, *In Données sociales. La société française*, pub. INSEE, 1999, pp. 366-372 ; www.iaurif.org ; INSEE, France portrait social. 2004-2005, *op. cit.*, pp. 234-235 ; OND, Premier rapport 2005, *op. cit.*, pp. 219-297.

personne victime sur trois), la démarche étant jugée inutile par les intéressés et surtout délicate quand l'agresseur est connu, ce qui est assez souvent le cas. Les victimes d'autres vols saisissent encore plus rarement les services de police, « abandonnées la plupart du temps à leur sort » : très faible élucidation, défiance de la police, remboursement par les assurances très aléatoire, préjudice pas assez grave. Les enquêtes de victimisation françaises ne font guère état de la saisine des Services d'aide aux victimes, dont l'existence est sans doute encore trop méconnue des intéressés [91]. Une telle situation est très inquiétante dans la mesure où les personnes victimisées, pour ne mobiliser aucun recours, semblent souffrir d'un sentiment de vulnérabilité plus grand encore [92].

Le phénomène criminel est donc bien réel et étendu. Il apparaît d'autant plus préoccupant qu'il concerne les citoyens les plus démunis, qu'ils soient infracteurs ou victimes. Il ne fait pas l'ombre d'un doute que la société civile, par une politique criminelle adaptée, doive mettre en œuvre tous les moyens dont elle dispose pour prévenir le phénomène et traiter ceux qui le provoquent. A la condition que les instruments qui permettent de le mesurer ne soient pas trop reprochables d'un point de vue méthodologique.

§ 4 – Significations statistiques de l'observation du phénomène criminel

Lors de la présentation des faits criminels constatés et jugés, la non exhaustivité du recueil par rapport à la réalité des actes criminels a été soulignée. Cet écueil, voire cet échec dans la collecte des faits criminels proviennent sans aucun doute des instruments de mesure eux-mêmes. Mais l'observation plus

---

91. V. cependant P. ROBERT et R. ZAUBERMAN qui constatent, *op. cit.*, p. 76, la saisine de ces Services dans un cas de vol ou de cambriolage sur 200.

92. Sur tous ces points, V. not. P. ROBERT et al., *op. cit.* (1999), p. 259 et s. ; J.P. GREMY, *op. cit.*, pp. 18-26 ; P. PERETTI-WATEL, *Eod. Loc.* ; E. CRENNER, Insécurité et sentiment d'insécurité, *Eod loc.* ; de la même auteure, Insécurité et préoccupations sécuritaires, *op. cit.*, p. 366-372 ; C. RIZK, J. BOE, Les résultats de l'enquête de victimation 2006, *op. cit.*, inhes.interieur.gouv.

globale du processus pénal permet encore de comprendre les mécanismes sélectifs d'entrée, de maintien et de sortie du processus.

A – Validité du recueil des faits par les instruments statistiques disponibles

Il ne saurait être question de traiter ici, en détail, les imperfections ou les qualités des instruments disponibles. Ils existent. Ils sont très utiles. De tels outils offrent en effet aux chercheurs, comme aux acteurs de la politique criminelle ou aux simples citoyens de ce pays, une information non négligeable sur la criminalité, telle que prise en compte par les agences de surveillance et de traitement du phénomène. Leur appréhension serait sans aucun doute facilitée par une consultation en ligne. Pour autant, les statistiques de criminalité dépendent étroitement de la qualification légale des faits, condition de leur repérage en cette matière. Traditionnellement, quatre séries de reproches sont adressées à ces modes de recueil des faits criminels, en forme de griefs parfois, qu'il s'agisse des statistiques policières, judiciaires ou pénitentiaires.

En premier lieu, il est souvent souligné que les modifications qui affectent la nature et le nombre des items retenus (très limités) au sein de ces instruments empêchent toute analyse de suivi cohérente. Or, à défaut de s'inscrire dans la durée, l'observation de ce phénomène humain – donc dynamique et évolutif – ne constitue qu'un regard jeté ponctuellement, contingent des circonstances et événements à la date du recueil [93].

En second lieu, la plupart des chercheurs, pour le moins, regrette l'absence de correspondance (empêchant ainsi toute confrontation externe) entre les séries statistiques précitées : au regard tout d'abord de la disparité dans la qualification des faits pourtant légalement constitués en crimes, délits et contraven-

---

93. V. not. J.M. GRATIA, F. MARTINAT, L'histoire des statistiques de police judiciaire depuis 1945, *In Cahiers de la Sécurité Intérieure*, 1991/4, p. 95 et s.

tions [94] ; au regard ensuite de l'impossibilité à suivre un individu tout au long du processus pénal. L'attribution, en ce sens, d'un numéro d'ordre dès l'établissement du procès verbal de police, répercuté à tous les stades du processus, serait de nature à améliorer considérablement l'observation scientifique. On peut s'étonner qu'une telle réforme, qui ne compromettrait en rien les droits de l'intéressé, n'ait pas encore été adoptée [95]. La raison en serait-elle la crainte d'une mise en évidence des fonctionnements et des dysfonctionnements des agences de contrôle dans le traitement des faits criminels ?

En troisième lieu, il est devenu banal de remarquer que toutes ces différentes séries statistiques souffrent des effets du double comptage. En effet et aussi bien en ce qui concerne les statistiques de stock que celles de flux, un même individu sera compté autant de fois qu'il entre et sort du système (plusieurs infractions commises au cours de la même année ; plusieurs incarcérations et sorties la même année...). Dans le même ordre d'idées, un même fait est susceptible d'être comptabilisé plusieurs fois au cas de pluralité d'auteurs, lorsque l'unité de compte passe de l'infraction à l'individu. Enfin et pour l'essentiel, celui qui demeure plusieurs années dans le système (notamment au titre de la détention provisoire ou d'une peine ferme privative de liberté) sera comptabilisé à chacune des observations effectuées [96].

---

94. Que dire des regroupements opérés quant à la nature des faits, quant aux classes d'âges retenues, etc... ; V. R. CARIO (1997), *op. cit.*, p. 40 et s., où est souligné l'aberrante affirmation (sans nuance et encore renouvelée) de deux moments forts dans l'activité criminelle des femmes... provenant simplement d'un mauvais bornage des classes d'âges !

95. V. néanmoins la très pertinente recherche menée dans cet esprit par B. AUBUSSON de CAVARLAY, M.S. HURE, *Arrestations, classements, déferrements, jugements. Suivi d'une cohorte d'affaires pénales de la police à la justice*, CESDIP, Etudes et données pénales, 1995/12, multigraph., 249 p.

96. Cette difficile question est connue des statisticiens en termes d'incidence et de prévalence. Sa résolution est très mal maîtrisée par les non spécialistes ; V. J.F. GAZEAU, *L'épreuve du double tour. Comptes et mécomptes de la justice pénale des mineurs,* Ed. C.R.I.V., 1983, multigraph., 310 p. et not. p. 40 et s. ; M.F. AEBI, Les indicateurs de la criminalité : leurs limitations, leur complémentarité et leur influence sur les théories criminologiques, *In RICPT*,

En dernier lieu et de manière plus générale, il importe de ne pas se méprendre sur l'interprétation à donner aux mouvements que subit le phénomène mesuré, à tous les niveaux d'observation. Il serait extrêmement hasardeux, tout d'abord, de considérer que l'exhaustivité du recueil est la règle. Il devient en conséquence tout à fait aléatoire de tirer des enseignements sur les évolutions constatées, aussi bien au regard du volume global du phénomène que de certains de ses aspects. Souligner que les statistiques de police judiciaire, notamment, ne sont tributaires que de la volonté des victimes de porter plainte n'y changera rien. La différence entre la réalité des faits et leur report par les victimes ne provient pas uniquement de leur adhésion à ce que le sens commun [97] perçoit comme criminalité et délinquance mais aussi de leur inaptitude physique, intellectuelle et culturelle à y procéder.

Sans être trop caricatural, il est ensuite possible de noter que les mouvements, à la hausse comme à la baisse, ont des origines diverses, alternatives et/ou cumulées : amélioration des instruments de cueillette des faits criminels (en personnel, logistique, traitement...) ; meilleures performances (professionnelles) des agences de contrôle ; (ré)orientation(s) de la politique criminelle vers la prévention d'activités criminelles à plus ou moins forte visibilité (terrorisme, vols dans les grands magasins, infractions financières ou réglementation sur les stupéfiants...) ; diminution des possibilités de traitement direct de la délinquance par les agences de contrôle social, notamment. Surtout, la connaissance de ces fluctuations arrive bien trop tard pour permettre d'adapter les politiques et programmes mis en place [98].

2002-2, pp. 113-156 ; S. ROCHE, Les statistiques ne servent à rien, *In Le Monde*, 6 fév. 2001/17 ; B. AUBUSSON de CAVARLAY, Le mode de calcul des statistiques nous enferme dans un cercle vicieux, *In Le Monde*, 29 janv. 2002/10 ; M.F. AEBI, *Comment mesurer la délinquance ?*, Ed. A. Colin, 2006, 317 p.

97. V. en ce sens C. CHIARAMONTI, *op. cit.*, 1990, p. 436 ; Comp. L. HULSMAN, J. BERNAT de CELIS, *op. cit.*, p. 126 et s.

98. Sur l'ensemble de cette question, V. not. Premier Rapport de l'Observatoire National de la délinquance, Ed. INHES, multigraph., 2005, p.17 et s. ; L. BRONNER, Les chiffres des la police surestiment le phénomène

De telles fluctuations, assez indépendantes du phénomène lui-même, doivent d'autant plus conduire à la prudence que le cheminement de l'infracteur repéré à l'intérieur du système de justice pénale tient souvent du hasard, pas toujours de la nécessité.

B – Validité du cheminement des faits et des individus durant le processus pénal

Pour peu qu'elle soit visible, l'infraction commise ne sera pas forcément sanctionnée, soit parce que son auteur demeure inconnu, soit parce qu'il va sortir du circuit de la répression. Il est aujourd'hui effectivement acquis que des procédés de sélection existent dans l'orientation et le cheminement des faits criminels. Il a ainsi été démontré que le processus pénal était jalonné de portes de sortie plus ou moins préférentielles. C'est à la manière d'un entonnoir que le système de justice pénale fonctionne, de la visibilité sociale du fait criminel à l'exécution de la peine qui s'y attache. Principalement, l'infraction et/ou son auteur identifié(e) est/sont classiquement susceptible(s) de « disparaître » tout au long du processus pénal, lors de rencontres avec quatre séries de personnes : le policier ou le gendarme (qui pourra interrompre le processus par une inscription sur le registre de « la main-courante » ou sur le « carnet de déclaration »), le procureur de la République (par le classement sans suite direct ou conditionnel), le juge d'instruction (par l'ordonnance de non lieu) et le juge de jugement (par la relaxe ou l'acquittement). On ne saurait néanmoins négliger cette autre réalité que de manière bien moins classique un nombre assez conséquent d'infractions sont traitées par l'autorité administrative, dans des domaines variés :

---

des bandes, *In Le Monde*, 19 sept. 2007, p. 9 ; J.H. MATELLY, C. MOUHANNA, *Police : des chiffres et des doutes*, Ed. Michalon, 2007, 268 p. ; P. BONFILS, Statistiques criminelles, *In* G. LOPEZ, S. TZITZIS (Dir.), *Dictionnaire des sciences criminelles*, Ed. Dalloz, 2004, p. 884 et s. ; R. GASSIN, Criminologie, *op. cit.*, p. 116 et s. ; comp. L. et S. TOURNYOL du CLOS, La délinquance des jeunes, *op. cit.*, p. 85 et s. ; M. MAGUIRE, Crime date and statistics, *In* M. MAGUIRE and al. (Eds), The Oxford Handbook of Criminology, *op. cit.*, pp. 241-301 ; V. *Supra*, § 1.

droit fiscal, droit de la santé, de l'environnement, de la circulation et des transports, de l'information et de la communication et, surtout, en toutes matières gravitant autour de l'économie[99]. On ne saurait davantage accepter, sans réserves, que du contentieux pénal soit traité « à la place » du juge à l'occasion de recours gracieux en matière fiscale, douanière ou forestière[100]. Un schéma synoptique valant souvent mieux qu'un long discours, le cheminement pénal de l'infraction, assorti de ses potentiels filtres, est présenté ci-après.

---

99. Sur la répression administrative, V. M. DELMAS-MARTY, C. TEITGEN-COLLY, *Punir sans juger*, Ed. Economica, 1992, p. 11 et s. et réf. citées ; Sur les sanctions fiscales, V. également P. di MALTA, *Droit fiscal pénal,* PUF, Coll. Fiscalité, 1992, 282 p. et not. p. 35 et s. ; Sur le droit pénal administratif, V. encore les travaux de l'Association Internationale de Droit Pénal publiés *In R.I.D.P.*, 1988-1/2, 534 p. et *R.I.D.P.* 1990-1/2, p. 87 et s.

100. V. sur les pouvoirs de remise (totale ou partielle) et, surtout, de transaction de ces administrations, M. DELMAS-MARTY, C. TEITGEN-COLLY, *op. cit.*, p. 25 et s. ; Une extension inconsidérée de la répression administrative apparaîtrait très dangereuse pour les libertés individuelles. La C.E.D.H. n'hésite alors pas à assimiler ces contentieux à la « matière pénale » ; V. not. Arrêt Ozturk c/R.F.A. du 21 fév. 1984, Série A 73 ; Arrêt Lurz c/R.F.A. du 25 août 1987, Série A 123 ou encore les six arrêts rendus contre l'Autriche le 23 déc. 1995, Série A 328 et 329.

Schéma n° 1 – Cheminement pénal des infractions [101]

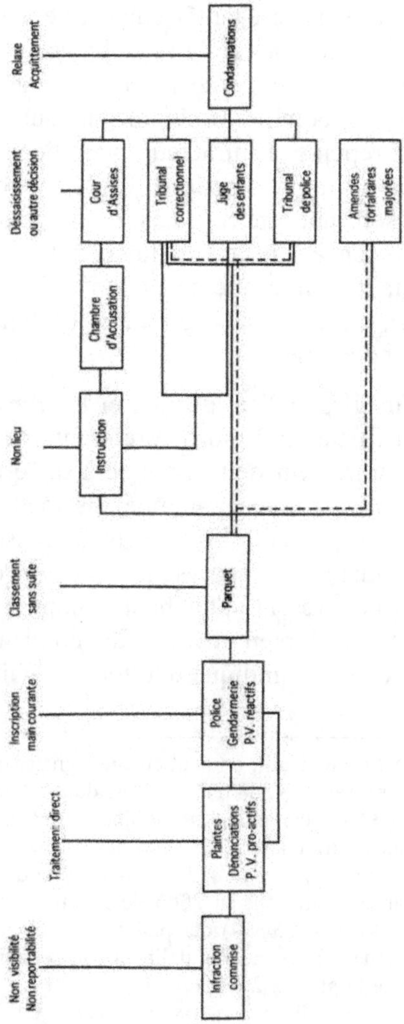

101. Comp. les tableaux synoptiques proposés sur ces aspects en termes de « circuit pénal » ou « de fonctionnement du système pénal » *In* J.P. ROSENCZVEIG, *Le dispositif français de protection de l'enfance*, Ed. Jeunesse et droit, 2è ed. 1998, pp. 360-361 ; d'« alimentation du système pénal », *In* B. AUBUSSON de CAVARLAY, M.S. HURE, *op. cit.*, p. 33 et s.

Avant toute interprétation, une remarque essentielle s'impose : les sorties du système pénal sont tantôt objectivement et légalement organisées, tantôt subjectivement et officieusement tolérées par les acteurs de la réaction sociale au crime en général [102]. En ce qui concerne le cheminement strictement pénal des infractions, comme on le constate sur le schéma, à chacun des stades repérés, l'infracteur peut bénéficier de filtres, de sorties plus ou moins légales : d'abord parce qu'il « apporte la preuve de son innocence » ; ensuite parce que le doute quant à sa participation à l'infraction lui profite ; enfin et de manière plus discutable parce que son maintien dans le système ne se justifie pas, eu égard aux garanties de bonne position sociale qu'il offre, notamment.

Bien sûr, il est délicat d'apporter la preuve, *a priori*, de cette dernière justification de sortie préférentielle. Seule la possibilité de suivre l'infracteur de son entrée à sa sortie du processus pénal (qu'il soit ou non condamné) permettrait de vérifier cette dernière remarque. Pour brutale qu'elle puisse paraître, elle n'est pas sans fondement. L'analyse *a posteriori* du produit fini de la justice, tel que présenté plus haut, a contribué à la mise en évidence d'un profil bien marqué du condamné. Or, l'existence même de ces filtres indique que tous les faits criminels visibles

---

102. A titre indicatif, on peut encore signaler qu'en 1988, la justice pénale a connu et traité 15 838 000 affaires, dont : 9 810 000 classements sans suite (62%), 3 881 000 amendes forfaitaires majorées (24,5%), 1 884 000 renvois devant les tribunaux (12%, dont les 3/4 devant le tribunal de police) ; V. *Annuaire statistique de la justice*, 1988, Ed. La Doc. Française, p. 107 et s. ; Par comparaison, en 2006, le Parquet a classé sans suite 76,9 % (soit 4 079 139 sur 5 305 394) des plaintes, dénonciations et procès verbaux traités relativement à des crimes, délits et contraventions de 5è classe, *In* Les chiffres clés de la justice. 2006, *op. cit.*, p. 14 et s. ; Comp. P. ROBERT et al., *op. cit.*, p. 53 et s. ; B. AUBUSSON de CAVARLAY, M.S. HURE, *op. cit.*, p. 31 et s. ; Sur le flux des affaires pénales à travers la justice pénale en 2004, V. *Annuaire statistique de la justice. 2005*, pub. Min. Justice, 2006, p. 103. Sur 10 000 procès-verbaux, plaintes, dénonciations, 2 960 sont traités par le parquet : 388 seulement font l'objet de poursuites (29,6 %), 9 d'une composition pénale, 192 d'un classement après réussite d'une procédure alternative, 436 jugés par le tribunal de police ou les juridictions de proximité. Les officiers du Ministère public ont traité 7 040 affaires : 6 061 amendes forfaitaires majorées et 345 jugements du tribunal de police ou du juge de proximité.

ne conduisent pas leur(s) auteur(s) devant le juge de jugement compétent. On voit ainsi, très concrètement, se confirmer l'intérêt de l'attribution d'un numéro d'ordre à chaque infracteur, dès son entrée dans le système. Grâce à la transparence qui caractérise, dans un Etat de droit, les différents stades du procès pénal, il sera facile de repérer les infracteurs qui bénéficient des filtres précités afin d'en comprendre les mécanismes.

La doctrine criminaliste contemporaine n'a pas manqué de s'interroger sur ce constat. Certains auteurs sont devenus des spécialistes de cette question, approchant le déroulement global du procès pénal avec l'aide de la psychologie et de la sociologie, au niveau de tous les acteurs concernés à titre individuel et à celui des organisations impliquées dans le système de justice pénale.

A l'issue de cette présentation des caractéristiques générales du phénomène criminel, on ne peut qu'adhérer aux remarques de Raymond BOUDON soulignant que « de bonnes mesures statistiques, de bonnes analyses statistiques sont un contrepoids nécessaire de l'idéologie ». Elles sont de nature, au surplus, à produire un effet de « conscientisation » des citoyens [103]. De telles réflexions sont fondamentales et doivent effectivement s'appliquer au phénomène criminel tel qu'il vient d'être objectivement observé. Il apparaît urgent que tous ceux qui se préoccupent de la prévention et du traitement du phénomène en perçoivent les caractéristiques et significations.

Tout au long des précédents développements, parfois fastidieux dans la manière d'aborder la réalité statistique du phénomène observé, trois certitudes se sont imperceptiblement structurées. La première concerne, d'une part, le caractère très généralement acquisitif et banal des infractions constatées et jugées dans notre pays [104]. Cette activité s'est exprimée, d'autre part,

---

103. V. R. BOUDON, La 'mesure statistique' : un contrepoids à l'idéologie, *In Cahiers de la Sécurité Intérieure*, 1991/4, p. 7 et s.

104. Pour une confirmation de ce caractère acquisitif, V. G. OLLENDORFF, O. RUTHARDT, Les infractions de masse : quelles interprétations ?, *In Les cahiers de la sécurité intérieure,* 1996-23, pp. 7-148 ; L. FAUCONNET, Une petite délinquance encombrante, *In Lien social*, 1999-480, p. 17.

au travers de comportements humains caractéristiques d'une agressivité de compétition. La seconde certitude concerne le profil-type de la personne finalement condamnée par la justice française. C'est plus que proportionnellement un homme jeune, étranger, défavorisé aux plans sociolinguistique et économico-culturel. De la cumulation de ces deux certitudes découle la troisième : le caractère relativement artificiel de la réaction sociale au phénomène analysé. La question de l'origine, de la nature, du montant et de la diversité des moyens accordés au Système de justice pénale pour lutter contre le phénomène criminel n'est certainement pas anodine, d'autant plus que la litanie de la problématique du manque semble avoir envahit la plupart des esprits.

Section 2 – Les moyens du système de justice pénale

La détermination des moyens – humains et matériels – de la Justice pénale n'est pas une opération très aisée. En effet, on ne saurait réduire les moyens disponibles à la prévention comme à la répression des comportements criminels et du crime à ceux du seul Ministère de la Justice. Une part importante du budget de la France (au travers des Ministères de l'Intérieur, des Armées, de la Santé, de la Solidarité, de la Ville, de la Jeunesse et des Sports, de la Culture, notamment) est consacrée à la lutte contre l'émergence des facteurs criminogènes, à la découverte des infractions, à l'arrestation et à la prise en charge de leurs auteurs. Dans le cadre des développements qui vont suivre, nous nous contenterons de commenter les moyens dont disposent les agences impliquées, à titre principal, dans la lutte contre la criminalité : la Police Nationale, la Gendarmerie Nationale et, surtout, la Justice.

La part de budget que la société entend consacrer au phénomène criminel est sans doute le meilleur indicateur de l'intérêt qu'elle entend lui porter et, davantage encore, de la manière dont elle entend le régler. Avant de présenter en détail les moyens actuellement mis à la disposition des agences répressives de contrôle social (§ 2), il importe d'évaluer le budget de la Justice pénale au sein du budget de la France (§ 1).

§ 1 – Le budget de la Justice pénale

Globalement, le budget du *Ministère de la Justice* représente, en 2008, 2,4 % du budget de l'Etat français, soit 6,519 milliards d'euros (MD€) (sur les 272 MD€ du budget total). Pour être encore très faible, ce budget est en constante progression. Il n'était que de 1,05% en 1981 (soit 6,5 MdF) [105].

Pour l'année 2008, la répartition des 6,51 MD€ entre les principaux postes budgétaires fut, en pourcentage, la suivante :

- Administration Pénitentiaire (2,38 Md€)	41,9 %
- Services Judiciaires (2,73)	36,6 %
- Protection Judiciaire de la Jeunesse (0,81)	12,4 %
- Accès au droit (0,33, dont aide aux victimes = 0,0014)	5,6 %
- Conduite et pilotage (0,262)	4,0 %

S'il est difficile d'isoler le budget de la Justice pénale des sommes consacrées aux Services judiciaires en général (à cause de l'exceptionnelle spécialisation des magistrats notamment), celui de l'Administration Pénitentiaire est nettement repérable pour avoir doublé, en francs courants, depuis 1984 [106].

Par comparaison, le montant total du budget 2005 du *Ministre de l'Intérieur* est de 15,45 MD€, enregistrant une hausse constante depuis 1997. Un peu plus deux cinquièmes du budget de 2008 est absorbé par la Police Nationale (8,85 Md€) [107].

La *Gendarmerie Nationale* émarge au budget du Ministère de la Défense, dont elle constitue l'une des forces. En 2008, elle dispose pour l'ensemble des ses missions (police, défense mili-

---

105. Par rapport à 2007, le budget de la Justice enregistre une augmentation de 4,7 % ; Comp. *Annuaire statistique de la Justice. 1991-1995*, Doc. fr., 1997, p. 9 et s. ; Recomm. R(95)12 sur La gestion de la justice pénale, *op. cit.,* 59 p. ; V. Projet de Loi de finances pour 2008, *Les notes bleues de Bercy*, minefi.gouv.fr ; V. N. GUILBERT, La justice française, mauvaise élève de l'Europe en matière budgétaire, *In Le Monde*, 11 mai 2005/9 (le budget par habitant situe en effet la France au 23è rang européen) ; La justice piégée par l'explosion du coût des enquêtes, *In Le Monde*, 30 nov. 2004/13 ; D. SALAS, A. CARSTOIU, La Justice, *op. cit.*, p. 15 et s. ; V. *Infra*, chap. 4, sect. 5.

106. Sur ces différents points, V. not. *Les chiffres clés de la Justice*, oct. 2007, p. 4 et s. et *L'Administration Pénitentiaire en chiffres. 2008*, déc. 2007, justice.gouv.fr.

107. V. *L'Intérieur aujourd'hui. Missions, faits, chiffres,* pub. Min. Intérieur, www.interieur.gouv.fr ; Les Notes bleues de Bercy, *Ibid.*

taire, activités internationales) de 7,7 Md€ (soit 20,92 % du budget de la Défense d'un montant total de 36,780 Md€) [108].

En hausse importante, les moyens budgétaires du Ministère consacré à la *ville*, à la rénovation urbaine, à l'équité sociale et territorial et au soutien en quartiers en difficulté sont, en 2008, de l'ordre de 1,1 Md€. Les programmes d'intervention en matière de prévention et de sécurité attraient près d'un cinquième du total. Au-delà des seuls crédits du Ministère de la ville, l'ensemble de l'effort public en faveur des politiques de la ville a pu être évalué à 6,2 Md€ [109].

Le budget du *Ministère de la Jeunesse et des sports*, en diminution régulière ces dernières années, augmente à nouveau : 762 M€ en 2008 [110]. Il apparaît assez difficile de repérer mieux ici les sommes non négligeables que consacrent ces différents ministères à la prévention du phénomène criminel mais encore à la répression des criminel. Néanmoins, il est certain que de manière autonome ou par le biais d'actions communes avec le Ministère de la Justice, d'autres ministères (Emploi et solidarité, Santé, Droits des femmes, notamment) ainsi que les collectivités territoriales participent également à des programmes de lutte contre le phénomène criminel et ses conséquences.

§ 2 – Les principaux moyens humains et matériels de la Justice pénale

La présentation de ces moyens se limitera aux trois pôles principalement concernés par la répression des comportements criminels, sans ignorer que nombre de leurs activités sont aussi dirigées vers la prévention de la criminalité (au sens large), de manière parfois indissociable.

---

108. V. *Memo Gend.*, pub. Min. de la Défense, multigraph., 2007, 60 p., gendarmerie.defense.gouv.fr.

109. V. Les Notes bleues de Bercy, *Ibid.* ; ville.gouv.fr

110. V. Les Notes Bleues de Bercy, Budget 2008, *Ibid.*

A – Les personnels

Il est difficile de fixer avec précision le nombre exact de fonctionnaires affectés à la découverte, au jugement des infracteurs ainsi qu'à l'encadrement de la sanction à laquelle ils sont condamnés. De manière grossière mais optimale, on dénombre au sein des administrations concernées les personnels suivants.

1. *Police Nationale* : 145 820, dont 119 001 personnels actifs (civils et en tenue), 15 753 personnels administratifs, techniques et scientifiques, 10 401 adjoints de sécurité [111].

2. *Gendarmerie Nationale* : 105 975 gendarmes en 2007, dont 62 954 sont affectés à la Gendarmerie départementale (chargée de la surveillance générale, de la police administrative et judiciaire) ; 3 708 exercent Outre-Mer et 4 781 sont chargés de missions particulières en matière de sécurité des infrastructures maritimes et aériennes civiles [112].

3. Le *Ministère de la Justice* emploie les personnels suivants :
- 8 140 magistrats (sur 72 993 effectifs budgétaires (soit 11,1 %) ;
- 23 551 surveillants de prison (soit 32,3 %) ;
- 9 017 éducateurs à la Protection Judiciaire de la Jeunesse (soit 12,3 %).

Il n'est pas inutile de souligner l'augmentation régulière des personnels au sein des administrations précitées et de manière particulièrement forte et équilibrée au cours des dernières années, au sein de la Protection judiciaire de la jeunesse notamment [113]. Sur les 31 838 personnels que comprenait l'Adminis-

---

111. interieur.gouv.fr.

112. Les autres effectifs budgétaires concernent la Gendarmerie mobile (16 317), la protection de l'appareil d'Etat (4 781), la formation dans les Ecoles (5 642), l'Administration Centrale (9 867) ; V. Memo Gend, *op. cit.*, 2005, p. 35 et s. ; Comp. H. HAENEL, R. LIZUREY, R. PICHON, *La gendarmerie,* PUF, Que sais-je ?, 2è éd. 1996-2143, 128 p. ; J.Y. FONTAINE, *Socioanthropologie du gendarme. Gendarmerie et démocratie,* Ed. L'Harmattan, Coll. Logiques sociales, 2007, 302 p. ; F. DIEU, *Sociologie de la Gendarmerie*, Ed. L'Harmattan, Coll. Sécurité et société, 2008, 230 p.

113. La mise en place du « Programme 13 000 » avait nécessité beaucoup de créations d'emplois. Avec pertinence L. FAUCONNET constate que la

tration Pénitentiaire au ler janvier 2008 (lesquels ont cru de plus de 50% en dix ans), on remarque la distribution suivante :

23 551 personnels de surveillance,
3 003 personnels administratifs,
3 115 personnels d'insertion et de probation,
523 personnels techniques,
364 directeurs de SPIP et directeurs régionaux,
893 contractuels (toutes catégories confondues).

Il convient d'ajouter à ces personnels ceux des groupements privés intervenant dans les établissements à gestion déléguée (33).

En d'autres termes et relativement à la population pénale au 1er janvier 2008 (composée de 61 076 détenus, dont 31,7 % de prévenus), on compte [114] :

1 surveillant pour plus de 2 détenus,
1 personnel d'insertion et probation pour 30 détenus,
1 instituteur pour 150 détenus.

Il va sans dire que ces taux moyens d'encadrement masquent la situation – dramatique – observable dans les Maisons d'arrêt, les autres établissements pénitentiaires étant un peu mieux lotis. Rappelons-nous en effet que les deux-tiers des détenus sont incarcérés dans les Maisons d'arrêt, surpeuplées, pour une durée moyenne légèrement supérieure à sept mois. De manière absolument paradoxale, ces taux d'encadrement expriment clairement que les besoins les plus profonds des populations incarcérées sont inversement pris en charge.

---

construction de ces 13 000 nouvelles places représente 500 ans de budget consacré au contrôle judiciaire, *In* Alternatives à l'emprisonnement, Rev. *Actes*, 1990/73, p. 30. Or les personnes placées en détention provisoire représentent près du tiers des incarcérés ; du même auteur, le prix d'une alternative, *In Le nouveau bulletin,* pub. C.L.C.J., 1997-1, p. 18.

114. La présentation des différents acteurs professionnels, neutre quant au sexe des intéressés, ne doit pour autant pas tromper : les hommes sont majoritairement concernés, sauf dans les établissements pour peine réservés aux femmes. La mixité des personnels pénètre néanmoins tout doucement l'univers carcéral, ce qui permet de le rendre conforme aux élémentaires réalités socio-culturelles qu'ont quitté - et que retrouveront forcément - les détenus ; V. L'Administration pénitentiaire en chiffres, *op. cit.*, 11 p.

Le « milieu ouvert » de l'Administration Pénitentiaire est dorénavant plus difficile à identifier (au plan statistique s'entend) depuis la création des Services Pénitentiaires d'Insertion et de Probation par le Décret du 13 septembre 1999. Pratiquement, les personnels en charge des mesures s'exécutant en milieu ouvert, *ab initio* (contrôle judiciaire, T.I.G., ajournement ou sursis ou avec mise à l'épreuve) ou à la sortie de prison (libération conditionnelle), placement sous surveillance électronique, ne sont pas mieux lotis. Sans compter les enquêtes à destination des autorités judiciaires. La réforme n'a pas eu pour effet de transformer notablement les ratios antérieurs : 1 conseiller pour plus 150 condamnés [115].

Toutes activités confondues, il est absolument confondant, à l'heure où l'on prône le développement des mesures alternatives à l'incarcération, qu'un juge de l'application des peines (en plus de ses activités de juge du siège) gère en moyenne 700 dossiers, en milieu fermé et milieu ouvert réunis [116].

4. Une place particulière doit être réservée aux personnels appartenant à la *police municipale*. Pour être ponctuellement reconnus comme agents de police judiciaire adjoints, les policiers municipaux sont, depuis leur création, en quête d'identité, balancés entre agents municipaux (relevant de la police administrative) et agents de police (relevant de la police judiciaire) [117]. La volonté de leur procurer un authentique statut,

---

115. V. L'Administration Pénitentiaire en chiffres, *op. cit.*, p. 6 et s.

116. V. M. JANAS, E. MARTIN, Une photographie du quotidien de l'application des peines, *In A.J.pén.*, 2007-4, pp. 173-178 ; Entretien de M. JANAS, Président de l'ANJAP, *In Le Monde*, 24 août 2007, p. 7 ; V. *Infra*, Chap. 3, sect. 2, § 2.

117. V. art. 21-2°, D 13 à D. 15 C.P.P. ; D. 1er août 2003 portant création d'un code de déontologie des agents de police municipale ; sur l'ensemble de la question, V. G. KERBAOL, *Les polices municipales. Agents de police ou Agents municipaux ?*, Mémoire D.E.A., Univ. Montpellier, 1997, 128 p. ; P. BON, *La police municipale*, Thèse, Bordeaux, 1975, p. 326 et s. ; N. CHAMBON, Les politiques municipales en France : émergence, logique d'action et complémentarité avec les autres secteurs de la sécurité, *In Les Cahiers de la sécurité intérieure,* 1994-16, pp. 48-60 ; J.J. GLEIZAL, L'action des collectivités locales. Les politiques locales de sécurité, *In Cahiers français*, 1999-293, pp. 97-105 ; R. BOUSQUET, Insécurité : nouveaux enjeux, *op.*

correspondant à des tâches spécifiques de prévention a finalement abouti, après de multiples péripéties, au vote de la Loi du 15 avril 1999. Les justifications généralement reconnues à la nécessité d'une police municipale (sentiment d'insécurité, inefficacité des polices d'Etat, activisme électoraliste) ne doivent en aucun cas ruiner la vocation de proximité des services, souvent de qualité, qui sont rendus par ces agents municipaux [118]. Quoi qu'il en soit, l'implantation des polices municipales est effective dans 3 000 communes (dont la plupart de celles de plus de 100 000 habitants), ainsi dotées d'environ 18 500 agents. L'inégalité des administrés face à la tranquillité et à la sécurité publiques est pour autant flagrante car toutes les villes de France ne peuvent consacrer 2 à 3 % de leur budget à la police municipale.

5. Pour des raisons voisines, rarement démontrées scientifiquement, la *sécurité privée* concurrence fort le système de justice pénale [119]. En 2007, 4 470 entreprises de sécurité et/ou de surveillance emploient 136 000 personnes déclarées [120]. En

---

cit., p. 113 et s. ; L. BONELLI, Les contrats locaux de sécurité : une sécurité déléguée, *In Regards sur l'actualité française*, La Doc. Française, 2002-284, pp. 53-63 ; unapm.org. ; C. DUBOIS, *Police municipale*, Ed. ETAI, Coll. Au cœur de l'action, 2006, 143 p. ; V. MALOCHET, *Les policiers municipaux*, PUF/Le Monde, Coll. Partage du savoir, 2007, 212 p. ; www.police.online.fr.

118. V. art. L 2212-2 C.G.C.T. ; Comp. B. JANKOWSKI, La police de proximité : regard de la recherche sur un nouveau style de police, *In Les cahiers de la sécurité intérieure,* 1993-13, pp. 209-230 ; G. KERBAOL, *op. cit.*, p. 66 et s.

119. V. not. N. CHRISTIE, *Crime control as industry. Towards gulags, Western style ?*, Routledge Pub., 1993, 208 p. ; M. MCMAHON, La répression comme entreprise : quelques tendances récentes en matière de privatisation et de justice criminelle, *In Déviance et Société*, 1996-20, pp. 103-118.

120. V. *Le Monde de l'économie*, 5 juill. 2007 ; G. LEQUEUX, *Les nouvelles dimensions des services de police chargés de la sécurité,* Thèse, Nice, 1992, p. 102 et s. ; F. OCQUETEAU, *Gardiennage, surveillance et sécurité privée (commerce de la peur et/ou peur du commerce ?),* CESDIP, 1992 ; P. ROBERT et al., Les comptes du crime, *op. cit.*, p. 247 et s. ; A. GARAPON, D. SALAS, *op. cit.*, p. 126 ; F. OCQUETEAU, *Les défis de la sécurité privée. Protection et surveillance dans la France d'aujourd'hui*, Ed. L'Harmattan, Coll. Logiques sociales, 1997, 183 p. ; P. SIMULA, La sécurité publique à l'épreuve du territoire, *In CEREQ Bref*, 1999-154 ; M. CUSSON, *Criminologie actuelle*, PUF/Sociologies, 1998, pp. 206-226 ; F. OCQUETEAU, Les agents privés de

l'absence de collaboration véritable entre les différents dispositifs, publics et privés, le sur-équipement « privé » risque de conduire au déplacement des activités criminelles des zones de vie « privilégiées » vers les zones les moins favorisées, au regard des « politiques » de « prévention » mises en place. En totale inégalité citoyenne.

Sans aucun doute, les personnels disponibles à la prévention et à la répression du phénomène criminel sont en nombre conséquent, autant dans le secteur public que dans le secteur privé. Pour mener à bien leurs missions, ces différents personnels évoluent dans des conditions matérielles particulières.

B – Les moyens matériels de la Justice pénale

Il s'agit principalement des moyens en locaux dont disposent les agences de contrôle social agissant à titre répressif. Se trouvent ainsi répartis sur l'ensemble du territoire national.

- 2 627 sites de Police Nationale (Hôtels, commissariats, immeubles et services déconcentrés), dont 546 implantations en zone urbaine sensible [121].

- Parmi les nombreux sites de Gendarmerie Nationale, 1 738 Brigades territoriales, 403 Sections et Brigades de recherche, 234 Escadrons départementaux de sécurité routière et Pelotons d'autoroute, 38 Brigades de prévention de la délinquance juvénile [122].

- 1 857 sites concernant l'ordre judiciaire, dont 475 Tribunaux d'Instance, 181 Tribunaux de Grande Instance (dont 37 à compétence commerciale), 102 Cours d'assises, 156 Tribunaux pour enfants, 35 Cours d'Appel, une Cour de Cassation.

---

protection, *In* L. MUCCHIELLI, P. ROBERT (Dir.), Crime et sécurité, *op. cit.*, pp. 255-264 ; *S.* ROCHE (Dir.), *Réformer la police et la sécurité. Les nouvelles tendances en Europe et aux Etats-Unis*, Ed. O. Jacob, 2004, pp. 241-265.

121. V. L'Intérieur aujourd'hui, *op. cit.*, pp. 26-30.

122. V. Memo Gend 2007, *op. cit.*, p. 33 et s.

- 195 établissements pénitentiaires [123], dont 114 Maisons d'arrêt, 60 établissements pour peine (23 Centres de détention, 4 Maisons centrales et 33 Centres pénitentiaires – dont 8 comportent un quartier Maison centrale), 6 établissements pour mineurs (EPM), 13 Centres autonomes de semi-liberté, un Hôpital pénitentiaire [124].

- 103 Services Pénitentiaires d'Insertion et de Probation.

- 352 établissements et services de la Protection Judiciaire de la Jeunesse (hors les 15 Directions régionales et les 102 Directions départementales), dont 75 Foyers d'action éducative, 196 centres d'action éducative, 22 Centres d'action éducative et d'insertion, 5 centres éducatifs renforcés (CER), 37 Centres de placement immédiat (CPI), 6 Centres éducatifs fermés (CEF), 9 Services éducatifs auprès d'un Tribunal pour enfants [125].

- 1 377 établissements et services habilités du Secteur associatif, gérés par 523 Associations, 10 établissements et services d'Aide sociale à l'enfance conventionnés, 7 établissements publics autonomes habilités justice, sous la forme de 61 CER, 3

---

123. Parmi ces établissements, 25 proviennent du « programme 13 000 » (soit 12 850 places nouvelles). Depuis 1983, le nombre de places en établissements pénitentiaires a presque doublé, passant de 28 550 « opérationnelles » à 50 610. Ces places se répartissent de la manière suivante au 1er janvier 2008 : 31 430 en Maisons d'arrêt et QMA, 16 057 en Centres de détention QCD, 2 060 en Maisons centrales et QMC, 204 en Quartier ou centre pour peines aménagées, 650 en Centres ou Quartiers de semi-liberté, 207 à l'Hôpital des prisons de Fresnes.

124. Les établissements autonomes pour femmes sont naturellement beaucoup moins nombreux, eu égard à leur faible effectif (2 489 détenues soit 3,7% au 1er juillet 2008 : 1 Centre pénitentiaire (Rennes), 2 Centres de détention (Bapaume et Joux-la-Ville), 6 Centres autonomes de semi-liberté, 52 Maisons d'arrêt (dont la Maison d'arrêt de Fleury Mérogis) et « Quartiers femmes » de Maisons d'arrêt ; Comp. R. CARIO, Les femmes résistent au crime (1996), *op. cit.*, Chap. 4, Prisonnières.

125. V. A titre indicatif, 40 217 mineurs étaient pris en charge par le Secteur public au 31 déc. 2006, V. Les chiffres-clés de la Justice. Octobre 2007, *op. cit.*, p. 25.

CPI, 24 CEF, 168 Services d'action éducative en milieu ouvert notamment [126].

Des moyens existent, en hommes et femmes et en matériel, c'est incontestable. Des sommes importantes sont engagées dans la lutte contre le phénomène criminel. Dans un rapport récent, l'O.C.D.E a estimé le chiffre d'affaires mondial de la sécurité en 2003 à 100 Md€. En prenant en compte l'ensemble des données économiques disponibles, tout au long de la chaîne de la sécurité, ce chiffre atteindrait 274 Md€ [127].

Pour artificiel et optimiste que soit le procédé, on peut déduire de ce qui précède que les sommes affectées chaque année par la collectivité à la lutte contre la criminalité et le crime représentent entre 4 et 5 % environ de l'ensemble du budget national. Ce qui n'est certes pas dérisoire en volume financier. Relativement aux dépenses privées, de pertinentes études sont régulièrement effectuées pour en évaluer le montant. Le budget ainsi consacré par les capitaux privés à la lutte contre le crime est évalué à près de 9,15 Md€ ! Dans le même esprit et à titre supplémentaire, le coût des criminalités était estimé, en 1995, à près de 40 milliards d'euros, dont 25 au titre de la fraude fiscale [128]. En 2006, la fraude fiscale et sociale approchait les 40 Md€, soit 2,3 % du produit intérieur brut (PIB) [129]. Les travaux de Thierry GODEFROY et Bruno LAFFARGUE sur les coûts du crime soulignent encore que *15* € dépensés en matière de sécurité se répartissent de la manière suivante : « *75* cents pour rémunérer les avocats ; *1,5* € pour des actions de prévention du ressort de la police, de la gendarmerie ou de la justice ; *2* € pour

126. V. A titre indicatif, cette même année 2006, 217 678 jeunes mineurs en danger étaient suivis par le juge des enfants ; 74 973 mesures et sanctions ont été définitivement prises par les juridictions pénales pour mineurs, *Ibid.*, p. 20 et s.

127. M.B. BAUDET, J.P. STROOBANTS, L'antiterrorisme ? Un marché de la peur et de l'irrationnel qui attire les convoitises, *In Le Monde économique* du 11 oct. 2005, p. II ; OCDE (Dir.), *L'économie de la sécurité*, multigraph., 2004, 168 p., www.oecd.org.

128. V. T. GODEFROY, B. LAFFARGUE, *Estimation monétaire de la criminalité*, pub. C.E.S.D.I.P., Etudes et données pénales, 1995-71, p. 73 et s.

129. *In Le Monde* du 21 fév. 2007.

des actions de prévention sociale liée au problème de la délinquance ; *3* euros pour des mesures de protection par des particuliers et des entreprises ; *3,5* pour des actions de répression des infractions par les agences d'Etat et *4,25* € pour obtenir réparation du préjudice subi (les assurances) » [130].

Quelle que soit l'interprétation que l'on peut prêter à ces différents chiffres, les dépenses publiques engagées correspondent à des moyens humains et matériels conséquents [131]. La « problématique du manque », invoquée de manière quasi incantatoire par la plupart des acteurs concernés par le phénomène criminel, devrait être sérieusement nuancée au regard des précédents développements. En effet, c'est bien à cause de l'inflation pénale galopante, de la stratégie dévoreuse de tolérance zéro que le système de justice pénale s'emballe, comme pris au piège d'une « problématique du toujours plus » conduisant inéluctablement à une « problématique du trop ». Certes des améliorations doivent inévitablement être apportées au fonctionnement actuel du système de justice pénale, mais pas uniquement en termes de moyens supplémentaires ou de créations nouvelles. En ce sens et plus efficacement, des modifications de la carte judiciaire s'imposait, tout comme le redéploiement des personnels apparaît inéluctable. La diversification des sanctions apparaît également nécessaire : la réponse carcérale occupe une place trop importante alors même que son coût est très élevé socialement, en tout cas sans commune mesure avec

130. V. T. GODEFROY, B. LAFFARGUE, *Les coûts du crime en France. Les dépenses de sécurité*, pub. C.E.S.D.I.P., Etudes et données pénales, 1993-66, p. 84 et s. ; Comp. M.A. COHEN, The crime victim's perspective in cost-benefit analysis, *In* B.C. WELSH, D.P. FARRINGTON, L.W. SHERMAN (Eds), *Costs and benefits of preventing crime*, Westview Press, 2001, pp. 23-50.

131. V. T. GODEFROY, B. LAFFARGUE, Coût de la prison et dépenses globales de sécurité : un tonneau des Danaïdes, *In* Rev. Economie et humanisme, *op. cit.*, p. 14 et s. ; A. DURIEUX, Le coût du système, *même Rev.*, p. 6 et s. ; ces mêmes auteurs (V. spécialement p. 16) évaluent par ailleurs le manque à gagner provoqué par la criminalité à 259 MF en 1991 (dont 52% au titre de la fraude fiscale !) ; Comp. H.J. ALBRECHT, L'économie du droit pénal et de l'exécution des peines. Evolution et tendances de l'aspect économique du droit pénal, *In R.I.C.P.T.*, 1997-1, pp. 17-37.

le milieu ouvert [132]. Il convient encore de se remémorer la dérive inflationniste des incriminations pénales. Dans le même esprit, la plupart des personnels souffrent, à des degrés plus ou moins profonds, de l'absence de reconnaissance sociale de leurs missions de garde et d'insertion, pourtant incontestablement de service public [133]. « Spécialistes du contact humain difficile », ils inscrivent ainsi leurs activités dans un cadre fonctionnel judiciairement délimité, de contrainte et de garantie variables selon les cas.

A l'issue de cette présentation des contours généraux du phénomène criminel, on ne peut qu'adhérer aux remarques de Raymond BOUDON soulignant que « de bonnes mesures statistiques, de bonnes analyses statistiques sont un contrepoids nécessaire de l'idéologie ». Elles sont de nature, au surplus, à produire un effet de « conscientisation » des citoyens [134]. De telles réflexions sont fondamentales et doivent effectivement s'appliquer au phénomène criminel tel qu'il vient d'être objectivement observé. Il apparaît urgent que tous ceux qui se préoccupent de la prévention et du traitement du phénomène en perçoivent les caractéristiques et significations.

Avant d'envisager les significations théoriques principales qui se dégagent des réalités criminelles observées et des moyens mis en œuvre pour les traiter, il faut garder présent à l'esprit les

---

132. Le coût brut moyen d'une journée en détention est d'environ 50 €. Il se décompose de la manière suivante : 70 % en personnels ; 20 % pour l'entretien des détenus et 10 % de coûts divers ; Comp. L. FAUCONNET, Le prix d'une alternative, *In* Le nouveau bulletin, *op. cit.*, p. 18 ; H.J. ALBRECHT, *Ibid.*, pp. 17-37.

133. V. not., R. CARIO, L'amélioration du climat social dans le monde pénitentiaire, *In Rev. Pénitentiaire*, 1992/2, p. 126 et s. ; A. CHAUVENET, G. BENGUIGUI, F. ORLIC, *Le personnel de surveillance des prisons*, pub. CNRS/EHESS, 1992, 299 p. ; N. AYMARD, D. LHUILLIER, Sécurité et identité professionnelles des personnels de surveillance de l'Administration Pénitentiaire, *In Droit et Société*, 1993/25, p. 435 et s. ; Comp. P. ROBERT, B. AUBUSSON de CAVARLAY, M.L. POTTIER, P. TOURNIER, *op. cit.*, p. 237 et s. ; G. de CONINCK, La formation initiale du personnel de surveillance des établissements pénitentiaires, *In D.S.*, 1997-2, pp. 165-216.

134. V. R. BOUDON, La 'mesure statistique' : un contrepoids à l'idéologie, *In Cahiers de la Sécurité Intérieure*, 1991/4, p. 7 et s.

caractéristiques, générales et individuelles, précitées pour que les sciences criminelles ne manquent pas leur cible : les atteintes graves contre les personnes, les biens et l'autorité certainement ; quant aux atteintes mineures contre les personnes, les biens et l'autorité, on peut douter de l'efficacité et de l'effectivité du système pénal actuel à les traiter. Pour conclure, rappelons simplement que les infractions contre les biens sont très majoritaires en France et que ceux qui sont condamnés (pour bien être coupables des faits qui leurs sont reprochés) ont un profil très spécifique, dont les contours, accablants de pauvretés, ne sont en rien irréversibles, fort heureusement. Du côté des victimes, dont une part non négligeable demeure hors du circuit pénal, on est frappé par la proximité qu'elles entretiennent avec les infracteurs, tant au regard de la précarité de leur profil que de l'existence de liens interpersonnels préexistant au conflit. La criminologie s'est précisément constituée pour apporter des réponses théoriques à ces questionnements caractéristiques d'une humanité en souffrance.

2

Les contours théoriques du phénomène criminel

De très nombreux paradoxes, dans l'ordre des faits et des pratiques, sont apparus au cours des développements précédents. Principalement, trois curiosités ont été relevées : l'importance des réponses répressives à l'égard des comportements délictueux (notamment juvéniles) plus caractéristiques d'incivilités que d'atteintes graves à des valeurs sociales essentielles, d'une part, le peu de fiabilité des instruments de mesure du phénomène, d'autre part, les précarités et vulnérabilités qui accablent la plupart des protagonistes du crime, enfin.

Dénoncée par de nombreux acteurs ou chercheurs, la permanence voire l'aggravation d'une telle situation étonne profondément, dans un pays démocratique comme le nôtre. Le secours des sciences criminelles et, plus précisément encore, de la criminologie apparaît alors d'autant plus urgent que les préjudices subis par la plupart des infracteurs concernés sont beaucoup plus graves que ceux qu'ils causent [1].

---

1. V. en ce sens M. VAILLANT, Droit à l'adolescence, droit à la clémence, droit à la responsabilité, *In J.D.J.*, 1995/144, pp. 22-25 et spé. p. 23.

La criminologie, pour constituer la composante la plus jeune des sciences criminelles, a cependant produit des analyses pertinentes sur le phénomène criminel en général. A condition de bien vouloir s'extraire des théories les plus anachroniques, extrémistes ou « domestiquées » [2], les propositions disponibles fournissent un cadre théorique de référence adéquat, en l'état actuel des connaissances sur les composantes du phénomène criminel, (Section 1). Il importe cependant d'élaborer, par un processus permanent d'amélioration de la connaissance scientifique, des propositions plus englobantes encore de ce phénomène humain complexe d'interprétation (Section 2).

Section 1 - Le cadre théorique de référence du phénomène criminel

Deux systématisations théoriques se sont consacrées, dès la naissance de la criminologie, à l'étude du phénomène criminel. Elles sont naturellement d'origine sociologique et biopsychologique. Une troisième tendance, centrée sur l'acte, a vu le jour plus récemment (§ 1). Pour sortir de l'impasse dans laquelle semblent néanmoins buter ces orientations dominantes, souvent figées dans des positions doctrinales de principe, quelques auteurs ou équipes de chercheurs ont soutenu la nécessité d'approches intégratives du phénomène criminel (§ 2).

§ 1 – Les courants criminologiques dominants

Il ne saurait être question d'aborder ici par le détail l'ensemble des théories criminologiques consacrées au phénomène criminel. Le premier centenaire de la criminologie atteste en effet de très riches propositions – et d'invalidations subséquentes – justifiant que des manuels entiers leurs soient consacrés [3]. Par un déplacement de paradigme, les travaux criminolo-

---

2. Selon l'expression de C. Fijnaut, citée par L. Walgrave, *In Délinquance systématisée des jeunes et vulnérabilité sociétale*, Ed. Médecine et Hygiène, Genève/Paris, 1992, p. 12.

3. R. Gassin, *Criminologie*, Coll. Précis Dalloz, 6è éd., 2007, 823 p. ; G. Lopez, S. Tzitzis (Dir.), *Dictionnaire des sciences criminelles*, Ed. Dalloz,

giques disponibles s'étalent de l'analyse de la réaction sociale (A), à celle de l'acte (C), en passant par celle de l'infracteur lui-même (B).

A – La criminologie de la réaction sociale

La sociologie est à la base de la criminologie. A la fin du siècle dernier, la sociologie criminelle était dominée par deux principaux courants regroupés autour des concepts de « normalité » ou « d'anormalité sociale » du crime. En premier lieu, E. DURKHEIM, constatant l'existence du crime dans toutes les sociétés, de tous types, en déduit qu'il s'agit d'un phénomène de sociologie normale [4]. Il forge surtout le concept d'anomie qu'il

---

2004, 1013 p., format poche, 2007, 1013 p. ; S. HARRATI, D. VAVASSORI, L.M. VILLERBU, *Délinquance et violence*, Ed. A. Colin, Coll. 128, 2006, 127 p. ; C. DEBUYST, F. DIGNEFFE, J.M. LABADIE, A. PIRES, *Histoire des savoirs sur le crime et la peine*, Vol. 1, Des savoirs diffus à la notion de criminel-né, Ed. De Boeck, P.U. Montréal et Ottawa, 1995, 366 p. ; Vol. 2, La rationalité scientifique et la naissance de la criminologie, 1998, 518 p. ; Vol. 3, Expliquer et comprendre la délinquance (1920-1960), Ed. Larcier, Bruxelles, 2008, 493 p. ; G. KELLENS, *Eléments de criminologie*, Ed. Bruylant/Erasme, Coll. Espace Droit, 1998, 272 p. ; M. KILLIAS, *Criminologie*, Ed. Staempfli et Cie, Berne, 1991, 537 p. ; J.C. BERNHEIM, *Criminologie. Idées et théories*, Ed. du Méridien, Montréal, 1999, 327 p. ; M. LE BLANC, M. OUIMET, D. SZABO (Dir.), *Traité de criminologie empirique*, 3è éd. 2003, Les Presses Univ. de Montréal, Coll. Paramètres, 779 p. ; M. CUSSON, *La criminologie*, Ed. Hachette, 4è éd. 2007, 160 p. ; M. MAGUIRE, R. MORGAN, R. REINER (Eds), *The Oxford Handbook of Criminology*, Clarendon Press, Oxford, 4th ed., 2007, 1185 p. ; K.S. WILLIAMS, *Text book on criminology*, Blackstone press Ltd, 5th ed. 2004, 563 p. ; E.A. FATTAH, *Criminology. Past, present and future. A critical overview,* MacMilan Press, London, 1997, 343 p. ; A. GRAYCAR, P. GRABOSKY (Eds), *The Cambridge handbook of australian criminology*, Cambridge Univ. press, 2002, 380 p. ; D.J. SHOEMAKER, *Theories of delinquency. An examination of explanation of delinquent behaviour*, Oxford Univ. Press, 4th ed. 2000, 294 p. ; G.B. VOLD, T.J. BERNARD, J.B. SNIPES, *Theoretical criminology*, 5th ed., Oxford Univ. Press, 2002, 346 p.

4. V. sur ce point la réponse d'E. DURKHEIM à G. TARDE, *In E. Durkheim. Textes*, Ed. de Minuit, Coll. Le sens commun, 1975, pp. 173-180 ; F. DIGNEFFE, Durkheim et les débats sur le crime et la peine, *In* Histoire des savoirs sur le crime et la peine, *op. cit.*, Vol. 2, pp. 357-398.

applique à la division du travail, au suicide et à l'homicide [5]. Les analyses proposées par les défenseurs de l'anormalité sociale du phénomène criminel ont insisté, en second lieu, sur les influences exercées sur la criminalité par l'économie [6], le milieu social [7] et les rapports inter-individuels [8]. A la même époque, E. FERRI s'engageait dans la voie du multifactorialisme, analysant la criminalité à partir de facteurs sociaux certes, mais sans négliger pour autant les facteurs anthropologiques et cosmotelluriques du crime [9]. Diverses théories se développent ensuite, aux Etats-Unis d'Amérique en particulier. Elles reposent pour l'essentiel sur les idées d'E. DURKHEIM, de G. TARDE, d'A. LACASSAGNE [10], l'influence d' E. FERRI se manifestant surtout au travers de la nécessaire synthèse à opérer entre les facteurs sociaux, psychologiques et biologiques lorsque l'on aborde le crime et le criminel.

Ainsi, T. SELLIN construit la théorie des « conflits de culture » dont la portée est telle qu'elle englobe la plupart des explications socio-culturelles de la criminalité [11]. E. SUTHERLAND (dont les travaux sont repris par D.R. CRESSEY) formule dans le même temps la théorie de « l'association différentielle »

---

5. V. not. *De la division du travail social* (1893), P.U.F., Coll. Quadrige, 3éd. 1994, 416 p. ; *Les règles de la méthode sociologique* (1895), Ibid., 20è éd. 1981, 149 p. ; *Le suicide. Etude de sociologie* (1897), Ibid., 1983, 463 p.

6. V. W.A. BONGER, *Criminalité et conditions économiques* (1905), Maas et Van Suchtelen Ed., 2è éd. 1915, 750 p.

7. V. A. LACASSAGNE, *Précis de médecine légale*, Masson, 1906, 885 p.

8. V. G. TARDE, *La philosophie pénale* (1890), Ed. Cujas, 4è éd. 1972, p. 298 et s. ; Tarde fut l'un des précurseurs de la psychologie sociale comme en témoignent not. ses *Etudes de psychologie sociale* (1898, Ed. Giard et Brière, 316 p.) et *Les lois de l'imitation* (1890, Ed. Slatkine, 1979, 430 p.) ; V. J. PINATEL, Criminologie, *op. cit.*, Tome III, p. 102 et s. ; M.P. CAZALS-FERRE, P. ROSSI, *Eléments de psychologie sociale*, Ed. A. Colin, Coll. Synthèse Psychologie, 1998, p. 8 et s.

9. E. FERRI, *La sociologie criminelle* (1881), Ed. Alcan, 2è éd. 1905, 640 p., rééd. Ed. Dalloz, 2004, 648 p.

10. V. C. DEBUYST, L'école française dite « du milieu social », *In* Histoire des savoirs sur le crime et la peine, *op. cit.*, Vol. 2, pp. 301-356.

11. *Culture conflict and crime* (1938), Conflits de culture et criminalité, Ed. Pédone, 1984, 111 p.

selon laquelle le comportement criminel est acquis à l'intérieur de petits groupes d'individus et se transmet culturellement par un processus de communication [12]. Dans ce même sens de la transmission des comportements criminels, C.R. SHAW et H.D. McKAY, analysant la délinquance juvénile à Chicago, élaborent la théorie des « subcultures criminelles ». Ils soulignent, par là même, la spécificité de certaines zones urbaines qu'ils qualifient « d'aires de délinquance » [13]. Reprenant le concept durkheimien d'anomie, R.K. MERTON construit une théorie beaucoup plus générale. Constatant l'existence de buts culturels fixés par la socio-culture et de normes pouvant être légitimement utilisées pour les réaliser, l'auteur précise que de fréquentes disjonctions peuvent surgir entre buts et moyens institutionnalisés. Ces disjonctions dépendent des occasions et facilités offertes aux individus pour accomplir les buts culturels d'une manière compatible avec les normes [14]. Etendant cette analyse, R.A. CLOWARD et L.E. OLHIN insistent sur les « opportunités légitimes et illégitimes » dont disposent les individus pour réaliser ces buts culturels par des moyens normativement acceptables [15].

Sur ces bases essentielles [16], l'orientation sociologique de l'analyse du phénomène criminel s'épanouit aujourd'hui dans les travaux de la criminologie de la réaction sociale, fédération de trois grandes écoles juridico-criminologiques : interactionniste, organisationnelle et idéologique. Dans la mesure où la création, la fabrication de la norme est un acte étatique, divers

---

12. E.H. SUTHERLAND, D.R. CRESSEY, *Principles of criminology* (1947), Principes de criminologie, Ed. Cujas, 1966, 662 p.

13. *Juvenile delinquency and urban aeras*, The Univ. of Chicago Press, 1942, 451 p.

14. *Social theory and social culture* (1964), Eléments de théorie et de méthode sociologique, Ed. Plon, 1966, 516 p.

15. *Delinquency and opportunity*, The Free Press of Glencoe, 1960, 4th ed., 220 p.

16. V. J. FAGET, Sociologie de la délinquance et de la justice pénale, *op. cit.*, p. 33 et s. ; S. LEMAN-LANGLOIS, La sociocriminologie, *op. cit.*, p. 72 et s. ; C. DEBUYST, F. DIGNEFFE, A.P. PIRES, Histoire des savoirs sur le crime et la peine, Vol. 3 , *op. cit.*, pp. 311-454.

auteurs en sont arrivés à la conclusion que le groupe social engendre la déviance. Partant, il n'y a pas de délinquants en soi, mais des individus étiquetés comme tels, dont le comportement déviant est renforcé par la stigmatisation découlant de leur prise en charge par les institutions de contrôle social [17]. D'autres criminologues ont analysé le rôle véritable que jouent les contrôleurs sociaux. Ils ont ainsi mis l'accent sur les mécanismes du processus pénal, discriminant et reproducteur de l'idéologie dominante, à ses différents stades de sélection [18]. Quelques auteurs, s'appuyant sur l'analyse du produit fini de la justice, y voient une autre expression et conséquence de la lutte des classes, de la domination de la classe bourgeoise sur le prolétariat [19]. La littérature sur ces différentes orientations est riche

17. Sur cette approche du phénomène criminel et sur celles qui en ont découlé, V. P. ROBERT et G. KELLENS, Nouvelles perspectives en sociologie de la déviance, *In Rev. Fr. Sociologie*, 1973/XIV, pp. 371-395 ; E. GOFFMAN, *Stigmates. Les usages sociaux de la déviance*, Les éd. de Minuit, 1975, 175 p. ; S. SHOHAM, *The mark of Cain, the stigma theory of crime and social deviation*, Israël Univ. Press, 1970, 282 p. ; D. CHAPMAN, *Sociology and the stereotype of the criminal*, Tavistock Publ., 1968, 260 p. ; J.M. BESSETTE, *Sociologie du crime*, PUF, Coll. Le sociologue, 178 p. ; L. VAN OUTRIVE, Interactionnisme et néo-marxisme. Une analyse critique, *In D.S.*, 1977/3, pp. 253-289 ; G. KELLENS, *Eléments de criminologie*, Ed. Bruylant, Coll. Espace Droit, 1998, p. 93 et s. ; H.S. BECKER, *Outsiders. Etudes de sociologie de la déviance*, Ed. A.M. Métaillé, 1978, 252 p. ; F. DIGNEFFE, Socialisation et déviance. Les origines de la perspective interactionniste, *In* P. TAP, H. MALEWSKA-PEYRE (Dir.), *Marginalités et troubles de la socialisation*, P.U.F., Coll. Psychologie d'aujourd'hui, 1993, 335 p. et spé. pp. 223-247 ; C. DEBUYST, F. DIGNEFFE, A. PIRES, *op. cit.*, Vol. 3, p. 267 et s.

18. V. not. sur ce point, P. ROBERT, C. FAUGERON, *Les forces cachées de la justice. La crise de la justice pénale*, Ed. du Centurion, 1980, 204 p. ; D. SZABO, Au milieu de l'affrontement des doctrines criminologiques, *In La criminologie. Bilan et perspectives, Mélanges offerts à Jean Pinatel,* Ed. Pédone, 1980, pp. 23-33.

19. V. not. I. TAYLOR, P. WALTON and J. YOUNG, *The new criminology. For a social theory of deviance*, Routledge and Kegan Paul pub., 1973, 325 p. ; des mêmes auteurs, *Critical criminology*, Routledge and Kegan Paul pub., 1975, 278 p. ; E. BUCHOLZ, R. HARTMANN, J. LEKAS, G. STILLER, *Socialist criminology : theoretical and methodical foundations*, Lixington Books, 1974 ; M. COLVIN, J. PAULY, A critique of criminology : toward an integrated structural-marxist theory of delinquency production, *In American Journal of Sociology*, 1983, pp. 513-551.

et abondante. Mais elle témoigne aussi, à côté de principes clairs et de méthodes rigoureuses, d'égarements et d'extrapolations hasardeuses.

Néanmoins, les apports de la criminologie de la réaction sociale en particulier, de l'orientation sociologique plus généralement, sont fondamentaux à plus d'un point de vue. En premier lieu, elle a démontré le caractère artificiel de nombre de normes pénales, source d'inflation galopante et d'extension injustifiées du contrôle social (illustré par les célèbres métaphores de S. COHEN, *net widening, mesh thinning, blurring and penetration* [20]). Elle a, en second lieu, mis en évidence l'importance des chiffres noir et gris de la criminalité et, partant, des mécanismes très préférentiels de reportabilité des infractions au sein du processus pénal. Les études subséquemment conduites ont permis de dégager, en troisième lieu, un profil-type du criminel, caractérisé par des carences psycho-socio-culturelles aussi profondes qu'inadmissibles. Les multiples approches du milieu social ont conduit, en dernier lieu, à la construction de théories très performantes quant à l'influence de l'imitation (individuelle ou groupale), de l'apprentissage social [21], des liens sociaux [22] et de la concentration urbaine principalement.

La pertinence de ces diverses propositions de la sociocriminologie plus généralement [23] est peu discutable dans le cadre

---

20. V. not de S. COHEN, The punitive city : notes on the dispersal of the social control, *In Contemporary crisis*, 1979-3, pp. 339-363 ; D. DOWNES, P. ROCK, C. CHINKIN, C. GEARTY (Eds.), *Crime, social control and human rights. Essays in honour of Stanley Cohen*, Willan pub., 2007, 452 p.

21. V. A. BANDURA, *Social learning theory* (1971), L'apprentissage social, Ed. Mardaga, Coll. Psychologie et sc. humaines, 1976, 206 p.

22 V. not. les travaux de T. HIRSCHI, *Infra*, § 2, A.

23. V. not. A.K. COHEN, *La déviance*, Ed. Duculot, 1971, Coll. Sociologie nouvelle, 239 p. ; D. SZABO, Au milieu de l'affrontement des doctrines criminologiques, *In* La criminologie. Bilan et perspectives, Mélanges offerts à J. Pinatel, *op. cit.*, p. 23 et s. ; A. OGIEN, *Sociologie de la déviance*, Ed. A. Colin, 2è éd. 1999, 230 p. ; J. ELLUL, *Déviances et déviants dans notre société intolérante*, Ed. Erès, Coll. Trajets, 1992, 172 p. ; S. ROCHE, *Le sentiment d'insécurité*, PUF, Coll. Sociologie d'aujourd'hui, 1993, 320 p. ; S. ROCHE, *Insécurité et liberté*, Ed Le seuil, 1994, 191 p. ; H. LAGRANGE, *La civilité à l'épreuve. Crime et sentiment d'insécurité*, PUF, 1995, 320 p. ; P. MILBURN, Violences

d'une approche macro-sociologique du phénomène sous analyse. Ce qui ne devrait cependant pas conduire à confondre le domaine de la criminologie avec celui de la sociologie de la déviance. Il est vrai que dans notre société pénalisée, nombre d'actes de déviance sont artificiellement et abusivement incriminés. Mais à ne pas marquer clairement les territoires, la dénonciation (justifiée en soi) des incivilités comme facteurs majeurs d'insécurité est très ambiguë, voire liberticide dans le contexte socio-culturel actuel. On ne saurait en effet assimiler les troubles à l'ordre public aux troubles à l'ordre social ou civil, car seuls les premiers ressortissent du contentieux pénal. Finalement, par un effet pervers inattendu, beaucoup de travaux contemporains de sociologie de la déviance encouragent la répression et accréditent l'extension du filet du contrôle social, y compris sous des formes plus consensuelles que celles de la justice classique. Bien au contraire, les recherches devraient tendre à désarmer la répression pénale en prônant une décriminalisation massive des simples manquements à la discipline sociale (nettement représentés dans la délinquance quotidienne), les atteintes aux valeurs sociales essentielles demeurant seules de la compétence du juge pénal. A trop banaliser la pénalisation des conflits intersubjectifs, on prive le système de justice pénale – débordé – de toute efficacité instrumentale (les infracteurs ne pouvant tous être punis) et symbolique (toutes les victimes ne pouvant alors être reconnues). A trop évacuer l'individu, l'approche sociologique devient reprochable. Car il demeure pour autant incontournable que les intéressés, fortement vulnérabilisés socialement, ne résolvent pas systématiquement les conflits auxquels ils sont exposés par un passage à l'acte criminel. C'est reconnaître en cela que le crime est encore et aussi un acte individuel.

---

et incivilités : de la rhétorique experte à la réalité ordinaire des illégalismes, *In Dév. et Soc.*, 2000/24-4, pp. 331-350 ; R. FILLIEULE, *Sociologie de la délinquance*, PUF, 2001, 284 p. ; L. MUCCHIELLI, P. ROBERT (Dir.), *Crime et sécurité. L'état des savoirs*, Ed. La Découverte, 2002, 439 p. ; J. FAGET, Sociologie de la délinquance et de la justice pénale, *op. cit.*, 160 p. ; P. ROCK, Sociological theories of crime, *In* MAGUIRE et al., *op. cit.*, pp. 3-42 ; S. LEMAN-LANGLOIS, La sociocriminologie, *op. cit.*, 229 p.

B – La criminologie du passage à l'acte

Les premières études scientifiques consacrées au criminel lui-même remontent à la fin du 18ème siècle. Les travaux précurseurs de G.B. DELLA PORTA en physiognomonie donnèrent naissance à la phrénologie de J.K. LAVATER et à la craniologie de F.J. GALL. Imitées en France par F. VOISIN et H. LAUVERGNE, ces recherches prétendaient montrer les ressemblances entre caractères et conformation extérieure du crâne, la monstruosité de certains actes criminels renvoyant à l'animalité de leurs auteurs. Parallèlement, l'essor de la psychiatrie conduit les aliénistes comme P. PINEL, J.E. GEORGET et G. CABANIS à étudier, dans une optique voisine de la folie morale définie par T. ABERCOMBRY, la monomanie instinctive consistant en une affection de la seule volonté, sans affaiblissement de l'intelligence ; comme J.B. MOREL, P. LUCAS et V. MAGNAN à rechercher les liens entre dégénérescence et crime ; ou comme E. DUPRE à développer une théorie des perversions instinctives ou constitutionnelles [24].

Les travaux de C. LOMBROSO ont principalement mis l'accent sur l'anormalité biologique du criminel, lequel correspondrait à un type criminel, caractérisé par des stigmates déformatifs – d'origine morphologique, physiologiques et fonctionnelle – de nature atavique [25]. Pour être demeurées célèbres,

---

24. Sur ces travaux, V. not. J. PINATEL, *op. cit.*, Tome III, p. 261 et s. ; P. GRAPIN, PUF, Que sais-je ?, 1973/1498, 127 p. ; M. DUMONT, Le succès mondain d'une fausse science : la physiognomonie de Johann Kaspar LAVATER, *In Actes de la recherche en sciences sociales*, 1984-54, pp. 3-30 ; G. LANTERI-LAURA, *Histoire de la phrénologie. L'homme et son cerveau selon F.J. Gall*, PUF, Coll. Dito, 1993, 288 p. ; M. RENNEVILLE, L'anthropologie du criminel en France, *In Criminologie*, 1994-2, pp. 185-209 ; L. MUCCHIELLI (Dir.), *Histoire de la criminologie française*, Ed. L'Harmattan, 1995, pp. 21-106 ; C. DEBUYST, Les savoirs psychiatriques sur le crime, *In* Histoire des savoirs sur le crime et la peine, *op. cit.*, Vol. 1, pp. 213-291 ; C. DEBUYST, Les différents courants psychiatriques et psychologiques en rapport avec les savoirs criminologiques, *Ibid.*, Vol. 2, pp. 399-481.

25. *L'homme criminel* (1876, 3 tomes), Ed. Alcan, 1895, 2 Tomes, 556 p., 572 p., le troisième Tome ayant été publié séparément, *Le crime : causes et remèdes*, Ed. Alcan, 1899, 573 p. ; C. LOMBROSO, G. FERRERO, *La femme criminelle et la prostituée* (1896), Ed. Alcan, 1896, 679 p.

ses propositions comme celles de quelques uns de ses disciples appartiennent définitivement au passé [26]. Avec le même excès, des propositions plus récentes tentent de systématiser les liens entre troubles physiologiques et comportements criminels féminins, ou entre aberrations chromosomiques et agressivité criminelle [27].

L'intérêt qui est néanmoins porté à la personnalité du délinquant favorise la résurgence et la valorisation de diverses théories morpho-caractériologiques conduisant aux classifications fameuses, mais peu opérationnelles de nos jours, de N. PENDE (associant deux catégories morphologiques - longilignes et bré-

---

26. C. LOMBROSO lui-même les révisa à plusieurs reprises, not. à partir des travaux de B.A. MOREL et de V. MAGNAN (théorie de la dégénérescence) et de R. GAROFALO (notion de disposition criminelle) ; Dès 1913, C. GORING condamnait les excès des théories lombrosiennes, *The english convict*, Rep. by Patterson Smith Pontclair, 1972, 528 p. ; V. J. PINATEL, *op. cit.* (1987), p. 138 et s. ; du même auteur, *Criminologie*, Ed. Dalloz, Tome III, 1975, p. 263 et s.

27. V. not. R. CARIO, Femmes et criminelles, *op. cit.* (1992), p. 179 et s. et réf. citées ; L. MOOR, Aberrations chromosomiques portant sur les gonosomes et comportement anti-social. Etat actuel des connaissances, *In Ann. Internat. Criminologie*, 1967, p. 459 et s. ; L. TAYLOR, *Born to crime. The genetics causes of criminal behaviour*, London, Greenwood Press, 1984, 179 p. ; B. CYRULNIK, *Mémoire de singe et paroles d'homme*, Ed. Hachette, Coll. pluriel, 1983, p. 79 et s. ; J. WILSON, R.J. HERRNSTEIN, *Crime and human nature*, Simon and Schuster Ed., 1985, 639 p. ; M. BENEZECH, Génétique et crime, *In La revue des praticiens*, 1989/21, pp. 39-40 ; T.E. MOFFITT, S.A. MEDNICK, *Biological contributions to crime causation*, N.A.T.O. Ed., ASI series, 1988/40, 331 p. ; M. DALY, M. WILSON, Crime and conflict : homicide in evolutionary psychological perspective, *In Crime and justice*, 1997-22, pp. 51-100 ; Comp. J.M. LABADIE, *Les mots du crime. Approche épistémologique de quelques discours sur le criminel*, Ed. De Boeck Univ., P.U. de Montréal et d'Ottawa, Coll. Perspectives criminologiques, 1995, p. 119 et s. ; J. PINATEL, Le mouvement des faits, des idées et de la réaction sociale en criminologie, *In Rev. Internat. Dr. Pénal*, 1981, pp. 219-235, évoquant les travaux d'EYSENCK (*The biological bases of personality*, Ed. C. Thomas, 1967) ; P. KARLI, Du « criminel-né » au « chromosome du crime », *In Rev. Autrement*, Science ou justice, *op. cit.*, pp. 88-100 ; J.M. BADER, Cerveau : la biochimie de la violence, *In Rev. Science et vie*, 1994, n° 925, pp. 48-54 ; B. ANDRIEUX, Le modèle de l'anomalie fonctionnelle en biologie, *In* L. MUCCHIELLI (Dir.), *Histoire de la criminologie française*, Ed. L'Harmattan, 1995, pp. 411-428 ; C.R. HOLLIN, Criminological psychology, *In* M. MAGUIRE et al., *op. cit.*, pp. 43-77.

vilignes - à deux catégories caractérielles - sthéniques et asthéniques) ; de E. KRETSCHMER (distinguant les types pycniques, leptosomes, athlétiques et dysplastiques) et de SHELDON (diversifiant trois types de base autour d'une cotation chiffrée, les endomorphes, mésomorphes et ectomorphes) [28].

A la même époque, sur la base des travaux de P. JANET et surtout de S. FREUD, la psychanalyse commence à s'intéresser au criminel, de type névrotique. Ses actes reposeraient ainsi sur des mobiles inconscients, ou seraient rendus possibles par des défauts de socialisation provoquant des carences affectives, susceptibles de se cristalliser en une incapacité à tolérer la frustration voire en un complexe d'infériorité [29].

Constamment enrichie des progrès de la neurophysiologie, de la psychiatrie [30], de la psychopathologie et de la sociologie, l'orientation bio-psychologique du phénomène criminel s'exprime aujourd'hui, au travers des travaux de la criminologie du passage à l'acte, en aucun cas réductible à la criminologie

---

28. V. G. STEFANI, G. LEVASSEUR, R. JAMBU-MERLIN, *Criminologie et science pénitentiaire*, Précis Dalloz, 3ème éd. 1982, p. 206 et s. ; J. PINATEL, *op. cit.*, Tome III, p. 311 et s.

29. V. not. A. AICHHORN, *Jeunes en souffrance* (1925), Les éd. du Champ social, Coll. Psychanalyse, 2000, 209 p. ; K. FRIEDLANDER, *La délinquance juvénile. Etude psychanalytique*, P.U.F., 1951, 292 p. ; V. C. DEBUYST, F. DIGNEFFE, A. PIRES, Vol. 3, *op. cit.*, p. 149 et s. ; Sur les apports plus récents de la psychanalyse à la criminologie, V. L. MUCCHIELLI, Le sens du crime. Histoire des (r)apports de la psychanalyse à la criminologie, *In* Histoire de la criminologie française, *op. cit.*, pp. 351-410, et principalement, A. HESNARD, *L'univers morbide de la faute,* P.U.F., 1949 ; D. LAGACHE, *Le psychologue et le criminel. Œuvres II (1947*-1952), P.U.F., 1979, 472 p. ; J.M. LABADIE, *op. cit.* (2004), p. 235 et s. ; L.M. VILLERBU (Dir.), *Violence, délinquance, psychopathie*, Les Presses Univ. de Rennes, Pub. Annales Cliniques Psychologiques, 1992, 282 p. ; F. SAUVAGNAT, *Destins de l'adolescence*, *In* Ann. Clin. Psycho, Rennes, 1992, 170 p. ; J.M. LABADIE, *Les mots du crime*, Ed. De Boeck, 1995, 249 p. et spé. p. 167 et s. ; D. CASONI, L. BRUNET, *La psychocriminologie. Apports psychanalytiques et applications cliniques*, Les Presses Univ. de Montréal, Coll. Paramètres, 2003, 244 p. ; C. BALIER (Dir.), *La violence en abyme : essai de psychocriminologie*, P.U.F., Coll. Le fil rouge, 2005, 389 p.

30. V. not. T. ALBERNHE (Dir.), *Criminologie et psychiatrie*, Ed. Ellipses, 1997, 752 p.

clinique, branche particulière de la criminologie [31]. Elle repose sur le principe que le crime est la réponse d'une personnalité à une situation. Les travaux d'O. KINBERG (sur les situations pré-criminelles) [32] et d'E. DE GREEFF (sur les processus du passage à l'acte) [33] apparaissent ainsi fondateurs de l'expression la plus aboutie de ce courant bio-psychologique [34]. Les recherches de Jean PINATEL sur la personnalité criminelle en sont la synthèse la plus séduisante [35]. La théorie qu'il propose se résume dans les propositions suivantes, non remises en cause dans leur globalité, bien au contraire, par les criminologues contemporains [36]. En ce sens, le criminel est un être comme les autres. Il se différencie seulement par une aptitude particulière au passage à l'acte, attestant d'un seuil délinquantiel moins élevé. Une telle aptitude est l'expression, au plan quantitatif, de différences de degré - et en aucun cas de nature - entre délinquants et non délinquants. Au plan qualitatif, elle exprime encore la consolidation d'une structure de personnalité décrite à l'aide de traits psychologiques spécifiques. Ces traits peuvent être regroupés en un noyau central et des variables. Le noyau central englobe l'égocentrisme (tendance à tout ramener à soi-même, susceptibi-

---

31. V. sur ce point, J. PINATEL, *Le phénomène criminel*, Ed. M.A., 1987, p. 47 et s.

32. *Les problèmes fondamentaux de la criminologie* (1935), Cujas, 1960, 325 p.

33. *Introduction à la criminologie*, Ed. Vandenplas, 1946, 414 p.

34. Sur le développement des théories relatives au criminel, V. not. R. GASSIN, *op. cit.*, p. 165 et s. ; J. PINATEL, *op. cit.* (Traité), p. 259 et s. ; D.P. FARRINGTON, Human development and criminal careers, *In* M. MAGUIRE and al., Oxford handbook of criminology, *op. cit.*, pp. 511-584 ; Comp. C. DEBUYST, *Modèle éthologique et criminologie*, Ed. Mardaga, 1986, 183 p.

35. V. J. PINATEL, *op. cit.* (Traité), p. 653 et s. et références citées ; J.C. HERAUT, *Le concept de personnalité criminelle à l'épreuve du Rorschach. Essai de validation et d'opérationnalisation clinique*, Thèse, U.F.R. Psychologie, Univ. Bordeaux II, 1989, multigraph., 586 p. ; R. CARIO et A.M. FAVARD (Dir.), *La personnalité criminelle*, Ed. Erès, 1991, 208 p.

36. V. en ce sens M. LE BLANC, La criminologie clinique : un rapide bilan des travaux sur l'homme criminel depuis 25 ans, *In R.I.C.P.T.*, 1989/2, pp. 117-135 ; A.M. FAVARD, *Opérationnalisation et validation du modèle clinique de personnalité criminelle*, Pub. S.E.P.B., multigraph., 1984, 43 p. ; R. CARIO, Femmes et criminelles, *op. cit.*, pp. 199-267 ; V. *Infra*, Sect. 2.

lité, domination, auto-légitimation, attitude critique envers autrui), la labilité (humeur capricieuse, suggestibilité, instabilité, inscription dans le présent), l'agressivité (hostilité destructrice, aptitude à provoquer et/ou à attaquer le premier), l'indifférence affective (absence d'émotions ou d'inclinations altruistes, froideur). Les variables se rapportent à l'activité, aux aptitudes physiques, intellectuelles, techniques, aux besoins nutritifs ou sexuels... des intéressés. Le noyau central gouverne le passage à l'acte. Il donne la formule de la témibilité (ou capacité criminelle) et sous-tend les conditions générales du passage à l'acte. Les traits regroupés dans le noyau central interviennent d'une manière précise dans le processus d'acte grave, d'une manière plus complexe dans le processus de maturation criminelle et de manière condensée dans le processus d'acte subit et irréfléchi. Les variables de la personnalité criminelle commandent les modalités d'exécution de l'acte, mais elles sont neutres par rapport au passage à l'acte lui-même. Elles sont simplement susceptibles d'éclairer la direction générale, le degré de réussite et la motivation de la conduite criminelle. C'est la réunion et l'association des traits constitutifs, c'est leur action et interaction qui donnent un caractère particulier à la personnalité considérée dans sa totalité. La personnalité criminelle est donc une structure dynamique [37].

Ce courant criminologique, renaissant [38], au sein d'une psychocriminologie scientifique, a encore souligné les influences de la socialisation sur la formation de la personnalité des intéressés, en termes de psychologie et de sociologie différentielles

---

37. V. sur ces théories not., J. PINATEL, La criminologie, *op. cit.*, pp. 670-719 ; Le phénomène criminel, *op. cit.*, p. 159 et s. ; M. LE BLANC, La personnalité délinquante : la contribution de J. Pinatel et une perspective développementale, *In* R. CARIO, A.M. FAVARD (Dir.), La personnalité criminelle, *op. cit.*, p. 27 et s.

38. V. en ce sens, J. PINATEL, Les nouveaux développements de la personnalité criminelle, *In* R.S.C., 1985, p. 775 et s. ; R. OTTENHOF, A.M. FAVARD, Criminologie clinique. De la crise au renouveau, *In Rev. Sc. Crim.*, 1989, p. 802 et s. ; R. CARIO, Le délinquant acteur social, *In* R.S.C., 1991, p. 826 et s. ; M. LE BLANC, La conduite délinquante des adolescents : son développement et son explication, *In* M. LE BLANC, M. OUIMET, D. SZABO (Dir.), La criminologie empirique au Québec, *op. cit.*, pp. 367-420.

et de psycholinguistique. L'approche psychanalytique souligne encore que le psychisme humain, ensemble de systèmes (le Ça, le Moi et le Surmoi) plus ou moins équilibrés, suppose une approche psychodynamique [39]. On perçoit ainsi l'heureuse évolution de la criminologie du passage à l'acte. Mais, pour se garder à l'heure actuelle aussi bien des travers du biologisme, du psychologisme que du sociologisme, elle n'a peut-être pas encore perçu avec suffisamment de certitude et de clarté les mécanismes psychologiques et socio-culturels (individuels et généraux) qui sous-tendent les comportements agressifs pour mettre en perspective les approches psychologiques, développementales et cliniques [40] ; elle doit encore intégrer avec davantage de conviction les concepts-clés de la psychologie sociale, comme ceux notamment de représentation sociale et d'identité sociale lors de l'interprétation de ces comportements transgressifs [41] ; elle ne peut plus ignorer les théories et pratiques récemment activées par la victimologie, tant il est essentiel de consacrer l'unité du crime, dans son endroit et dans son envers [42].

---

39. V. not. D. CIAVALDINI, Le modèle psychodynamique en psychocriminologie, *In* J.L. SENON, G. LOPEZ , R. CARIO (Dir.), Psychocriminologie, *op. cit.*, pp. 21-31 ; D. CASONI, L. BRUNET, *La psychocriminologie. Apports psychanalytiques et applications cliniques*, Les Presses Univ. de Montréal, Coll. Paramètres, 2003, 244 p.

40. V. not. M. BORN, *Psychologie de la délinquance*, Ed. De Boeck, Coll. Ouvertures psychologiques, 2003, 284 p.

41. V. not. G.N. FISCHER, *Les concepts fondamentaux de la psychologie sociale*, Ed. Dunod, 2ème éd. 1996, 101 et s.

42. V. not. C. DAMIANI, *Les victimes. Violences publiques et crimes privés*, Bayard Editions, 1997, 278 p. ; J.A. WEMMERS, *Introduction à la victimologie*, Les Presses de l'Univ. De Montréal, Coll. Paramètres, 2003, 226 p. ; R. FONTAINE, *Psychologie de l'agression*, Ed. Dunod, 2003, 2p. 183 et s. ; R. CARIO, *Victimologie. De l'effraction du lien intersubjectif à la restauration sociale*, Ed. L'Harmattan, Coll. Traité de sciences criminelles, Vol. 2-1, 3è éd. 2005, 335 p. ; J. AUDET, J.F. KATZ, *Précis de victimologie générale*, Ed. Dunod, 2è éd. 2006, 522 p. ; G. LOPEZ, S. PORTELLI, S. CLEMENT, *Les droits des victimes. Droits, auditions, expertise clinique*, Ed. Dalloz, Coll. États de droit, 2è éd. 2007, 411 p. ; E.A. FATTAH, *Understanding criminal victimization,* Ed. Prentice-Hall, 1991, 412 p. ; L. RODRIGUEZ MANZANERA, *Victimologia. Estudio de la Victima*, Ed. Porrua, Mexico, 3a ed. 1996, p. 29 et s. ; A. KARMEN, *Crime victims. An introduction to victimology* (1984), Wadsworth ed., 5th ed.

L'analyse criminologique crispée sur l'acte lui-même, de systématisation plus récente, encourt la plupart de ces griefs.

C – La criminologie de l'acte

Considérant les propositions des deux précédentes tendances trop pédantes, dogmatiques et complaisantes, quelques auteurs se sont engagés dans une troisième voie explicative, en opérant, comme le souligne son principal promoteur, un retour au classicisme [43]. En ce sens, M. CUSSON a imaginé une analyse stratégique de la délinquance dont le point de rupture épistémologique semblait-être, *a priori*, la victime, ce « troisième protagoniste, viscéralement concerné » par le crime étant généralement oublié des spécialistes, dont les points de vue ont le défaut de ne « tenir compte que du délinquant ou que de la société » [44].

L'originalité de l'approche est incontestable : la reconnaissance des souffrances infligées à la victime, dans son corps ou dans ses biens, est fondamentale, comme le soulignent à la même époque les premiers travaux de victimologie scientifique. Cependant, dès la définition même de l'analyse stratégique comme modèle explicatif des comportements criminels adolescents, l'accent est davantage mis sur l'acte lui-même, ce que les travaux postérieurs et féconds de l'auteur confirment bien. « L'analyse stratégique conçoit le délit comme un comportement orienté vers des résultats, ayant sa rationalité propre, compte tenu des opportunités qui s'offrent à l'acteur et de la conduite de ses adversaires » [45]. En d'autres termes, l'analyse stratégique s'intéresse tout d'abord « à ce que font les gens

---

2004, 431 p. ; H. WALLACE, *Victimology./ Legal, psychological and social perspectives*, 2nd ed. 2007, Pearson Ed., 403 p.

43. V. *Délinquants pourquoi ?*, Ed. A. Colin, 1981, p. 4 et s. et p. 64 où l'auteur ajoute : « c'est un rejet de LOMBROSO au profit de BECCARIA » ; comp. R. GASSIN, *op. cit.*, p. 182, qui aperçoit plutôt sous les appréciations de l'auteur l'inspiration de BENTHAM.

44. V. M. CUSSON, *op. cit.*, p. 22, qui souligne surtout, dans son argumentation, les défauts manifestes des premières théories criminologiques, lesquelles ont connu de nombreuses et riches invalidations à l'époque contemporaine.

45. *Ibid.*, p. 64 et s. ; 253 et s.

plutôt qu'à ce qu'ils sont ». Elle accorde ensuite une importance primordiale aux résultats de l'action criminelle. L'analyse stratégique considère encore que le délinquant est présumé capable, jusqu'à un certain point, de décisions rationnelles. Constituées et évaluées selon les opportunités et les comportements des autres acteurs (victime et punisseur), ces décisions rationnelles permettent, enfin, au délinquant de sortir victorieux du conflit.

Sur la base de ces travaux, complétant de manière pertinente l'approche nécessairement globale du phénomène criminel, l'analyse s'est affinée et d'autres apports s'y sont joints pour affirmer la primauté de l'acte dans la compréhension du phénomène, mais surtout l'importance des motivations du délinquant, déterminantes du passage à l'acte [46]. En investissant massivement le concept de « choix rationnel », la criminologie de l'acte précise que si les transgresseurs perçoivent très bien l'utilité de l'acte interdit qu'ils posent et, s'ils ne manquent pas de justifications pour neutraliser [47] leur culpabilité, ils maîtrisent bien moins nettement, voire pas du tout, le coût (in)évitable, pour eux-mêmes comme pour autrui [48]. Plus généralement, les partisans de cette approche admettent, d'une part, le bien fondé des incriminations actuelles, comme étant toutes constitutives du Bien commun [49] (au contraire des théories constructivistes ou culturalistes notamment) et, d'autre part, la responsabilité individuelle des délinquants, motivés pour les

46. V. sur l'ensemble des théories de l'acte criminel, R. GASSIN, *op. cit.*, pp. 206-226 ; M. CUSSON, *La Criminologie*, Ed. Hachette, Coll. Les fondamentaux, 4è éd. 2005, pp. 69-79.

47. Sur ces techniques de « neutralisation », V. D. MATZA, *Delinquency and drift*, Ed. J. Wiley, 1964, 199 p. ; M. CUSSON, La criminologie, *op. cit.*, p. 98 ; Comp. J. FAGET, Le cadre juridique et éthique de la médiation, *In* R. CARIO (dir.), *La médiation pénale : entre répression et réparation*, Ed. L'Harmattan,1997, p. 43 et s.

48. Sur ce retour de l'utilitarisme en criminologie, V. P. ROBERT, L'utilitarisme, les économistes et la délinquance, *In Archives de philosophie du droit*, 1981-26, pp. 199-222 ; R. GASSIN, *op. cit.*, La théorie économique du crime, p. 211 et s.

49. Sur la détermination de ce Bien commun, V. *Infra*, Chap. 4, Sect. 1.

actes criminels qu'ils commettent délibérément (au contraire de certaines théories cliniques notamment) [50].

Une telle approche dynamique des comportements criminels a sans aucun doute le mérite de réintroduire des aspects essentiels de la criminologie classique, quelque peu occultés ces dernières années il est vrai. Ainsi le crime, troisième niveau d'interprétation (conformément à l'une des règles méthodologiques de base de la criminologie) [51], retrouve une place harmonieuse et justifiée dans le concert explicatif du phénomène observé. Considéré comme la réponse d'une personnalité à une situation [52], l'acte criminel est ancré dans l'histoire du sujet, gestualisé comme mode de résolution du conflit : c'est un épisode ayant effectivement un début et une fin. Des motivations de l'intéressé, de ses aptitudes à les agir, des caractéristiques de la situation conflictuelle, des compétences de la victime, de l'activité des contrôleurs sociaux dépendent bien le résultat escompté, évalué comme gratifiant. Le passage à l'acte, aux processus nuancés, est alors identifié comme le seul mode efficace pour atteindre le plaisir investi dans la victime (humaine ou matérielle) désignée [53]. Ainsi, le criminel est réinstitué dans sa différence, inévitable, par sa propension à opter pour des actes « non cohérents », au contraire des autres humains [54].

Mais comment ignorer ce qui, en amont, a construit non seulement le conflit lui-même (facteurs écologiques généraux) mais surtout l'aptitude de l'acteur à transgresser l'interdit (caractéristiques biologiques, psychologiques, sociales et culturelles) ? En se cristallisant sur l'acte, la criminologie de l'acte

50. V. not. M. CUSSON, *Criminologie actuelle*, P.U.F, Coll. Sociologies, 1998, p. 4 et s. ; du même auteur *Le contrôle social du crime*, P.U.F., Coll. Sociologies, 1983, p. 239 et s. ; L. NEGRIER-DORMONT, S. TZITZIS, *Criminologie de l'acte et philosophie pénale*, Litec, 1994, p. 6 et s.

51. V. J. PINATEL, *La criminologie*, SPES, 1960, p. 100 et s.

52. V. J. PINATEL, *op. cit.* (1960), p. 61.

53. V. P. BOUZAT, J. PINATEL, Traité de droit pénal et de criminologie, Tome III, *op. cit.,* p. 457 et s.

54. V. M. CUSSON, La criminologie, *op. cit.*, p. 64-67 ; R. GASSIN, *op. cit.*, p. 525 et s.

encourt le reproche de se situer dans une perspective mêlant utilitarisme et rétribution, dont les succès dans la prise en charge du phénomène criminel apparaissent aujourd'hui heureusement très relatifs, sans aucun doute parce que les circonstances sociales, économiques et culturelles ont évolué durant les deux derniers siècles et parce que les connaissances scientifiques sur les comportements humains ont fortement progressé. La lutte contre le phénomène criminel prend ainsi un tour particulier privilégiant la neutralisation de ceux qui « choisissent » de commettre des infractions, simplement relayée par la prévention situationnelle afin de limiter les occasions de commettre de telles infractions [55]. Réaliste, empirique, la criminologie de l'acte semble alors soutenir que les déficits de socialisation accumulés par le délinquant durant l'enfance et l'adolescence, comme les défaillances de la justice pénale à le (re)socialiser lors des prises en charge répressives et successives ne sont imputables qu'au seul délinquant, au nom de la praxéologie criminelle [56], au nom de la préférence tyrannique pour l'immédiat [57], au nom de l'ontologie de l'acte [58], pour l'essentiel [59].

La criminologie de l'acte promeut par ailleurs la consolidation et la dissémination des principes et méthodes de la « nouvelle pénologie », généralement qualifiée d'actuarielle, d'implantation récente en Europe pour le moins. Les Etats-Unis ont depuis longtemps intégré, dans le cadre plus large de la

---

55. V. not. M. CUSSON, Criminologie actuelle, *op. cit.*, p. 101, 137 et s. ; Comp. R. GASSIN, p. 734 et s.

56. V. R. GASSIN, *op. cit.*, pp. 4525-553.

57. V. M. CUSSON, La criminologie, *op. cit.*, p. 73 ; Criminologie actuelle, *op. cit.*, p. 89 et s.

58. V. L. NEGRIER-DORMONT, S. TZITZIS, *op. cit.*, p. 11 et s. ; L. NEGRIER-DORMONT, Recherche ontologique-axiologique en criminologie, *In R.I.C.P.T.*, 1997-4, pp. 431-438.

59. V. récemment M. CUSSON, *La délinquance, une vie choisie. Entre plaisir et crime*, Ed. Hurtubise, Coll. Droit et criminologie, 2005, 226 p. ; F. BONNET, De l'analyse économique du crime aux nouvelles criminologies anglosaxonnes ? Les origines théoriques des politiques pénales contemporaines, *In Dév. Soc.*, 2006-30-2, pp. 137-154 ; M. CUSSON, Préface, *In* L. et S. TOURNYOL du CLOS, La délinquance des jeunes, *op. cit.*, pp. 9-12 et les développements des auteurs, p. 23 et s.

gouvernance de la sécurité, des outils probabilistes de gestion du crime fondés sur divers critères comme l'origine ethnique, l'âge, le comportement et l'habitat notamment. Une telle stratégie, sans doute utile en complément harmonieux avec les autres formes de prévention [60], constitue une régression majeure au travers du rejet de l'humanité des protagonistes, l'acte posé étant envisagé uniquement comme un risque social objectif. Les comportements criminelles sont ainsi envisagés uniquement au travers des résultats d'analyses statistiques globales provenant de l'activité de « groupes » divers d'individus [61].

En résumé à cette présentation sommaire du cadre de référence théorique relatif au phénomène criminel, il n'aura échappé à personne que chacun de ces courants de pensée s'invectivent sans cesse, parfois dans un style très alerte et imagé, s'enfermant ainsi dans un réel réductionnisme : de l'idéologisme au cynisme en passant par l'angélisme. Pourtant, les apports scientifiques de ces diverses orientations, aujourd'hui jalousement entretenus, doivent être cumulativement mis en œuvre. Chacune d'entre elles, au niveau d'interprétation où elle se place (criminalité, criminel, crime) propose des explications et formule des réponses qui, confrontées et intégrées les unes aux autres, seraient de nature à améliorer la prise en charge du phénomène criminel, en cohérence avec le triple objet des

---

60. V. *Infra*, Chap. 3, section 2.

61. V. sur ces aspects, not. P. MARY, Pénalité et gestion des risques : vers une justice actuarielle en Europe ?, *In Dév. et Soc.*, 2001-25-1, pp. 33-51 ; J. PRATT, Dangerosité, risque et technologie du pouvoir, *In* Criminologie, 2001-34-1, pp. 101-121 ; D. GARLAND, *The culture of control. Crime and social order in contemporary society*, Oxford Univ. press, 2001, p. 127 et s. ; J.F. CAUCHIE, G. CHANTRAINE, De l'usage du risque dans le gouvernement du crime. Nouveau prudentialisme et nouvelle pénologie, *In Champ pénal*, 2005-2, en ligne www.champpenal.revues.org ; T. SLINGENEYER, La nouvelle pénologie, une grille d'analyse des transformations des discours, des techniques et des objectifs de la pénalité, *Ibid.*, 2007-IV ; S. LEMAN-LANGLOIS, La sociocriminologie, *op. cit.*, pp. 70-72 ; L. DELANNOY-BRABANT, Quelles évolutions des politiques de traitement du crime à l'ère de la « nouvelle pénologie ». Une perspective internationale, *In La note de veille*, Centre d'analyse stratégique, 2008-106, www.strategie.gouv.fr ; sur les effets tout aussi néfastes des thèses actuarielles (ultra sécuritaires) sur le traitement du crime et plus particulièrement lorsqu'il est commis en récidive, V. *Infra*, Chap. 3, section 2, § 2.

sciences criminelles : prévenir, réprimer et traiter les comportements criminels et le crime. Sans oublier l'accompagnement des victimes (aux points de vue juridique, médical, psychologique et social).

Malgré leurs enrichissements respectifs, on a longtemps pensé (ou souhaité) que des divergences profondes opposent ces différents courants criminologiques. Or, si la mission des criminologues contemporains est de participer à la consolidation et à la restauration de l'harmonie sociale, la reconnaissance mutuelle est impérative tout comme le partage des connaissances et la collaboration lors de la mise en place des interventions et de leurs évaluations [62]. La rupture, parfois abusivement consommée, provient simplement de ce qu'il manque à l'édifice ainsi construit - et sans cesse remodelé - isolément, une cohérence d'ensemble globale et intégrée. Quelques criminologues contemporains, tentés par l'aventure, ont élaboré des propositions en ce sens. Une telle voie avait d'ailleurs été balisée par E. DE GREEFF lui-même au travers d'une formule très actuelle selon laquelle un détail ne saurait à lui seul emporter explication du phénomène criminel, mais, précisait-il surtout, un seul détail ne saurait être ignoré dans l'explication du phénomène criminel [63].

---

62. V. G. KELLENS (Dir.), *Criminologie et société*, Ed. Bruylant, 1998, p. 47 et s.

63. V. not sur les essais d'approche globale, S. et E. GLUECK, *Unraveling juvenile delinquency*, Harvard Univ. Press, 1950, 399 p. ; A.K. COHEN, *Delinquent boys. The culture of the gang*, The free Press of Glencoe, 1955, 202 p. ; M.R. GOTTFREDSON, T. HIRSCHI, *A general theory of crime*, Standford Univ. Press, 1970, p. 85 et s. (low self control) ; W. BUIKHUISEN, La criminologie intégrale, *In Dév. Soc.*, 1977/1, p. 95 et s. ; *Ibid.,* Explaining juvenile delinquency from a biosocial developmental perspective, *In International journal of offender therapy and comparative criminology*, 1989/3, pp. 185-195 ; D. SZABO, *Criminologie et politique criminelle*, Ed. Vrin/PUM, 1978, p. 85 et s. ; D.S. ELLIOTT, S.S. AGETON, R.J. CANTER, An integrated theoretical perspective on delinquent behaviour, *In Journal of Research in Crime and Delinquency*, 1979-1, pp. 3-27 ; M. CUSSON, Délinquants pourquoi ?, *op.cit.*, 275 p. ; V. dans le même sens sur la totalité bio-psycho-sociale de l'être humain, E. MORIN, *Le paradigme perdu : la nature humaine* (1973), Ed. du Seuil, 1979, p. 24 et s. ; A. PIRES et F. DIGNEFFE, Vers un paradigme des inter-relations sociales ? Pour une reconstruction du champ criminologique, *In Rev. Crimino-*

§ 2 – Les théories criminologiques intégratives

Des essais de globalisation de l'approche du phénomène criminel sont aujourd'hui en cours de développement, dans le champ de la criminologie juvénile notamment. C'est sans doute de leur valeur heuristique que dépendra l'essor des sciences criminelles dans leur ensemble, de la criminologie en particulier. En ce sens, quelques perspectives scientifiques globales, en aucun cas exclusives, ont récemment investigué la question criminelle au travers d'une démarche intégrative.

A – La théorie du lien social

Les travaux de T. HIRSCHI sur le lien social, concept central de sa théorie de la régulation sociale, sont apparus comme véritablement novateurs de l'approche de la délinquance des jeunes [64]. Dans la droite ligne des premiers travaux de sociologie criminelle, l'auteur s'intéresse à la nature du lien qui unit l'individu à la société conventionnelle et, plus particulièrement, tente de mesurer les influences d'un tel lien social sur les transgressions posées par les adolescents. L'originalité de son approche consista à s'interroger, en rupture par rapport aux approches sociologiques classiques sur les raisons pour lesquelles l'être humain, si peu enclin à accepter *a priori* les normes sociales, s'y conforme néanmoins dans la plupart des cas [65].

La théorie du lien social qu'il propose, s'appuyant sur l'observation d'un imposant corpus de 5 545 adolescents, souligne le rôle essentiel de la socialisation des intéressés dans leur acceptation (conformité) ou rejet (déviance ou délinquance) des

---

logie, Vol. xxv, 1992/2, p. 13 et s. ; C. BOLZMAN, M. ECKMANN-SAILLANT, Trajectoires de rupture de formation et délinquance, *In Etrangers, criminalité et système pénal*, Ed. Verlag Rüegger, 1993, pp. 363-385 ; P. KARLI, *In Rev. Autrement*, 1994/145, p. 100 ; Comp. Discussions autour d'une théorie du crime, *In Dév. soc.*, 1995/19, pp. 257-303.

64. *Causes of delinquency*, University of California Press, 1969, 309 p.

65. *Ibid.*, p. 4 et s.

normes préétablies. Quatre éléments organisent un tel lien social [66].

L'attachement de l'individu aux autres personnes est, en premier lieu, analysé comme de nature à prévenir le crime. Plus le lien qui unit l'enfant à ses parents, à l'école, à ses pairs est fort, plus l'enfant tiendra compte de leurs attentes lorsqu'il envisagera de commettre un acte criminel. Par contre, lorsqu'un enfant ne communique pas ou peu avec ses parents ou ses proches, il ne se sent plus concerné par leurs réactions éventuelles à un comportement transgressif. Et si les parents n'expriment pas davantage leur désapprobation à l'égard de tels actes, l'auteur les (re)posera sans avoir à en rendre compte. Dans le même esprit, si l'école est susceptible de favoriser la communication entre enfants et parents, les aptitudes et performances de l'enfant sont aussi essentielles pour son intégration sociale future. De faibles connaissances scolaires risquent alors de rendre illusoire tout projet professionnel futur et, partant, de favoriser la délinquance. La fréquentation des pairs délinquants semble encore augmenter les perspectives de passages à l'acte, d'autant plus lorsque les liens avec les parents et l'école sont distendus. Ainsi, l'attachement aux autres consolide non seulement l'affection et le respect réciproques mais encore la (re)connaissance par l'enfant de l'éducation que lui inculquent, chacune à son niveau, les personnes qui participent à sa socialisation. L'attachement conduit ainsi à la conformité : pour l'enfant, l'important est de s'identifier aux autruis signifiants [67] en répondant positivement à leurs attentes.

L'engagement dans des actions ou des projets conventionnels repose, en second lieu, sur l'espoir d'obtenir, à l'âge adulte, le meilleur statut social possible, lequel passe par l'acquisition d'un niveau scolaire supérieur susceptible de conduire à une profession de prestige. La crainte de perdre le bénéfice des investissements antérieurs comme des gains qu'ils font espérer détournerait de la commission d'actes criminels. Mais si pour

---

66. *Ibid.*, p. 16 et s., 83 et s.

67. V. C. DEBUYST, Modèle éthologique et criminologie, *op. cit.*, p. 167 et s.

quelque raison que ce soit un individu perd toute motivation pour atteindre les buts conventionnels, parce que ses projets sont pauvres, ses aspirations initiales difficiles à réaliser ou ses efforts insuffisants, il devient disponible à la commission d'actes déviants sans s'estimer concerné par leurs conséquences.

Parmi les éléments qui organisent le lien à la société, l'implication dans des activités conventionnelles semble être, pour T. HIRSCHI, le plus important. Plus l'enfant passe de temps dans les activités communes (domestiques, scolaire, sportive, ludique ou culturelle) et plus il se conforme aux contraintes qu'elles supposent, moins il est disponible pour le crime. De même, à l'âge adulte, l'implication dans le monde du travail absorbe le plus clair du temps. Au contraire, les garçons qui ne savent que faire, qui « fument, boivent, ont des copines, tournent en rond dans les voitures », qui trouvent l'adolescence « ennuyeuse », commettent davantage d'actes délinquants.

La croyance dans la valeur des normes forge, en dernier lieu, la conviction qu'elles doivent être respectées. A défaut, ne pas croire aux exigences posées par la loi rendrait libre de commettre des actes de délinquance. Cependant, la plupart de ceux qui transgressent les interdits reconnaissent être liés à l'ordre conventionnel. Ils doivent alors imaginer diverses techniques destinées à neutraliser « les demandes internes et externes de conformité » : par déni de leur responsabilité, du dommage causé, de leurs victimes, de la légitimité de ceux qui les condamneront. Complétant les propositions de G. SYKES et D. MATZA [68], T. HIRSCHI démontre que moins l'enfant est rattaché à ses parents, à ses maîtres, à ses pairs signifiants, moins il respecte la police, moins il entend les « demandes de conformité » et moins il considère la punition comme sérieuse.

La théorie du lien social, très appliquée aujourd'hui encore, encourt cependant quelques critiques. Elle est principalement descriptive des éléments constitutifs du lien, sans que soit ex-

68. Techniques of neutralization : a theory of delinquency, *In American Sociological Review*, 1957-22, pp. 664-670.

pliquée la manière dont ils se nouent, dont ils interagissent entre eux. Elle est relativement superficielle car les valeurs prônées par la société ne font pas toutes l'objet d'un consensus, quant aux infractions les moins graves notamment, majoritaires parmi les transgressions. Elle est surtout incomplète en ce sens qu'elle omet les nécessaires résistances de l'enfant, fondatrices de sa propre personnalité, face à cette entreprise de mise en conformité ; qu'elle est insuffisante à expliquer les comportements délinquantiels chroniques ou d'une particulière gravité ; qu'elle n'intègre pas, à côté des croyances en la validité morale des normes, les contraintes sociales qui pèsent sur ceux qui s'obligent à les respecter [69].

Au-delà de ces critiques, les apports de la théorie du lien social sont fondamentaux car elle « intègre plusieurs principes d'explication. Elle stipule en effet que la régulation s'opère à divers paliers : au palier social, à travers les notions de statut et de rôle, au palier psychosocial, à travers les notions de liens et de contraintes, et au palier psychologique, à travers la notion d'identité » [70].

B – La perspective développementale de la personnalité délinquante

M. FRECHETTE et M. LE BLANC sont les initiateurs de cette approche développementale de la personnalité délinquante ou antisociale [71]. L'ampleur des analyses proposées par les auteurs est d'autant plus impressionnante que les observations sur lesquelles reposent leurs conclusions sont effectuées, depuis plus

---

69. V. sur ces différentes critiques C. DEBUYST, *op. cit.*, p. 165 et s. ; M. FRECHETTE, M. LE BLANC, *Délinquances et délinquants*, Ed. Gaëtan Morin, 1987, Chicoutimi, p. 172 et s. ; N. QUELOZ, Lien social et conformation des individus, *In D.S.,* 1989/13, pp. 199-208 ; L. WALGRAVE, Délinquance systématisée des jeunes et vulnérabilité sociétale, *op. cit.*, p. 24 et s.

70. V. M. FRECHETTE, M. LE BLANC, *op. cit.*, p. 174.

71. V. M. FRECHETTE, M. LE BLANC, Le syndrome de la personnalité délinquante, *In R.I.C.P.T.*, 1987/2, pp. 133-146 ; L'analyse de l'activité délictueuse : description, délimitation, comparaison, *In R.I.C.P.T.*, 1989/4, pp. 419-454 ; M. LE BLANC, Pour une approche intégrative de la conduite délinquante des adolescents, *In Rev. Criminologie*, 1986 /XIX, pp. 73-95.

de deux décennies, dans le cadre d'études longitudinales d'envergure portant sur les adolescents délinquants conventionnels ou judiciaires. A partir notamment des travaux de T. HIRSCHI sur le lien social, qu'ils corrigent par la prise en considération distincte des contraintes sociales dont font l'objet les adolescents (encadrement parental sous forme de surveillance et de directives), ils analysent les relations entre développement psychosocial de l'adolescent et développement de la délinquance.

Principalement, leur réflexion porte en ce domaine sur les « dimensions de la personnalité » qui « déclenchent et soutiennent l'agir antisocial des mineurs ». Ils forgent ainsi le concept de personnalité délinquante, « fille légitime » de la théorie du noyau central de la personnalité criminelle de J. PINATEL [72], caractérisée par trois symptômes essentiels : l'enracinement criminel, la dyssocialité et l'égocentrisme. Ces symptômes sont communs à plusieurs états pathologiques, de structure étiologique différenciée : le délinquant névrotique, le délinquant marginal, le délinquant immature et le délinquant structuré. Acquise progressivement, cette structure de personnalité se consolide durant l'enfance et l'adolescence. Elle seule permet le passage à l'acte délictueux.

La pertinence des travaux de M. LE BLANC et M. FRECHETTE se mesure ensuite par la perspective développementale dans laquelle ils insèrent l'émergence et la dynamique de ce syndrome de personnalité antisociale [73]. Ils ont en ce sens mis en évidence que les activités criminelles entreprises par les jeunes délinquants variaient (en nature, en gravité comme en fréquence) selon le moment de leur apparition. La première période allant de la latence à la moitié de l'adolescence semble marquée par un modèle de passage à l'acte hédoniste. Les deux autres, allant de la moitié à la fin de l'adolescence et de la fin de

---

72. V. M. LE BLANC, La personnalité délinquante : la contribution de Jean Pinatel et une perspective développementale, *In* R. CARIO et A.M. FAVARD (Dir.), La personnalité criminelle, *op. cit.*, pp. 27-46.

73. V. not. de ces auteurs, Le passage à l'acte délictueux au cours de l'adolescence : une perspective développementale, *In R.I.C.P.T.*, 1991/2, pp. 145-173.

l'adolescence à la vingtaine, alternent les modèles de passage à l'acte impulsif et de passage à l'acte rationnel. Ils soulignent ainsi qu'à défaut d'intervention immédiate, l'aggravation est assez systématique, de la délinquance commune à la délinquance distinctive [74], d'autant plus importante que les actes délictueux auront été précoces [75].

La précocité devient alors, et c'est là le troisième apport scientifique fondamental des auteurs, le pivot des processus qui dynamisent les comportements délictueux : d'activation, d'aggravation et de désistement [76]. Le premier repose sur les mécanismes d'accélération, de stabilisation et de diversification. Le second processus, d'aggravation, organise une gradation des activités délictueuses en cinq stades : l'apparition, l'exploration, l'explosion, la conflagration et le débordement. Le troisième processus, de désistement, se compose de trois mécanismes : la décélération, la spécialisation et le plafonnement [77].

De l'ensemble de ces travaux découlent plusieurs conclusions qui, pour être encore insuffisamment perçues par les acteurs contemporains de la politique criminelle [78], sont essentielles à l'orientation et aux propositions formulées plus loin dans le présent ouvrage. La prévention sociale demeure, en premier lieu, primordiale pour éviter ou enrayer l'émergence des caractéristiques de personnalité délinquante ou antisociale. En cas

74. *In* Délinquances et délinquants, *op. cit.*, pp. 89-135, spé. p. 134.

75. V. M. LE BLANC, Le développement de la conduite délictueuse chez les adolescents : de la recherche fondamentale à une science appliquée, *In R.I.C.P.T.*, 1995-2, pp. 167-186.

76. V. M. LE BLANC, Précocité, développement de l'activité délictueuse et de la personnalité antisociale. Leçons pour le diagnostic et l'intervention criminologiques, *In Délinquance et précocité,* Actes du 29ème Congrès de l'Association Française de Criminologie, Beauvais, multigraph., 1995, pp. 417-484.

77. V. sur ces aspects, M. LE BLANC et M. FRECHETTE, Les mécanismes du développement de l'activité délictueuse, *In R.I.C.P.T.*, 1988/2, pp. 143-164 ; O. KOUDOU, Etude du développement diachronique de la délinquance chez l'adolescent. Une contribution au modèle hiérarchique conduit par M. Le Blanc, *In R.I.C.P.T.*, 1998-4, pp. 436-447.

78. V. les propositions des auteurs eux-mêmes, en termes de stratégie différentielle, *In* Délinquances et délinquants, *Ibid.*, p. 307 et s.

d'échec et dès les premières activités délictueuses, une évaluation approfondie de la personnalité de l'intéressé devient, en second lieu, impérieuse. Subséquemment et en troisième lieu, une prise en charge psycho-éducative intense doit être précocement mise en place, au contraire des interventions en cascade si caractéristiques de la prise en charge actuelle des jeunes délinquants.

La précocité apparaît ainsi bien comme « l'une des notions fondamentales de la criminologie », principalement et indiscutablement en ce qui concerne le traitement clinique des jeunes concernés. Pour autant, il conviendrait de privilégier davantage, parmi les autres notions fondamentales, celles qui participent, plus globalement, à l'explication des influences d'ordre social et sociétal sur l'émergence, la consolidation et la répétition des comportements criminels dirigés contre les valeurs sociales essentielles du groupe au sein duquel le conflit s'est cristallisé.

C – L'infracteur, acteur social

Evoquant les insuffisances et antagonismes des définitions classiques de l'homme, sujet doué de libre arbitre ou être dont le comportement est déterminé par des facteurs, Christian DEBUYST propose un troisième registre pour appréhender, de manière plus satisfaisante, le système de compréhension et de gestion de la délinquance : celui de l'utopie, au sens où MANNHEIM l'entendait. Dans cet ordre d'idées, les définitions classiques traduisent une vue utopique des choses, c'est à dire qu'elles fonctionnent chacune comme fiction directrice que l'on cherche à traduire dans la réalité : utopie d'une société d'individus raisonnables (titulaires de droits et de devoirs), utopie de la sélection et de la correction des déterminismes comportementaux du délinquant. Aussi et pour éviter de tomber dans l'idéologie, la notion d'acteur social et, surtout, la définition qui en est donnée, doit être lue à ces trois niveaux et s'inscrire, plus particulièrement, dans une voie de transformation.

Le délinquant est ainsi considéré dans sa dimension d'acteur social : ce n'est pas un sujet passif mais un être qui développe ses divers comportements (et notamment délinquants) en relation avec les situations sociales et inter-personnelles extrêmement complexes du cadre sociétal dans lequel il évolue. Pour autant, l'acteur social n'est pas une abstraction mais un individu, porteur d'une histoire propre en devenir, agissant à ce titre de manière particulière sur l'environnement.

Cette proposition est conforme, notamment, aux travaux d'Etienne DE GREEFF qui a magistralement démontré que, pour le délinquant, la transgression est généralement vécue comme une adaptation réussie à la norme interdite. Elle est encore en cohérence avec les travaux de sociologues contemporains qui soulignent la difficulté à être acteur lorsque les règles sont figées, dans leur création et leur expression, par le groupe avec lequel le délinquant est précisément en conflit. Fort de ces pertinentes constatations, Christian DEBUYST milite en faveur, d'une part, de l'intégration du phénomène délinquant dans une cohérence d'un ensemble plus large de données et de la prise en compte, d'autre part, d'une manière plus ponctuelle des processus justificatoires que connaît le transgresseur. Ainsi, la notion d'acteur social est en mesure de supporter une telle démarche scientifique, sinon comme utopie au moins comme outil d'investigation de la réalité [79].

D – La vulnérabilité sociétale

Considérant que ni le délit ni le délinquant ne peuvent constituer l'objet central des sciences du comportement comme de la criminologie, L. WALGRAVE propose de recentrer l'approche de la délinquance persistante grave des jeunes autour du concept de confrontation : entre « un jeune et le système de contrôle

79. V. *Acteur social et délinquance. Une grille de lecture du système de justice pénale*, Hommage à C. DEBUYST, Ed. Mardaga, Bruxelles, 1990, 475 p. ; C. DEBUYST, La délinquance comme interaction, *In* L. MUCCHIELLI, P. ROBERT (Dir.), Crime et sécurité, *op. cit.*, pp. 139-147 ; Comp. R. CARIO, Le délinquant acteur social. Concept opérationnel en criminologie ?, *op. cit*, p. 826 et s. ; V. également A. TOURAINE, *Le retour de l'acteur. Essai de sociologie*, Ed. Fayard, 1984, 350 p. ; F. DUBET, *Sociologie de l'expérience*, Ed. du Seuil, 1994, 277 p.

social formel de la société ». Elargissant par-là le domaine des sciences criminelles en général, conduisant à la « décriminalisation de la criminologie » en particulier, il examine, au travers d'une étiologie critique, les liens entre délinquance, source et résultat de cette confrontation, et vulnérabilité sociétale [80].

Selon L. WALGRAVE, la vulnérabilité sociétale, théorie qui se veut intégrative, est une notion interactionniste et structurelle à la fois. En ce sens, on n'est pas vulnérable en soi mais devant une situation donnée. De la même manière, la vulnérabilité sociétale dépend de la position des sujets dans la société. Ainsi, les populations proches de la position socio-économique inférieure sont spécialement exposées au risque de vulnérabilité sociétale. S'appuyant sur un corpus théorique et empirique large, l'auteur conduit sa démarche explicative de la délinquance persévérante à partir de quatre thèses de départ. « 1) Le domaine de la criminologie juvénile n'est pas défini de manière objective et neutre, mais il est imprégné à tous les niveaux d'inégalités de pouvoir structurel. 2) La délinquance systématisée est surtout le fait de jeunes qui sont situés à l'extrémité inférieure des strates sociales. Les caractéristiques différentielles se mesurent en termes socio-culturels, plus qu'en termes socio-économiques. 3) Les liens avec la société supposent des inhibitions essentielles contre la délinquance. L'absence de celles-ci laisse le champ libre pour délinquer si l'occasion se présente. Cette absence seule ne suffit pas pour comprendre la délinquance persistante. 4) La réaction informelle ou formelle envers la délinquance ou des situations déviantes peut favoriser le développement d'une délinquance plus stable et persistante. C'est un mécanisme qui s'ajoute à d'autres » [81].

---

80. V. L. WALGRAVE, N. VETTENBURG, Délinquance grave, vulnérabilité sociétale et institutions sociales, *In* C.R.I.V., 1986, Vol. 2, pp. 39-71 ; des mêmes auteurs, Expériences scolaires, délinquance et vulnérabilité sociétale, *In R.I.C.P.T.*, 1991/2, pp. 174-189 ; L. WALGRAVE, A la recherche de la criminologie, *In R.I.C.P.T.*, 1993/1, p. 9 et s. ; du même auteur, Délinquance systématisée des jeunes et vulnérabilité sociétale, *op. cit.,* 154 p.

81. Délinquance systématisée des jeunes et vulnérabilité sociétale, *op. cit.*, p. 31.

De manière convaincante, sont alors examinés les liens entre expériences scolaires défavorables et délinquance, liens évidents mais de causalité très nuancée. En effet, le contexte sociétal des échecs scolaires souligne l'influence d'autres situations y concourant : famille problématique, décalage culturel, condition socio-économique défavorisée. Cette socialisation défectueuse détermine chez les intéressés l'émergence de caractéristiques psychologiques particulières dont l'importance doit, selon L. WALGRAVE, être minimisée, en tous cas biaisée par la trajectoire subie et vécue à travers les institutions sociales [82].

La théorie de la vulnérabilité sociétale apparaît bien comme un excellent cadre retraçant les défaillances sociétales et sociales qui vont s'accumuler tout au long de la socialisation. Pour autant, elle demeure imparfaite quant à l'explication des passages à l'acte ressentis individuellement comme seul mode de résolution du conflit (de la confrontation) qui persiste et/ou s'aggrave : dépression, auto-destruction, hétéro-agressivité, comportements humains complexes développés avec plus ou moins de gravité, plus ou moins de répétition selon, certes, l'étendue de la vulnérabilité sociétale mais encore les caractéristiques de la personnalité de chaque jeune délinquant, dépendant elles-mêmes très étroitement des conditions de sa socialisation. Aux problématiques sociale et sociétale, doit être jointe une problématique individuelle, nécessairement convergentes et congruentes. L'image de la « double spirale » ne rend pas suffisamment compte de la complexité de l'action humaine. Pour être intégrative des aspects pertinemment examinés par Lode WALGRAVE, elle ne conduit pas à une approche véritablement globale des comportements délinquants juvéniles. Plus englobante encore peut apparaître alors la démarche qui tend à considérer le crime comme un comportement social différentiel, dans un cadre criminologique renouvelé.

---

82. *Ibid.*, p. 33 et s.

Section 2 - Le cadre théorique renouvelé du phénomène criminel

Les différentes approches criminologiques du phénomène criminel qui viennent d'être systématisées ont pris toute leur ampleur en matière de criminologie juvénile. Si l'on ne naît pas criminel, on ne le devient et on ne le demeure pas davantage par hasard, comme le souligne si justement Marie-Thérèse MAZEROL : « Aboutissement de tout un ensemble de circonstances de vie personnelle et situationnelle, le crime n'est pratiquement jamais une conduite fortuite : il s'inscrit dans la trame d'une existence qui l'a préparé et qui le plus souvent se poursuivra marquée par lui » [83]. Par le crime éprouvé, par le passage à l'acte criminel, la différence du criminel se cristallise, inévitablement ; ni idéologique, ni biologique, simplement et tristement psychologique, sociale et culturelle (au sens le plus large). Mais seule une différence de degré, en aucun cas de nature, sépare les délinquants des abstinents ; comme elle sépare les criminels entre eux ou selon leur genre.

Les courants criminologiques contemporains, chacun à leur manière, alimentent cette approche globale et intégrée [84] qui doit conduire à envisager comment se structure, tout au long d'une socialisation particulièrement pauvre, la personnalité des êtres humains qui deviennent criminels (§ 1). Au cas de conflit grave et/ou persistant, ces derniers ne semblent pas suffisamment équipés pour symboliser les affects douloureux en provenance de leur environnement. Et le seul moyen envisagé par l'intéressé pour sortir de l'attente en tension douloureuse cristallisée par le conflit est l'agression extériorisée (par définition même en ce domaine du crime) de la source même de ce qu'il identifie comme de nature à assurer sa gratification : par appropriation ou élimination illégitime de la personne ou de l'objet

---

83. *Evolution et devenir du criminel*, Ed. Le Centurion, 1977, coll. Justice humaine, p. 285.

84. Entendue au sens d'une approche permettant de faire entrer dans un programme plus vaste les éléments divers du phénomène observé, ayant chacun leurs particularités, mais n'ayant de valeur et de signification que par une appréciation d'ensemble.

perçu comme gratifiant. Le comportement social différentiel ainsi posé, sans beaucoup d'égards pour la victime, est soutenu par une structure de personnalité particulière à celui qui devient criminel et, surtout, qui persiste à le demeurer (§ 2).

§ 1 – Le crime atteste de la socialisation manquée des infracteurs

Il ne fait aucun doute, en effet, que de la qualité de la socialisation de l'enfant, de l'adolescent, du jeune adulte, quel que soit son genre, dépendra le respect des valeurs qui fondent l'harmonie sociale (A). Or indicateurs statistiques et théories criminologiques attestent bien la pauvreté de la socialisation de la très écrasante majorité des infracteurs ayant eu maille à partir avec la justice pénale, à un âge plus ou moins précoce, pour des faits plus ou moins graves, de manière plus ou moins diversifiée et durable (B).

A – Les processus de socialisation

Entreprendre en quelques lignes la présentation, même schématique, des processus qui président à la socialisation de l'enfant apparaît d'une extrême difficulté. La richesse et la clarté des travaux disponibles encouragent à tenter l'aventure, en empruntant à la doctrine neurobiologique, psychologique et sociologique, au sens le plus large, les apports théoriques les plus pertinents, afin de les confronter aux observations criminologiques jusqu'alors effectuées en la matière [85].

---

85. V. not. J. BOWLBY, *Attachement et perte. L'attachement*, Tome 1, P.U.F., Coll. Le fil rouge, 1978, 539 p. ; *La séparation*, Tome 2, 1978, Ibid., 557 p. ; *La perte*, Tome 3, Ibid., 1984, 608 p. ; J. PIAGET, Problèmes de la psychosociologie de l'enfance, *In* G. BUSINO (Dir.), *Les sciences sociales avec et après Jean Piaget*, Ed. Droz, 1976, p. 187 et s. ; M.T. MAZEROL, *op. cit.*, 317 p. ; W. DOISE , G. MUGNY, *Le développement social de l'intelligence*, InterEditions, 1981, 199 p. ; R. ZAZZO, *La première année de la vie*, P.U.F., 1986, 240 p. ; F. LADAME, P. JEAMMET, *La psychiatrie de l'adolescent aujourd'hui*, P.U.F, Coll. Le fil rouge, 1986, 234 p. ; E.F.E.R.S., *Le sujet et la loi*, Ed. Erès, 1988, 166 p. ; P. TAP, H. MALEWSKA-PEYRE, *Marginalités et*

De multiples processus de socialisation permettent « l'inscription du sujet dans le lien social et, donc, organisent son rapport avec les autres et avec la loi ». De tels processus favorisent « l'articulation entre la construction d'une personnalité et la constitution d'une identité de groupe » [86]. En d'autres termes, ces processus vont se mettre en place dès la naissance (voire in utero durant les derniers mois de la grossesse) et évoluer tout au long de l'enfance, de l'adolescence et à l'âge adulte. Ils permettront en ce sens de sortir de la quasi-dépendance bio-psychologique du très jeune enfant pour atteindre la différenciation psycho-sociale dès l'adolescence ou, plus exceptionnellement, à l'âge adulte. Partant, la socialisation ne peut, en aucun cas, être considérée comme la transmission unilatérale d'un modèle culturel dominateur, en tout cas non négociable. Bien au contraire, les conflits susceptibles d'émerger au cours de la socialisation affinent les appropriations et permettent à chacun d'exister parmi les autres [87].

---

troubles de la socialisation, P.U.F., 1993, 334 p. ; F. SAUVAGNAT (Dir.), Destins de l'adolescence, *In Annales Cliniques Psychologiques*, P.U. Rennes, 1992, 171 p. ; J.S. BRUNER, *Le développement de l'enfant. Savoir faire, savoir dire*, P.U.F., Coll. Psychologie d'aujourd'hui, 7è éd. 1998, 320 p. ; B. ZAZZO, *Féminin et masculin à l'école et ailleurs,* P.U.F., 1993, 203 p. ; F. DOLTO, *Les étapes majeures de l'enfance*, Ed. Gallimard, 1994, 290 p. ; du même auteur, *Tout est langage*, Ed. Gallimard, 1995, 148 p. ; W.D. WINNICOTT, *De la pédiatrie à la psychanalyse*, Ed. Payot, 2ème éd. 1992, 466 p. ; du même auteur, *Déprivation et délinquance*, Bibl. scientifique Payot, 1994, 314 p. ; C. TOURETTE, M. GUIDETTI, *Introduction à la psychologie du développement. Du bébé à l'adolescent*, Ed. A. Colin, Coll. Cursus, 1995, 192 p. ; P. TYSON, R.L. TYSON, *Les théories psychanalytiques du développement de l'enfant. Une synthèse critique*, P.U.F., Le fil rouge, 1996, 512 p. ; H. LEHALLE, *Psychologie des adolescents,* P.U.F., 4ème éd. 1996, 272 p. ; R. MUCCHIELLI, *La personnalité de l'enfant*, E.S.F. Editeur, 15è éd. 1998, 168 p. ; H. LEHALLE, D. MELLIER, *Psychologie du développement : enfance et adolescence*, Ed. Dunod, 2è éd. 2005, 466 p. ; P. JEAMMET (Dir.), *Adolescences* (1993), Pub. Fondation de France/Ed. La Découverte, nouvelle éd. 2004, 226 p.

86. V. J. DE MUNCK, Le pluralisme des modèles de justice, *In* A. GARAPON, D. SALAS, *La justice des mineurs,* Ed. Bruylant/L.G.D.J., 1995, p. 109 et s.

87. Comp. C. DEBUYST, Modèle éthologique et criminologie, *op. cit.,* p. 165 et s.

La construction de la personnalité est spécialement sensible dans la première enfance et lors de l'adolescence. En ce sens et en premier lieu, pour dépendre assez longtemps de l'environnement immédiat au plan de la survie physiologique, le tout *petit enfant* connaît immédiatement une activité sensorielle forte et variée. Cette « discordance de maturation » [88], propre à l'espèce humaine, indique qu'il a tout autant besoin de nourritures physiques (alimentaires) que psychiques (affectives). De leur stabilité, de leur ampleur et de leur continuité dépend sa bonne croissance physique et émotionnelle. Au cours de ces multiples et nécessaires échanges avec l'environnement, l'enfant va apprendre et réenforcer (ou réinvestir) les échanges qui lui procurent du plaisir et éviter ceux qui lui valent déplaisir. Dans une même perspective, l'enfant ajustera ses comportements en fonction des réactions qu'ils suscitent de la part de l'environnement dans lequel il évolue [89]. En même temps qu'il affectionne cet axe relationnel, source d'identification, l'enfant va asseoir son autonomie, sa différence par rapport aux autres individus et spécialement à l'égard de ceux qui sont principalement chargés de son éducation avec lesquels il communique de manière privilégiée [90].

De nombreux travaux ont montré que ces processus sont particulièrement intenses au cours des toutes premières années de la vie de l'enfant et qu'ils se développent de manière assez paradoxale. Tout semble en effet se passer comme si les apports environnementaux nécessaires à la construction de la personnalité du tout petit enfant étaient intégrés comme autant de créa-

---

88. V. en ce sens P. JEAMMET, La dynamique de la personnalité, *In* , *op. cit.*, p. 17 et s.

89. Sur ces interactions « ajustées » et « accordées », V. H. MONTAGNER, *En finir avec l'échec à l'école. L'enfant, ses compétences, ses rythmes*, Bayard Ed., 1996, p. 17 et s.

90. V. en ce sens F. DOLTO, *Les chemins de l'éducation*, Ed. Gallimard 1994, 390 p., pour qui « éduquer c'est susciter l'intelligence, les forces créatives d'un enfant tout en lui donnant ses propres limites pour qu'il se sente libre de penser, de sentir et de juger autrement que nous-mêmes, tout en nous aimant » ; H. MONTAGNER, *op. cit.*, pp. 15-200.

tions propres [91]. On peut alors comprendre que la différenciation inévitable vers laquelle la personnalité de l'enfant est tendue dépend du sens des responsabilités (prise en considération, respect) dont font preuve à son égard ses modèles [92], de la qualité de l'attachement [93], de l'étendue et de la solidité des actions efficaces sur l'environnement, des « auto-érotismes » [94] et des « assises narcissiques », eux-mêmes déterminés par la richesse et la permanence des échanges avec l'environnement. De manière de plus en plus prégnante, le langage, acquis en socioculture, va consolider l'émergence de la pensée [95] et constituer le vecteur privilégié de cette communication inter-individuelle. Progressivement, l'enfant va ainsi intégrer les valeurs sociales essentielles qui fondent l'harmonie du groupe auquel il appartient, en comprendre le sens, en découvrir les limites, négociables ou intangibles.

---

91. V. not. D.W. WINNICOTT, Déprivation et délinquance, *op. cit.,* p. 122 et s. ; V. également M. DAVIS, D. WALLBRIDGE, *Winnicott. Introduction à son œuvre*, P.U.F., Bibl. de psychanalyse, 1992, 189 p. et spé. p. 37 et s. ; M. H. LEDOUX, *Introduction à l'oeuvre de Françoise Dolto*, Petite Bibliothèque Payot, 1995, 295 p., et spé. p. 67 et s. ; J. BERGERET, La violence et sa prévention chez l'enfant et chez l'adolescent, *In* P. TAP, H. MALEWSKA-PEYRE, Marginalités et troubles de la socialisation, *op. cit.*, pp. 201-22 et spé. p. 217.

92. V. J.K. STETTBACHER, *Pourquoi la souffrance ? La rencontre salvatrice avec sa propre histoire*, Ed. Aubier, 1991, 177 p. et spé. p. 141.

93. Sur l'attachement, V. R. ZAZZO, D. ANZIEU, J. BOWLBY, R. CHAUVIN et al. (Dir.), *L'attachement*, Ed. Delachaux et Niestlé, 1996, 250 p. ; G.N. FISCHER, Les concepts fondamentaux de la psychologie sociale, *op. cit.*, p. 32 et s.

94. Sur « l'auto-érotisme » mis en évidence par la psychanalyse, V. P. JEAMMET, *op. cit.*, p. 21 qui précise que « l'auto-érotisme consiste donc en un réinvestissement intermittent des traces mnésiques de la satisfaction antérieure, réinvestissement devenu indépendant de l'expression du besoin initial » ; sur l'action de réenforcement, V. H. LABORIT, *La colombe assassinée*, Ed. Grasset, 1983, p. 54.

95. V. not. J.F. DORTIER (Dir.), *Le langage. Nature, histoire et usage*, Ed. Sciences humaines, 2001, 334 p. ; *Ibid.*, *Le cerveau et la pensée. La révolution des sciences cognitives*, Ed. Sciences humaines, 2è éd. 2003, 493 p.

Au sortir de la crise œdipienne (celle vécue par sa sœur Electre n'ayant guère intéressé les premiers psychanalystes) [96], c'est précisément durant la *période de latence* (comprise entre sept et dix ans généralement), en second lieu, que les réalités du monde extérieur vont s'imposer à l'enfant dans le calme et la réceptivité. La réussite de la socialisation dépend alors principalement des aptitudes de l'enfant à gérer, de manière réfléchie mais aussi critique, cette ouverture vers les autres, à prendre de la distance par rapport à son propre imaginaire - jusque-là tout-puissant et auto-centré - et par rapport à ses parents. La scolarité, temps de perfectionnement de la maîtrise du langage et de la pensée, prend ici une place essentielle ; et du soutien familial dépendra la réussite ou l'échec scolaire, dont les retentissements sur l'équilibre de l'intéressé sont incontestables.

L'entrée en *adolescence* [97], en total prolongement de la période de latence, apparaît, enfin, essentielle pour la consolidation de la personnalité structurée précédemment. En ce sens, tous les acquis de l'enfance se (re)jouent à l'adolescence [98] dans une perspective très claire : s'affirmer individuellement pour entrer dans la société des adultes [99]. En d'autres termes, l'adolescence représente « une deuxième chance de voir les

---

96. V. L. IRIGARAY, *Speculum : de l'autre femme*, Ed. de Minuit, 1974, 464 p. ; C. OLIVIER, *Les enfants de Jocaste. L'empreinte de la mère*, Ed. Denoël, 1980, 196 p.

97. Sur cette notion, Comp. P. HUERRE, M. PAGAN-REYMOND, J.M. REYMOND, *L'adolescence n'existe pas. Histoire des tribulations d'un artifice*, Ed. Universitaires, 1990, 252 p.

98. V. E. KESTEMBERT, La pathologie de l'adolescence : prémices, passage ou catastrophe, *In* F. LADAME, P. JEAMMET, *op. cit.*, p. 18 ; sur ce « remaniement », V. M.T. MAZEROL, *op. cit.*, p. 282 ; D. SETTELEN, Approche psychodynamique des violences à l'adolescence, *In* C. REY (Dir.), *Les adolescents face à la violence*, Ed. Syros, Alternatives sociales, pp. 25-38 ; F. RICHARD, *Les troubles psychiques à l'adolescence*, Ed. Dunod, Coll. Les topos, 2000, p. 6, 21 et s.

99. V. en ce sens les modalités concrètement vécues par les adolescents en évolution vers un modèle adulte, *In* M. CHOQUET et S. LEDOUX, Adolescents. Enquête nationale, *op. cit.* (1994), p. 263 et s. ; Comp. K. HURRELMAN, Mal de vivre à l'adolescence, *In* P. TAP, H. MALEWSKA-PEYRE, *op. cit.*, pp. 1-43 et spé. p. 33 et s. ; M. VAILLANT, *L'adolescence au quotidien. De quelques principes utiles à l'usage des parents*, Syros Ed., 1997, 201 p.

failles et les conflits de la première enfance et de la période œdipienne repris et élaborés dans la dynamique de l'adolescence ; ou au contraire de les voir servir à figer une évolution désormais brisée » [100]. De célèbres métaphores décrivent ce moment essentiel que traverse l'adolescent : complexe du homard dont la mue le fragilise à l'égard des agressions extérieures (F. DOLTO) [101] ; trapéziste volant dans le vide laissé entre l'enfance qu'il vient de « lâcher » et l'âge pré-adulte qu'il va « attraper » (J. SELOSSE) [102]. Plus que jamais, la stabilité et la qualité affectives du milieu environnant comme ses disponibilités intellectuelles et matérielles seront déterminantes pour la gestion (la symbolisation et/ou la sublimation) des crises et des conflits dans lesquels l'adolescent est impliqué. De leur issue, positive ou négative, au regard des besoins de l'intéressé confronté aux interdits normatifs, dépendra l'affirmation de soi, de son identité, de sa(ses) différence(s), valorisante(s) et douloureuse(s) à la fois, la socialisation se prolongeant ainsi dans une fonction de personnalisation [103].

Ce schéma idéal de la formation de la personnalité de l'enfant, de l'adolescent, connaît des variations parfois fondamentales lors de la socialisation des filles et des garçons, voire des jeunes adultes. De manière assez convaincante, des analyses ont en effet mis en évidence les contours d'une socialisation différentielle des premières, de nature à consolider chez elles une structure de personnalité davantage orientée vers la sociabi-

---

100. V. en ce sens P. JEAMMET, *In* F. LADAME, P. JEAMMET (Dir.), La psychiatrie de l'adolescent aujourd'hui, *op. cit.*, p. 223 ; Y. JACQUET, P. HUERRE, Transformations, *In* P. JEAMMET (Dir.), *Adolescences*, pub. Fondation de France, 1993, p. 9 et s. ; sur cette « réactualisation », V. également C. BALIER, *Psychanalyse des comportements agressifs* (1988), P.U.F., Coll. Le fil rouge, 6è éd. 2003, p. 24 et s.

101. Sur l'œuvre de F. DOLTO, V. not. M.H. LEDOUX, Introduction à l'œuvre de Françoise Dolto, *op. cit.*, 295 p.

102. V. not. les écrits de J. SELOSSE, réunis sous la direction de J. PAIN, L.M. VILLERBU, *Adolescence, violences et déviances*, Ed. Matrice/ARPC, 1997, 490 p.

103. Sur ces aspects, V. G.N. FISCHER, *op. cit.* p. 175 et s. ; L. BAUGNET, *L'identité sociale*, Ed. Dunod, 1998, p. 25 et s.

lité, la disponibilité à autrui, au sens le plus large [104]. Quant aux jeunes adultes (et quel que soit leur genre), ils sont devenus tributaires du contexte socio-économique et culturel de nos sociétés libérales. En ce sens, l'évolution des savoirs théoriques et techniques, au même titre que les crises de l'emploi, reculent l'entrée dans la vie adulte autonome. Mettant à l'épreuve les solidarités familiales, cette dépendance obligée est dorénavant vécue comme un inévitable prolongement de l'adolescence jusqu'à vingt-et-un ans, parfois au-delà. La transition vers l'âge adulte devient alors source d'inquiétude voire d'angoisse psychique, d'instabilité personnelle, familiale et sociale. De la qualité de la socialisation dépendront alors les aptitudes à gérer et à réguler les conflits auxquels ces jeunes adultes sont confrontés. Or, il est manifeste que l'activité criminelle atteint précisément son paroxysme entre 18 et 25 ans, pour décélérer par la suite [105].

Ce schéma sans doute réducteur de la formation de la personnalité de l'enfant, dont il est l'acteur principal [106], mérite néanmoins d'être confronté aux données disponibles sur la so-

---

104. V. les réf. citées *In* R. CARIO, Les femmes résistent au crime, *op. cit.*, p. 81 et s. ; R. CARIO, L.M. VILLERBU, Les femmes et le crime aujourd'hui. Approche criminologique, *In Figures de femmes criminelles*, 2008, PUF, à paraître.

105. Sur ces divers aspects, V. not. F. RICHARD, Les troubles psychiques à l'adolescence, *op. cit.*, p. 87 et s. ; O. GALLAND, L'entrée des jeunes dans la vie adulte, *In Problèmes économiques et sociaux*, 1997-794, pp. 3-74 ; V. MORROW, M. RICHARDS, *Transitions to adulthood : a family matter ?*, York Publ. Services, 1996, 149 p. ; M. FRECHETTE, M. LE BLANC, Délinquances et délinquants, *op. cit.*, p. 90 et s. ; F. BAILLEAU, *L'exclusion sociale et la criminalité des jeunes*, C.D.P.C., Multigraph., Conseil de l'Europe, 1995-12, 55 p. et not. p. 8 et s. ; du même auteur, Le traitement judiciaire des mineurs coupables d'un trouble à l'ordre public, *In J.D.J.*, 1998-172, p. 29 ; J. GRAHAM, B. BOWLING, *Young people and crime*, Home Office Publ., Research Study, 1995/145, p. 51 et s. ; C. GAVRAY, Trajectoire déviante à la lisière entre adolescence et âge adulte, *In Dév. Soc.*, 1997-21, pp. 173-288 ; M. CUSSON, La criminologie actuelle, *op. cit.*, p. 73 et s. ; L'individu en quête de soi, Dossier *In Sciences humaines*, 1999-91, pp. 19-35.

106. V. en ce sens, Adolescence et socialisation, *op. cit.*, p. 7 et s. ; F. DUBET, Socialisation des acteurs et sujet social, *In* Acteur social et délinquance, Hommage à C. DEBUYST, *op. cit.*, pp. 55-79.

cialisation, pour le moins manquée, de ceux qui deviennent criminels.

B – La socialisation manquée des infracteurs

En écho aux recherches les plus abouties ainsi qu'aux caractéristiques observées de la criminalité, il est en effet possible de remarquer que la personnalité des jeunes concernés s'est construite dans un environnement affectif et socio-culturel perturbé dont attestent les ruptures matrimoniales et les instabilités socio-culturelles principalement vécues par leurs parents. Leur indisponibilité affective, leurs faibles pratiques linguistiques (provenant de carences du même ordre accumulées durant leur enfance), leurs propres souffrances (non assumées) [107] ne leur ont pas permis de répondre de manière satisfaisante aux besoins de leur jeune enfant devenu criminel en termes de continuité relationnelle, d'identification comme de différenciation [108]. Ces familles sont de plus en plus souvent qualifiées de « démissionnaires » sur un mode anormalement péjoratif. Mais comme le souligne très profondément Adil JAZOULI, ces parents-là « n'ont pas démissionné, c'est la vie qui les a licenciés et s'ils survivent encore, c'est avec des bouts de vie » [109].

---

107. V. J.K. STETTBACHER, Pourquoi la souffrance ? La rencontre salvatrice avec sa propre histoire, *op. cit.*, p. 19 et s.

108. V. J. CASTAIGNEDE, *La reproduction sociale de l'inadaptation dans le système familial,* Thèse, Pau, 1985, 280 p. ; de la même auteure, Les processus reproductifs intergénérationnels : rôle des femmes dans la genèse de la délinquance, *In La criminalité des femmes*, Ed. Erès, pp. 61-77 ; Comp. l'intéressant article de N. LEFAUCHEUR, Psychiatrie infantile et délinquance juvénile. Georges Heuyer et la question de la genèse « familiale » de la délinquance, *In* L. MUCCHIELLI (Dir.), Histoire de la criminologie française, *op. cit.*, pp. 313-332 ; B. ZEILLER, Les adolescents criminels, *In Adolescents menaçants ou mineurs irresponsables ?,* Ed. C.N.F.E./P.J.J., 1994, pp. 51-69 ; T. LAINE et B. ZEILLER, *Morbidité psychopathologique des enfants et adolescents criminels,* Pub. I.N.S.E.R.M./Min. Justice, 1991, 501 p. dont une synthèse a été publiée par B. ZEILLER, S. COURAUD, M. ANKER, *Adolescents criminels un jour,* Pub. C.N.F.E./P.J.J., 1995, 249 p.

109. *In J.D.J.*, 1995/144, pp. 7-14 ; du même auteur, *Une saison en banlieue. Courants et perspectives dans les quartiers populaires,* Ed. Plon,

Cette vulnérabilité d'origine familiale a fortement compromis l'insertion sociale de l'enfant et/ou de l'adolescent, démuni de pratiques communicationnelles efficaces et valorisantes. Bien plus, les déprivations ainsi vécues sont à l'origine de sa tendance antisociale [110]. En opposition plus ou moins ouverte avec le système éducatif institutionnel, il a éprouvé alors les plus grandes difficultés à se conformer aux standards culturels dominants. Sans « lien social » véritable, seul le recours à des conduites interdites a autorisé la satisfaction des besoins identifiés comme gratifiants, ou l'élimination de ceux considérés comme douloureux. La proximité de pairs traversant (ou ayant traversé) les mêmes crises, l'ampleur de la précarité [111] l'affectant, l'intensité de l'émotion provoquée par la personne ou l'objet convoité ou détesté, ont déterminé les passages à l'acte agressifs, généralement hétéro-agressifs [112], chez l'enfant ou l'adolescent concerné.

1995, 370 p. ; Sur le soutien, en termes d'apprentissage des compétences à la parentalité, bien plus utile socialement, V. *Infra*, Chap. 3, Sect. 2, § 1.

110. V. en ce sens, D.W. WINNICOTT, Déprivation et délinquance, *op. cit.*, 314 p. ; M. DAVIS, D. WALLBRIDGE, *op. cit.*, p. 76 et s.

111. Sur cette notion et les notions voisines de marginalité, d'inégalité, d'exclusion, de nouvelle pauvreté, de désaffiliation, de désorganisation sociale, voire de mort ou de coma social, V. N. QUELOZ, Effilochage des liens sociaux, comportements déviants des jeunes et interventions sociales, *In R.I.C.P.T.*, 1994/4, p. 452 et s. ; L. WALGRAVE, Délinquance systématisée des jeunes et vulnérabilité sociétale, *op. cit.*, p. 103 et s. ; F. BENSLAMA, De l'inhumain à la petite délinquance, *In Le sujet et la loi. La petite délinquance : approche juridique et psychanalytique,* Expérience freudienne et recherche scientifique, Ed. Erès, 1988, pp. 111-118 ; A. BRUEL, Aller vite peut-être, mais savoir où aller !, *In* Adolescents menaçants ou mineurs irresponsables ?, *op. cit.,* pp. 127-156 et spé. p. 131 ; Com. R. CASTEL, *L'insécurité sociale. Qu'est-ce qu'être protégé*, Le Seuil, 2003, 95 p.

112. L'agressivité retournée contre soi-même n'est cependant pas rare chez l'enfant ou l'adolescent. Sur cette délicate question, V. not., F. LADAME, *Les tentatives de suicide des adolescents*, Ed. Masson, 1981, 108 p. ; F. LADAME (Dir.), *Adolescents et suicide : des aspects épidémiologiques et psychopathologiques aux perspectives thérapeutiques*, Ed. Masson, 1996, 216 p. ; D. CREMNITER et al., Suicide et conduite suicidaire, *In* F. SAUVAGNAT, *op. cit.*, p. 89 et s. ; Certains auteurs voient dans ces manifestations symptomatiques des « auto-initiations » dont l'initiative est prise par les jeunes eux-mêmes afin d'être reconnus comme n'étant plus des enfants. V. P. HUERRE, Remarques

Les recherches effectuées par M. CHOQUET et S. LEDOUX auprès d'adolescents confirment bien la liaison entre violences subies, conduites violentes et passages à l'acte suicidaires. Ces violences agies s'expriment surtout dans un contexte socio-culturel caractérisé par la constellation de difficultés bien connues que traversent les jeunes concernés : dans les relations intra-familiales, à l'école, dans les relations avec les autres, avec son propre corps, dans le mode de vie choisi..., toutes ces difficultés cumulées conduisant, au surplus, à la consommation abusive de produits toxiques ou toxicomaniaques (alcools, drogues et/ou médicaments psychotropes) [113]. De la pertinence de la réponse sociale apportée à de tels comportements transgressifs, du sens des limites posées en d'autres termes, dépendra la (ré)intégration sociale ou la répétition d'actes délinquantiels ou auto-destructeurs. De ce point de vue, le constat précédemment établi a permis de souligner très concrètement l'importante réitération d'actes de petite délinquance et, corrélativement, le nombre peu élevé de comportements criminels gravement attentatoires aux personnes ou aux biens. Quant à la réponse sociale à la délinquance des jeunes, ce même constat précédemment établi a conduit à regretter que la priorité éducative soit si imparfaitement assurée par notre système de justice pénale.

Pour autant, si l'acquisition par l'apprentissage, pauvre et toujours précaire par définition, des traits psychologiques particuliers au délinquant en général constitue la meilleure explication, en l'état actuel des connaissances disponibles, de la sur-représentation des classes dominées, il importe de ne pas oublier qu'elle est fondamentalement modulée par les caractéristiques sociales et sociétales globales, fluctuantes dans le temps et dans l'espace. Il apparaît en effet beaucoup plus convaincant de reconnaître que les jeunes défavorisés sont visiblement plus délinquants que les autres citoyens de même âge de ce pays

---

sur la notion d'adolescence, *In* F. SAUVAGNAT, *op. cit.*, p. 36 ; A. PERRIER-DURAND, *Je me tue à vous le dire*, Ed. Erès, Coll. Questions actuelles de criminologie, 1998, 127 p.

113. V. M. CHOQUET et S. LEDOUX, Adolescents. Enquête nationale (1994), *op. cit.*, not. p. 104 et s., 219 et s. ; des mêmes auteurs, Adolescents de la P.J.J. et santé (1998), *op. cit.*, p. 25 et s.

simplement parce que leur socialisation, leur vécu socio-culturel ne leur a pas permis d'engrammer [114] suffisamment d'informations pour agir, en toutes circonstances, positivement sur leur environnement par des voies socialement adéquates.

Face aux crises et conflits de toutes sortes auxquels nous sommes exposés aujourd'hui, rares sont, pour ces jeunes-là, les possibilités légitimes d'appropriation, de satisfaction, de plaisir, pourtant nécessaires au maintien en équilibre de leur organisme. Démunis, ils doivent entrer en compétition pour obtenir la moindre gratification. Dominés, ils doivent souvent opter pour la fuite ou l'évitement passif. Ces agressions comme ces attentes en tension conduisent alors, en fonction de leur fréquence, de leur ampleur, de leur persistance, à des troubles psycho-sociaux débouchant sur des comportements agressifs (hétéro ou auto agressifs) variés selon le genre : toxicomanie, délinquance, névrose, psychose, folie, suicide. L'approche statistique, par catégories socio-professionnelles, de ces différentes pathologies sociales, confirme de manière alarmante et injustifiée que ce sont, encore et toujours, les plus dominés, les plus défavorisés, les plus exclus d'entre les êtres humains qui en sont les premières victimes.

Corrélativement, on comprend mieux pourquoi les jeunes appartenant aux classes dominantes n'apparaissent pas souvent dans les séries statistiques et, plus particulièrement, dans celles concernant la criminalité. Ayant la possibilité d'exercer des actions efficaces sur leur environnement, d'autant plus nombreuses qu'ils seront en haut de l'échelle de la dominance, ils n'ont pas à développer d'actions illégitimes pour maintenir l'équilibre de leur structure bio-psychologique. Possédant de riches possibilités matérielles et intellectuelles, ils ont toutes les chances de trouver, d'imaginer, une issue positive à une inhibition momentanée de l'action. Au surplus, l'élaboration des normes, déterminant ce qui est permis, toléré ou interdit, légitime ou illégitime, est le fait des dominants. Ce sont eux qui,

---

114. L'engramme ou trace mnésique, constitue la base neurophysiologique de la conservation du passé dans la mémoire ; V. not. *Dictionnaire de psychologie*, P.U.F., 1996, sous la direction de R. DORON et F. PAROT.

dans le même sens, précisent les moyens institutionnels à emprunter pour atteindre les buts culturels institués. Ce sont les dominants qui sanctionnent, enfin et pour l'essentiel, les déviations, les illégalismes. En d'autres termes, les dominants fixent les règles du jeu de la vie communautaire et celles-ci n'ont souvent d'autre but que la consolidation de leur statut et l'extension de leur domination. Lorsque l'un des leurs (enfant, parent ou affinitaire) transgresse les normes établies, il bénéficie d'une relative indulgence de la part des institutions de contrôle social, dont la plupart des membres est issue de leurs rangs. Les classes favorisées offriraient en ce sens des « garanties » de reclassement telles qu'une rééducation par le groupe auquel appartient la « brebis égarée » apparaît suffisante pour assurer la tranquillité et la sécurité publiques.

La perception d'une telle domination serait insolente si elle se manifestait dans une expression aussi brute. Dans la vie quotidienne, la réalité de la domination n'est pas aisée à délimiter, à cause de la multitude des pouvoirs à exercer et des infinies possibilités à établir une domination quelconque sur des êtres et/ou des choses. C'est en cela que la domination se pérennise. Beaucoup d'êtres humains peuvent, en effet, se gratifier en devenant chef, grand ou petit. De la sorte, l'espace social est divisé en d'infinis territoires à l'intérieur desquels des compétitions, non moins infinies, permettent l'exercice d'actions positives, gratifiantes pour les uns, forcément négatives voire déplaisantes pour les autres. Parmi les punis, les inhibés, la probabilité de retrouver certaines catégories d'individus dominés est très forte. Il s'agira préférentiellement des personnes appartenant aux classes sociales défavorisées.

Ces remarques générales sont d'autant plus préoccupantes à l'heure actuelle que, par carences successives, des situations d'extrême pauvreté (au sens le plus large) vont se cristalliser et rendre la socialisation objectivement impossible. La délinquance risque alors de devenir le mode normal de résolution des conflits caractéristiques des situations d'exclusion, le délinquant, quel que soit son âge ou son sexe, assumant son agressivité comme seule action efficace sur l'environnement qui le sollicite, le provoque, l'angoisse et/ou l'opprime. Au préjudice le plus souvent de victimes qui lui sont proches, en précarités pour le moins. Ce sont ces différences-là, d'origine socio-culturelle, qui vont déterminer les aptitudes plus ou moins grandes au passage à l'acte criminel. Ce sont ces différences-là qui permettent l'émergence et assurent la consolidation d'une structure de personnalité particulière aux jeunes délinquants. Ce sont ces différences-là qui vont imprimer le degré de gravité du comportement social différentiel qu'ils posent.

§ 2 – Le crime exprime un comportement social différentiel

La socialisation des jeunes qui sont devenus criminels ne leur a pas permis d'acquérir une structure de personnalité suffisamment armée pour éviter le passage à l'acte criminel. N'ayant pu efficacement symboliser, ou retourner contre eux-mêmes, le conflit auquel ils étaient confrontés, les individus devenus criminels ont emprunté des voies normativement prohibées pour sortir de l'attente douloureuse en tension subséquente. Par un comportement appris en socio-culture, les criminels ont opté pour l'hétéro-agressivité en vue de la domination (au sens large) de leur victime, être ou objet gratifiant ou gênant. Une telle extériorisation de l'agressivité marque la différence, éprouvée, entre celles et ceux qui passent à l'acte criminel d'une part et celles et ceux qui ont la possibilité de gérer autrement leurs conflits, d'autre part. Les modalités, la gravité, la répétition de ce comportement social différentiel dépendent, profondément, des richesses (aux multiples aspects) de la niche écologique des intéressés (A). Un tel comportement social différentiel témoigne, encore et surtout, d'une structure de personnalité différente, constellation de traits psychologiques acquis et exacerbés tout au long de la socialisation, manifestement défaillante, des jeunes qui deviennent criminels et qui persistent à le demeurer (B).

A – Le crime est un comportement social

Approcher l'acte criminel (ou délictuel) posé par le jeune délinquant comme un comportement social « différentiel » ne participe guère du désir de proposer un nouveau paradigme en criminologie [115]. Il importe simplement de se démarquer des positions les plus antagonistes et réductrices des courants criminologiques dominants car l'action humaine, par définition complexe, ne saurait être appréhendée autrement que dans une perspective globale et intégrée. Les théories présentées précédemment exercent naturellement une influence indéniable sur les réflexions résumées ci-dessous, car il est clair que le délinquant n'est pas toujours et seulement érigé en bouc émissaire, pas toujours et seulement armé par un déterminisme biologique ou social, par toujours et seulement guidé par un choix rationnel.

Il a déjà été souligné [116] que le moteur des relations humaines semblait être alimenté par la domination des êtres et des choses qui participent au maintien en équilibre de l'organisme, qui procurent finalement du plaisir [117]. La multiplication, à l'époque actuelle, des biens de consommation, principalement, et les frustrations à ne pouvoir légitimement les acquérir engen-

---

115. Il s'agit bien davantage, en effet, de manipuler les mêmes faits qu'auparavant mais en les plaçant l'un par rapport à l'autre dans un système de relations qui est nouveau parce qu'on leur a donné un cadre différent, *In* T.S. KUHN, *La structure des révolutions scientifiques* (1962), Ed. Flammarion, Coll. Champs, 1983, 285 p. et spé. p. 124 ; Comp. P. FEYERABEND, *Contre la méthode. Esquisse d'une théorie anarchiste de la connaissance*, Ed. Le Seuil, 1979, 350 p. et spé. p. 32.

116. V. H. LABORIT, Proposition d'un modèle intégré des comportements normaux et anormaux à partir des données biocliniques, neurophysiologiques, éthologiques, cliniques et biologiques, *In Ann. médico-psychologiques,* 1974, Tome 1, pp. 47-60.

117. Sur ces différents concepts et sur ceux de « constance des conditions de vie du milieu intérieur » (C. BERNARD) ou « d'homéostasie » (W.B. CANNON), V. R. CARIO, *op. cit.* (1992), p. 34 et s. ; Sur le concept voisin d'équilibration, V. J. PIAGET, *Epistémologie et génétique*, P.U.F., Que sais-je ?, 1399, 127 p. ; P. LESTAGE, Complexité et structures cérébrales : Piaget et Prigogine, *In* D. DE BECHILLON, *Les défis de la complexité. Vers un nouveau paradigme de la connaissance* ?, Ed. L'Harmattan/G.R.T., 1994, pp. 173-193 ; Sur les interactions entre « intérieur-extérieur », V. la contribution de P. JEAMMET *In Adolescents et placement familial,* In Actes II ème Colloque de l'Œuvre de l'abbé Denis (O.A.D., Pau), multigraph., 1996, p. 29 et s. ; V. également J.D. VINCENT, *Biologie des passions* (1986), Ed. O. Jacob, Opus, 1994, p. 13 et s.

drent d'infinies rivalités [118], d'infinis conflits entre ceux qui sont identifiés comme constituant ou possédant ces potentialités gratifiantes et ceux qui souffrent de ne pouvoir en jouir personnellement. L'assouvissement de ces besoins socio-culturels (rarement fondamentaux) [119], est susceptible d'emprunter différentes voies, dont l'appropriation illégitime agressive, normativement prohibée.

Il importe donc de bien connaître les mécanismes qui président à ces actions. Or l'organisme est un système complexe. Les êtres vivants sont constitués par des « niveaux d'organisation » englobants, allant du niveau atomique à celui de l'individu, en passant par le niveau moléculaire, les chaînes métaboliques, la réaction enzymatique et la cellule. Ces multiples niveaux, constituant « l'information structure » [120], sont dépendants et régulés par un servo-mécanisme provenant du niveau immédiatement englobant. Mis en œuvre par les organes, dépendants eux-mêmes des systèmes auxquels ils appartiennent, les niveaux d'organisation se trouvent réunis dans l'organisme par « l'information circulante ». L'organisme, situé lui-même dans un espace particulier, est également soumis aux niveaux d'organisation constitués par la famille, le groupe social, la nation, le groupe de nations... l'espèce, niveaux reliés entre eux par ce que l'on pourrait être tenté d'appeler « l'information sociale ».

Sur la base des travaux de P.D. MACLEAN [121], H. LABORIT définit les fonctions de chacun des trois étages qui se sont su-

---

118. Comp. à propos des « rivalités mimétiques », R. GIRARD, *La violence et le sacré*, Ed. Grasset, 1972, Coll. Pluriel, p. 213 et s. ; *Ibid.*, *Des choses cachées depuis la fondation du monde*, Ed. Grasset, 1978, Coll. Livre de poche, 4001, p. 399 et s. ; *Ibid.*, Ce qui se passe aujourd'hui est une rivalité mimétique à l'échelle planétaire, *In Le Monde*, 6 nov. 2001/20.

119. Sur ces notions, V. H. LABORIT, *L'inhibition de l'action*, Ed. Masson, 1979, p. 16 et s.

120. Sur ces notions, V. *La nouvelle grille*, Ed. Gallimard, Coll. Idées, 1974, pp. 35-38, 125 et s. ; H. LABORIT, *op. cit.* (1983), pp. 29-30.

121. V. par ex. de cet auteur, The triune brain, emotion and scientific bias, *In* F.O. SCHMITT, *The neurosciences, second program,* 1970, The Rockfeller Univ. Press, pp. 336-349 ; E. MORIN, La connaissance de la connais-

perposés par dérivation tout au long du phylum. Le cerveau reptilien est constitué par la formation réticulaire du tronc cérébral et l'hypothalamus. Ce cerveau primitif est le siège des comportements instinctifs, fondamentaux, nécessaires à la survie de l'individu, mais aussi de l'espèce, tels que la faim, la soif, la reproduction, la fuite ou la lutte. Le cerveau paléomammalien, encore appelé système limbique, est ensuite apparu en dérivation sur le premier. Il est le siège de la mémoire à long terme, permettant ainsi la répétition des expériences agréables et la fuite des expériences désagréables. Le cerveau néomammalien, ou cortex associatif, constitue la formation phylogénétiquement la plus récente. Dispositif d'intégration motrice et sensitive aboutissant à l'instrument de l'intelligence humaine, le cortex est le siège des opérations symboliques et logiques. Capable de recombiner les éléments mémorisés d'une façon différente de celle par laquelle ils ont été imposés à l'individu par le milieu, le cerveau peut alors créer des structures nouvelles : les structures imaginaires [122]. C'est souligner l'importance du langage qui constitue un instrument indispensable à cette distanciation à l'égard de l'environnement, à la réalisation de la pensée abstraite et conceptuelle. Interconnecté aux précédents étages, le cortex associatif permet alors une régulation de l'affectif et de l'instinctif en fonction des informations qu'il aura engrammées et, singulièrement, des informations codées par le langage.

Les multiples actions développées par les êtres humains pour maintenir leur structure bio-psychologique et sociale en équilibre peuvent être rassemblées, schématiquement, en quatre grands types de comportements. Le comportement de consommation, d'origine hypothalamique, tend à la satisfaction des besoins biologiques endogènes : la faim et la soif notamment. Si

---

sance, Ed. Le Seuil, 1986, Coll. Points, Tome 3, p. 93 et s. ; J.D. VINCENT, *op. cit.*, p. 131 et s.

122. V. H. LABORIT, *Les comportements*, Ed. Masson, 1973, p. 111 et s. ; Les mécanismes biologiques et sociologiques de l'agressivité, *In R.I.S.S.*, 1978, vol. XXX/4, pp. 768-789 et not. p. 773 ; H. LEROI-GOURHAN, *Le geste et la parole. Technique et langage*, Ed. Albin Michel, 1964, Tome 1, pp. 114-115.

le comportement aboutit à l'assouvissement des besoins, le souvenir qui en sera conservé permettra le réenforcement de la stratégie comportementale utilisée, par la mise en jeu du « faisceau de la récompense ». Si l'action n'est pas récompensée, ou si elle est punie, un comportement de fuite intervient et, à défaut d'être efficace, il cède la place à un comportement de lutte ou d'agressivité défensive. Lorsque ces comportements sont récompensés, efficaces en quelque sorte, il y a mémorisation de la stratégie adoptée et, le cas échéant, réenforcement de celle-ci. Par contre, si fuite et lutte sont inefficaces, ou si elles entraînent une punition, un comportement d'inhibition, d'extinction d'un comportement appris survient. On peut admettre, dans ces conditions, que la récompense aboutit à l'action réenforcée et que la punition, ou l'inefficacité, conduit à l'inhibition de l'action.

En résumé, deux comportements sont innés : les comportements de consommation (boire, manger, copuler) et les comportements de fuite ou de lutte. Les premiers répondent directement à un stimulus endogène, les seconds à un stimulus externe. Deux comportements sont acquis : l'un est celui de l'action récompensée, ou permettant d'éviter la punition et capable de réenforcement ; l'autre est un comportement d'inhibition résultant de l'action non récompensée ou punie. Si l'être humain doit agir sur son environnement pour satisfaire ses besoins, il est permis de penser qu'il sera tenté par l'acquisition ou la conservation des êtres et des objets gratifiants qui l'entourent et qui participent au maintien de sa structure ou à l'assouvissement, de la manière la plus efficace possible, de son plaisir. Partant, à défaut de solutions librement et légitimement négociées, l'agressivité émergera de l'incapacité de certains individus à satisfaire les besoins socio-culturels, les besoins fondamentaux étant exceptionnellement menacés en ce début de XXIème siècle, dans l'aire continentale pour le moins.

Relativement à l'agressivité, quatre comportements ont été recensés chez l'animal. *L'agressivité prédatrice* répond au besoin fondamental de survie de l'espèce : faim, soif et copulation. Instinctif, ce comportement de prédation met en jeu l'étage le plus primitif du cerveau : l'hypothalamus. Il ne s'accompagne donc d'aucune affectivité, laquelle suppose un apprentissage de l'agréable ou du désagréable, de l'utile ou du dangereux [123]. *L'agressivité défensive* est déclenchée chaque fois que l'intégrité physique d'un organisme est menacée, lorsque la fuite ou l'échappement est impossible. Intervenant en réponse à l'agression provenant de l'environnement, quel qu'en soit le responsable, ce comportement est inné. Si la lutte permet de détruire l'agent nociceptif, l'agressivité deviendra un comportement appris ; parce que récompensé, il sera mémorisé. Henri LABORIT rapproche de l'agressivité défensive celle provoquée par la peur ainsi que celle résultant de l'isolement momentané d'un espace socialisé [124]. *L'agressivité de compétition* est mise en œuvre lorsque deux organismes ont des prétentions identiques sur un même être ou objet de gratification. Elle provoque généralement un combat entre les antagonistes, à moins que l'attitude agressive de l'un des organismes soit suffisante pour décourager l'autre dans ses prétentions d'appropriation. Il en « résulte l'établissement d'une hiérarchie… le dominant assurant sa gratification… avant le dominé ». Il a été expérimentalement démontré que l'agressivité est toujours le fait du dominant. On imagine alors aisément l'escalade dans la dominance si les comportements agressifs sont chaque fois récompensés. Ils seront en effet mémorisés et réenforcés continuellement [125]. *L'agressivité d'angoisse ou d'irritabilité*, consécutive à une inhibition prolongée de l'action, intervient lorsque fuite et/ou lutte sont inefficaces. Cette attente en tension ne pourra se résoudre que par la possibilité d'exercer des actions gratifiantes sur l'environnement en vue de rétablir l'équilibre biologique de l'organisme, l'homéostasie ou le plaisir, comme on voudra. Si la tension demeure, « si la soumission s'accompagne d'éléments multiples ajoutant aux perturbations primitives des perturbations supplé-

---

123. V. H. LABORIT, Les mécanismes biologiques et sociologiques de l'agressivité, *op. cit.*, 1978-30, pp. 768-789.

124. V. H. LABORIT, *op. cit.*, p. 783 ; La colombe assassinée, *op. cit.*, p. 106.

125. V. H. LABORIT, *op. cit.* (1978), p. 783.

mentaires », elle pourra donner lieu à des explosions d'hétéro-agressivité ou d'auto-agressivité [126].

Ainsi, les deux premières formes d'agressivité sont instinctives. Les deux autres font au contraire appel à l'apprentissage de la gratification dans le premier cas, de l'inefficacité de l'action dans le second. Si la transposition des données acquises dans le domaine de l'éthologie à celui de l'anthropologie est délicate, il est néanmoins possible de constater que les deux dernières formes d'agressivité décrites sont d'un intérêt certain pour les sciences criminelles. A l'inverse, pour être susceptibles de se manifester dans notre espèce, l'agressivité prédatrice comme l'agressivité défensive demeurent assez exceptionnelles chez l'être humain continental de cette fin de XXème siècle. Elles se solderaient, en tout état de cause, par la mise en jeu des faits justificatifs d'état de nécessité ou de légitime défense respectivement [127].

De manière schématique on peut alors tenter de soutenir que le crime est un comportement social différentiel agi en réponse à une situation conflictuelle d'origine socio-culturelle. Et celui ou celle qui s'engage dans un comportement d'agression est convaincu(e) de n'avoir pas d'autres moyens pour reprendre la maîtrise de la situation conflictuelle. Encore faut-il que la transgression porte atteinte à une valeur sociale considérée comme fondamentale pour l'harmonie sociale [128]. Dans le cadre de l'agressivité compétitive, ce comportement est bien mieux maîtrisé et assumé par ceux qui participent à la dominance, quelles

126. V. H. LABORIT, L'inhition de l'action, *op. cit.*, pp. 117-118 ; Sur ces différents points, Comp. C. BECCARIA pour qui « le plaisir et la douleur sont les deux grands moteurs des êtres sensibles », *Des délits et des peines (1764)*, Ed. Flammarion, Coll. Champs, 1979, p. 111 ; V. également, *Ibid.*, p. 45, où l'auteur souligne que « les avantages de la société doivent être également partagés entre tous les hommes. Cependant, parmi les hommes réunis, on remarque une tendance continuelle à rassembler sur le plus petit nombre les privilèges, la puissance et le bonheur, pour ne laisser à la multitude que misère et faiblesse ».

127. V. art. 122-5 à 122-7 *C.p.*

128. Sur la définition et l'activation de cette notion de « valeur sociale essentielle ou fondamentale », V. *Infra*, Chap. 3, Sect. 1, § 1.

qu'en soient l'origine, la nature et l'intensité. Dans le cadre de l'agressivité d'angoisse ou d'irritabilité, ce comportement social différentiel est imposé à ceux qui subissent la domination, quelles qu'en soient l'ampleur et la permanence.

De l'appartenance au groupe des dominants ou à celui des dominés dépend alors non seulement l'éventualité d'une confrontation à la norme pénale (créée par les dominants), la proximité et la banalisation des situations pré-criminelles (délinquants et victimes étant très souvent proches en précarités), la reportabilité de l'acte interdit (visibilité totale du dominé), mais encore et surtout la nécessité de transgresser les valeurs établies (pauvreté matérielle et intellectuelle du dominé). C'est souligner par là la fragilité et la relativité de la frontière posée au sein de notre socio-culture entre adaptation et inadaptation, entre normalité et anormalité. C'est remarquer ainsi que selon le statut social des infracteurs et/ou victimes, la réponse aux stimuli douloureux multiples et divers en provenance de l'environnement sera différenciée.

En cela les orientations criminologiques apparaissent pertinentes... dans leur complémentarité à analyser le crime sous sa double dimension sociale et individuelle. Mais leurs apports respectifs ne prennent de véritable signification que par l'intégration des influences exercées en amont et dès l'origine par les signes [129], les images et le langage sur la formation de toute personnalité, aussi bien individuelle que sociale. Second mode de régulation des comportements (après ceux déclenchés par les instincts, exceptionnellement sollicités chez l'être humain continental contemporain) mis en œuvre par le système nerveux central, le langage est beaucoup plus qu'un simple moyen d'expression de la pensée. Il constitue un élément majeur dans la formation des structures imaginaires. De nombreux travaux ont montré comment un individu, en apprenant à parler, apprend à penser [130] et, partant, à agir et à communiquer [131].

---

129. V. en ce sens B. CYRULNIK, Les nourritures affectives, *op. cit.*, p. 27 et s.

130. Sur l'articulation essentielle entre émotion et cognition, longtemps négligée, V. not. J.D. VINCENT, Biologie des passions, *op. cit.*, 406 p. ; A.R.

Un tel constat implique de reconnaître l'importance de la niche écologique, à tous points de vue : affectif, éducatif, culturel, socio-économique, politique... En fonction de ces caractéristiques, le milieu social sera plus ou moins apte à transmettre les valeurs reconnues comme fondamentales au sein du groupe concerné. Le complexe processus de socialisation dépend ainsi fondamentalement de l'apprentissage, de l'imitation, du rôle essentiel d'assistance et de collaboration entre adulte et enfant, « l'adulte agissant comme médiateur de la culture » [132]. Selon la solidité des liens sociaux [133], l'intégration sera la règle, la délinquance l'exception. L'influence des rôles sociaux et des stéréotypes sexuels se manifestera encore au travers de la consolidation des attitudes de soumission ou d'affirmation de soi. Il importe cependant de se convaincre qu'en ces différents domai-

---

DAMASIO, *L'erreur de Descartes*, Ed. O. Jacob, 1995, 368 p. ; Ibid., *Spinoza avait raison. Joie et tristesse, le cerveau des émotions*, Ed. O. Jacob, 2003, 346 p. ; RIME B., *Le partage social des émotions*, P.U.F., Coll. Psychologie sociale, 2005, 420 p. ; sur la psychologie de l'émotion, V. O. LUMINET, *Psychologie des émotions : confrontation et évitement*, Ed. De Boeck, 2è éd. 2008, 256 p. ; N. BLANC (Dir.), *Emotion et cognition. Quand l'émotion parle à la cognition*, Ed. In press, 2006, 219 p.

131. Sur ces différents aspects fondamentaux, V. H. LABORIT, *op. cit.* (1973), pp. 165-171 ; J.M. BESSETTE, *Sociologie du crime*, P.U.F., p. 76 et s. ; E.T. HALL, *La dimension cachée*, Ed. Le Seuil, 1966, p. 14 ; B. BERNSTEIN, *Langage et classes sociales, codes socio-linguistiques et contrôle social*, Ed. de Minuit, 1975, 347 p. ; L.B. WHORF, *Linguistique et anthropologie*, Ed. Denoël, 1969, 224 p. ; A. LEROI-GOURHAN, *op. cit.,* Tome 1, p. 144 et s. ; Comp. A. CICOUREL, *La société cognitive* (1972), P.U.F., 1979, 240 p. ; K. VAN METER, (Dir.), *La sociologie*, Ed. Hachette, Coll. Textes essentiels, 1992, p. 751 et s. ; J. HABERMAS, *Théorie de l'agir communicationnel*, Ed. Fayard, 1987, 2 Tomes, 448 et 480 p. ; J. PIQUET, De l'agir à la conduite en passant par la communication, *In Adolescents en famille d'accueil.* Techniques et équipes de placement familial spécialisé, pub. Œuvre de l'Abbé Denis et CNTE/PJJ Vaucresson, 1994, p. 153 et s. ; M. DEFLEM, La notion de droit dans la théorie de l'agir communicationnel de Jürgen Habermas, *In Déviance et société*, 1994-1, p. 95 et s.

132. V. J.S. BRUNER, Le développement de l'enfant, *op. cit.* p. 8.

133. V. *Supra*, Sect. 1, § 2, A.

nes, l'irréversibilité des handicaps accumulés n'est certainement pas la règle [134].

Si l'on doit affirmer une différence entre le délinquant et le non délinquant, c'est à cause du simple constat que seul le premier passe à l'acte criminel et/ou persiste dans la délinquance. Cette différence, de degré, atteste d'un seuil délinquantiel moins élevé chez le premier, directement dépendant de la qualité des aptitudes psychosociales acquises durant la socialisation, nuancées selon l'intelligence [135], l'équipement [136] de chaque individu [137].

B – La personnalité différentielle des infracteurs

L'utilisation de ce concept pourra surprendre. Il ambitionne seulement de soutenir l'hypothèse selon laquelle la personnalité des jeunes qui deviennent criminels s'est structurée au cours d'une socialisation pauvre, plus que proportionnellement marquée par une accumulation de souffrances et de handicaps multiples, profonds et divers. L'affection dont les criminels sont en ce sens atteints, c'est de ne savoir, pouvoir ou vouloir gérer les conflits auxquels ils sont exposés autrement que par la commission d'un crime, d'un acte criminel.

---

134. V. sur ces aspects essentiels, B. CYRULNIK, *op. cit.* (1993), p. 109 et s. ; *Ibid., De chair et d'âme*, Ed. O. Jacob, 2006, 257 p. ; M. COPPEL, A.C. DUMARET, Rôle des prises en charge psychothérapiques sur l'évolution à l'âge adulte des enfants placés, *In* Actes des IIèmes Journées de l'O.A.D., *op. cit.*, p. 157 et s. ; L. WALGRAVE, *op. cit.*, p. 121 et s. ; M. CUSSON, Criminologie actuelle, *op. cit.*, p. 78.

135. Comp. H. GARDNER, *Les intelligences multiples,* Ed. Retz, 1996, p. 29 et s.

136. V. J.J. LUSTIN, Clinique infantile, *In* J. BERGERET (Dir.), *Abrégé de psychologie pathologique,* Ed. Masson, 1972, pp. 205-255 et spé. pp. 209-210 ; J. BERGERET, *La personnalité normale et pathologique,* Dunod, 1978, p. 15 et s. ; B. CYRULNIK, *op. cit.* (1983), p. 70 et s.

137. V. en ce sens P.G. COSLIN, *op. cit.,* qui se fonde (p. 77 et s.) sur la perspective de D. LAGACHE selon laquelle les traits personnels associés aux attitudes criminelles ne sont pas l'apanage des seuls criminels mais existent chez tous les individus, à un degré plus ou moins élevé ; V. D. LAGACHE, *Le psychologue et le criminel*, PUF, 1979, p. 179 et s.

Il s'inscrit néanmoins dans la continuité des travaux sur la personnalité criminelle. Le changement qu'il introduit devrait permettre d'évacuer les sensibilités, voire les susceptibilités sémantiques qui dénaturent le concept de personnalité criminelle. Il devrait encore pouvoir concurrencer les qualificatifs écrans ambigus de psychopathie [138] (utilisé à l'égard des hommes criminels) ou d'immaturité (utilisé à l'égard des femmes criminelles) qui sont généralement proposés en dehors de toute perturbation psychiatrique ou psychopathologique répertoriée. Il devrait permettre ainsi de sortir l'approche bio-psycho-sociale du criminel du champ des pathologies mentales au sens strict car, de deux choses l'une : s'il y a maladie mentale, les poursuites pénales doivent cesser après déclaration de culpabilité [139];

---

138. V. J. POSTEL (Dir.), *Dictionnaire de psychiatrie et de psychopathologie clinique,* Ed. Larousse, 1993, p. 443 où la psychopathie est définie comme un « trouble permanent de la personnalité, n'étant ni de l'ordre de la névrose ni de celui de la psychose et se caractérisant essentiellement par des conduites antisociales impulsives dont le sujet ne ressent pas habituellement de culpabilité » ; V. J. BERGERET, *op. cit.* (1978), p. 216 ; C. BALIER, Psychanalyse des comportements violents, *op. cit.*, p. 29 et s. ; M. LALUMIERE, M. SETO, Qu'y a-t-il d'anormal chez les psychopathes ?, *In Psychiatrie*, 1998-2-6 ; M. CUSSON, Criminologie actuelle, *op. cit.*, pp. 68-69 ; C. BALIER (Dir.), La violence en Abyme, *op. cit.*, pp. 141-157 ; J.P. GUAY, M. CUSSON, La délinquance, la récidive et la psychopathie, *In* M. CUSSON et al. (Dir.), Traité de sécurité intérieure, *op. cit.*, pp. 175-184.

139. V. en ce sens l'art. 122-1 *C.P.* (1994) qui, pour avoir l'ambition d'opérer dorénavant une distinction claire entre les troubles psychiques ou neuropsychiques ayant « aboli » ou simplement « altéré » le discernement des intéressés, a modifié assez profondément les décisions judiciaires répressives conduisant à l'effritement des non-lieu pour irresponsabilité, à l'augmentation corrélative des incarcérations d'infracteurs atteints de troubles mentaux au moment des faits ; V. not. L. LETURMY, J.L. SENON, La responsabilité pénale en droit français et l'irresponsabilité pénale des malades mentaux, *In* J.L. SENON, G. LOPEZ , R. CARIO (Dir.), Psychocriminologie, *op. cit.*, pp. 113-124 ; B. FALISSARD, F. ROUILLON, Enquête de prévalence des troubles mentaux parmi les personnes détenues, *In Actes du Colloque « Santé en prison »*, 2004, pp. 86-89, www.inpes.sante.fr ; J.L. SENON, Psychiatrie et prison : toujours dans le champ de l'actualité, *In Ann. Médico Psychologiques*, 2004-162, pp. 646-652, www.sciencedirect.com ; D. LABERGE, P. LANDREVILLE, D. MORIN, M. ROBERT, N. SOULLIERE, *Maladie mentale et délinquance*, De Boeck Univ., Coll. Perspectives criminologiques, 1995, 153 p. ; S.G. RAYMOND, *Malade ou criminel ?*, Ed. Aubier, 1999, 190 p. ; D'un péril sécu-

s'il n'y a pas maladie mentale, le comportement posé doit être sanctionné pour avoir porté atteinte à une valeur sociale que nous considérons comme essentielle : c'est le sens même de l'incrimination. Dans ce même ordre d'idées, ce concept rénové devrait permettre d'éviter l'assimilation pure et simple des criminels aux individus dont la personnalité est parfois qualifiée d'antisociale, voire de sociopathique. Pour être problématiques, tous les comportements « antisociaux » ne sont pas criminels [140]. Enfin et pour l'essentiel, il permet de ne pas confondre immédiatement – voire systématiquement – personnalité criminelle et dangerosité, aux multiples facettes (judiciaire, psychiatrique, pénitentiaire, sociale...), dans le contexte politico-social contemporain particulièrement sensible [141].

---

ritaire : le procès des fous, *In* R. CARIO (Dir.), Les droits des victimes d'infraction, *PPS*, 2007-943, p. 98 et s.

140. V. not. *DSM-IV-TR* qui entretient quelque peu cette confusion en utilisant le concept de « personnalité antisociale » (caractérisée par un « ...mode général de mépris et de transgression des droits d'autrui... ») dont le tableau a aussi été nommé « psychopathie, sociopathie ou personnalité dyssociale », *Manuel diagnostique et statistique des troubles* mentaux, Ed. Masson, 2è éd. 2003, Code F60.2 [301.7] ; V. au surplus sur les stratégies « politiques et rhétoriques » ayant présidé à sa création, S. KIRK, H. HUTCHINS, *Aimez-vous le D.S.M. ?*, Ed. Synthélabo, Coll. Les empêcheurs de penser en rond, 1998, 426 p. ; V. également la « personnalité dyssociale » (F60.2), *In CIM-10. Classification internationale des troubles mentaux et des troubles du comportement,* Organisation Mondiale de la Santé, Ed. Masson, 10è révision, 1994, p. 178 et s. ; Comp. D.W. WINNICOTT, « La personnalité antisociale », *In* De la pédiatrie à la psychanalyse, *op. cit.*, p. 99 et s. ; J.M. ELCHARDUS, *In Les interventions psychosociales dans le système de justice pénale,* Pub. Conseil de l'Europe, Recherches criminologiques, Vol. XXXI, 1995, p. 176 et s. ; *Recommandation* R(82)17, exposé des motifs, pp. 11-12.

141. V. Jean PINATEL, Etat dangereux, *In Le phénomène criminel*, Ed. M.A, 1987, 79 et s. ; G. COTE, Les instruments d'évaluation du risque de comportements violents : mise en perspective critique, *In Criminologie*, 2001-34-1, pp. 31-45 ; M. LANDRY, *L'état dangereux. Un jugement déguisé en diagnostic*, Ed. L'Harmattan, Coll. Psycho-logiques, 2002, 171 p. ; L.M. VILLERBU (Dir.), *Dangerosité et vulnérabilité en psychocriminologie*, Ed. l'Harmattan, Coll. Sciences criminelles, 2003, 302 p. ; C. de BEAUREPAIRE, M. BENEZECH, C. KOTTLER (Dir.), *Les dangerosités. De la criminologie à la psychopathologie, entre justice et psychiatrie*, John Libbey Eurotext, 2004, 424 p. ; Une nouvelle rétention de sûreté : éléments d'analyse, Dossier *In A.J.Pén.* 2008-4, pp. 161-180 ; G. BERNARD, Approche historique et philo-

La structuration de la personnalité des jeunes qui deviennent criminels dépend fortement des défaillances de leur socialisation, extrêmement pauvre aux plans affectif, éducatif, socio-professionnel et culturel. Les incontestables avancées sociales et culturelles que notre pays a connues au cours des dernières décennies leur ont rarement profité [142]. Au contraire, les milieux d'où sont issus les individus qui deviennent criminels sont de plus en plus marqués par la précarité, par l'exclusion, envisagée sous sa double dimension de construction sociale mais aussi de processus biographique de marginalisation [143]. De génération perdue en génération sacrifiée.

Comme il a été esquissé plus haut de manière schématique, la formation de la personnalité de tout être humain passe par différents stades, de la première enfance à l'âge adulte, en passant par la période de latence et l'adolescence. Des processus complexes sont activés en vue d'optimiser la socialisation des intéressés. Principalement, sont garantes de l'affirmation de soi et de l'harmonie sociale les aptitudes à l'allocentrisme, à l'affectivité, à la stabilité socio-professionnelle et culturelle, à la symbolisation des affects d'origines diverses. Ces aptitudes sont en principe acquises très précocement et se perfectionnent tout au long de l'ontogenèse. Leur acquisition est néanmoins susceptible d'être perturbée par des défaillances individuelles, familiales ou sociales aussi variées que profondes.

Les jeunes qui deviennent et demeurent délinquants n'ont que très exceptionnellement été respectés et pris en considération par leur environnement [144]. Ils ont particulièrement souffert

---

sophique de la dangerosité, *In* J.L. Senon, G. Lopez , R. Cario (Dir.), Psychocriminologie, *op. cit.*, pp. 45-49 ; B. Gravier, De la perception de la dangerosité à l'évaluation du risque de violence, *Ibid.*, pp. 51-64.

142. Sur ce passage des « trente glorieuses » aux « quarante » piteuses, V. N. Blaverez, *Les trente piteuses*, Flammarion, Collection Champs, 1998, 288 p.

143. V. S. Paugam, La constitution d'un paradigme, *In L'exclusion. L'état des savoirs*, sous la direction de S. Paugam, Ed. La découverte, 1996, pp. 7-19 ; C. Dubar, Socialisation et processus, *eod. loc.,* pp. 111-119.

144. V. J.K. Stettbacher, Pourquoi la souffrance ? La rencontre salvatrice avec sa propre histoire, *op. cit.*, p. 141 et s.

de carences affectives, éducatives et scolaires et, partant, ils ont été confrontés très tôt à des conflits de tous ordres et degrés, sans pouvoir se rattacher à aucun lien social. Démunis de pratiques linguistiques, symboliques et/ou matérielles élaborées, ils ont assuré leur gratification, leur plaisir (après d'éventuelles attentes douloureuses en tension) par l'emprunt de voies illégitimes agressives. De manière plus ou moins sensible selon la permanence et l'ampleur de ces carences, selon l'importance des besoins identifiés, ces enfants ou adolescents sont passés assez inévitablement, de l'égoïsme, de l'insouciance, de la distanciation affective, de la combativité originels [145] et fondateurs de toute personnalité, à l'égocentrisme, à la labilité, à l'indifférence affective, à l'agressivité [146]. Selon leur exacerbation, ces caractéristiques psychologiques constitutives du « noyau central » de la personnalité de ceux qui sont entrés et/ou ont persisté dans la criminalité ont déterminé l'activation de processus [147] divers conduisant au(x) passage(s) à l'acte, délictuels et surtout criminels, transgressif(s) des valeurs sociales que nous considérons comme essentielles.

Ce raccourci n'est pas contredit par les observations effectuées par les spécialistes du travail social comme par les chercheurs de sensibilités disciplinaires diverses. En ce sens, les jeunes qui deviennent délinquants, le plus souvent abandonnés à la rue, à la ville, sont immergés dans des espaces de non-droit et de non-accès au droit à l'intérieur desquels « au-delà du bien et du mal, règne le Rien » [148]. Pour survivre (physiquement, psy-

---

145. V. not. R. CARIO, Femmes et criminelles, *op. cit.* (1992), p. 257 et s. ; R. CARIO, L.M. VILLERBU, Les femmes et le crime aujourd'hui. Approche criminologique », *op. cit.*, à paraître ; Comp. not. F. HEIDENSOHN, L. GELSTHORPE, Gender and crime, *In* M. MAGUIRE and al., *op. cit.*, pp. 381-420 ; N. LANCTOT, La délinquance féminine : l'éclosion et l'évolution, *In* M. LE BLANC, M. OUIMET, D. SZABO, La criminologie empirique au Québec, *op. cit.*, pp. 421-467 ; M.A. BERTRAND, *Les femmes et la criminalité* (1979), Ed. Athéna, Montréal, 2003, 209 p.

146. V. not. J. PINATEL, Traité de Criminologie, *op. cit.*, p. 653 et s.

147. Sur ces processus criminogènes, V. not. J. PINATEL, Le phénomène criminel, *op. cit.*, p. 172 et s. ; R. GASSIN, *op. cit.*, p. 514 et s.

148. V. N. ZAND, D'autres mondes, *In Le Monde/Les livres,* 10 juin 1994, p. II ; Comp. J. DRAY, *La violence des jeunes dans les banlieues*, Rap-

chiquement et socialement), ils ont dû développer des stratégies « économiques » et « culturelles » d'exclusion, construites sur les multiples échecs antérieurement subis : d'ordre personnel (structuration pauvre de la personnalité), familial (précarité matrimoniale, sociale et professionnelle), institutionnel (école, aide sociale, travail) principalement. Pour ces jeunes, tous ces stades, périodes, lieux sont vécus sous le mode de la domination et l'agressivité (explosée ou implosée) est la seule manière de sortir de l'inexistence sociale (source de souffrances) dans laquelle ils évoluent. Et paradoxalement, c'est par ces passages à l'acte agressifs (actes délinquantiels manqués par définition parce que repérés judiciairement) que ces jeunes délinquants émargent socialement. La violence apparaît ainsi non seulement comme l'expression d'un vécu identificatoire antérieur douloureux mais encore comme la confrontation des conditions de la survie personnelle et sociale des jeunes acteurs concernés aux limites, aux frontières, normativement instituées [149].

---

port d'information, Doc. Ass. Nationale, 25 juin 1992, n° 2 832, 73 p. ; H. LAGRANGE, *De l'affrontement à l'esquive. Violences, délinquance et usage de drogues*, Ed. Syros, 2001, 299 p. ; M. ESTERLE-HEDIBEL, Jeunes des cités, police et désordres urbains, *In* L. MUCCHIELLI, P. ROBERT (Dir.), Crime et sécurité, *op. cit.*, pp. 376-384 ; L. MUCHIELLI, V. LE GOAZIOU (Dir.), *Quand les banlieues brûlent*, Ed. La Découverte, Coll. Sur le vif, 2006, 155 p. ; C. BELAÏD et al. (Dir.), *Banlieues, lendemains de révolte*, Ed. La dispute, 2006, 154 p. ; S . ROCHE, Le frisson de l'émeute : violences urbaines et banlieues, Ed. du Seuil, 2006, 221 p. ; J. DONZELOT, *Quand la ville se défait : quelle politique face à la crise des banlieues ?*, Seuil / Point Essais, 2008, 185 p. ; V. contra, A. BAUER, X. RAUFER, *Violences et insécurité urbaines*, PUF, Que sais-je, 9è éd. 2006, 127 p. ; F. HAUT, H. HOPE, Les violences urbaines de novembre 2005 : une affaire de bandes ?, *In Cahiers de la sécurité*, 2007-1, pp. 19-25 ; X. RAUFER, Des bandes délinquantes juvéniles au crime organisé violent, *Ibid.*, pp. 33-42.

149. V. B. CYRULNIK, *Les nourritures affectives, op. cit.*, Chap. IV, La violence qui détruit serait-elle créatrice ?, p. 109 et s. ; N. ROULAND, *Anthropologie juridique*, P.U.F., 1988, p. 301 ; P. JEAMMET, L'acte de violence, *In Les cahiers de l'I.P.C.*, 1985/2 ; J. BERGERET, *La violence fondamentale. L'inépuisable Œdipe* (1984), Ed. Dunod, nouv. éd. 2000, 251 p. ; du même auteur, La violence et sa prévention chez l'enfant et chez l'adolescent, *In* P. TAP, H. MALEWSKA-PEYRE, *op. cit.*, pp. 201-222 ; Comp. P. KARLI, *L'homme agressif*, Ed. O. Jacob, 1987, p. 19 et s.

Et comment, dans de telles conditions de socialisation, ne pas être égocentrique quand on ne peut, depuis son plus jeune âge, compter que sur soi-même et que la rencontre de(s) (l')autre(s) a toujours été douloureuse voire traumatisante ? Comment ne pas être labile quand tout est « galère » [150], que rien ne permet jamais une adaptation et une stabilité en quelque matière que ce soit ; quand tout est vécu sous le mode de l'immédiateté, du présentisme, du concret ; que l'inscription dans le réel rend impossible l'accès à la symbolisation ? Comment ne pas être indifférent au plan affectif quand on n'a jamais connu ou perçu l'affection, la tendresse, l'amour ? Comment ne pas être alors agressif quand le déroulement et le contenu des apprentissages, la gestion des émotions et la résolution des conflits ont été appréhendés sous le mode de la violence destructrice ou de l'inhibition prolongée et douloureuse de l'action ? De la précocité de ces handicaps à la socialisation, de l'ampleur des troubles psycho-sociaux en découlant, de la permanence des ruptures socio-culturelles subséquentes dépendront la précocité, la fréquence, la persistance et la gravité des actes délictueux. En d'autres termes, les activités délictueuses exprimées s'échelonneront de la délinquance sporadique ou non significative, épiphénomène de la socialisation, à la délinquance structurée ou persistante grave, caractéristique d'une antisocialité marquée [151].

Les caractéristiques générales, psychologiques et sociales, des criminels et des crimes en attestent formellement. En ce sens et dans le cadre d'approches scientifiques multifactorielles, des relations fortes ont été mises en évidence entre l'ampleur des handicaps de socialisation et la gravité des comportements criminels. Plus les carences sont précoces, profondes et permanentes, plus les atteintes sont violentes, à l'égard des personnes principalement. La liaison entre violences subies, émanant des

---

150. Comme l'ont magistralement illustré à l'égard des jeunes en général not. F. DUBET, D. LAPEYRONNIE, *Les quartiers d'exil*, 1992, 245 p. ; F. DUBET, *La galère : jeunes en survie,* Ed. Fayard, 1988, 503 p.

151. Pour plus de détails sur cette typologie des actes délinquants juvéniles, V. M. FRECHETTE et M. LE BLANC, Délinquances et délinquants, *op. cit.*, p. 324 et s.

parents ou du conjoint, actes suicidaires et conduites violentes est très sensible [152].

Plus globalement, l'homogamie, sous de multiples formes (comme l'instabilité matrimoniale et le nombre élevé d'enfants), entre milieu familial d'origine et milieu familial propre, indique la pauvreté des acquis transmis durant la socialisation et l'inaptitude généralisée des intéressés à imaginer un autre vécu. Toutes ces difficultés cumulées ont conduit à la consommation abusive de produits toxiques (alcool et/ou médicaments psychotropes) précipitant le délabrement de la santé des intéressés et, au-delà, la dévalorisation de l'image comme de l'estime de soi. De déchéance généalogique en déchéance personnelle et sociale, le criminel n'est plus acteur de son devenir mais dominé par toutes sortes de dépendances individuelles, groupales et/ou sociétales. En la forme d'un cercle vicieux car, démuni de pratiques linguistiques symboliques et/ou matérielles élaborées, il ne pourra se gratifier qu'en empruntant des voies agressives illégitimes.

Il n'est pas inutile de remarquer que la plupart des recherches criminologiques disponibles mettent en évidence des caractéristiques particulières aux délinquants, auteurs d'actes graves ou, plus généralement, chroniques. A l'examen, les similitudes, sinon dans les concepts ou les expressions, avec les propositions renouvelées sur la personnalité criminelle sont assez flagrantes. En ce sens, des travaux majeurs relèvent l'influence sur le passage à l'acte du sentiment, vécu par le délinquant, d'injustice subie, de son faible contrôle de soi, de son présentisme, de son impulsivité, de sa fragilité, de la prédominance de son plaisir/profit sur les dommages causés aux victimes [153]. Dans le

---

152. V. M. Choquet et S. Ledoux (1994), *op. cit.*, not. p. 104 et s., 219 et s.

153. V. not. et récemment, M. Cusson, La criminologie, *op. cit.*, p. 93 et s. ; M.H. Lecca, Carences cognitives et délinquance juvénile, *In R.I.C.P.T.*, 1996-3, pp. 288-299 ; G. Barraband, Entre normal et pathologique, *In Santé mentale*, 1998-31, pp 17-21 ; D.P. Farrington, *op. cit.*, pp. 538 et s. ; M.R. Gottfredson, T. Hirschi, *op. cit.*, p. 85 et s. ; D.S.M.-IV-TR, *op. cit.*, 'Les troubles de la personnalité' (not. La personnalité antisociale,

même esprit, les recherches novatrices sur la prévention précoce des comportements criminels indiquent nettement que, parmi les facteurs de risque de passage à l'acte criminel, isolé ou réitéré, dans un avenir plus ou moins proche, les caractéristiques individuelles jouent un rôle de premier plan : hyperactivité, impulsivité, égocentrisme, difficulté à réfléchir aux conséquences des actes posés, indifférence au point de vue d'autrui [154]. Avec beaucoup d'à propos, M. CUSSON rappelle encore que « tout individu dont l'intégration laisse à désirer est sujet à la déviance et cela se vérifie tout autant avec le suicide qu'avec le crime » [155]. Ceci apparaît totalement logique, car ce sont-là deux manifestations possibles d'une même souffrance à exister, d'un même trouble de l'agir [156], qu'il s'agisse de l'agressivité retournée contre soi-même ou extériorisée vers les autres.

De tels constats renvoient surtout à la participation nettement moindre des femmes au crime éprouvé. Il semblerait que cette résistance positive provienne des conditions de leur socialisation, laquelle détermine et favorise l'apprentissage de traits de personnalité bien mieux consolidés chez la femme que chez l'homme : altéro-centrisme marqué, disponibilité aux désirs des autres, affectivité épanouie, reconnaissance, forte aptitude à inscrire ses comportements dans le réel et la durée, tendresse, douceur et délicatesse. Acquis durant la socialisation, aux processus complexes, ils prédisposent la femme à la symbolisation des affects douloureux en provenance de l'extérieur. L'aptitude plus grande de la femme au respect des êtres qui l'environnent, au soutien dévoué, au partage, à la négociation, à la réconcilia-

---

la personnalité *borderline*), p. 739 et s. ; CIM-10, *op. cit.*, la personnalité dyssociale, p. 183.

154. V. not. J. GRAHAM, *Facteurs de risque associés à la criminalité et éléments efficaces de prévention. Les données de la recherche*, Conseil de l'Europe, C.D.P.C/PC-IN, multigraph., 1998, 26 p. ; R.E. TREMBLAY, Prédire et prévenir la violence des adolescents. L'étude longitudinale et expérimentale de Montréal, *In* C. REY (Dir.), *op. cit.*, pp. 301-315 ; V. *Infra*, Chap. 4, Sect. 2.

155. V. La criminologie, *op. cit.*, p. 50 et s., renvoyant not. aux travaux d'E. DURKHEIM.

156. V. not. F. RICHARD, Les troubles psychiques à l'adolescence, *op. cit.*, p. 48 et s.

tion l'écarte ainsi fortement des modes violents de règlement des différends. Si le conflit persiste, si l'inhibition de l'action devient trop douloureuse, sa résolution passe, assez généralement, par des comportements agressifs certes, mais retournés contre elle-même : somatisation, dépression, troubles psychosomatiques, maladie mentale, tentative de suicide voire suicide, (beaucoup plus rarement mené à terme que chez les hommes). Ce n'est que très exceptionnellement que la femme agressera, directement, la source identifiée de la souffrance d'origine fondamentale ou socio-culturelle [157].

Des développements qui précèdent, il découle que l'anachronique déficience des différents milieux de vie des jeunes délinquants a manifestement favorisé et multiplié les comportements agressifs. Ces derniers, vécus comme l'ultime action efficace contre les stimuli provenant de l'agression extérieure, se sont inscrits dans le cadre d'une compétition (en matière d'infractions contre la propriété notamment) ou furent motivés par l'irritabilité, l'angoisse voire même la peur (dans les atteintes aux personnes particulièrement). Il serait vain de nier la dimension individuelle lors de toute approche de la délinquance des jeunes. Mais il serait tout aussi réducteur de ne pas considérer que le jeune acteur social devenu délinquant et jugé comme tel appartient à une société particulière et entretient avec ses semblables des relations sociales spécifiques. Il convient en conséquence d'intégrer, dans l'analyse du cas individuel, toutes les circonstances qui ont favorisé le passage à l'acte, de l'élaboration idéologique de la norme à la sanction de la transgression de celle-ci, sans méconnaître les interactions institutionnelles et structurelles initiées par la société dans laquelle le jeune évoluait, sans justement mesurer la qualité des liens affectifs et sociaux qui l'unissent aux êtres humains, sans négliger

---

157. V. P. TAP, « Crise d'identité, dépression et toxicomanie à l'adolescence », *In* P. TAP, H. MALEWSKA-PEYRE, Marginalités et troubles de la socialisation, *op. cit.*, pp. 153-178 ; M. CHOQUET, S. LEDOUX (1994), *op. cit.*, p. 163 et s., 195 et s. ; « Du côté des filles à l'adolescence », *In La lettre du GRAPE,* 1994/16, p. 30 et s. ; A. LOUCKS, E. ZAMBLE, « Comparaison des délinquantes et des délinquants ayant commis une infraction grave », *In Forum,* 1994, Vol. 6-1, pp. 22-25 ; Comp. F. LADAME (Dir.), Adolescents et suicide, *op. cit.*, 216 p. ; H. LEHALLE, *op. cit.*, p. 193 et s.

les stades et vécus intermédiaires constitués par la place et les rôles transmis et tenus par le jeune concerné, sans oublier les moyens dont il disposait pour atteindre les buts fixés par la socio-culture dominante, sans omettre les réalités concrètes de la situation criminelle qui l'ont conduit à opter pour l'hétéro-agressivité prohibée, sans mésestimer les statut et rôles de la victime relativement aux circonstances et caractéristiques de sa victimisation.

En d'autres termes, si l'être humain ne naît pas naturellement bon, il ne naît pas davantage infracteur : il le devient. En effet, tout comportement social, cristallisé éventuellement dans un acte hétéro-agressif, dépend profondément de la richesse socio-linguistique, culturelle et communicationnelle des êtres humains : *Crimen humanum est* ! Les explications monodisciplinaires, en criminologie comme ailleurs, ne résistent donc pas à la critique de leur réductionnisme. Par conséquent, l'approche du phénomène criminel ne peut être que globale et toute analyse criminologique doit intégrer les dimensions neurophysiologiques, psychologiques et sociales de ce phénomène social. Elle doit encore justement évaluer l'acharnement des gouvernements contemporains à privilégier la Loi comme unique mode d'établissement de l'interdit au seul bénéfice du maintien de leur domination politico-sociale, provoquant ainsi la victimisation des citoyens les plus démunis [158]. L'amalgame entre valeurs fondamentales et manquements à la discipline sociale rend possible une telle manipulation dans la résolution des conflits d'ordre répressif éventuels. On ne peut en effet répondre avec précision et efficacité au caractère protéiforme des agressions pénales repérées comme telles qu'au travers d'une démarche pluraliste, associant moyens étatiques autoritaires et prise en charge

---

158. Sur la victimisation provenant du système pénal, V. not. R. CERVINI, *Los procesos de decriminalizacion*, 2è éd., 1993, Ed. Univ. LTDA, Montevideo, 227 p. ; A. CICOUREL, *The social organization of juvenile justice*, Ed. Miley, 1968, (cité *In* K. VAN METER, La sociologie, *op. cit.*, p. 749 et s.) ; E. NEUMAN, El preso victima del sistema penal, *In Eguzkilore*, n° extraordinario, 1988/1, p. 93 et s. ; G. LANDROVE-DIAZ, *Victimologia*, Ed. Tirant lo Blanch, 1990, pp. 139-150 ; Comp. B. CYRULNIK, *op. cit.*, p. 144 et s. ; du même auteur, Etiologie de la violence humaine, *In* Adolescents et placement familial, *op. cit.*, pp. 85-103.

communautaire souple et de proximité, selon la gravité des valeurs bafouées,dans un cadre de justice authentiquement restaurative [159].

A maints égards, les théories victimologiques et les théories criminologiques se rejoignent et se complètent, tout à fait logiquement si l'on considère que l'infraction et la victimisation sont les deux revers d'une même situation : un crime commis par une personne au préjudice d'une autre personne. Les recherches victimologiques récentes montrent, en effet, la proximité socio-culturelle et économique (par définition pleine de précarités) des infracteurs et des victimes, tous deux très vulnérabilisés aux plans personnel, social et sociétal. De manière plus étonnante encore, l'interchangeabilité des rôles de victime et de victimiseur semblerait caractériser certaines infractions graves contre les personnes mais aussi plus banales contre les propriétés. Souvent, les protagonistes au conflit se connaissent, d'autant mieux que la transgression est sérieuse. En ce sens, c'est au sein de la famille ou dans le cercle des proches que les crimes les plus graves sont commis, par des personnes ayant vécu une socialisation très pauvre, marquées par des déficits affectifs, cognitifs, psychologiques et socio-culturels importants. Très intéressante apparaît également l'analyse des comportements conduisant à des victimisations répétées, la victime subissant plusieurs fois la même victimisation ou ayant à souffrir de victimisations différentes, autant en ce qui concerne les infractions contre les personnes (les violences conjugales en sont le dramatique archétype) que celles contre les biens (en matière d'escroqueries ou de cambriolages, notamment). Ces infracteurs « victimisés » comme ces victimes « chroniques » [160] semblent être de plus en plus nombreux, ce que les premières recherches victimologiques apercevaient déjà, nuançant par là l'approche du phénomène criminel, dans l'endroit

---

159. V. not. La justice restaurative et les victimes, *In Les cahiers de la Justice, Revue d'études de l'ENM*, Ed. Dalloz, 2005-1, pp. 17-229 ; *La Justice restaurative*, Rapport pour le Conseil National de l'Aide aux Victimes (*CNAV*), Min. Justice, multigraph., 2007, 61 p.

160. V. en ce sens M. Baril, *L'envers du crime* (1984), Ed. L'Harmattan, Coll. Traité de sciences criminelles, Vol. 6, p. 75 et s.

comme dans l'envers du crime. Les expériences vécues par les victimes sont assez massivement traumatisantes et supposent, par conséquent, une prise en charge globale : indemnitaire certes mais surtout psychologique et sociale, dès les faits et jusqu'à leur consolidation (au-delà du procès pénal s'il le faut), par des professionnels spécialement formés à la victimologie, au(x) droit(s) des victimes et au travail en partenariat.

Ainsi crime, criminel et criminalité, pour devoir être analysés distinctement, n'en dépendent pas moins de différents niveaux d'organisation qui, de l'individu à l'espèce humaine, s'imbriquent et évoluent en perpétuelle interaction. Ainsi le crime atteste de la violation grave ou répétée d'une valeur sociale essentielle (d'un standard culturel dominant pour le moins) commise par un être humain, différent des autres humains, uniquement, par son aptitude extériorisée au passage à l'acte criminel. Une telle aptitude au passage à l'acte est soutenue par des traits psychologiques, acquis dans le cadre d'une socialisation pauvre et constellés au sein d'une personnalité structurée de manière différentielle. Il convient alors d'aborder l'acte délinquantiel ou criminel gestualisé par ces jeunes êtres humains devenus criminels en tant que comportement social différentiel.

Cette appréhension renouvelée des individus qui deviennent criminels devrait permettre d'offrir aux magistrats, aidés en cela par une équipe pluridisciplinaire compétente et disponible, un diagnostic de nature à rendre effective l'adaptation du traitement de resocialisation à la personnalité des intéressés. Plus globalement encore, par une meilleure connaissance transdisciplinaire des processus de socialisation, de consolidation de la personnalité, des mécanismes du passage à l'acte, il deviendra possible de mettre en place des programmes et de développer des actions de prévention de la criminalité circonstanciées.

Sans aucun doute, des infractions graves contre les personnes, les biens et l'autorité ont été commises par des transgresseurs présentant un véritable danger social. De graves traumatismes en sont découlés pour les victimes et leurs proches, qui nécessitent leur prise en charge par des services (policiers, judiciaires, sanitaires, sociaux et surtout d'aide aux victimes) de qualité. La réaction sociale à cette criminalité-là s'impose, avec célérité et fermeté. Sa prise en compte par le système de justice pénale semble beaucoup plus rationnelle qu'il n'y paraît, sinon pour les victimes. En effet, eu égard à leur ampleur, somme toute bien inférieure au volume habituellement appréhendé par les seules agences pénales de contrôle social, la prévention comme la répression de ces manquements gravement attentatoires aux valeurs essentielles qui animent notre société ne sont en rien inaccessibles, encore moins utopiques. Mais c'est aborder par là l'objet des sciences criminelles.

3

L'objet des sciences criminelles

La prévention et la répression du phénomène criminel sont classiquement considérées comme participant bien de l'objet (consécutif et non alternatif) des sciences criminelles. La plupart des criminalistes s'accordent ainsi à reconnaître que la répression ne doit intervenir qu'en cas d'échec patent de la prévention des comportements criminels comme de celle du crime. Ce n'est là qu'une expression de l'adage selon lequel il vaut mieux prévenir que guérir.

Au regard de la permanence du phénomène criminel et de sa constante recomposition interne (vers les infractions contre les biens de faible gravité notamment), on peut douter de l'efficacité de l'une comme de l'autre. Mais est-ce bien si étonnant que cela dans la mesure où la prévention de la criminalité (au sens large), telle qu'organisée assez récemment dans notre pays, pèche aux plans conceptuel et opérationnel. Dans le même sens, la répression, pour arrêter l'action criminelle, produit plus rarement la « guérison » du condamné concerné et encore moins celle de la victime. Cela n'est pas non plus étonnant au regard de la confusion, certainement pas inévitable, entre répression et traitement. Et de confusions en confusions, la « prévention de la récidive » [1] est communément évoquée sans sourciller ; la punition devient encore la première des préventions au plus haut niveau de l'Etat [2].

Sans abuser du sens des mots, il apparaît aujourd'hui nécessaire de bien distinguer ces deux modes d'intervention sociale dans la lutte contre le crime. Ainsi, la répression consiste à arrêter le développement de comportements répréhensibles, le traitement devant conduire à favoriser la resocialisation de leur(s) auteur(s) et la restauration des victimes. Cette distinction s'impose d'autant plus que si tous les actes contraires à la loi pénale doivent être effectivement « arrêtés », la prise en charge de leur(s) auteur(s) dans le cadre d'un « traitement » de resocialisation dépend de la gravité de la violation [3]. Il en va de même pour les victimes qui ne peuvent en aucun cas se satisfaire d'une réponse simplement répressive à leur victimisation.

Dans de telles conditions, l'objet des sciences criminelles serait triple... et non seulement double. Pour essentielle que soit cette question, il est néanmoins possible de s'accorder, à ce stade de l'analyse, sur la dualité de l'objet des sciences criminelles, à la condition de l'envisager au sens le plus large, en se rappelant que certaines composantes de cet ensemble hétéroclite sont plus ou moins orientées sur l'un et/ou l'autre de ces aspects. Il importe également de ne pas oublier que prévention et répression du phénomène criminel sont mises en œuvre à l'intérieur d'un système plus global, celui de la justice pénale principale-

1. V. par exemple *Santé, justice et dangerosité : pour une meilleure prévention de la récidive,* La Documentation française, 2005, 196 p. ; « Il y a les moyens de prévenir la récidive », www.syndicat-magistrature.org ; « Exposé des motifs » du projet de Loi pénitentiaire (juill. 2008), spé. Titre II, Chap. 2, www.justice.gouv.fr ; comp. P. LANDREVILLE, Récidive (prédiction de la), *In* G. LOPEZ, D. TZITZIS, Dictionnaire des sciences criminelles, *op. cit.*, pp. 805-808 ; V. Loi du 10 août 2007 renforçant la lutte contre la récidive, *In A.J.pén.*, Dossier, 2007-9, pp.352-371.

2. V. par ex. *In La République des Pyrénées*, 9 juin 2006, p. 3.

3. Une telle distinction apparaît par ailleurs conforme aux propositions doctrinales d'opérer une très heureuse césure entre la déclaration de culpabilité et le prononcé de la sanction, voire sa mise à exécution. V. sur ce point not. J. PRADEL, Procédure pénale, *op. cit.*, p. 799 et s. ; R. CARIO, Jeunes délinquants, *op. cit.*, p. 284 et s.

ment [4]. La Justice et les éléments qui lui permettent de poursuivre le crime « Au nom du peuple français » apparaissent alors consubstantiels de l'objet des sciences criminelles (Section 1). Ce n'est qu'après la présentation sommaire de cet ensemble que l'analyse des virtualités de l'objet des sciences criminelles pourra être envisagée (Section 2).

Section 1 – Les éléments consubstantiels de l'objet des sciences criminelles

Ces éléments consubstantiels participent à l'unité et à l'identité de l'objet des sciences criminelles. Ils sont intimement fédérés au sein du système de justice pénale qui s'est progressivement mis en place dans notre pays depuis la Révolution de 1789 (§ 1). Fondamentalement organisé par la Déclaration des Droits de l'Homme et du Citoyen, il a vocation à déterminer le crime et les modalités de la réaction sociale à ses manifestations (§ 2).

§ 1 – Le système de justice pénale, fédérateur de l'objet des sciences criminelles

Il s'agit d'un système de justice pénale en ce sens que cette dernière, au sens large, est constituée d'un ensemble d'éléments interdépendants, dont chacun joue un rôle particulier. En interaction dynamique constante, ces éléments poursuivent une même finalité, celle précisément des sciences criminelles : la lutte contre le crime, au sens large. Système ouvert sur son environnement, il se transforme au gré des variations qui affectent ses éléments prépondérants. Par conséquent, des comportements du législateur pénal, de l'autorité politique, des juges répressifs, des citoyens dépendent la légitimité et la diversité des interdits, l'efficacité de la prévention et de la répression notamment.

---

4. Sans négliger le fait que certaines formes de prévention sont encore initiées en dehors de ce système de justice pénale mais mises en œuvre en étroite symbiose avec lui. Il en va également ainsi, mais dans une moindre mesure, de la « répression » administrative.

L'œuvre de justice est ainsi, traditionnellement, de caractériser ce qui est juste, équitable. C'est la Loi qui fixe les limites de la justice distributive, en décidant des comportements à récompenser et de ceux qu'il convient de punir. Expression de la volonté générale, la Loi pénale n'est ni vraiment naturelle ni complètement positive. Elle peut être aujourd'hui considérée comme un impératif rendu rationnel par l'instrument de la représentation, dans les Etats démocratiques. Elle concilie donc la volonté du peuple et l'œuvre de la raison [5]. Ce « devoir être impératif » concourt à la recherche et à la consolidation de l'harmonie sociale. Les sciences criminelles, consacrées à la « manière d'être », ont alors un rôle fondamental à jouer, comme point de focalisation entre « l'être » et le « devoir être ».

Pour autant, un tel système de justice pénale démocratique doit respecter divers principes fondateurs et garants des droits fondamentaux et des libertés individuelles. En premier lieu, tout système de justice pénale démocratique doit être légitime, c'est à dire être issu du suffrage populaire, dans tous ses éléments. Le seul rempart au totalitarisme se construit et se consolide encore par la séparation des pouvoirs législatif, exécutif et judiciaire,

---

5. Sur ces aspects essentiels, V. not. A. JEAMMAUD, La règle de droit comme modèle, *In Recueil Dalloz-Sirey*, 1990/28, Chronique XXXIV, p. 199 et s. ; J. RAWLS, *Théorie de la justice* (1971), Ed. du Seuil, 1987, 665 p. ; du même auteur, *La justice comme équité. Une reformulation de la théorie de la justice*, Ed. La Découverte, 2008, 289 p. ; M. VAN de KERCHOVE, F. OST, *Le système juridique entre ordre et désordre*, PUF, 1988, 256 p. ; S. GOYARD-FABRE, *Les fondements de l'ordre juridique*, PUF, 1992, 416 p. ; J. BAUDOUIN, *La philosophie politique de Karl Popper*, PUF, Coll. Questions, 1994, 242 p. ; R. DWORKIN, *L'empire du droit*, PUF, Coll. Recherches politiques, 1993, 512 p. ; J.C. BECANE et M. COUDERC, *La loi*, Ed. Dalloz, 1994, 301 p. ; P. RONSANVALLON, *La nouvelle question sociale. Repenser l'Etat-providence*, Ed. Le Seuil, 1995, 226 p. ; P. RICŒUR , *Le juste*, Ed. Esprit, 1995, 223 p. ; P. ROBERT et al. (Dir.), *Normes, normes juridiques, normes pénales*, Ed. L'Harmattan, Coll. Déviance/Gern, 1997, 2 Vol., 353 et 255 p. ; D. de BECHILLON, *Qu'est-ce qu'une règle de droit,* Ed. O. Jacob, 1997, p. 165 et s. ; D. SALAS, *Le tiers pouvoir. Vers une autre justice*, Hachette littérature, Coll. Pluriel, 1998, 329 p. ; A.J. ARNAUD, M.J. FARINAS-DULCE, *Introduction à l'analyse sociologique des systèmes juridiques*, Ed. Bruylant, 1998, 378 p. ; J.L. BERGEL, *Théorie générale du droit*, Ed. Dalloz, 3è éd. 1999, 356 p.

non parfaitement réalisée dans notre pays [6]. A défaut d'indépendance des acteurs principaux du système de justice pénale, la relativité et la contingence des lois pénales et de leurs sanctions sont inévitables [7].

En second lieu, le principe de légalité oblige la loi pénale, votée par le Parlement, protecteur des libertés individuelles, à prévenir avant de punir. D'interprétation stricte et exceptionnellement rétroactive (lorsqu'elle est plus douce), elle doit être mise en œuvre au sein d'institutions judiciaires légalement créées [8]. La loi pénale doit encore répondre, lors du processus d'incrimination, aux principes de nécessité, d'intervention minimale et de proportionnalité pour garantir l'efficacité de la présomption d'innocence et du droit à la (re)socialisation auquel

---

6. En ce sens, la dépendance du judiciaire par rapport à l'exécutif est flagrante dans la mesure où le Président de la République et le Ministre de la Justice, Garde des Sceaux, participent encore de l'autorité hiérarchique supérieure de la magistrature ; dans la mesure où le Parquet est parfois lié dans les poursuites à entreprendre comme dans ses réquisitions écrites ; dans la mesure où la police judiciaire dépend du Ministère de l'Intérieur (police nationale) et/ou de la Défense (gendarmerie nationale) ; Sur ces aspects, V. not. D. ROBERT, La justice et le chaos, *op. cit.,* 347 p. ; Comp. le Rapport Truche sur *La réforme de la Justice* qui rejette l'indépendance totale du Parquet, *In Le Monde* 10 juil. 1997/10 et 12 juil. 1997/8 ; Y. CHARPENEL, *Les rendez-vous de la politique pénale. Concilier devoir de justice et exigence de sécurité*, Ed. A. Colin, Coll. Sociétales, 2006, 320 p. ; C. LAZERGES (Dir.), *Figures du parquet*, PUF, Coll. Les voies du droit, 2006, 275 p. ; P. MILBURN, D. SALAS, *Les procureurs de la République : de la compétence personnelle à l'identité collective*, 2007, Mission de recherche Droit et justice, multigraph., www.gip-recherche-justice.fr ; J.P. JEAN, Le système pénal, *op. cit.*, p. 38 et s.

7. V. en ce sens, Principes fondamentaux relatifs à l'indépendance de la magistrature, *Résolution O.N.U.*, *A.G.*/40/146 du 13 déc. 1985 ; V. Résolution *ECOSOC*, 89/60 du 20 mai 1989 relative aux Procédures pour l'application effective de ces principes ; V. également Justice Pénale et droits de l'Homme, *In' R.I.D.P.*, Vol. 63/1992, p. 505 et s. ; *Recomm. R(94)12* sur L'indépendance, l'efficacité et le rôle des juges, Pub. Conseil de l'Europe, 1995, 28 p. ; *Recomm. R(95)12* sur La gestion de la justice pénale, Pub. Conseil de l'Europe, 1996, 59 p.

8. V. Art. 8 *D.D.H.C.*, art. 4 ancien *C.P.*, art. 111-3 *C.P.* ; sur ces différents points, V. not. B. BOULOC, Droit pénal général, *op. cit.*, p. 99 et s. not. ; V. J. DECAMPS, *La présomption d'innocence : entre vérité et culpabilité*, Presses Univ. du Septentrion, Coll. Thèse à la carte, 2000, 577 p.

tout condamné doit pouvoir prétendre [9]. Dans de telles conditions, il n'est pas sûr que le constat assez unanime du déclin de la loi (au sens formel) soit si inéluctable. La (re)découverte de « nouvelles » sources du droit pénal semble au contraire attester d'un renforcement du rôle de la loi, principalement au travers des sources constitutionnelles et internationales. Au niveau régional, par exemple, les arrêts rendus par la Cour Européenne des Droits de l'Homme renforcent cette autorité formelle de la loi en déclarant comme constitutives de la « matière pénale » (au sens de l'article 6 de la C.E.D.H.) des dispositions ou institutions situées hors ou à côté du champ pénal, en tout cas peu respectueuses des principes fondamentaux précités [10].

En dernier lieu et principalement, l'accès au système de justice pénale doit être libre, gratuit et égal pour tous. Ce qui suppose que l'exercice de la Justice soit et demeure une mission de service public, dans toutes ses modalités de fonctionnement et d'intervention [11]. Il convient de souligner, à cet égard, que la réaction sociale ne doit pas inutilement perturber l'équilibre

---

9. V. not. Décis. 93-334 DC du 20 janv. 1994, *J.O.* du 26, p. 1380 ; V. dans le même sens, G. CANIVET, *Amélioration du contrôle extérieur des établissements pénitentiaires*, Rapport au Garde des Sceaux, La Doc. Française, Coll. des Rapports officiels, 2000, 263 p. ; C.N. ROBERT, L'abolition, *In* Collectif octobre 2001 (Dir.), *Comment sanctionner le crime*, Ed. Erès, Coll. Trajets, 2002, pp. 35-50 ; Comp., sur ces aspects, *Nouvelles stratégies sociales et système de justice pénale*, Actes 19è Conf. de Rech. Criminologiques (1990), Pub. Conseil de l'Europe, 1994/XXIX, 119 p.

10. V. not. M. DELMAS-MARTY, *Les grands systèmes de politique criminelle*, PUF, Coll. Thémis, 1992, p. 32 et s. ; du même auteur, Réflexions sur la matière pénale, *In* C. LAZERGES, L'enseignement des sciences criminelles aujourd'hui, *op. cit.,* p. 15 et s. ; J.F. RENUCCI, *Traité de droit européen des droits de l'homme*, L.G.D.J., 2007, 1135 p.

11. Sur la privatisation des établissements pénitentiaires, qui prennent en charge aussi bien des prévenus (présumés innocents) que des condamnés, V. F. BOULAN (Dir.), *Les prisons dites « privées ». Une solution à la crise pénitentiaire ?*, Ed. Economica, 1987, 228 p. ; Comp. Gestion public-privé des prisons : premier bilan, *In Justice*, 1992/133, p. 10 et s. ; P.M. THIBAULT, *Le défi des prisons « privées »*, Ed. Albin Michel, 1995, 221 p. ; M. MCMAHON, La répression comme entreprise : quelques tendances récentes en matière de privatisation et de justice criminelle, *op. cit.*, pp. 103-118 ; P. LAFARGE (Dir.), *Etablissements pénitentiaires à gestion mixte*, Ed. Pédone, 1997, 79 p. ; V. *Supra* Rapports parlementaires sur les prisons françaises cités, Chap. 1.

psycho-social, souvent précaire, de ceux qu'elle entend prendre en charge. Toute aggravation ou extension non justifiée des handicaps déjà accumulés par les infracteurs ou par les victimes serait en effet paradoxale et intolérable.

Tous ces principes caractérisent bien, lorsqu'ils sont mis en œuvre cumulativement, un système de justice pénale démocratique. Plus globalement, ils sont garants de l'instauration et de la permanence d'un Etat de droit [12]. Le chemin pour y parvenir est assez souvent parsemé d'embûches de tous ordres. Les pays qui sont sur le point de l'atteindre doivent encore aplanir quelques difficultés et éviter, surtout, l'écueil de la transplantation brutale et sans partage de règles (substantielles comme formelles) appartenant à des corps juridiques étrangers. La greffe de la modernité ne constitue pas la panacée universelle. En ce sens et par exemple, l'inflation pénale (législative ou réglementaire) [13], caractéristique des sociétés contemporaines, altère très fortement l'autorité des incriminations. Elle provient, sans aucun doute, davantage du désintérêt que des incertitudes à établir clairement quelles valeurs fondamentales doivent être aujourd'hui pénalement protégées.

§ 2 – Le crime, catalyseur de l'objet des sciences criminelles

En ce domaine des sciences criminelles, la loi pénale doit évacuer l'incertitude en formulant un choix conforme au Bien commun [14]. Pour devoir répondre aux caractéristiques de généralité, d'impersonnalité et de permanence, la loi pénale doit surtout définir le crime. En d'autres termes, elle doit énoncer, clairement, les raisons pour lesquelles tel comportement est interdit. A défaut, le pouvoir de sanctionner les conduites

---

12. V. J. CHEVALLIER, *L'Etat de droit*, Ed. Montchrestien, Coll. Clefs-politique, 1993, 160 p.

13. Comp. sur cet aspect, F.J. PANSIER, *La peine et le droit*, PUF, Coll. Que sais-je ?, 1994-2837, 127 p., qui reprend la pertinente formule consacrée par le Conseil d'Etat de « diarrhée législative », p. 34 et 121.

14. V. en ce sens G. BURDEAU, Loi, *In Encyclopaedia Universalis*, Vol. 13, p. 992 et s.

considérées comme criminelles risquerait de devenir relatif, contingent, soumis davantage à la conjoncture politique qu'aux nécessités de protéger les valeurs fondamentales de la société des êtres humains.

Or, il n'est pas de définition universelle du crime. Pas davantage de la victime [15] ! Pas davantage de la sanction [16] ! A la sécheresse de l'approche juridique répondent des propositions d'origines disciplinaires diverses, ayant en commun leur imprécision. Pourtant, les atteintes aux valeurs sociales essentielles sont susceptibles d'être assez nettement identifiées, pour peu que l'on se dote d'instruments rationnels.

A – Le crime. Définition(s)

D'opinion commune ou encyclopédique, le crime paraît être constitué par tout acte portant atteinte plus ou moins gravement aux valeurs du groupe auquel on appartient, aussi bien à l'égard des personnes que des biens et de l'autorité publique.

Pour les pénalistes, le crime correspond à l'une des trois catégories d'infractions que les lois punissent de peines criminelles. Plus généralement et selon l'article 111-1 du Code pénal, les infractions pénales sont classées, suivant leur gravité, en crimes, délits et contraventions [17]. C'est donc l'importance de la sanction qui permet de considérer qu'il existe des actes de gravité variable, sans définition supplémentaire permettant de les distinguer mieux. Il est néanmoins possible de trouver chez les pénalistes une définition technique de l'infraction, considérée

---

15. V. « Victime », *In* G. Lopez, S. Tzitzis (Dir.), *Dictionnaire des sciences criminelles*, Ed. Dalloz, 2004, pp. 957-959.

16. V. not. R. Cario, Justice restaurative, *op. cit.*, p. 14.

17. V. art. 111-2 et 3, 131-1 et s. C.P. ; Comp. art. 1 ancien C.P., 381 et 521 C.P.P. ; V. également Circ. 14 mai 1993, publiée *In Code pénal*, Ed. Dalloz, 1994-95, p. 230 et s. ; V. sur ce point, F. Desportes et F. Le Gunehec, *Droit pénal général*, Ed. Economica, 15ème éd. 2008, p. 67 et s. ; J.H. Robert, La classification tripartite des infractions selon le nouveau Code pénal, *In* Rev. *Droit pénal*, 1995/1, pp. 1-3.

comme une action ou omission de nature à troubler l'ordre social [18].

Pour la plupart des criminologues, le crime est un acte qui offense les états forts et définis de la conscience collective et détermine la réaction de la société par le prononcé d'une sanction [19]. Pour d'autres criminologues, le crime n'est qu'un comportement prohibé et sanctionné par les lois telles qu'elles existent à un moment donné, dans une société donnée [20]. Pour d'autres encore, le crime n'est que l'expression d'une règle, parmi d'autres, destinée à asservir davantage les dominés, à renforcer sans cesse et corrélativement le pouvoir en place. Le crime n'existe donc pas [21]. Quant aux victimologues de la Justice restaurative, le crime est principalement une atteinte aux interrelations entre des personnes, avant même d'être une atteinte à l'Etat incriminateur [22].

Plus pertinemment, Sigmund FREUD avait souligné que si le crime est interdit par la loi, c'est aussi ce dont elle s'origine. Aujourd'hui, beaucoup de psychanalystes envisagent le crime comme une rupture du lien affectif, de l'attachement, entre des êtres humains [23].

---

18. V. not. P. BOUZAT et J. PINATEL, *Traité de droit pénal et de criminologie*, Ed. Dalloz, 1970, Tome I, n° 63 ; Comp. A.C. DANA, *Essai sur la notion d'infraction pénale*, L.G.D.J., 1982, 118 p. ; J. PRADEL, *Droit pénal général*, Ed. Cujas, 16è éd., 2006, p. 18 et s. ; Y. MAYAUD, *Droit pénal général*, PUF, Coll. Droit fondamental, 2004, p. 238 et s. ; J.C. CROCQ, *Le guide des infractions*, Ed. Dalloz, 9è éd. 2008, p. 2 et s.

19. V. not. E. DURKHEIM, Les règles de la méthode sociologique, *op. cit.*, p. 66 ; du même auteur, *De la division du travail social* (1893), PUF, Coll. Quadrige, 3è éd., 1994, p. 35 et s., 125 et s. ; J. PINATEL, Le phénomène criminel, *op. cit.*, p. 38 et s. ; Comp. R. GASSIN, Criminologie, *op. cit.*, p. 38 et s.

20. V. not. M. KILLIAS, *Criminologie*, Ed. Staempfli et Cie, Berne, 1991, p. 341 et s. ; L. HULSMAN et J. BERNAT de CELIS, *op. cit.*, p. 67 et s.

21. V. N. CHRISTIE, Between civility and state, *In* V. RUGGIERO and al. (Eds), *The new european criminology. Crime and social order in Europe*, Routledge Ed., 1998, pp. 119-124.

22. V. not. H. ZEHR, *The little book of restorative justice*, Good Books pub., 2002, 72 p. ; R. CARIO, Justice restaurative, *op. cit.*, p. 56 et s.

23. V. not. *Totem et tabou* (1913), Ed. Payot, 1965, Petite bibliothèque, 243 p. ; V. également J. LACAN, Motifs du crime paranoïaque : le crime des

On pourrait aussi considérer, à partir des travaux de neurophysiologie des comportements humains, que le crime – pour être repéré comme illégitime socialement – constitue une action efficace sur l'environnement de nature à permettre le maintien en équilibre de l'organisme de celui qui le commet (ou de ceux du groupe auquel il appartient).

Dans le même esprit, quelques philosophes considèrent que la violence, cristallisée dans le crime, est la conséquence de la rivalité mimétique qui oppose, depuis toujours, les êtres humains entre eux. René GIRARD le précise en ces termes : « Dès que nous désirons ce que désire un être proche de nous dans le temps et dans l'espace, c'est le même objet qui nous attire tous les deux et la rivalité est inévitable » [24].

Cette incertitude, ou plus exactement cette multitude de définitions, se trouve naturellement aggravée par l'inflation pénale qui caractérise la politique criminelle actuelle. Le catalogue des infractions est en effet très diversifié et le quantum des peines (déterminant la catégorie pénale de référence du comportement) mouvant. Entre 'tabou' et 'situation-problème' [25], le crime n'a jamais cessé d'évoluer de l'anormalité à la normalité et inversement... Mais est-ce si étonnant que cela ? Ne pourrait-on pas considérer, avec Georges CANGUILHEM, que « l'anormal, logiquement second, est existentiellement premier » [26] ? Ne pour-

---

sœurs Papin, *In Le minotaure*, 1993/3 ; M. BROUSSE-DELANOË et J. MILLER, Le criminel et son crime, *In L'Ane*, 1983/8, p. 36 et s. ; C. CHERKI-NICKLES, M. DUBEC, Crimes et sentiments, *op. cit.* 280 p. ; B. CYRULNIK, *Les nourritures affectives*, Ed. O. Jacob, 1993, p. 143 et s.

24. Pourquoi la violence ?, *In* P. DUMOUCHEL (Dir.), Violences, victimes et vengeances, *op. cit.*, pp. 13-30 ; R. GIRARD, La violence et le sacré (*op. cit.*, 534 p.), *Le bouc émissaire* (Ed. Grasset, 1982, Coll. Pluriel, 315 p.), *Et je vois Satan tomber comme l'éclair* (Ed. Grasset, 1999, 300 p.) ; V. également M.L. MARTINEZ, Victime et œuvre de justice : éclairages de l'anthropologie relationnelle, *In* R. CARIO (Dir.), *Victimes : du traumatisme à la restauration*, Ed. L'Harmattan, Coll. Sc. criminelles, 2002, pp. 305-344.

25. V. L. HULSMAN, J. BERNAT de CELIS, *op. cit.*, p. 109 et s. ; Comp. M. FOUCAULT, *In* F. RINGELHEIM (Dir.), *Punir mon beau souci. Pour une raison pénale*, Rev. Univ. Bruxelles, 1984, p. 43.

26. V. G. CANGUILHEM, *Le normal et le pathologique* (1966), PUF, Coll. Quadrige, 3è éd. 1991, p. 59 ; V. également M. DELMAS-MARTY, Normes et

rait-on pas admettre que dans de telles conditions le crime est nécessaire, voire utile [27] socialement, en ce sens qu'il oblige les acteurs de la politique criminelle à adapter la prévention et la répression au fur et à mesure de ses manifestations (habituelles ou, surtout, nouvelles) ? L'agressivité, dans le même esprit, ne serait-elle pas créatrice [28] ? En cela le crime précède la loi, en cela le crime participe au progrès et à la consolidation des droits fondamentaux, des libertés individuelles et des devoirs du citoyen à l'égard du groupe auquel il appartient. L'évolution socio-culturelle que connaissent nos sociétés, principalement depuis deux siècles, dans le domaine d'intervention des sciences criminelles, permet alors de mesurer la relativité et, de plus en plus souvent, le caractère artificiel du concept même de crime, sa dépendance par rapport à la politique criminelle dominante. Un élément fédérateur s'impose néanmoins avec force : le crime atteste bien d'un *conflit* entre un ou plusieurs individus et/ou groupe(s) d'individus [29].

Sans doute que de telles réflexions procèdent de simplifications extrêmes, eu égard à la complexité de la matière analysée. Pour l'heure et dans le cadre de cette introduction aux sciences criminelles, il convient de reconnaître que c'est le critère légal de l'infraction qui prévaut en sciences criminelles, pour le moins quant à la réaction sociale au(x) conflit(s) que cristallisent les infractions commises. Plus précisément, ne peuvent être sanctionnés que les comportements légalement établis aujourd'hui au rang d'infraction. Les crimes sont, en ce sens, passibles

---

droit. Repères pour une mise en conformité, *In Prospective et santé*, n° 40, 1986/87, p. 71 et s.

27. V. E. DURKHEIM, Les règles de la méthode sociologique, *op. cit.*, p. 64 et s.

28. V. B. CYRULNIK, Les nourritures affectives, *op. cit.*, Chap. IV, La violence qui détruit serait-elle créatrice ?, p. 109 et s. ; N. ROULAND, *op. cit.*, p. 301 ; P. JEAMMET, L'acte de violence, *In Les cahiers de l'I.P.C.*, 1985/2 ; J. BERGERET, La violence et sa prévention chez l'enfant et chez l'adolescent, *In* P. TAP, H. MALEWSKA-PEYRE, Marginalités et troubles de la socialisation, *op. cit.*, pp. 201-222.

29. M. BENASAYAG, A. del REY, *Eloge du conflit*, Ed. La Découverte, 2007, 228 p.

d'une peine principale de réclusion criminelle (de dix ans à perpétuité) [30] ; les délits sont punis d'une peine d'emprisonnement de dix ans maximum (voire davantage au cas de récidive) [31], ou d'amende, de jours-amende, de travail d'intérêt général ; les contraventions [32] d'une peine d'amende (de 20 000 F maximum) ou d'une peine privative ou restrictive de droits [33].

Mais nous voilà revenus au point de départ ! Comment considérer au sein d'un groupe social donné que telle ou telle atteinte à telle ou telle valeur mérite d'être criminalisée ? Pour sortir de cette approche à la limite de la tautologie, consistant à renvoyer soit à l'incrimination soit à la sanction la définition de l'une et l'autre des facettes de la règle juridico-pénale, il peut être fait référence aux propositions de Mireille DELMAS-MARTY, établies comme critères de la (dé)pénalisation.

B – Le crime, atteinte aux valeurs sociales essentielles

Tout acte ayant vocation à devenir, ou à demeurer, infraction devrait être lu, ou relu, au travers d'une « grille de décision » structurée autour des deux principes de justice et d'utilité, assor-

---

30. V. art. 131-1 *C.P.* qui institue la peine de trente ans et fixe le minimum de la réclusion criminelle à dix ans.

31. Ainsi, en matière de récidive correctionnelle, la peine d'emprisonnement peut être doublée. V. art. 132-9 et s. *C.P.* ; L'application des circonstances atténuantes prévues à l'ancien art. 469 (supprimé par le *C.P.*) produisait le déclassement d'une peine criminelle de réclusion/détention en emprisonnement correctionnel.

32. V. art. 131-12 *C.P.* qui ôte très opportunément au pouvoir exécutif la faculté d'assortir les contraventions de 4ème et 5ème classes d'une peine privative de liberté.

33. Sur la palette des sanctions à la disposition des magistrats, sanctions susceptibles d'être prononcées à titre principal ou complémentaire, V. *Infra*, § 2, B ; V. B. BOULOC, *Pénologie*, Ed. Dalloz, Coll. Précis, 3è éd. 2005, 508 p. ; B. LAVIELLE, M. JANAS, X. LAMEYRE, *Le guide des peines. Personnes physiques et morales. Prononcé/Exécution. Application/Extinction*, Ed. Dalloz, 4è éd. 2008, 1 022 p.

tis eux-mêmes et respectivement des indicateurs de proportionnalité d'une part, d'effectivité et d'efficacité, de l'autre [34].

Le principe de justice, principalement, pourrait être opérationnalisé par la mise en œuvre de l'indicateur de proportionnalité. Chaque fois qu'un comportement, individuel ou collectif, pose problème au groupe social, une triple série d'interrogations doit être résolue pour déterminer la nécessité d'une pénalisation. Quelle est, tout d'abord, la valeur en cause ? Selon qu'il s'agira d'une valeur protégée par la Constitution ou un texte international, d'une valeur protégée par la loi (au sens large) ou d'une valeur ordinaire, il y aura lieu, ou non, d'incriminer pénalement le comportement subséquent.

Quels sont, ensuite, les caractères de la faute à considérer ? Selon qu'il s'agira d'une faute intentionnelle, d'une imprudence ou d'une simple faute matérielle d'inobservation des règlements, il y aura lieu, ou non, de rechercher la responsabilité *pénale* de son auteur.

De quelle nature et ampleur, enfin, est le dommage social susceptible d'être causé ? Selon qu'il s'agira d'une atteinte effective à la valeur à protéger, d'une mise en danger sérieuse ou d'une simple menace, il y aura lieu, ou non, à sanction pénale.

Si la confrontation au principe de justice ne permet pas d'affirmer nettement qu'il s'agit d'un comportement volontaire por-

---

34. V. M. DELMAS-MARTY, Pour des principes directeurs de législation pénale, *In Rev. Sc. Crim.*, 1985/2, p. 225 et s. ; Sur l'opérationnalité du modèle, comp. du même auteur, Les conditions de rationalité d'une dépénalisation partielle en droit pénal de l'entreprise, *In Bilan et perspectives du droit pénal de l'entreprise*, Ed. Economica, 1989, p. 189 et s. ; pour une approche plus globale, V. également du même auteur, Les grands systèmes de politique criminelle, *op. cit.*, p. 286 et s. ; Comp. M. VAN de KERCHOVE, Symbolisme et instrumentalité. Stratégies de pénalisation et de dépénalisation dans une société pluraliste, *In* Punir mon beau souci, *op. cit.*, p. 123 et s. ; P. LASCOUSMES, P. PONCELA, Intérêts à protéger et classification des infractions, *In* F. GERARD, F. OST, M. VAN de KERCHOVE, *Droit et intérêt*, Pub. Fac. Univ. St Louis, Bruxelles, 1990, Vol. 3, pp. 55-81 ; *Recomm. R(87)*18 sur 'La simplification de la justice pénale', Pub. Conseil de l'Europe, 1988, 37 p. ; R. CERVINI, Los procesos de decriminalización, *op. cit.*, p. 57 et s. ; M. CUSSON, Criminologie actuelle, *op. cit.*, p. 150 et s.

tant gravement atteinte à une valeur considérée comme essentielle, le principe d'utilité pourra intervenir à titre subsidiaire. La question à résoudre est alors de savoir si l'incrimination envisagée promet de devenir effective et efficace.

L'effectivité supposée de l'incrimination du comportement litigieux passe par la capacité du système de justice pénale à absorber les conséquences s'y rattachant : en personnels et matériels [35]. L'efficacité de l'incrimination se mesure, quant à elle, au regard : 1°) de son instrumentalité (à éliminer, intimider, resocialiser ou réparer) ; 2°) de ses vertus symboliques (à apaiser socialement) et 3°) pédagogique (à obtenir des citoyens la reconnaissance et le respect de cette valeur sociale essentielle).

En procédant à une telle évaluation, de manière cumulative ou complémentaire, le comportement problématique est susceptible d'être caractérisé comme de nature à troubler effectivement l'harmonie sociale ou comme l'expression d'un simple manquement à la discipline sociale. Dans le premier cas, l'intervention pénale doit s'imposer ; dans le second, elle doit être repoussée au profit d'autres modes, moins contraignants, de régulation des conflits [36]. Dans de telles conditions, on peut croire, comme

---

35. Sur l'effectivité, en général, des décisions de justice, V. Travaux de l'Association Henri Capitant, Tome XXXVII/1985, Ed. Economica, et not. pour ce qui touche au Droit pénal, la contribution de M. PUECH, p. 85 et s. ; M. ROBERT, La justice pénale et le contentieux de masse, *In* Délinquances quotidiennes, *Les Cahiers de la sécurité intérieure,* 1996-23, pp. 68-85 ; Inspection générale des services judiciaires, *L'effectivité de l'exécution des sanctions pénales*, multigraph., justice.gouv.fr ; J.L. WARSMANN, *Les peines alternatives à la détention, les modalités d'exécution des courtes peines, la préparation des détenus à la sortie de prison*, Rapport au Garde des Sceaux, pub. La Documentation française, 2003, 89 p.

36. V. not. Les problèmes juridiques et pratiques posés par la différence entre le droit criminel et le droit administratif-pénal, *In R.I.D.P.*, Vol. 59/1988, p. 15 et s. ; J.J. de BRESSON, Inflation des lois pénales et législations ou réglementations techniques, *In R.S.C.,* 1985-2, pp. 241-258 ; V. également M. DELMAS-MARTY, C. TEITGEN-COLLY, *op. cit.,* p. 59 et s. ; Comp. sur la « réalité » des valeurs, C. DEBUYST, *Modèle éthologique et criminologie,* Ed. Mardaga, 1985, p. 69, 155 et s. ; V. également J. FAGET, *Justice et travail social. Le rhizome pénal*, Ed. Erès, Coll. Trajet, 1992, 208 p. ; G. GIUDICELLI-DELAGE, *Droit pénal des affaires*, Ed. Dalloz, Coll. Mémentos, 6è éd. 2006, p. 18 et s.

l'avait souligné MONTESQUIEU, que c'est de la « bonté des lois criminelles que dépend principalement la liberté du citoyen » [37]. Une telle démarche rationnelle, soucieuse de tous les protagonistes au conflit (transgresseur, victime, société), semble, par ailleurs, pouvoir s'harmoniser avec le critère de la positivité du crime, objet de la criminologie. En ce sens, pour qu'un fait soit qualifié crime, il doit répondre à trois conditions : une condition historique (avoir été incriminé tout au long de l'histoire) ; une condition psycho-sociologique (être considéré comme attentatoire aux valeurs du groupe concerné par la majorité de ses membres) ; une condition clinique (être vécu comme tel par son auteur) [38]. Il doit en conséquence être fait appel, sans aucun doute, à la loi positive, légalement exprimée, mais aussi à la coutume, assez généralement intégrée aujourd'hui dans la loi pénale.

En résumé, *le crime (au sens large des sciences criminelles) se matérialise par une atteinte à une valeur établie comme fondamentale pour la pérennité humaine, culturelle et sociale des membres du groupe au sein duquel le conflit a ainsi émergé* [39]. L'objet des sciences criminelles, contenu par un système démocratique de justice pénale, délimité par la règle de droit pénal, doit en conséquence se cristalliser sur la prévention et, au besoin, sur la répression des infractions à de telles valeurs essentielles. Tous les crimes et les délits d'une certaine gravité (accompagnés de violence, d'abus d'autorité, de mise en danger délibérée, notamment) actuellement prévus et punis par la loi pénale sont constitutifs de cet objet. La prise en charge réglementaire des incivilités (délits mineurs et contraventions), très fortement majoritaires parmi les 40 000 incriminations disponibles, gagnerait alors à être « communautarisée », aux « confins du droit » pénal [40], voire au-delà du droit pénal. A bien y regar-

---

37. De l'esprit des lois (1748), *op. cit.*, Tome 1, p. 328.

38. V. en ce sens, J. PINATEL, Criminologie et Science pénitentiaire, *op. cit.*, polycop., 1988, p. 11.

39. V. *Infra*, La philosophie criminelle, Chap. 4, Sect. 1.

40. V. not. N. ROULAND, *Aux confins du Droit*, Ed. O. Jacob, 1991, 318 p. ; V. également *Rev. Sciences Humaines*, 1992/17, p. 32 et s. ; A. GARAPON et D. SALAS, La République pénalisée, *op. cit.*, p. 99 et s.

der, c'est ce vers quoi tend, virtuellement, l'objet des sciences criminelles au seuil du troisième millénaire.

Section 2 – Les virtualités de l'objet des sciences criminelles

Pour être contenu en puissance dans tous les discours comme dans la plupart des pratiques, l'objet des sciences criminelles n'apparaît en réalité qu'imparfaitement comme ce qu'il devrait être. La Justice se confond aujourd'hui avec l'Etat. La réaction sociale au phénomène criminel est donc mise en œuvre par des institutions publiques, avec le concours de plus en plus fréquent du secteur associatif, plus exceptionnellement du secteur privé.

Sans s'étendre sur cette néanmoins intéressante question de philosophie criminelle, il est nécessaire de rappeler que le droit de punir est discuté depuis l'Antiquité. Platon, notamment, voyait dans le châtiment un moyen de rétablir à la fois l'équilibre de la cité et l'équilibre intérieur du coupable ainsi qu'un moment pour lui apprendre encore à ne plus répéter le crime. Malgré ces propositions très modernes, les sociétés théologico-politiques, qui se sont succédé au cours des deux précédents millénaires, privilégient une réaction sociale vindicative. Le condamné doit expier sa faute par la rétribution, divine principalement, l'infraction commise portant atteinte à un précepte divin. La rationalisation du droit pénal a conduit, ensuite, à fonder le droit de punir sur la défense des coutumes, pour les uns, sur la nécessité de soulager les émotions suscitées par le crime, pour d'autres, sur la protection des intérêts des classes sociales dominantes, pour d'autres enfin.

Plus généralement, la justification du droit de punir procède de la philosophie, dans la mesure où elle met en cause la nature de l'être humain, les fondements du droit et l'autonomie du politique [41]. C'est dire la difficulté à organiser avec cohérence la

---

41. V. en ce sens, G. BURDEAU, *op. cit.*, p. 994 ; V. *Infra*, Contenu des sciences criminelles, Chap. 4 ; V. également P. PONCELA, Droit de punir et pouvoir de punir : une problématique pour l'Etat, *In Archives de Philosophie du droit*, 1983/28, Philosophie pénale, p. 123 et s. ; G. COURTOIS, La ven-

réaction sociale au phénomène criminel. On peut tenter de soutenir néanmoins que si la valeur violée par l'infracteur a été préalablement incriminée pénalement conformément au principe de justice (voire d'utilité) précédemment présenté(s), force doit rester à la loi [42].

C'est en ce sens que la réaction sociale au phénomène criminel est mise en œuvre au nom du peuple français, dans une double perspective. Les virtualités de l'objet des sciences criminelles se manifestent actuellement, en effet, au travers de la prévention du phénomène criminel (§ 1) d'une part et, en cas d'échec de celle-ci, de la répression et/ou du traitement (§ 2) des intéressés, de l'autre.

§ 1 – La prévention du phénomène criminel

La prévention du phénomène criminel constitue, en toute logique, l'objet premier des sciences criminelles. Le concept de prévention comme ceux d'action/opération de prévention du crime ou des comportements criminels recouvrent plusieurs acceptions dans la doctrine contemporaine. Il importe donc d'en bien cerner la signification avant d'en mesurer les différentes modalités et les politiques qui s'ensuivent.

A – La prévention du phénomène criminel. Notion(s)

Prévenir le phénomène criminel, c'est aller au-devant des activités considérées comme criminelles en vue de les empêcher. C'est alors avertir par avance que tel ou tel comportement est nuisible à l'harmonie sociale et pas simplement contraire à la discipline sociale. C'est encore agir sur les risques sociaux et individuels d'émergence et de consolidation des comportements

---

geance chez Aristote et Senèque à la lumière de l'anthropologie juridique, *ibid.*, p. 29 et s. ; J. PARAIN-VIAL, Peut-on trouver un fondement au droit de punir ?, *In* F. RINGELHEIM (Dir.), Punir mon beau souci, *op. cit.*, p. 61 et s.

42. Comp. M. WEBER qui soulignait que l'Etat détient « le monopole de la contrainte physique légitime », cité par P. FAYON, *In Arch. Politique Crim.*, 1992/14, p. 12.

criminels. C'est aussi informer que le crime dépend étroitement des occasions (plus ou moins ouvertes et fréquentes) de le perpétrer [43].

De nombreuses études scientifiques ont pertinemment mis en évidence la pluralité d'appréciations du concept, des stratégies et modalités d'intervention, de l'efficacité des actions entreprises, sans toujours nettement distinguer la prévention des comportements criminels de celle du crime. A cet égard, le « modèle anglo-saxon » de 'prévention de la criminalité' (*criminality prevention*) se distingue du « modèle français » de 'prévention de la criminalité' (ou de la 'délinquance'). Le premier est assez étroitement dirigé vers la prévention des comportements criminels, le second plus généralement orienté vers la prévention des facteurs sociaux généraux susceptibles d'inférer sur la commission de crimes potentiels. Néanmoins et concomitamment à ces politiques de prévention de la « criminalité » (au sens large), l'un et l'autre modèle tentent encore de prévenir le

---

43. V. not. D. SZABO, La prévention : concepts et stratégie, *In Rev. Sc. Crim.*, 1984/4, p. 685 et s. ; L. WALGRAVE et F. de CAUTER, Une tentative de clarification de la notion de prévention, *In Annales de Vaucresson*, 1986/24-1, p. 31 et s. ; A.M. FAVARD, Participation communautaire et prévention de la délinquance, *In Sauvegarde de l'enfance*, 1991/46-1, p. 82 et s. ; H. BERKMOËS et G.L. BOURDOUX, La prévention de la criminalité. Introduction, *In R.D.P.C.*, 1986, pp. 733-782 ; P. ROBERT (Dir.), *Les politiques de prévention de la délinquance à l'aune de la recherche. Bilan international*, Ed. L'Harmattan, 1991, et not. p. 13 et s. ; R. GASSIN, Criminologie, *op. cit.*, p. 717 et s. ; du même auteur, La notion de prévention de la criminalité, *In La prévention de la criminalité en milieu urbain*, Presses Univ. d'Aix-Marseille, 1992, p. 21 et s. ; K. PEASE, Crime reduction, *In* M. MAGUIRE and al., The Oxford handbook of criminology, *op. cit.*, 3rd ed., pp. 947-979 ; A. CRAWFORD, Crime prevention and community safety, *In* M. MAGUIRE and al., *op. cit.*, 4th ed., pp. 866-909 ; P. HEBBERECHT et F. SACK, *La prévention de la délinquance en Europe. Nouvelles stratégies,* Ed. L'Harmattan, 1997, p. 7 et s. ; V. *Recommandation R(83)7* adoptée le 23 juin 1983 par le Comité des Ministres du Conseil de l'Europe sur « La participation du public à la politique criminelle » et *R(87)19* du 17 sept. 1987 sur « La prévention de la criminalité » ; M. CUSSON, *Prévenir la délinquance. Les méthodes efficaces*, PUF, Coll. Criminalité internationale, 2002, 220 p.

crime en agissant directement, en situation, sur ses conditions d'émergence et de réalisation (*crime prevention*) [44].

L'inconvénient de cette double orientation est non seulement sémantique (la 'criminalité' désignant selon les systèmes soit le comportement criminel soit l'ensemble du phénomène criminel ; le 'crime' désignant l'ensemble des actes criminels qualifié ailleurs de 'criminalité'), mais encore méthodologique par la confusion opérée, principalement en France, entre les trois niveaux d'interprétation que sont le niveau de la criminalité (constitué par l'ensemble des infractions réalisées en un lieu donné), le niveau du criminel (constitué par l'auteur de l'acte analysé au plan individuel) et le niveau du crime (constitué par l'acte délictueux lui-même au travers du passage à l'acte, épisode ayant un commencement et une fin). La complexité du phénomène observé n'autorise pas que l'on sacrifie trop la description de ses divers aspects, préalablement à son interprétation globale et intégrée [45].

Au-delà de ces particularismes conceptuels et opérationnels notables, il existe pourtant bien un certain nombre d'invariants, assez indépendants des modalités de prévention susceptibles d'être développées. De tels traits communs, si l'on préfère, sont en tout cas de nature à caractériser globalement ce que devrait être une action/opération de prévention du crime comme des comportements criminels. Les six questionnements suivants permettent d'en fixer les contours : pourquoi ? Quand ? Où ? Pour qui ? Par qui ? Comment ? La démarche proposée pourra paraître inhabituelle en la matière mais elle offre l'avantage de situer l'observation au-dessus des partis pris.

---

44. Sur ces aspects, V. not. P. HEBBERECHT et F. SACK, *op. cit.*, p. 29 et s. ; P. EKBLOM, Vingt années de Revue Déviance et société, *In D.S.*, 1997-1, p. 54.

45. V. J. PINATEL, *La criminologie*, Ed. SPES, 1979, p. 98 et s. ; A.M. FAVARD, R. OTTENHOF, La connaissance de la criminalité urbaine, condition préalable à la mise en œuvre des politiques de prévention, *In La prévention de la criminalité en milieu urbain*, Pub. ISPEC/Presses Univ. Aix-Marseille, 1992, pp. 185-196 ; pour un exemple typique de confusion entre les niveaux, V. *La prévention de la criminalité urbaine*, Ed. Conseil de l'Europe, 2002, 57 p.

Pourquoi ? La prévention (au sens large de la prévention du phénomène criminel dans sa double dimension individuelle et factuelle) s'impose pour deux séries de raisons primordiales. C'est tout d'abord une question de justice pénale. En ce sens, la réponse pénale classique ou moderne est un échec, parce que assez exclusivement orientée vers la seule répression de l'infracteur. Une telle réponse apparaît bien inadaptée si on l'évalue au taux de récidive judiciaire ou pénitentiaire, assez généralement supérieur à 50% dans le second cas [46]. C'est ensuite une question de justice sociale. Le constat précédemment établi de la sur-représentation des citoyens défavorisés parmi les condamnés en atteste. Les intéressés ont effectivement vécu une socialisation (*lato sensu*) très anormalement pauvre. Ils ont au surplus fait l'objet d'une sélection négative tout au long du processus pénal. Au regard de ce double constat, il importe donc d'éviter que les citoyens les plus démunis soient contraints à la transgression et maintenus dans la délinquance.

Quand ? La prévention doit être précoce, intervenir avant même que les occasions à développer des comportements prohibés légalement ne soient saisies. Elle doit également s'inscrire avant même que les opportunités criminelles ainsi offertes soient considérées comme autant d'actions efficaces sur l'environnement.

Où ? La prévention doit se situer au niveau local parce que les actions d'envergure nationale (ou simplement régionale) non relayées localement sont sans impact réel sur les différents des-

---

46. V. sur cette question essentielle, not. B. BOULOC, Le récidivisme, *In R.S.C.*, 1983, p. 199 et s. ; P. TOURNIER et A. KENSEY, Le retour en prison, Aspects diachroniques, Pub. SCERI, 1991, 95 p. ; C. FAUGERON et J.M. LE BOULAIRE, Quelques remarques à propos de la récidive, Pub. CESDIP, 1992/65, 26 p. ; La récidive, *In Forum*, Ottawa, 1993/5-3, p. 7 et s. ; A. KENSEY et P. TOURNIER, *Libération sans retour ?*, Pub. Min. Justice, 1994, multigraph., 137 p. ; S. PORTELLI, *Traité de démagogie appliquée. Sarkosy, la récidive et nous*, Ed. Michalon, Coll. Régénération, 2006, p. 79 et s. ; Pour patente que soit actuellement l'inefficacité de la prévention pénale spéciale, elle ne doit pas conduire pour autant à la remise en cause, *ipso facto,* de l'utilité d'une prise en charge individualisée en matière pénale. L'échec du traitement de resocialisation provient, précisément, de l'incohérence de sa mise en œuvre ; V. *Infra*, § 2.

tinataires. La ville, susceptible d'évoluer de l'agglomération au quartier, semble être le lieu privilégié d'intervention. Pour autant, une articulation effective entre organes déconcentrés et institutions décentralisées est indispensable.

Pour qui ? La prévention doit préférentiellement viser la population juvénile, plus précisément encore le couple enfant(s)-parent(s). Les statistiques de criminalité (au sens large) indiquent en effet la sur-représentation des infracteurs âgés de moins de 25 ans. Par conséquent, plus tôt il sera agi sur les processus de socialisation (défaillants par hypothèse) des enfants, adolescents et jeunes adultes, plus tôt seront susceptibles d'être acquises les attitudes de conformité à la vie sociale. Et l'émergence de ces différents handicaps ne sera efficacement jugulée qu'en remontant à leurs racines.

Par qui ? La prévention peut être mise en œuvre par des acteurs institutionnels (secteurs public, associatif, voire privé) et par les acteurs de la société civile bénévoles. Cependant, la participation de ces divers acteurs à la prévention du phénomène criminel ne peut s'envisager qu'à une triple série de conditions : 1°) nécessité d'une coordination externe aux intervenants (financeurs comme exécutants) ; 2°) nécessité d'un encadrement des acteurs de terrain par des professionnels du travail social ; 3°) nécessité d'une formation minimale des bénévoles et des professionnels étrangers au travail social.

Comment ? La prévention doit être recherchée par le biais d'actions individuelles ou collectives de nature non coercitive sur l'environnement immédiat ou plus global des personnes ou du site sélectionné(es). De telles actions portant sur des objectifs ciblés doivent être menées avec perspicacité, opiniâtreté certes, mais surtout avec méthode et rigueur.

B – La prévention du phénomène criminel. Modalités

La doctrine recense traditionnellement trois formes principales de prévention de la « criminalité » et/ou du crime. La prévention peut ainsi être de nature pénale, ou sociale ou situationnelle. Ces trois modalités doivent être nettement distinguées quand bien même leur objectif est commun (éviter l'émergence des comportements humains agressifs) ; quand bien même les modalités empruntées pour y parvenir sont voisines (actions sur les infracteurs potentiels et/ou sur les victimes potentielles et/ou sur leur environnement respectif).

La prévention pénale

Elle repose sur la crainte, pour tout citoyen, de devoir subir la sanction attachée à la violation d'un interdit. La prévention générale, pour avoir l'ambition d'intimider collectivement par la menace de la sanction, ne s'accompagne d'aucune autre mesure concrète que l'instrumentalisation des condamnés. Le caractère artificiel de nombre d'interdits ne permet pas davantage de croire au consensus social à les incriminer, condition essentielle néanmoins de leur respect... donc de leur force dissuasive.

Quant à la prévention spéciale, elle intervient par définition après la commission de l'infraction : soit elle neutralise les condamnés pour un temps plus ou moins long ; soit elle poursuit, au contraire, leur resocialisation. Si elle a finalement le mérite de tenter de prévenir la réitération des comportements criminels, elle demeure coercitive. Que l'exécution de certaines sanctions (comme notamment le travail d'intérêt général) s'ouvre sur la communauté sociale n'y change rien : elles demeurent des peines appliquées à un individu particulier [47].

La prévention sociale

Elle vise à modifier les conditions défavorables affectant le contexte socio-économique d'où sont issus les infracteurs. Fondées sur l'observation de l'existence de relations entre conditions sociales et phénomène criminel, les actions entreprises ont

---

47. Comp. M. CUSSON, *Le contrôle social du crime,* PUF, 1983, 342 p. ; A. ORTOLLAND, *Comment prévenir le crime,* Ed. L'Harmattan, 1988, 204 p. ; V. R. CARIO, *La peine de mort au seuil du troisième millénaire,* Ed. Erès, 1993, not. pp. 123-140 ; M. CUSSON, Criminologie actuelle, *op. cit.*, p. 137 et s. ; C.N. ROBERT, L'abolition, *In* Collectif octobre 2001 (Dir.), Comment sanctionner le crime ?, *op. cit*, pp. 35-50.

vocation à améliorer l'environnement socio-culturel des infracteurs potentiels, à limiter en d'autres termes les risques de comportements criminels. La prévention sociale ambitionne de s'attaquer aux racines mêmes de l'antisocialité provenant d'exclusions diverses en évoluant sur un triple registre.

En premier lieu, la prévention sociale primaire agit sur les facteurs sociologiques généraux de bien-être social (politiques de santé publique, de logement, d'emploi, d'éducation et de formation professionnelle, d'intégration pluri-culturelle, des loisirs, notamment).

En second lieu, la prévention sociale secondaire intervient davantage sur les facteurs psycho-sociologiques individuels, principalement à l'intérieur des familles (lieu privilégié de socialisation), en vue de combattre les échecs – affectifs, éducatifs, scolaires... – que sont susceptibles de rencontrer les enfants et adolescents.

En troisième lieu, la prévention sociale tertiaire est réservée au traitement individualisé, par des professionnels, d'enfants ou d'adolescents en conflit ouvert avec leur milieu social (d'origine, occasionnel voire choisi) ou un groupe social plus élargi. En toute rigueur, ces conflits ne devraient pas être de nature pénale, auquel cas la prévention sociale tertiaire se confondrait avec la prévention pénale spéciale. Il doit donc s'agir de comportements de déviance ou d'inadaptation, sauf à observer qu'un nombre très élevé de ces « situations posant problème au groupe social » sont aujourd'hui abusivement criminalisées.

La prévention situationnelle

Elle a pour objet de limiter, autant que possible, les occasions de commettre des infractions de manière individuelle, dans le cadre de groupe(s) ou de réseau(x) divers. Par la combinaison de diverses mesures, elle va modifier les situations considérées comme criminogènes et éclater, autant que faire se peut, toute velléité d'organisation criminelle dans une triple perspective : rendre de plus en plus compliquée la commission matérielle des infractions ; augmenter de plus en plus les risques d'être pris ; réduire de plus en plus les profits escomptés.

En aménageant, tout d'abord, le territoire concerné (ville ou quartier) aux plans urbanistique, architectonique, social, culturel, éducatif et ludique par exemple [48].

En favorisant, ensuite, la protection des cibles victimologiques (dispositifs de sécurité agréés, antivols, marquages des objets de valeur...).

En responsabilisant, encore, la communauté sociale dans son ensemble au risque criminel, en termes : 1°) de précautions à prendre pour soi-même et autrui ; 2°) de sensibilisation à ne pas exacerber la convoitise ; 3°) de report aux autorités compétentes des infractions rencontrées ou subies ; 4°) de participation (directe ou indirecte) à la (re)socialisation des condamnés ; 5°) de communication et de convivialité communautaires renouvelées ; 6°) d'irrigation en socialité des quartiers par des services publics de proximité, plus généralement [49].

En assurant, enfin et pour l'essentiel, une surveillance du territoire, dans le respect des droits individuels certes mais de manière régulière, générale ou adaptée aux spécificités du lieu, des habitudes et/ou des habitants [50].

---

48. A l'opposé des « gated cities » qui fleurissent un peu partout dans le monde ; V. not. E.J. BLAKESLY, M. GAIL SNYDER (Eds), *Fortress America : gated communities in the United States*, Brookings Institution Press, new ed. 1999, 208 p. ; R. LE GOIX, Communautés fermées, www.hypergeo.eu ; G. GLASZE, C. WEBSTER, F. KLAUS (Eds), *Private cities : global and local perspectives*, Routledge Ed., Coll. Studies on human geography, 2005, 242 p. ; P. KREMER, Le boom des résidences closes. A l'abri derrière les grilles, *In Le Monde 2*, 28 nov. 2005, pp. 26-30.

49. V. not. la très pertinente enquête effectuée par A. PERCHERON et coll. sur les attitudes des français témoins d'infractions et de délits ainsi que sur celles des citoyens face à l'Etat et face à la loi, *In Les Cahiers de la Sécurité Intérieure*, 1990/1, p. 32 et s.

50. Ces différentes actions de prévention situationnelle, d'origine britannique ou américaine, sont bien connues en termes de *defensible space,* de *target hardening,* de *neighbourhood watch,* de *eyes in the street.* V. sur ces aspects, J. JACOBS, *The life and death of great american cities,* Randow House Press, New York, 1961, 468 p. ; O. NEWMAN, *Defensible space : people and design in the violent city. Crime prevention through urban design*, Architectural Press, London, 1973, 264 p. ; A. PEYREFITTE (Dir.), *Réponses à la violence*, Ed. Presses Pocket, 1977, Vol. 2, p. 157 et s. ; D. SZABO, *op. cit.* (1978), et réf. citées ; R.V. CLARKE and P. MAYHEW, *Designing out crime*, HMSO pub., London, 1980/17, 186 p. ; J.Q. WILSON, G.L. KELLING, Broken windows, *In*

En résumé, la prévention de la « criminalité » (au sens précis des comportements criminels) commande de privilégier la prévention sociale secondaire (encore dénommée prévention psychosociale précoce ou développementale [51]), celle du crime la prévention situationnelle, en totale complémentarité avec les autres modalités de prévention précitées, dans le cadre d'une stratégie globale et intégrée.

Tableau 7 – Prévention des comportements criminels et prévention du crime
Criminality prevention and crime prevention

Prévention sociale Primaire	Consolidation du bien-être social général
Prévention sociale Secondaire	Prévention des comportements criminels *ou Criminality prevention*
Prévention sociale Tertiaire	Traitement et prévention de la déviance
Prévention Pénale Spéciale	Traitement et lutte contre la récidive
Prévention Situationnelle Prévention Pénale Générale	Prévention du crime *ou Crime prevention*

The Atlantic monthly, 1982, pp. 29-38 (trad. *In* Les cahiers de la sécurité intérieure, 1994-15, pp. 163-180) ; M. CUSSON, *Croissance et décroissance du crime*, PUF, Coll. Sociologies, 1990, p. 73 et s. ; du même auteur, L'analyse criminologique et la prévention situationnelle, *In R.I.C.P.T.*, Vol. XLV, 1992/2, pp. 137-149 ; R.V. CLARKE, Les technologies de la prévention situationnelle, *In Cahiers de la Sécurité Intérieure*, 1995/21, pp. 101-113 ; J. de CALAN, La prévention situationnelle en Angleterre : fondements, pratiques et enjeux, *Ibid.*, pp. 143-157 ; R. GASSIN, Les relations entre la prévention situationnelle et le contrôle de la criminalité, *In R.I.C.P.T.*, 1996/3, pp. 259-271 ; M. CUSSON, Criminologie actuelle, *op. cit.*, p. 167 et s. ; Prévenir la délinquance, *op. cit.*, p. 38 et s. ; V. LEVAN, La prévention situationnelle de l'habitat social : lettre d'amérique, *In Questions pénales*, 2005-XVIII-5, 4 p. ; F. BONNET, De l'analyse économique du crime aux nouvelles criminologies anglosaxonnes ? Les origines théoriques des politiques pénales contemporaines, *In Dév. Soc.*, 2006-30-2, pp. 137-154 ; M. CUSSON, Comment prévenir ? Les techniques et les méthodes de la prévention situationnelle, *In* M. CUSSON et al. (Dir.), Traité de sécurité intérieure, *op. cit.*, pp. 413-428.

51. V. not. S. CARBONNEAU, Prévention développementale, *In* G. LOPEZ, S. TZITZIS (Dir.), Dictionnaire des sciences criminelles, *op. cit.*, pp. 739-745 ; R. CARIO, *La prévention précoce des comportements criminels. Stigmatisation ou bientraitance sociale ?*, Ed. L'Harmattan, Coll. Controverses, 2004, 108 p.

Il importe en effet de maîtriser le mieux possible l'émergence de tous risques susceptibles de consolider la formation de comportements criminels, comme de tous risques susceptibles d'offrir des circonstances matérielles et environnementales favorables à leur mise en œuvre. Pour autant, il faut bien garder à l'esprit que ces modalités de prévention emportent parfois des effets pervers : glissement des aides dynamiques à la prévention vers un assistanat socio-culturel routinier ; stigmatisation accentuée des populations-cibles, voire même déclenchement généralisé de la méfiance d'autrui ; restrictions arbitraires des libertés individuelles par un quadrillage systématique de l'espace social (par les services de police ou les agences privées de sécurité, par les organismes sociaux d'intervention publics ou associatifs) ; réticences voire hostilité du citoyen/financeur au regard du coût *a priori* élevé de la prévention du phénomène criminel, généralement supérieur à celui occasionné par les actes de vandalisme eux-mêmes ; déplacement des cibles victimo-logiques vers des territoires moins organisés contre le crime...

Il convient en conséquence d'améliorer la crédibilité des acteurs professionnels en associant la base aux orientations prises et en resituant toujours les actions et interventions dans un contexte scientifique objectif [52]. Il convient aussi de mesurer exactement les difficultés de mise en œuvre des actions de prévention eu égard à la complexité sociale et humaine du phénomène : ne pas mésestimer les coûts, avancer prudemment mais sûrement [53], ne pas surestimer les résultats. Il convient encore de bien étayer les projets, de développer leur exécution avec méthode et rigueur, de les évaluer systématiquement et complètement. Il convient surtout de mettre en place, le plus précocement possible, les interventions psychosociales destinées à pré-

52. V. sur les potentialités ainsi offertes de professionnalisation du criminologue notamment, Profession criminologue, *op. cit.*, p. 93 et s. ; sur l'évaluation en général, V. not. A.M. FAVARD, *Eod. loc.*, p. 121 et s. ; L'évaluation en pratique, *In Le nouveau marcadet*, 1994/25-26, p. 3 et s. ; P. ROBERT, Evaluer la prévention, *In Arch. Pol. Crim.*, 1994-16, pp. 53-70.

53. Comp. D. SZABO qui croit davantage à la politique des « petits pas » plu tôt qu'aux programmes présentés comme des « panacées », *op. cit.*, p. 700.

venir les comportements criminels. Et si *nothing works* [54], c'est peut-être parce que, finalement, les stratégies préventives adoptées (offensives ou défensives) ne sont pas des « stratégies de changement social continuel » [55]. A défaut de prévention radicale, c'est à dire retournant à la racine des problèmes à traiter, l'harmonie sociale risque d'être perturbée sans cesse par les atteintes criminelles aux valeurs sociales fondatrices de la cohésion et de la pérennité humaines. Très concrètement, notre pays a commencé à mettre en place des politiques de prévention d'ampleur au début des années 80. Mais les évaluations du « modèle français » [56] soulignent qu'à défaut de s'attaquer précisément aux racines des exclusions, les souffrances qui en résultent risquent de se cristalliser en des conflits intersubjectifs graves.

C – La prévention du phénomène criminel. Politiques

Pour produire des effets tangibles, palpables, la prévention doit pouvoir se dégager des contingences conjoncturelles qui affectent profondément son authenticité, principalement : fort roulement des politiques locales, des partenaires locaux ou nationaux, des orientations générales de la politique criminelle (étroitement dépendantes des priorités budgétaires), alternances politiques. La France connaît néanmoins un développement assez remarquable de la prévention de la criminalité (au sens large) ou de la délinquance (entendue au sens hexagonal des expressions tout au long des développements qui vont suivre).

---

54. Expression fameuse empruntée à R. MARTINSON, What works ? Questions and answers about prison reform, *In The public interest*, 1974/35, p. 22 et s. ; Comp. néanmoins les propositions de modélisation globalisante de la prévention de la criminalité présentées par A.M. FAVARD (recentration sur le niveau du crime, *op. cit.*, p. 93 et s.), R. GASSIN (typologie tridimensionnelle, *op. cit.*, p. 765 et s.), L. WALGRAVE et F. de CAUTER (prévention radicale), *op. cit.*, p. 45 et s.

55. L. WALGRAVE et F. de CAUTER, *Eod loc.*, p. 48.

56 .V. J. DONZELOT (Dir.), *Face à l'exclusion : le modèle français*, Ed. Esprit, 1991, 227 p. ; Comp. G. di MARINO, La nouvelle politique française de prévention de la criminalité urbaine, *In La Semaine Juridique*, 1991/46, 3535, p. 343.

De manière assez sensible, l'approche du phénomène criminel est globalisée, pertinemment, avec celle des différentes sortes d'exclusions. Il n'empêche que les inégalités demeurent toujours aussi criantes. Se pose alors la question essentielle de savoir si, d'un bout à l'autre de leur mise en œuvre, les actions/opérations de prévention sont correctement évaluées.

Sans risque trop grand d'erreur, il est traditionnel de considérer les travaux de l'Ecole de Chicago comme fondateurs de la prévention scientifiquement organisée de la criminalité, *latissimo sensu* [57]. Principalement dirigés vers les populations juvéniles, ces programmes n'ont, semble-t-il, pas comblé tous les espoirs placés en eux par leurs promoteurs [58]. Mais comment mesurer précisément les effets de la prévention, par définition invisibles à l'observation quand ils sont positifs [59] ? S'attarder, à l'inverse, sur la seule courbe de la délinquance, en croissance régulière, pour en fustiger les imperfections est aussi délicat. Il n'est pas excessif de remarquer que l'histoire de la prévention du phénomène criminel se résume à ces deux banalités dans les discours dominants, assez généralement réductionnistes.

La prévention précoce

Pourtant, des expériences nord-américaines, scientifiquement évaluées, d'interventions psychosociales précoces sont porteuses d'effets positifs, très certainement à l'égard des bénéficiaires, mais encore de la société civile toute entière. Des économies substantielles sont en effet susceptibles d'être réalisées

---

57. V. not. J. FAGET. Justice et travail social, *op. cit.*, p. 111 et s. ; Y. GRAFMEYER et I. JOSEPH, *L'école de Chicago. Naissance de l'écologie urbaine*, Ed. Aubier, 1984-1990, 378 p. ; C. DEBUYST, F. DIGNEFFE, A. PIRES, Histoire des savoirs sur le crime et la peine, *op. cit.*, Vol. 3, p. 311 et s.

58. V. R. GASSIN, Criminologie, *op. cit.*, p. 717 et s.

59. V. en ce sens G. BONNEMAISON, Préface à *La prévention de la criminalité en milieu urbain*, Presses Univ. Aix-Marseille, 1992, p. 11 ; J.M. DELARUE, *La relégation*, Rapport au Ministre d'Etat, Ministre de la Ville et de l'Aménagement du territoire, 1991, multigraph., p. 10 ; D. DUPREZ, M. HEDLI, *Le mal des banlieues? Sentiment d'insécurité et crise identitaire*, Ed. L'Harmattan, Coll. Logiques sociales, 1992, p. 190 et s.

dans la proportion de sept euros pour un euro investi dans la prévention précoce. A la manière du fameux *Perry Preschool Program,* les Etats-Unis, le Canada et le Royaume-Uni, principalement, mettent en place, avec succès, des interventions ciblées destinées à prévenir les comportements antisociaux, de la naissance jusqu'à l'adolescence, dans tous les lieux où des risques existent, par la réduction des facteurs de risques et/ou le renforcement des facteurs de protection [60]. De tels programmes sont timidement installés en France et presque toujours ponctuels dans la mesure où l'accent est davantage mis sur les actions de prévention sociale ou situationnelle. Mais surtout, au-delà de la confusion des genres, le défaut d'approche transdisciplinaire globale – et s'inscrivant dans la durée – de la prévention (scientifiquement diagnostiquée, traitée et évaluée) alimente ici l'impression d'échec donc d'inutilité, voire de nocivité, souvent relevée par la doctrine. Impossible à circonscrire et à circonvenir dans sa totalité, elle agace fortement les acteurs ou les ob-

---

60. Sur ces multiples programmes, V. L.J. SCHWEINHART, H.V. BARNES, D.P. WEIKART, *Significant benefits. The High/Scope Perry Preschool Study Through Age 27,* The High/Scope Press, Michigan, 1993, p. XVIII ; J. MCCORD, R. TREMBLAY (Eds), *Preventing deviant behavior. Interventions from birth through adolescence,* The Guilford Press, 1992, 391 p. ; D. UTTING, *Reducing criminality among young people : a sample of relevant programmes in the United Kingdom,* Pub. Home Office, Research Study 161, 1997, 104 p. ; P.W. GREENWOOD, K.E. MODEL, C.P. RYDEL, J. CHIESA, *Diverting children from a life of crime. Measuring costs and benefits,* Rand Ed., Criminal justice, 1996, p. 15 et s. ; P. BAUDRY et al., Souffrances et violences à l'adolescence, *op. cit.*, p. 152 et s. ; D. FARRINGTON, B.C. WELSH, What works in preventing crime ?, *In The Annals*, 2001-578, pp. 8-173 ; F. VITARO, C. GAGNON (Dir.), *Prévention des problèmes d'adaptation chez les enfants et les adolescents,* Tome I, Les problèmes internalisés, Tome II, Les problèmes externalisés, Presses de l'Université du Québec, 2000, 535 et 616 p. ; R. CARIO, La prévention précoce, *op. cit.*, p. 45 et s. ; M. DUGNAT (Dir.), *Prévention précoce, parentalité et périnatalité,* Ed. Erès, 2004, 253 p. ; S. SCHNEIDER, *Refocusing crime prevention*, Univ. Toronto Press, 2007, 359 p. ; R. TREMBLAY, *Prévenir la violence dès la petite enfance*, Ed. O. Jacob, 2008, 269 p. ; Pas de 0 de conduite (Le collectif), *Enfants turbulents : l'enfer est-il pavé de bonnes préventions* ?, Ed. Erès, 2008, 303 p. ; *Recommandation R(00)20* sur *Le rôle de l'intervention psychosociale précoce sur la prévention des comportements criminels*, 2001, 57 p.

servateurs pressés de la politique criminelle [61]. A tort bien souvent. Car à y regarder de plus près, la sensibilisation des pouvoirs publics comme des citoyens à la prévention de la criminalité (au sens large) se poursuit, lentement mais sûrement.

La prévention spécialisée

La prévention de la 'criminalité' s'est développée en France à la fin des années soixante, au travers, tout d'abord, des Clubs et Equipes de Prévention [62]. Soucieux de favoriser la resocialisation des milieux fortement marginalisés, un Arrêté du 4 juillet 1972 instituait la prévention spécialisée. Par des relations interpersonnelles affectives et désintéressées, les travailleurs sociaux tentent à la fois une promotion du milieu par lui-même et des jeunes pris individuellement, afin de leur permettre de s'approprier les règles sociales élémentaires ainsi que la maîtrise de leur histoire. De multiples activités sont ainsi développées dans le cadre des C.E.P. dont les missions ont longtemps souffert de trois principaux handicaps : la formation monodisciplinaire des éducateurs et des bénévoles, la difficulté d'un travail suivi au sein d'une équipe, les budgets trop étriqués [63].

L'aggravation des crises économiques qui se succèdent depuis le début des années soixante-dix a principalement provoqué des déplacements de population vers les pôles urbains et la relégation des plus démunis à la périphérie des villes. La désagrégation du tissu social était inéluctable et, parallèlement à l'augmentation des faits constatés de délinquance, un sentiment d'insécurité se consolidait, fortement médiatisés l'une comme l'autre. C'est alors qu'à l'initiative d'Alain PEYREFITTE fut créé un

---

61. V. X. RAUFFER, *Le cimetière des utopies*, Ed. Suger, 1985, 249 p. ; M.L. RASSAT, Pour une politique anticriminelle du bon sens, *op. cit.*, 204 p. ; G. di MARINO, *op. cit.*, p. 343 et s.

62. V. not. A. PEYREFITTE (Dir.), Réponses à la violence, *op. cit.*, Vol. 2, p. 387 et s. ; V. PEYRE, M. JACQUEY, *Les clubs de prévention*, Ed. Cujas, 1965, 172 p.

63. V. not. R. GASSIN, *op. cit.*, p. 719 et s. ; P. ROBERT, J.M. RENOUARD, *In La prévention de la délinquance à l'aune de la recherche*, Ed. L'Harmattan, 1991, p. 192.

Comité d'étude sur la violence, la criminalité et la délinquance [64]. Des 105 Recommandations formulées découle le premier essai de prévention rationnelle contre le phénomène criminel.

Les Conseils de prévention de la délinquance

Un réseau de Comités (National et Départementaux) de prévention de la violence et de la criminalité est institué alors par le Décret du 28 février 1978. Sa mise en place et ses missions furent reconsidérées immédiatement après le changement politique de mai 1981. Devant le malaise croissant des banlieues (empruntant parfois des formes explosives d'expression comme, par exemple, aux « Minguettes », à Vénissieux, durant l'été 1981), une Commission des Maires, présidée par Gilbert BONNEMAISON, établit l'année suivante un rapport exprimant, face à la délinquance, la nécessité de réponses préventives et répressives mais encore de solidarité [65]. Deux autres initiatives sont concurremment entreprises, l'une sur l'insertion sociale et professionnelle des enfants et adolescents, l'autre sur la rénovation des quartiers [66]. Le Décret du 8 juin 1983 va imposer dorénavant aux préfets d'installer des Comités départementaux de prévention de la délinquance (C.D.P.D.) et encourager les maires à la mise en place de Comités communaux (C.C.P.D.), les uns et les autres regroupés sous l'autorité du Conseil national de prévention de la délinquance (C.N.P.D.).

Une triple perspective anime ces comités locaux : établir un bilan des actions de prévention développées ; déterminer les

---

64. V. Rapport du comité présidé par A. PEYREFITTE, Réponses à la violence, *op. cit.*, not. Vol. 1, p. 218 et s.

65. *Face à la délinquance, prévention, répression et solidarité*, Commission des maires sur la sécurité (Rapport au Premier Ministre), La Documentation française, 1982, 212 p. ; V. également J. FLOCH, La participation des habitants : vers la citoyenneté par la solidarité, *In Rev. Administration*, 1991/152, pp. 113-115.

66. J.M. DELARUE, *Banlieues en difficulté : la relégation*, Ed. Syros Alternatives, 1991, p. 6 et s. ; J. FAGET, *op. cit.*, p. 105 et s. ; J.P. GAUDIN, *Les nouvelles politiques urbaines*, PUF, Coll. Que sais-je ?, 1993/2839, p. 75 et s.

objectifs à poursuivre en fixant les contributions de l'Etat ; assurer le suivi des actions décidées en commun. La dynamique de ces comités de prévention repose, en premier lieu, sur le partenariat local, dont la prise en compte constitue un inestimable progrès (associer aux élus locaux les représentants de l'administration, d'associations, des personnes qualifiées...) mais, en même temps, un frein à leur efficacité (consensus compromis par le nombre souvent élevé de participants, notamment). Cette politique participative des C.C.P.D. comme des C.D.P.D. [67] privilégie, en second lieu, la contractualisation des programmes de développement social urbain, au travers, principalement, des contrats d'action de prévention (C.A.P.) [68].

Conclu pour une durée de trois ans, le C.A.P. a pour objet de favoriser la réalisation, en commun (Etat, Département, communes et autres partenaires), des programmes de prévention de la 'criminalité'. Fondé sur un diagnostic local de sécurité (normalement établi par des organismes de recherche indépendants) [69], les partenaires au contrat, installés au plus près des habitants et des quartiers, élaborent les actions de prévention sélectionnées. Après avoir été soumis à l'aval du C.C.P.D. (en assemblée plénière) et adopté par le Conseil Municipal, le contrat est signé par le Préfet du Département (qui s'est entouré lui-même d'informations et d'avis divers).

---

67. Dont la composition a été modifiée par le D. du ler avril 1992 adjoignant un second poste de Vice-président au Président du Conseil général à celui déjà occupé par le Procureur de la République ; V. Conseils communaux de prévention de la délinquance : observation de leur mise en place et de leur fonctionnement, évaluation de leurs effets, Pub. *E.R.P.C./C.E.P.S.*, multigraph., 1987, 152 p. ; Comp. P. ESTEBE, Police, justice et politiques locales : de l'antagonisme au contrat. Un bilan des Conseils communaux de prévention de la délinquance, *In Les cahiers de la sécurité intérieure,* 1994/16, p. 25 et s.

68. Institués par la *Circulaire* du 27 février 1985 ; Sur ces aspects, V. M. MARCUS, Un outil pour la politique criminelle, *In Rev. Sc. Crim.*, 1984/1, p. 47 et s. ; C. LAZERGES, La prévention réhabilitée, *In Rev. Sc. Crim.*, 1990/ 1, Chron. de Défense sociale, p. 178 et s. ; sur la production sociale des C.C.P.D., V. J. FAGET, *op. cit.*, p. 125 et s.

69. V. par ex. C. LAZERGES, Méthodes et instruments utilisés par les organismes de prévention de la délinquance en France, *In* La prévention de la criminalité en milieu urbain, *op. cit.*, p. 199 et s.

Les actions de prévention, suivies par le préfet et le C.C.P.D. ont été priorisées par l'Etat dans une Circulaire du 23 décembre 1992 [70] et reprises, récemment et de manière mieux ciblée, dans les contrats de ville du XIè Plan : consolider la génération adulte dans ses responsabilités d'éducation ; prévenir les toxicomanies ; prédire et réduire les récidives ; assurer la sécurité des lieux sensibles. Des évaluations scientifiques des contrats d'actions de prévention ont été effectuées, soulignant toutes leur assez évidente pertinence [71].

En 1997, de nouveaux contrats locaux de sécurité voient le jour [72]. Ils se substituent aux C.A.P., embrassant un spectre plus large, pas forcément plus pertinent : la sécurité, pas seulement la prévention [73]. Parmi tous les dispositifs existants (ou qui se sont superposés), le C.L.S. est le premier à comporter un volet explicitement consacré aux victimes. Une évaluation des premiers contrats a eu lieu, rompant ainsi avec bonheur une tradition d'hostilité de l'ensemble des praticiens de la prévention du phénomène criminel et, plus largement, des exclusions sociales [74]. Il en découle, précisément, que l'élaboration de

---

70. Complétant elle-même une première *Circulaire* du 17 août 1990.

71. V. pour des exemples précis de C.A.P., C. LAZERGES, *op. cit.*, Rev. Sc. crim., p. 653 et s. ; Comp. le bilan dressé par G. di MARINO qui pratique l'amalgame avec « optimisme », *op. cit.*, p. 346 et s. ; P. ROBERT (Dir.), Les politiques de prévention de la délinquance, *op. cit.*, p. 194 et s. ; J. FAGET, Justice et travail social, *op. cit.*, p. 105 et s.

72. V. *Circ.* 28 oct. 1997, *J.O.* du 30, p. et *Circ.* 7 juin 1999 ; *Guide pratique pour les contrats locaux de sécurité*, I.H.E.S.I./La Documentation française, 1998.

73. V. en ce sens le travail de clarification effectué par le Conseil de sécurité intérieure (C.S.I.) en 1998 (8 juin) et 1999 (27 janv. et 19 avr.) not. ; Comp. F. DIEU, Politiques publiques de sécurité, *op. cit.*, 254 p. ; J.P. GARNIER, *Le nouvel ordre local. Gouverner la violence*, Ed. L'Harmattan, 1999, 182 p. ; Sur la « Politique judiciaire de la ville », V. le Rapport publié en 1999 par le Min. Justice, multigraph., 66 p.

74. V. *Evaluation des 117 premiers C.L.S.*, Rapport de la Cellule C.L.S.-Justice, multigraph., 2000, 24 p. plus Annexes ; En juillet 2002, 600 contrats avaient été signés, V. CLS-Info, *op. cit.*, 2002-12 ; V. N. CHAMBON, Une démarche pragmatique pour amorcer une culture de l'évaluation en France, multigraph., 2001, crime-prevention-intl.org ; T. LE GOFF, Réformer la sécurité par la coproduction : action ou rhétorique ?, *In* S. ROCHE (Dir.), *Réformer la*

véritables politiques locales demeure inachevée et, surtout, que les dispositifs mis en place contribuent simplement à redistribuer les rôles et les tâches entre les partenaires habituels, autour d'une remobilisation sensible des services de l'Etat [75].

Les dispositions récentes tentent de s'inscrire dans une telle stratégie qui n'a jusqu'alors produit qu'un traditionnel changement d'étiquettes. Le Décret du 17 juillet 2002, relatif aux dispositifs territoriaux de sécurité et de coopération pour la prévention et la lutte contre la délinquance, a créé quatre nouvelles instances : les Conseils locaux de sécurité et de prévention de la délinquance (CLSPD), le Conseil départemental de prévention (CDP), le Conseil parisien de sécurité et de prévention de la délinquance et la Conférence départementale de sécurité (CDS). Le CLSPD, dorénavant placé sous l'autorité du maire, devient le lieu unique d'élaboration, de suivi et d'évaluation du contrat local de sécurité [76]. Les conseillers participent à leur élabora-

---

police et la sécurité. Les nouvelles tendances en Europe et aux Etats-Unis, Ed. O. Jacob, 2004, pp. 81-104.

75. V. not. S. ROCHE, Prévention et répression en France : transformation de l'action publique dans les villes (1975-1999), *In R.I.C.P.T.S.*, 1999-4, pp. 387-413 ; C. GORGEON, P. ESTEBE, H. LEON, De la prévention sociale à la tranquillité publique. Glissement sémantique et renouveau de l'action publique, *In Les cahiers de la sécurité intérieure*, 2000-39, pp. 223-241 ; *La prévention de la criminalité urbaine. Un guide pour les pouvoirs locaux*, Pub. Conseil de l'Europe, 2002, 51 p. ; M.C. DESDEVISES, L'évaluation des actions de prévention de la délinquance dans le cadre de la politique de la ville, *In* RICPT, 2005-1, pp. 25-40 ; *Prévenir la délinquance en milieu urbain et auprès des jeunes. Recueil international de pratiques inspirantes*, pub. Centre international pour la prévention de la délinquance, crime-prevention-intl.org.

76. V. not. R. GASSIN, La réforme des dispositifs territoriaux de prévention par le Décret du 17 juillet 2002 et l'évolution de la politique de prévention de la délinquance, *In Rev. Pénitentiaire et de dr. pénal*, 2004-2, pp. 447-474 ; M.G. BARRA, P. BRUSTON, E. LENOIR (Dir.), *Politique de la ville et prévention de la délinquance,* Les éd. de la DIV, 2004, 312 p. ; G. CHEVALIER, *sociologie critique de la politique de la ville*, Ed. L'Harmattan, Coll. Questions contemporaines, 2005, 256 p. ; Comp. J. DONZELOT, C. MEVEL, A. WYVEKENS, *Faire société. La politique de la ville aux Etats-Unis et en France*, Ed. Le Seuil, Coll. La couleur des idées, 2003, 384 p. ; J. DONZELOT, A. WYVEKENS, *La magistrature sociale : enquêtes sur les politiques locales de sécurité*, La Doc. Française, 2004, 250 p. ; J. DONZELOT, La politique de la ville vue des Etats-Unis, *In Sc. humaines*, 2004-46, Hors série, pp. 76-81.

tion, mise en œuvre et évaluation. Un Conseil départemental de la prévention est également créé, dont la mission essentielle sera de mobiliser les services de l'Etat [77]. Le Décret du 23 juillet 2007 rend le dispositif obligatoire dans les communes de plus de dix mille habitants.

La politique de la ville

Un nouveau pas fut franchi en 1988 avec la création du Conseil National des villes (C.N.V.), du Comité interministériel des villes (C.I.V.) et de la Délégation à la ville et au développement social urbain (D.I.V.), rassemblés, en 1990, au sein d'un Ministère de la ville [78]. Au premier (C.N.V.) revient l'élaboration de la politique urbaine. Au second (C.I.V.) la définition des objectifs prioritaires et leur financement par l'Etat. A la troisième (D.I.V.) le suivi des actions déclenchées par les deux premiers. A présent, il n'est plus seulement question de prévenir la délinquance dans les quartiers en grandes difficultés car la politique de la ville ambitionne, surtout, de lutter contre toutes les formes d'exclusion (raciale, familiale, scolaire, professionnelle, ou liées à l'accès aux soins, au logement, à l'aide sociale, à la justice,

---

77. V. *CLS-Info*, 2002-12, http://www.interieur.gouv.fr ; V. not. L. BONELLI, Les contrats locaux de sécurité : une sécurité déléguée, *In Regards sur l'actualité française*, La Doc. Française, 2002-284, pp. 53-63.

78. V. D. 28 oct. 1988 ; les institutions remplaçant le CNPD, dont les personnels et les missions, ainsi que ceux de la Commission nationale de développement social des quartiers, sont transférés à la DIV ; Comp. D. 12 juil. 1994 qui ramène le nombre de membres du Conseil national des villes et du développement social urbain de 70 à 40 ; Le D. 28 oct. 1988 inflige sept priorités à la nouvelle politique nationale urbaine : lutte contre les processus d'exclusion ; promotion des programmes de développement tendant à l'amélioration de la vie urbaine ; définition de nouvelles modalités d'association entre l'Etat, les collectivités locales et les partenaires socio-économiques ; renforcement de la prévention de la délinquance et des toxicomanies ; adaptation de la politique pénale et développement de la médiation et de la conciliation ; promotion de recherches sur l'évolution des formes urbaines et l'innovation architecturale ; développement de la coopération entre villes françaises complémentaires et de la solidarité entre villes et pays environnants ; *Le Conseil national des villes*, 1988-1994, Pub. C.N.V., multigraph., nov. 1994, 48 p. ; Les politiques de la ville, *In Rev. Française d'Administration Publique*, 1994/71, pp. 363-520.

aux loisirs, à la culture...) à l'échelle de la commune, au travers des contrats de ville [79].

En panne dans les années 1994 et 1995, la politique de la ville a bénéficié, en 1996, d'un « Pacte de relance pour la ville », ambitieux et à vocation globalisante [80]. Il se présente à la fois comme un programme d'ensemble pour la lutte contre tous les phénomènes qui caractérisent la fracture urbaine et sociale – c'est à dire la ségrégation urbaine, l'exclusion sociale, l'insécurité – et une démarche collective pour mobiliser tous les partenaires concernés par sa mise en œuvre et favoriser l'action conjuguée de l'Etat, des élus locaux, des associations et des entreprises [81]. La politique de la ville entend ainsi atteindre sept objectifs essentiels, opérationnalisés au travers de 70 mesures : créer de l'activité et des emplois, rétablir la paix publique, rétablir l'égalité des chances scolaires, favoriser la mixité de l'habitat, renforcer les partenariats, actualiser la géographie des quartiers en difficulté, renforcer la présence des services publics [82].

A la suite des premiers contrats de ville conclus pour 5 ans (1993-1998, renouvelés jusqu'en 2000) [83], une seconde généra-

---

79. Deux autres instruments complètent ces outils contractuels que sont les CAP et les contrats de ville : le Programme concerté d'aménagement du territoire (PACT urbain Axe Nord-est) et la Convention Ville-Habitat (préliminaire souvent obligé au contrat de ville). Plus ponctuellement, d'autres programmes ont vu le jour : « Banlieues 89 » et surtout les opérations de prévention-été jeunes (OPE, anti-été chaud), à caractère temporaire mais renouvelés chaque année ; L. DUBOUCHET, *Les opérations prévention-été : évaluation*, DIV et Collège Coopératif Provence, Alpes, Méditerranée, multigraph., 1990 ; J. FAGET, *op. cit.*, p. 117 et s.

80. V. Loi 96-987 du 14 nov. 1996, *J.O.* du 15.

81. V. Pacte de relance pour la ville. Etat d'avancement, *op. cit.,* p. 3 et s.

82. V. Le pacte de relance pour la ville, *op. cit.,* p. 12 et s. ; Projet de loi de finances pour 1997. Effort financier consacré à la politique des villes et au développement social urbain, *op. cit.,* p. 8 et s.

83. Sur la procédure d'élaboration des contrats de ville, V. not. J. BORRICAND, Les contrats de ville : un nouvel outil de prévention de la délinquance en milieu urbain, *In Problèmes actuels de science criminelle*, Presses Univ. Aix Marseille, 1991/IV, p. 87 et s. ; Les contrats de ville du XIè Plan, *op. cit.*, p. 14 et s.

tion de contrats de ville (conclus pour sept ans, 2000-2007) [84] a promu l'intervention globale, de l'immeuble ou du quartier à l'agglomération tout entière. C'est une philosophie de communalité, voire d'intercommunalité qui anime cette logique anti-ghetto, anti-exclusion, quelles qu'en soient les origines et les manifestations. S'inscrivant dans la durée des Contrats de Plan Etat-Région, le contrat de ville constitue « l'acte d'engagement par lequel une ou des collectivité(s) locale(s) et l'Etat décide(nt) de mettre en œuvre, conjointement, un programme pluriannuel de développement social urbain à l'échelle de l'agglomération ou de la commune concernée, destiné au traitement prioritaire des quartiers les plus difficiles » [85]. Global et dynamique, le contrat de ville a l'ambition d'étendre la notion de lien social à celle de lien urbain. Bien sûr, là où un contrat de ville n'existe pas encore, les programmes de développement social des quartiers (D.S.Q.), les contrats d'actions de prévention (C.A.P.), voire les Programmes locaux d'habitat (P.L.H.), notamment, se prolongent [86].

---

84. V. *Circ.* P.min. 14.153 du 31 déc. 1998 sur les contrats de ville 200-2006, J.O. du 15 janv. 1999, p. 728 et s. ; 247 contrats, signés dans le cadre du XIIè Plan, définissent les projets à engager dans environ 1500 quartiers prioritaires.

85. V. *Les contrats de ville du XIè Plan.* Dossier Ressources, Pub. Min. des Aff. sociales, de la Santé et de la Ville, 2è éd. 1993, p. 11 et s. ; pour des exemples de contrats de ville dits de la première génération, V. J. BORRICAND, *op. cit.*, p. 102 et s. ; sur ceux dits de la deuxième génération, V. C. LAZERGES, *De la politique de prévention de la délinquance à la politique de la ville, In* 49è Cours international de criminologie, Leuven, 1994, multigraph., p. 34 et s. ; B. BRUNET, Politique de la ville et justice, *In Rev. Droit et Société*, 1993/23-24, pp. 117-141.

86. V. sur ces points, les contrats de ville du XIè Plan, *op. cit.*, p. 13 et s. ; de la même manière s'articulent en pleine complémentarité les procédures contractuelles proposées par l'Etat dans le cadre de l'habitat - outil principal de la Loi d'Orientation pour la Ville du 31 juil. 1994 ; V. également la Loi Besson du 31 mai 1990 - (Plan départemental pour le logement des personnes défavorisées, Protocole d'occupation du patrimoine social), de l'immigration, de la culture et de l'éducation (Zone d'éducation prioritaire) principalement ; V. sur tous ces points l'analyse très documentée de J. MENANTEAU, *Les banlieues*, Ed. Le Monde/Marabout, 1994, 245 p.

Les nouveaux Contrats urbains de cohésion sociale (CUCS) (2007-2012) reposent sur 5 priorités : amélioration de l'habitat et du cadre de vie ; accès à l'emploi et développement économique ; action éducative (réussite scolaire, sport, culture) ; citoyenneté et prévention de la délinquance ; amélioration de la prévention et accès à la santé [87].

Plus généralement et dans le même esprit, la Loi d'orientation et de programmation du 1er août 2003, pour la ville et la rénovation urbaine (portant multiplication des zones franches urbaines, création de logements sociaux, notamment) [88], tout comme la Loi du 18 janvier 2005, de programmation de la cohésion sociale (portant création de maisons de l'emploi, d'équipes de réussite éducative dans les zones prioritaires, notamment) et celle du 30 mars 2006 pour l'égalité des chances (création d'une Agence nationale pour la cohésion sociale et l'égalité des chances) visent à agir sur tous les registres de l'exclusion sociale et professionnelle [89]. La loi du 5 mars 2007 sur la prévention de la délinquance confirme, quant à elle, le recentrage, amorcé depuis quelques années, de l'Etat et de la police nationale sur les fonctions de maintien de l'ordre et un transfert généralisé des responsabilités vers les collectivités locales (principalement au maire qui anime et coordonne la politique de prévention de la délinquance) et leur réseau de

---

87. 354 CUCS ont été signés, concernant 2213 quartiers (dont 751 en zones sensibles) répartis dans 913 communes ; P. ESTEBE, *L'usage des quartiers. Action publique et géographie dans la politique de la ville (1982-1999)*, Ed. L'Harmattan, Coll. Logiques politiques, 2004, 263 p. ; B. BISSUEL, Pourquoi un tel fiasco de la politique de la ville ?, *In Le* Monde, 11 nov. 2005, pp. 34-27 ; J.P. JEAN, Le système pénal, *op. cit.*, p. 43 et s.

88. V. not. *La lettre de la DIV*, 2004-97 et 98, www.ville.gouv.fr ; P. DURET, H. PERINEL, Villepin : ville sûre ?, *In La lettre du cadre territorial*, 2005-297, pp. 33-38 ; Statistiques pour la politique de la ville, *In Insee actualités magazine*, 2007-45, pp 2-8 ; www.sig.ville.gouv.fr.

89. La Haute autorité de lutte contre des discriminations et pour l'égalité (HALDE), autorité administrative indépendante, a également été créée en ce sens par la Loi du 30 déc. 2004 ; www.halde.

partenaires pour le reste des missions de prévention et de lutte contre la délinquance, au sens large [90].

On perçoit ainsi que le recours à la participation des habitants, *leitmotiv* de la politique de la ville, apparaît bien plus incantatoire qu'opérationnel. Car, naturellement, la participation « ne se décrète pas ». Elle suppose une appropriation spontanée, volontaire et durable des dispositifs par les habitants, considérés non pas comme objets de politiques publiques mais comme sujets citoyens titulaires de droits et de pouvoirs décisionnels relativement à la conception, la mise en œuvre, le suivi et l'évaluation de ces politiques. Une telle stratégie de partage ne va pas de soi aujourd'hui. Concrètement, les aléas de la participation des citoyens à la politique de la ville, aux côtés des acteurs institutionnels, des élus, des professionnels du travail social et des bénévoles associatifs, cristallisent bien la crise de la démocratie représentative traditionnelle qui « peine » à évoluer vers une authentique démocratie locale participative [91].

Malgré les efforts déployés, la *proximité sociale et sociétale* demeure largement à construire, sur le terrain pour le moins [92], sinon dans les mentalités citoyennes favorisées [93]. Le bilan de la

---

90. V. not. *In A.J.pén.*, Dossier, 2007-5, pp. 205-217.

91. Sur cette notion politiquement ambiguë de participation, V. not. P. DEREGNAUCOURT, Participation des populations. De quoi parle-t-on ?, *In Lien social*, 2000-524, p. 9 ; J. DONZELOT, De la consultation à l'implication, *In Informations sociales*, 1995–43, pp. 21-32 ; F. MENARD, Grandeurs et misères de la participation, *Ibid.*, pp. 33-40 ; V. à propos de la Loi 2002-276 du 27 fév. 2002 relative à la démocratie de proximité, J. GARROY, La démocratie de proximité, *In Regards sur l'actualité*, La Doc. Française, 2002-281, pp. 15-22 ; comp. la notion de citoyenneté locale, traduisant « le sentiment de responsabilité personnelle que chacun doit éprouver à l'égard de la vie collective dans la cité », Les contrats de ville du XIè Plan, *op. cit.*, p. 29 et s.

92. La mise en place des Plans départementaux de sécurité est allée même plutôt dans le sens inverse, vers la (re)concentration des dispositifs entre les mains du préfet. V. sur ce point not. *Circulaire* du 13 fév. 1997 et *Circulaire* du 30 mai 1997 relative au fonds interministériel d'intervention pour la politique de la ville.

93. V. not. E. SERVERIN, La proximité comme paradigme de constitution des territoires de la justice, *In* M. BELLET, T. KIRAT, C. LARGERON (Dir.), Approches multiformes de la proximité, Ed. Hermès, 1998, pp. 65-83 ; A.

politique de la ville, dressé par Philippe ESTEBE et Jacques DONZELOT il y a quelques années, semble toujours d'actualité. Si ses principaux mérites se déclinent en termes de territorialisation des actions et de partenariat local lors de leur réalisation, ses échecs s'inscrivent dans l'éparpillement, la juxtaposition et/ou les ruptures des actions ou opérations engagées [94]. Pour autant, au-delà de la superposition des politiques criminelles successives [95], trois axes essentiels ont été repérés comme fédérateurs des actions/opérations à privilégier, comme catalyseur d'espoirs à juguler, enfin, la plupart des exclusions [96].

Le premier axe relève de l'insertion par l'économique. Ce « concept mobilisateur » exprime que le système de production ne doit pas seulement constituer un facteur de cohésion et de promotion sociales, mais encore devenir un acteur dans la lutte contre l'exclusion en général. « Si l'objectif d'accès à l'emploi demeure, comme but ultime, l'accent est plutôt mis sur la variété des réponses possibles à la question du rapport entre revenu et activité, sur la professionnalisation du réseau d'opérateurs d'insertion et leur mise en contact du monde économique » [97].

Le second axe prône le désenclavement des quartiers défavorisés. Celui-ci sera atteint non pas seulement par la banalisation découlant de la mixité sociale, mais surtout, en premier lieu, par la reconnaissance sociale des habitants et de leur quar-

---

HAMMOUCHE, La politique de la ville : entre médiation et proximité, *In Droit et société*, 1998-38, pp. 109-129.

94. V. D. DUPREZ, M. HEDLI, *Le mal des banlieues ? Sentiment d'insécurité et crise identitaire*, Ed. L'Harmattan, Coll. Logiques sociales, 1992, p. 89 ; J. DONZELOT, P. ESTEBE, *L'Etat animateur. Essai sur la politique de la ville*, Ed. Esprit, 1994, 229 p. ; J.M. STEBE, *La crise des banlieues*, PUF, Que sais-je ?, 2è éd. 2002-3507, 127 p.

95. Certains auteurs ont évoqué l'image de politique du « mille feuilles », inévitable lorsque la logique de lutte contre les exclusions est une « logique de coups », caractéristique de toutes sortes de « fuites en avant »; V. D. DUPREZ, M. HEDLI, *op. cit.*, p. 188 et s.

96. V. P. ESTEBE, J. DONZELOT, Le développement social urbain est-il une politique ? Les leçons de l'évaluation, *In Regards sur l'actualité*, 1993-196, p. 129 et s.

97. V. P. ESTÈBE, J. DONZELOT, *op. cit.*, p. 136 et s.

tier. L'accessibilité à toutes les ressources que possèdent la ville (ou l'agglomération) rendra effectif, en second lieu, ce désenclavement. Il convient, selon la belle expression d'Azouz BEGAG et Christian DELORME, « d'irriguer les quartiers en difficulté » [98], pour donner aux intéressés « l'envie de rester », mais aussi le droit de préférer partir vers un autre lieu de la ville.

Le troisième axe participe de la requalification du service public. Traditionnellement, le service public, au-delà de la prestation de service qu'il offre ou qu'il garantit, est amené à jouer un rôle de structuration du tissu social, par le fait de sa simple présence sur le terrain. Cette seconde dimension mérite d'être davantage privilégiée car elle est seule susceptible de confirmer l'utilité fonctionnelle des services concernés. Une telle évolution suppose l'amélioration substantielle des performances internes des services, mais encore leur disponibilité externe aux usagers. Dans le second cas, il suffit d'assurer la proximité des services de police ou de gendarmerie, de la justice et des institutions de travail social œuvrant dans son champ, en diversifiant les pratiques et en impliquant les commissions de quartiers dans le fonctionnement de ces services publics, principalement.

La politique de la ville semble se constituer, finalement, autour des quatre « P », chacune des composantes connaissant des fortunes diverses selon les gouvernements qui se succèdent depuis près de trois décennies : prévention, partenariat, proximité et participation. Le « Plan Espoir banlieues : une dynamique pour la France », lancé en février 2008, semble prometteur de ces points de vue là [99]. Mais les hésitations, les incertitudes

---

98. *In Quartiers sensibles*, Ed. Le Seuil, Coll. Le point virgule, 1994, p. 167 et s. ; V. également le renvoi effectué par ces auteurs à G. BACHELARD, *L'eau et les rêves. Essai sur l'imagination de la matière* (1942), Ed. Corti, 1991, 268 p.

99. V. not. F. AMARA, Nous devons parier sur la banlieue, *In Le Monde*, 16 janv. 2008, p. 18 ; E. CHEVALLEREAU, Ville : l'éternel retour du plan banlieue, *In Le Monde*, 13 fév. 2008, p. 16 ; Quel espoir pour les banlieues ?, *In Le Monde*, 15 fév. 2008, pp. 18-19 ; J. DONZELOT, Quand la ville se défait : quelle politique face à la crise des banlieues ?, Points/Essais, 2008, 185 p. ; Le Plan Espoir banlieues, *In Regards sur l'actualité*, La Documentation française, 2008-342 , p. 5 et s. ; Comp. J. DONZELOT (Dir.), *Villes, violence et*

voire les errements à développer, dans le temps, de tels programmes globaux et intégrés renforcent les difficultés d'insertion sociale harmonieuse des plus démunis d'entre nous. Lorsque les conflits intersubjectifs qui en découlent persistent, ils risquent de conduire à des passages à l'acte criminel, armant ainsi la répression pénale.

§ 2 – La répression des comportements criminels

Ce second objet des sciences criminelles est assez généralement évoqué avec une pointe de péjoration, si ce n'est de suspicion tant à l'égard du système de justice pénale en son entier qu'à celui des acteurs qui ont en charge sa mise en œuvre. Malheureusement, lorsque la prévention, quelles qu'en soient les modalités, a échoué, il est urgent d'arrêter l'action criminelle, de contenir le développement de comportements criminels éventuels [100]. Mais, naturellement, la réaction sociale au crime (au sens large), pour emprunter diverses formes encore insuffisamment nuancées aujourd'hui, doit être par principe orientée vers la resocialisation [101] du condamné. Cette fonction moderne de la peine n'est guère contestée par la doctrine dominante. Elle n'est cependant que rarement atteinte dans la réalité du fonctionnement de notre système de justice pénale. Et que dire de la restauration inévitable de la victime, aujourd'hui encore trop souvent abandonnée à la sensibilité des acteurs judiciaires [102] ?

La répression est assez strictement balisée, aux plans substantiel et formel, par le procès pénal. Au terme de celui-ci, le juge prononce une sanction supposée proportionnée au(x) dommage(s) causé(s) et adaptée à la personnalité du condamné.

---

dépendance sociale : les politiques de cohésion en Europe, La Documentation française, 2008, 288 p.

100. V. M. LEMOINE, Le vocabulaire de la répression. Apparition du mot et approfondissement de la notion, *In La faute, la répression et le pardon*, Actes du 107è Congrès National des Sociétés Savantes, Ed. C.T.H.S., Paris, 1984, p. 391 et s.

101. Sur ces aspects de pénologie, V. *Infra*, Chap. 4, Sect. 1, § 2.

102. V. *Infra*, chap. 4, sect. 6.

Si l'on s'avisait, enfin, à réserver les poursuites pénales aux comportements les plus gravement attentatoires aux valeurs sociales essentielles, le juge pénal serait alors en mesure, sans révolution majeure, de redonner du « sens à la peine », d'offrir aux condamnés les pleines potentialités d'un authentique traitement de resocialisation.

Cette évolution sensible des pratiques judiciaires permettrait encore et peut-être surtout d'offrir à la victime la place d'acteur au procès pénal qui lui revient. Accompagnée aux plans psychologique et social par les Services d'aide aux victimes, la victime et ses proches pourront alors globalement réparer les souffrances provoquées par le crime et retrouver le désir d'exister au sein de la communauté humaine.

A – Le cadre processuel de la répression

Plus personnel (dans son application à un être humain), plus complexe (dans son déroulement) que le procès civil, le procès pénal est enserré dans des règles processuelles précises, lesquelles constituent la meilleure garantie des droits des parties [103]. Principalement, la présomption d'innocence dont jouit tout individu poursuivi conduit le juge pénal à jouer un rôle actif dans l'accumulation des preuves de la culpabilité de l'intéressé [104]. C'est ensuite que la spécialisation du juge pénal apparaît comme inévitable, autant quant à la détermination de la responsabilité pénale des intéressés que relativement à l'adaptation, à l'adéquation de la sanction prononcée à leur personnalité [105]. Il doit

103. Selon IHERING, la forme « ...ennemie jurée de l'arbitraire... est sœur jumelle de la liberté... », *L'esprit du droit romain*, Tome III, Paris 1877, p. 164.

104. Sur ces différents points, V. not. D. SALAS, *Du Procès Pénal. Eléments pour une théorie interdisciplinaire du procès*, PUF, Coll. Les voies du Droit, 1992, p. 215 et s. ; J. PRADEL, *op. cit.* (2004), p. 320 et s. ; le renforcement de la protection de la présomption d'innocence a été opérationnalisé par une L. du 15 juin 2000 (mod. L. 9 fév. 2002, 9 mars 2004), laquelle accorde, symétriquement, une même protection aux droits des victimes. V. sur ce dernier aspect, R. CARIO, Victimologie, *op. cit.*, p. 225 et s.

105. V. not. G. GIUDICELLI-DELAGE, *Institutions judiciaires et juridictionnelles*, PUF, 2è éd. 1993, 368 p. ; J. VINCENT, S. GUINCHARD, G. MONTA-

encore déterminer la juste réparation de la victime, en l'associant le plus possible au procès pénal [106]. Dans le pire des cas, le juge pénal devrait pouvoir bénéficier du concours permanent d'au moins un spécialiste en sciences criminelles, d'un criminologue généraliste ou clinicien, en poste auprès de chaque juridiction répressive [107].

Traditionnellement, le procès pénal est mis en œuvre au travers de l'un des deux systèmes suivants, présentés souvent comme antinomiques : le système accusatoire ou le système inquisitoire. Le premier, très largement caractéristique des procédures anglo-saxonnes, est généralement présenté comme plus démocratique et davantage protecteur des droits de la défense. Le second, très répandu devant les juridictions ecclésiastiques et durant l'Ancien Régime, serait davantage orienté vers la répression des infracteurs au mépris de leurs droits les plus élémentaires. Un examen attentif du fonctionnement de chacun de ces systèmes de procédure pénale offre assez généralement plus de nuances. Ce n'est d'ailleurs pas par hasard qu'aucun de ces systèmes ne subsiste aujourd'hui à l'état pur. Les législations démocratiques contemporaines (de *Common law* comme de Droit romain) favorisent bien plus judicieusement un système mixte, avec le souci de ménager, de manière certes encore imparfaite, autant les droits de la défense que ceux de la victime et ceux de la société, notamment lors de l'audience de jugement publique, orale et contradictoire [108].

GNIER, A. VARINARD, *Institutions judiciaires : organisation, juridictions, gens de justice*, Ed. Dalloz, 8ème éd., 2005, 974 p. ; M.L. RASSAT, *Institutions judiciaires*, PUF, Coll. Droit fondamental, 2è éd. 1996, 320 p.

106. V. not. G. LOPEZ, S. PORTELLI, S. CLEMENT, *op. cit.*, 411 p. ; R. CARIO, Les droits des victimes : état des lieux, *In A.J. Pénal*, 2004-12, pp. 425-429 ; *Le guide des droits des victimes*, Min. Justice / Prat Ed., 2005, 233 p. ; R. CARIO (Dir.), Les droits des victimes d'infraction, *In Problèmes politiques et sociaux*, La Doc. Française, 2007-943, 120 p.

107. V. Profession criminologue (R. CARIO et al., Dir.), *op. cit.*, 227 p. ; V. *Supra*, Introduction, 5.

108. Sur ces aspects, V. not. D. SALAS, Du procès pénal, *op. cit.*, p. 11 et s. ; Comp. J. CEDRAS, *La justice pénale aux Etats-Unis* (1990), Ed. Economica/Presses Universitaires d'Aix-Marseille, Coll. Le point sur, 2è éd. 2005, 392 p. ; Inquisitoire-accusatoire. Un écroulement des dogmes en procé-

Il ne saurait être question d'entrer ici dans le détail de l'organisation judiciaire répressive, pas plus que dans celui du déroulement du procès pénal. Pour autant, si l'on demeure cohérent par rapport aux précédents développements, il convient de réserver le procès pénal à la résolution des conflits de nature criminelle et, plus exceptionnellement, délictuelle, c'est à dire aux violations des valeurs sociales considérées comme essentielles. Le législateur français a d'ailleurs déjà partiellement – et souvent très pertinemment – admis que la résolution des conflits d'ordre pénal doit être la moins contraignante possible. C'est en ce sens qu'il a introduit dans notre système de procédure pénale un certain nombre de règles destinées à éviter la désocialisation des intéressés à l'occasion de leur prise en charge. Que de telles mesures soient timidement appliquées dans la pratique judiciaire participe d'un problème beaucoup plus global, dont les raisons sont à rechercher autant dans les mentalités judiciaires, les moyens fournis pour la mise en place des réformes que dans les oppositions, injustifiées scientifiquement, de divers groupes de pression comme de l'opinion publique.

Ainsi, quelques mesures procédurales pré-sentencielles bénéficient aux personnes poursuivies dont la personnalité [109] atteste d'aptitudes certaines à la resocialisation. C'est le cas des classements conditionnels (dont la médiation pénale en est la « star » [110], la composition pénale en passe de le devenir [111])

---

dure pénale ?, *In R.I.D.P.*, 1997/1-2, pp. 15-229 ; S. GUINCHARD, M. BANDRAC, M. DOUCHY, F. FERRAND, X. LAGARDE, V. MAGNIER, H. RUIZ FABRI, L. SINOPOLI, J.M. SOREL, *Droit processuel. Droit commun et droit comparé du procès*, Précis Dalloz, 2è éd. 2003, 1181 p.

109. Evaluée notamment dans le cadre des Permanences d'Orientation Pénale (P.O.P.) ou des Services Educatifs auprès du Tribunal de Grande Instance (S.E.A.T.) ; V. art. 41 al. 5 *C.P.P.*

110. La Loi du 23 juin 1999 a opéré une classification de ces classements conditionnels : V. art. 41-1 al. 1 et 41-1-5° *C.P.P.* (médiation pénale) ; 1° (rappel à la loi), 2° (orientation vers une structure sanitaire, sociale ou professionnelle), 3° (régularisation de la situation de l'intéressé), 4° (réparation du dommage causé). La même loi a introduit la composition pénale (art. 41-2 et 3 *C.P.P.*) permettant au procureur de proposer, avec l'accord d'un magistrat du siège, à une personne majeure auteur de certains faits, d'exécuter des mesures qui auront pour effet d'éteindre l'action publique : amende de composition égale au montant maximum encouru ; remise de la chose qui a

dont la fréquence, attestant des pouvoirs de plus en plus importants des parquets, confirme néanmoins une inquiétante extension du « filet pénal » (dont le placement sous surveillance électronique et la comparution sur reconnaissance préalable de culpabilité en sont les dernières et inquiétantes manifestations). Le contrôle judiciaire socio-éducatif [112] poursuit également des objectifs de non désocialisation des personnes mises en examen. Dans le même sens, quelques modalités d'exécution ou d'aménagement des peines (ajournement [113], sursis, libération conditionnelle notamment) ont encore pour objet d'éviter la privation pénale de liberté ou d'en limiter les effets néfastes. Si ce but est objectivement atteint par le prononcé de telles mesures (demeurant néanmoins exceptionnelles dans la pratique judiciaire), on ne saurait cependant ignorer qu'elles concernent des personnes ayant commis des infractions de faible gravité, ne justifiant pas le recours à l'emprisonnement. Par effets pervers

---

servi à commettre l'infraction ou qui en est le produit ; remise du permis de conduire ou de chasser (six mois au plus en matière de délit, trois mois en matière de contraventions) ; travail non rémunéré au profit de la collectivité (de 60 maximum) notamment. Il devra également être proposé à l'auteur de réparer le préjudice causé à la victime. Des lois postérieures à la Loi du 9 mars 2004 a ajouté d'autres mesures comme not. le suivi d'un stage ou d'une formation professionnel, l'information sanitaire, l'interdiction de rencontrer la victime, l'accomplissement d'un stage de citoyenneté, résidence hors du domicile du couple ; sur la Médiation pénale, V. not. J. FAGET, *La médiation. Essai de politique pénale*, Ed. Erès, Coll. Trajets, 1997, 208 p. ; J.P. BONAFE-SCHMITT et al., Les médiations, la médiation, *op. cit.*, 302 p. ; R. CARIO (Dir.), La médiation pénale : entre répression et réparation, *op. cit.*, 239 p. ; P. MBANZOULOU, *La médiation pénale*, Ed. L'Harmattan, Coll. La justice au quotidien, 2è éd. 2004, 85 p.

111. La Loi du 8 fév. 1995 avait introduit l'injonction pénale, censurée par le Conseil constitutionnel (3 fév. 1995, DC 95 360, J.O. du 7 fév.). Quand bien même la Loi du 23 juin 1999 oblige à une ratification judiciaire, il ne s'agit de rien d'autre que de marchandage, « de nature à porter atteinte à la liberté individuelle » des plus démunis ; Comp. C. LAZERGES, Introduction à la politique criminelle, *op. cit.*, p. 98 ; V. art. 41-2 et 3 *C.P.P.*

112. V. art. 137 et s. *C.P.P.* ; V. C. CARDET, *Le contrôle judiciaire socio-éducatif*, Ed. L'Harmattan, Coll. Sciences criminelles, 2000, 400 p. ; très insuffisamment prononcé, il participe pourtant bien à la restauration des intéressés. V. R. CARIO, Justice restaurative, *op. cit.*, p. 109 et s.

113. Ajournement qui peut être simple (art. 132-60 et s.), avec mise à l'épreuve (art. 132-63 et s.) ou avec injonction (art. 132-66 et s. *C.P*).

successifs, c'est plutôt dans l'intérêt de la mesure elle-même (qui semble devoir *a priori* toujours être couronnée de succès dans l'esprit de ceux qui la promeuvent) qu'au bénéfice de l'infracteur (au travers de l'acte posé comme de sa personnalité) que le choix de son prononcé s'opère.

Quoi qu'il en soit, tout procès pénal soucieux de respecter les droits des protagonistes en conflit doit assurer la prééminence du droit [114] (principes de légalité, d'égalité, de garantie judiciaire) et la protection des personnes (principes de dignité, de protection de la victime, de présomption d'innocence). Tout procès pénal doit encore être équitable (principes de respect des droits de la défense des parties et d'égalité des armes) et efficace (principes de proportionnalité et de célérité) [115]. A défaut de respecter ces principes (et gardant toujours à l'esprit que ne doivent être incriminées et résolues par les tribunaux répressifs que les atteintes aux valeurs sociales essentielles), toute réforme est condamnée à n'être que futile, inique, déstabilisante et perverse [116]. Par conséquent, il apparaît prudent d'exclure le plus possible du champ judiciaire répressif classique le règlement des conflits de moindre gravité, en ayant recours à des modes de régulation moins contraignants (du point de vue éthique, financier, notamment) et conformes à la fonction resocialisante de l'intervention sociale [117].

En son état actuel de fonctionnement, le procès permet de résoudre les conflits d'ordre pénal qui lui sont soumis en appliquant la peine prévue par la loi à l'auteur de l'infraction. C'est sans aucun doute sa traditionnelle raison d'être. Néanmoins, eu égard à l'évolution des sociétés contemporaines et surtout des

---

114. Dont les règles sont fixées par la loi ou – et l'hypothèse n'est pas rare en procédure pénale – des Principes généraux de droit.

115. Sur ces principes, V. Justice pénale et droits de l'homme, *Rapports de la Commission Justice pénale et droits de l'homme*, La mise en état des affaires pénales, La Doc. Française, 1991, 339 p.

116. Sur ces points, V. HIRSCHMANN, *Deux siècles de rhétorique réactionnaire*, Ed. Fayard, 1991, 294 p.

117. Comp. *Le nouveau procès pénal après la Loi Perben II*, Ed. Dalloz, 2004, 591 p.

sciences humaines (au sens le plus large), il convient davantage encore de résorber le conflit en permettant aux protagonistes d'en symboliser les affects. Concernant le condamné, il importe non seulement de remédier aux affects qui l'ont conduit au passage à l'acte, mais encore de lui permettre d'accepter ceux que lui procurent la peine. Concernant la victime – et/ou ses proches – le procès pénal (dans son déroulement comme dans ses décisions) doit aussi compenser les affects l'ayant atteinte dans sa chair et/ou dans ses biens, au moment de l'acte subi comme au travers de ses multiples conséquences. Afin de resocialiser le premier et de restaurer socialement la seconde.

L'obsédante tentation de rendre la justice en « temps réel » [118] ruine de tels élémentaires objectifs. Ce n'est pas dans l'urgence que les vertus instrumentales et pédagogiques de la sanction trouvent à s'épanouir. La symbolique de la réponse rapide apaisante socialement peut bien plus avantageusement être obtenue par le prononcé « rapide » de la *culpabilité* de l'intéressé. La sanction elle-même mérite d'être réfléchie, adaptée, accompagnée, en dehors de toute précipitation, en dehors de toutes interventions en cascades, si désastreuses. La comparution à délai rapproché [119] ou sur reconnaissance préalable de culpabilité [120], l'institution du juge unique comme l'instauration des juges de proximité envahissantes [121] sont les archétypes du

---

118. V. not. le Dossier préparé par A. VOGELWEITH, Le visible plus que le réel, *In Justice,* 1997-151, p. 3 et s. ; A. BRUEL, Aller vite peut-être, mais savoir où aller !, *In Adolescents menaçants ou mineurs irresponsables ?*, Pub. Ecole Nat. Magistrature, C.N.F.E./P.J.J., multigraph., 1994, pp. 127-156 ; F. DEBOVE, La justice pénale instantanée, entre miracles et mirages, *In Droit pénal*, 2006-9, pp. 4-7.

119. V. not. R. CARIO, Grandeur et décadence de l'éducatif en droit pénal des mineurs, *In J.D.J.,* 1997-164, pp. 7-16.

120. V. art. 495-7 et s. *C.P.P.* (introduits par la Loi du 9 mars 2004) ; C. SCHOULER, La Loi Perben II fait du chantage un mode de procédure, *In Justice*, 2004-177, pp. 7-11 ; N. GUILBERT, Le plaider-coupable, une justice rapide, loin du procès public, *In Le Monde*, 1er oct. 2004/11 ; N. GUILBERT, Pour la Cour de Cassation, la procédure du plaider-coupable est contraire au droit français, *In Le Monde*, 20 avril 2005/10.

121. V. L. du 9 sept. 2002 et D. du 23 juin 2003 ; C. SCHOULER, Vers la mort programmée d'une justice proche des citoyens, *In Justice*, 2002-173, pp. 21-23 ; J. LEDARD-MOUTY, Vers une justice approximative, *In Justice*, 2003-

traitement en temps réel… des faits, sans considération de la personnalité (scientifiquement expertisée) des auteurs. Le très vaste domaine couvert par ces procédures nouvelles inquiète réellement [122]. La dramatique question de la récidive est, dans le même sens, démagogiquement instrumentalisée pour justifier le recours à des peines toujours plus lourdes, à la limite de l'inhumanité, malgré la persistante constatation statistique de son faible taux concernant les actes graves contre les personnes et les biens (0,5 % en matière d'homicides) [123]. La complexité criminelle s'accorde mal des solutions de facilité s'attaquant, *encore une fois*, aux effets plutôt qu'aux causes du phénomène criminel, aux effets plutôt qu'aux causes des dysfonctionnements de la justice pénale.

Le rôle des tribunaux est si encombré que le temps manque pour connaître vraiment la personnalité de l'inculpé ou de l'accusé mis en examen, en termes de témibilité et d'adaptabilité. Il en va de même pour la victime relativement à ses potentialités personnelles à assumer tel statut. C'est bien la conséquence perverse, très hypocrite socialement, de la stratégie de « tolé-

---

176, pp. 3-7 ; sur l'extension très discutable de leurs compétences, V. L. du 26 janv. 2005 (art. L 331-2 et s. C.O.J., 521 et s. C.P.P.), *Le Monde*, 22 (p. 11) et 26 (p. 9) janv. 2005.

122. Sur cette justice au quotidien, V. not. le film de R. DEPARDON, « 10ème chambre » ; I. REGNIER, Images d'exception d'une justice ordinaire, *In Le Monde*, 16-17 mai 2004/20 ; J.L. DODIN, La Justice sous la caméra-loupe de R. Depardon, *In Le Monde*, 2 juin 2004/28.

123. V. not. A. KENSEY, *Trois ans et plus quinze ans après*, Pub. Adm. Pénitentiaire, Coll. Travaux et documents, 2003 ; A. GARCIA, La castration chimique des délinquants sexuels récidivistes sera expérimentée, *In Le Monde*, 10 nov. 2004/36 ; Récidive, récidivistes : ne pas se tromper de débat, Dossier *In Dedans/Dehors*, 2005-48, 10-24 ; P. TOURNIER, A. KENSEY, *Cohorte des personnes condamnées, libérées en 1996-1997 : examen de leur casier judiciaire 5 ans après la levée d'écrou*, Pub. Adm. Pénitentiaire, Coll. Travaux et Documents, 2005, 348 p. ; P. TOURNIER, A. KENSEY, *Sanctions alternatives à l'emprisonnement et « récidive »*, Pub. Adm. Pénitentiaire, Coll. Travaux et Documents, 2005, 308 p. ; N. GUILBERT, Les condamnés aux peines alternatives récidivent moins que les sortants de prison, *In Le Monde*, 29 juin 2005/8 ; S. PORTELLI, Traité de démagogie appliquée, *op. cit.*, p. 79 et s. ; V. également les travaux de P. TOURNIER, www.arpenter-champ-penal.blogspot.com.

rance zéro »[124] Or, de récentes études[125] ont montré à quel point la participation volontaire au traitement que l'on subit, quel qu'il soit, pourrait devenir le moteur de la resocialisation des uns et des autres. En ce sens, l'un des plus forts gages de réussite de la réaction sociale dépend du degré d'adhésion des premiers au programme de traitement susceptible de leur être proposé et du degré de participation des secondes à leur propre restauration et parfois même à la resocialisation en cours de leur agresseur. Que d'aucuns doutent aujourd'hui de la systématisation de telles modalités restauratives (pourtant appliquées dans des sociétés culturellement proches des nôtres) provient de leur faible diffusion et, surtout, une fois encore, de l'absence de distinction entre la nature des valeurs atteintes par l'infraction. Et pourtant, en théorie, l'arsenal des mesures disponibles est de nature à soutenir une telle orientation de la répression.

B – Les modalités actuelles de la répression

Il est incontestable que les modalités de répression contemporaines sont, en théorie, de nature à confirmer la célèbre observation de IHERING pour qui l'histoire de la peine se résumerait en une abolition constante[126]. L'humanisation de la peine fut flagrante et constante de l'Ancien Régime au Code pénal de 1810. Elle s'est poursuivie certes tout au long des XIXè et XXè siècles, mais de manière moins spectaculaire. L'humanisation de la sanction, inévitable en démocratie, ne rime pour autant pas, loin s'en faut, avec adoucissement ou laxisme. Actuellement, pour nécessaire qu'elle soit, la réponse pénale n'apparaît pas toujours proportionnée au dommage social causé. D'*ultima ratio*, la peine privative de liberté semble avoir « colonisé la

---

124. V. *Supra*, Introduction ; V. not. B. LAVIELLE, M. JANAS, X. LAMEYRE, *Le guide des peines. Personne physiques et morales. Prononcé, exécution. Application, extinction*, Ed. Dalloz, Coll. Guide, 4è éd. 2008, p. 2 et s.

125. V. not. T. PETERS, Victimisation, médiation et pratiques orientées vers la réparation, *In* R. CARIO, D. SALAS (Dir.), Œuvre de justice et victimes, *op. cit.*, pp. 203-254 ; V. *Infra*, Chap. 4, Sect. 6.

126. Cité par A. LAINGUI, Histoire du droit pénal, *op. cit.*, p. 66.

pénalité » [127], toute réponse au crime bénéficiant aujourd'hui de « la présomption de prison » [128] : prononcée dans une condamnation sur deux, sa durée moyenne ne cesse de s'allonger [129]. Un tel emballement de la répression pénale n'a d'autre explication qu'une volonté politico-sociale affirmée de durcir la réponse au phénomène criminel, suralimenté lui-même par la montée inexorable des vulnérabilités.

L'arsenal répressif actuel (tel qu'il découle des Lois du 22 juillet 1992 instituant le nouveau Code pénal, sévère [130], entré en vigueur le 1er mars 1994, très régulièrement modifiées) associe peines et mesures de sûreté [131]. Fidèlement à la tradition, les peines (qui auraient gagné à être présentées sous le terme générique de sanctions pénales, évitant ainsi une fâcheuse confusion entre les mesures de sûreté et les peines au sens

---

127. V. R. MERLE et A. VITU, *Traité de droit criminel. Problèmes généraux de* la science criminelle, Tome 1, *Droit pénal général*, Ed. Cujas, 7è éd. 1997, p. 900, citant M. FOUCAULT ; C. LAZERGES, *op. cit.*, p. 73 et s.

128. V. H. ZEHR, *Changing lenses : a new focus for crime and Justice*, Herald Press, 1990, p. 34 ; L. WACQUANT, *Les prisons de la misère*, Raison d'agir Ed., 1999, 191 p. ; du même auteur, *Punir les pauvres. Le nouveau gouvernement de la misère*, Ed. Agone, Coll. Contre-feux, 2004, 347 p.

129. V. A. KENSEY, C. CARDET, L'allongement des peines. Eléments bibliographiques sur les causes et les conséquences, *In Actualités bibliographiques*, pub. ENAP, 2001, 8 p. ; B. AUBUSSON de CAVARLAY, Les lourdes peines dans la longue durée, *In* Comment sanctionner le crime ?, *op. cit.*, pp. 51-60.

130. V. Les dix ans du Code pénal : le grand enfermement, Dossier *In Dedans/Dehors*, 2004-42, pp. 9-19, not. p. 14 où il est noté que sur 326 incriminations (98 crimes et 228 délits), 98,4 % des peines sont privatives de liberté ; C. LAZERGES y note très pertinemment que si les peines alternatives sont évoquées dans le livre I, définissant les principes généraux, elles n'apparaissent pas dans les autres livres, cataloguant les infractions.

131. Sur l'ensemble des sanctions, v. not. B. LAVIELLE, M. JANAS, X. LAMEYRE, *Le guide des peines. Personne physiques et morales. Prononcé, exécution. Application, extinction*, Ed. Dalloz, Coll. Guide, 4è éd. 2008, 1022 p.

strict [132]) sont regroupées autour des trois catégories d'infractions que connaît notre loi pénale en [133] :

- peines privatives de liberté (réclusion ou détention criminelle à perpétuité ou à temps de 10 ans au moins [134] ; emprisonnement correctionnel de 10 ans maximum, sans minimum imposé par la loi [135], sauf au cas de réitération d'infractions où des peines planchers ont été instituées) [136] ;
- peines restrictives de liberté (interdictions multiples, de séjour, de fréquenter certains établissements ou personnes [137], placement sous surveillance électronique [138], suivi socio-judiciaire [139], rétention de sûreté [140] ...) ;
- peines privatives ou restrictives de droits (interdiction des droits civiques, civils et de famille ; annulation ou suspension du permis de conduire, interdiction de détenir ou porter une arme soumise à autorisation, interdiction d'émettre des chèques,

---

132. Sur l'intérêt d'une telle distinction, V. not. B. Bouloc, Droit pénal général, *op. cit.,* p. 399 et s.

133. V. principalement art. 131-1 et s. *C.P.* ; sur les peines applicables aux personnes morales, V. art. 131-37 et s. ; V. not. J. Pradel, *Le nouveau code pénal* (Partie générale), Ed. Dalloz service, 1994, p. 127 et s. ; Sur le Nouveau Code pénal, V. les commentaires développés *In* R.S.C. 1993/3, p. 431 et s. et *In Les Cahiers de la sécurité intérieure*, 1994/18, p. 13 et s. ; H. Leclerc, *Le nouveau code pénal*, Le Seuil, Coll. Points, 1994-280, 360 p. ; C. Lazerges (Dir.), Réflexions sur le nouveau Code pénal, *op. cit.*, 171 p.

134. V. cependant art. 132-18 et s. *C. P.* (mod. 2007).

135. V. art. 131-4 et 132-19 *C. P.*

136. V. L. du 10 août 2007 renforçant la lutte contre la récidive, *In A.J.pén.*, Dossier, pp. 352-371 ; Peines minimales, danger maximal, *In Dedans dehors*, 2007-62, pp. 12-23.

137. V. art. 720, 721-2 *C.P.P.*

138. V. art. 723-7 à 13 *C.P.P.*

139. Introduit par la Loi du 17 juin 1998, un tel suivi socio-judiciaire, éventuellement assorti d'une injonction de soins, concerne les condamnés pour infractions de nature sexuelle ; V. art. 131-36-1 à 8 *C.P.*, 763-1 à 9 *C.P.P.*, L 355-33 et s. *C. Santé Pub.* ; V. J. Castaignede, La prise en charge des abuseurs sexuels par le droit pénal, *In* R. Cario, J.C. Heraut (Dir.), *Les abuseurs sexuels : quel(s) traitement(s)*, Ed. L'Harmattan, Coll. Sciences criminelles, 1997, pp. 19-38 ; X. Lameyre, *La criminalité sexuelle*, Ed. Flammarion, Coll. Dominos, 2000, 128 p.

140. V. L. 25 fév. 2008, *Infra.*

interdiction d'exercer une activité professionnelle ou sociale...) [141] ;

- peines pécuniaires (amendes, jours-amende, confiscation spéciale [142], fermeture d'établissement...) ;

- peines restauratives (travail d'intérêt général, réparation pénale à l'égard des mineurs [143]...).

La plupart de ces peines (peines au sens strict ou mesures de sûreté) peuvent être prononcées à titre principal à l'encontre des personnes physiques [144] en fonction des circonstances de l'infraction et de la personnalité de son auteur [145]. En ce sens, en matière criminelle, cumulativement à la privation de liberté, une peine d'amende peut être prononcée [146]. Le jury peut encore infliger une (ou plusieurs) peine(s) complémentaire(s) au condamné [147]. Il peut de surcroît, s'il en décide expressément, très étonnement soumettre le condamné à une rétention de sûreté dès lors qu'il présentera, à la fin de l'exécution de sa peine, une particulière dangerosité caractérisée par une probalilité très élevée de récidive liée à un trouble grave de sa personnalité [148].

---

141. V. art. 131-6 *C.P.*

142. La confiscation générale est dorénavant très exceptionnelle, V. art. 213-1 *C.P.* en matière de crimes contre l'humanité et 222-49 al. 2 *C.P.* en matière de trafic de stupéfiants.

143. V. not. M. VAILLANT (Dir.), *De la dette au don. La réparation pénale à l'égard des mineurs*, Ed. E.S.F., 1994, 238 p. ; P. MILBURN, *La réparation pénale à l'égard des mineurs*, pub. Min. Justice, Mission de recherche Droit et justice, Coll. Arrêt sur recherches, 2002-1, 171

144. Les art. 131-9 et 131-15 *C.P.* prévoient cependant quelques limitations au cumul des peines.

145. V. art. 132-24 *C.P.*

146. V. art. 131-2 *C.P.* Le législateur n'a pas fixé de plafond ; V. par ex. l'art. 222-34 qui sanctionne le fait de diriger ou d'organiser la production, la fabrication... de stupéfiants de la réclusion criminelle à perpétuité et d'une amende de 75 000 €.

147. V. art. 131-2, 131-36-5 *C.P.* ; les peines complémentaires de l'art. 131-10 sont facultatives ; le nouveau *C.P.* ne contient dorénavant plus aucune peine accessoire (art. 132-17) ; V. J. PRADEL, Le nouveau code pénal, *op. cit.*, 1994, p. 141 et s.

148. L. 2008-174 du 25 fév. 2008 relative à la rétention de sûreté et à la déclaration d'irresponsabilité pour cause de trouble mental, *J.O.* du 26, p.

En matière correctionnelle, l'emprisonnement [149] et l'amende (de 3 750 € minimum) côtoient diverses autres peines. Le juge peut en effet préférer à l'emprisonnement les jours-amende (art. 131-5 *C.P.* et 381 *C.P.P.*), le travail d'intérêt général (de 40 à 210 heures), le stage de citoyenneté (art. 131-3) [150], une sanction-réparation (indemnisation de la victime) [151] ou toute autre peine privative ou restrictive de droits prévue à l'article 131-6 *C.P.* Le suivi socio-judiciaire peut également être prononcé comme peine principale [152]. S'il l'estime opportun, il pourra accompagner la sanction retenue à titre principal d'une (ou plusieurs) peine(s) complémentaire(s) ou ne prononcer que la peine complémentaire [153].

En matière contraventionnelle, le juge dispose principalement de l'amende (d'un montant de 3 000 € maximum ; art. 131-12 et 13, 132-11 *C.P.* et 521 *C.P.P.*) [154]. Toutefois, l'article 131-14 *C.P.* lui permet de prononcer une peine privative ou restrictive de droits alternativement à l'amende, en matière de contravention de 5è classe. La nouvelle peine de sanction-réparation est également applicable. Il peut encore avoir recours, en tous cas, aux peines complémentaires de l'article 131-16 *C.P.* et, le

---

3266 ; Cons. constit. 21 fév. 2008, 2008-562 DC, *J.O.* du 26, p. 3266, www.conseil-constitutionnel.fr ; A. SALLES, Rétention de sûreté : Robert BADINTER dénonce « une période sombre pour notre justice », *In Le Monde*, 24-25 fév. 2008, p. 1 et 10 ; Rétention de sûreté et irresponsabilité pénale : une rupture de civilisation, *In Dedans dehors*, 2008-64, pp. 17-32 ; La nouvelle rétention de sûreté : éléments d'analyse, *In A.J.pén.*, 2008-4, pp. 161-180 ; La nouvelle rétention de sûreté, quelles perspectives ?, *In A.J.pén.*, 2008-5, pp. 209-225.

149. Le juge devant au surplus en motiver le prononcé quant il n'est assorti d'aucun sursis, art. 132-19 *C.P.*, sauf au cas de récidive légale.

150. Introduit par la Loi du 9 mars 2004, ce stage de citoyenneté a pour objet de rappeler au condamné les valeurs républicaines de tolérance et de respect de la dignité humaine sur lesquelles est fondée la société ; V. art. 131-5-1 et 131-16-8 °*C.P.*

151. V. nouvel art. 131-8-1 *C.P.*

152. V. art. 131-36-1 et s. *C.P.*

153. V. art. 131-10 et 11, 131-19 et s., 131-36-1 et s. *C.P.*

154. Le législateur de 1992 a supprimé en effet fort heureusement l'emprisonnement contraventionnel.

cas échéant, de l'article 131-17 pour les contraventions de 5è classe [155].

Pour être complet, il convient de rappeler que des mesures de protection, d'assistance, de surveillance et d'éducation sont susceptibles d'être prononcées obligatoirement à l'égard des mineurs de moins de 13 ans, préférentiellement à une condamnation pénale à l'égard des mineurs de plus de 13 ans, lorsque les « circonstances et la personnalité du mineur l'exigent » [156]. Un souci peu justifié de répression accrue a conduit à créer récemment, à leur intention, des sanctions curieusement éducatives [157].

Relativement aux personnes morales dorénavant responsables pénalement [158], le nouveau Code pénal prévoit très opportunément des sanctions variées : amende [159], dissolution, inter-

---

155. Comme l'interdiction d'émettre des chèques ou le T.I.G. pour une durée de 20 à 120 heures. Sur tous ces points, V. J. PRADEL, *Ibid*, p. 127 et s. ; Sur les contraventions de grande voirie, qui ne sont pas des infractions pénales, V. J.M. PERRET, *Les contraventions de grande voirie*, PUF, Que sais-je ?, 1994, n° 2894, 127 p.

156. Sur les caractéristiques remarquables, durant ces dernières décennies, du traitement pénal des mineurs condamnés, V. not. J.F. RENUCCI, *op. cit.*, p. 93 et s. ; J. et A. CHAZAL, *L'enfance et la jeunesse délinquantes*, PUF, Coll. Que sais-je ?, 12è éd. 1993/563, 127 p. ; R. CARIO, *op. cit.* (1999), Chap. 2, p. 81 et s. ; sur l'évolution dramatique du droit positif, V. art. 2, 10 et s. *Ord. 2 fév. 1945*, mod. L. 9 sept. 2002, 5 mars et 10 août 2007 ; P. BONFILS, A. GOUTTENOIRE, *Droit des mineurs*, Ed. Dalloz, Coll. Précis, 2008, p. 710 et s. ; P. PEDRON, *Droit et pratiques éducatives de la Protection judiciaire de la jeunesse*, Ed. Gualino, 2è éd. 2008, p. 531 et s. ; comp. *Jeunes délinquants et jeunes en danger en milieu ouvert,* Assoc. Magistrats de la jeunesse, Ed. Erès, 1994, 246 p.

157. V. art. 15-1 (introduit par L. 9 sept. 2002) *Ord. 2 fév. 1945* ; Cons. Constit. 29 août 2002, 2002-461 DC, *J.O.* du 10, p. 14953 ; J. CASTAIGNEDE, La loi n° 2002-1138 du 9 septembre 2002 : un nouveau regard porté sur le droit pénal des mineurs, *In Rec. Dalloz*, Chron., 2003, pp. 779-785.

158. V. art. 121-2 *C.P.* qui exclut néanmoins la responsabilité pénale de l'Etat ainsi que celles des collectivités territoriales et des groupements lorsque ces derniers exercent des activités insusceptibles de délégation de service public ; V. F. GARTNER, L'extension de la répression pénale aux personnes publiques, *In R.F.D.A.*, 1994/1, pp. 126-158.

159. Dont le taux maximum est égal au quintuple de celui prévu pour les personnes physiques par la loi ou le règlement qui réprime l'infraction.

dictions professionnelles, placement sous surveillance judiciaire, fermeture définitive ou temporaire, exclusion des marchés publics, interdiction de faire appel public à l'épargne, confiscations diverses, notamment [160].

Ce tableau témoigne d'une assez riche palette de sanctions à la disposition des magistrats qui jouissent d'un large pouvoir d'individualisation non seulement lors de la phase décisoire du procès pénal mais encore lors de la phase exécutoire des sanctions prononcées. Le nouveau Code pénal consacre justement à cet égard différents modes de personnalisation des peines : de la semi-liberté à l'ajournement du prononcé de la peine en passant, notamment, par le sursis simple, avec mise à l'épreuve ou assorti de l'obligation d'accomplir un travail d'intérêt général. Le juge peut ainsi aménager les modalités d'exécution de la sanction « en fonction des circonstances de l'infraction et de la personnalité de son auteur » [161].

Il n'est pas inutile de noter que notre système de justice pénale a, assez longtemps [162], évité avec bonheur les dérives de la surveillance électronique. La Loi du 19 décembre 1997 (mod. par celle du 9 mars 2004) a cependant introduit le « bracelet électronique » (PSE fixe) comme alternative aux peines ou reliquats de peines privatives de liberté inférieures à une année ou comme épreuve probatoire à la libération conditionnelle. Bien sûr, le consentement du condamné, donné en présence de son

---

160. Sur tous ces points, V. art. 131-37 à 49, 132-12 et s. C.P. ; V. not. M. DELMAS-MARTY (Dir), *La responsabilité pénale dans l'entreprise : vers un espace judiciaire européen unifié,* Ed. Dalloz, 1997, 124 p. ; B. LAVIELLE, X. LAMEYRE, Le guide des peines, *op. cit.*, p. 649 et s.

161. V. en ce sens art. 132-24 C.P. et s. ; Comp. J.H. SYR, Les avatars de l'individualisation dans la réforme pénale, *In R.S.C.*, 1994-2, pp. 217-235 ; I. DREAN-RIVETTE, *La personnalisation de la peine dans le Code pénal*, Ed. L'Harmattan, Coll. sciences criminelles, 2005, 270 p.

162. V. *Contra* les hésitations du Gouvernement sur ces questions, rapportées not. *In Le Monde* 7 oct. 1995/9, 24 avril 1996/8 et 31 mai 1996/9, 27 mars 1997/8 ; V. également le Projet de loi d'orientation et de programmation sur la sécurité pour 1995-1999, *In Le Monde* du 23 juin 1994/10 et 11 ; V. à cet égard les inquiétudes de la C.N.I.L. (*In Le Monde* du 30 juin 1994/9) et la mise en garde de l'Elysée (*In Le Monde* du 24 juin 1994/12) à propos de l'utilisation de la vidéo-surveillance en matière de sécurité publique.

avocat, est nécessaire, avec l'accord des titulaires de l'exercice de l'autorité parentale lorsqu'il est mineur [163]. La Loi du 12 décembre 2005, relative au traitement de la récidive, introduit le placement sous surveillance électronique mobile (PSEM, sous forme de bracelet GPS). Réservé à la surveillance des condamnés « dangereux », il ne s'agit pas d'une mesure autonome mais d'une obligation partielle susceptible d'accompagner une peine de suivi socio-judiciaire, une libération conditionnelle ou une surveillance judiciaire [164]. Après une expérimentation avortée [165], le PSE est dorénavant généralisé : au 1er juillet 2008, 3 901 personnes étaient concernées. Quant au PSEM, il devrait être banalisé courant 2008, à l'issue de l'expérimentation en cours (D. du 1er août 2008). Incontestablement de nature à porter atteinte à la dignité de la personne humaine, ce mode de contrôle bagué [166] sur le corps des individus concernés ne saurait être mis en œuvre, dans le pire des cas, avant que les autres moyens disponibles n'aient été utilisés et évalués : respect de la légalité passant par le rejet de la justification de « trouble à l'ordre public » ; accroissement significatif des moyens (financiers et en personnels) disponibles au contrôle judiciaire socio-éducatif ; recours généralisé aux nombreuses sanctions « alter-

163. V. art. 132-26-1 et s., 434-29 et s. C.P. ; art. 20-8 *Ord. 1945* ; art. 723-7 à 13 C.P.P.

164. V. art. 131-36-9 et s. *C.P.* ; 763-10 et s. *C.P.P.*

165. V. Bracelet électronique : miroir aux alouettes, Dossier *In Dedans/Dehors*, 2003-36, pp. 12-26 ; Y. EUDES, Les forçats du GPS, *In Le Monde*, 1er avril 2005/13 ; Placement sous surveillance électronique : mieux évaluer avant d'aller plus loin, *In A.J. pénal*, 2005-4, pp. 151-152 et réf. citées ; J. BERARD, Le mirage électronique, *In Dedans/dehors*, 2005-49, pp. 3-4. ; B. LAVIELLE et al., Le guide des peines (2008), *op. cit.*, pp. 776, 847 et s. ; J.P. JEAN, Le système pénal, *op. cit.*, p. 95 et s.

166. V. sur cette mesure not. P. LANDREVILLE, La surveillance électronique des délinquants, *In Rev. Autrement*, 1994-145, pp. 51-60 ; G. LAKES, La surveillance électronique des délinquants et des prévenus, *In Réflexions pénologiques sur les sanctions et mesures appliquées dans la communauté,* Pub. Conseil de l'Europe, 1993, multigraph., pp. 89-103 ; C. BLATIER, Placement sous surveillance électronique, *In J.D.J.*, 1997-166, p. 27 ; C. CARDET, *Le placement sous surveillance électronique*, Ed . L'Harmattan, La justice au quotidien, 2004, 90 p. ; M. PERETTI, Le bracelet électronique : « boulet moderne » ou outil d'insertion ?, *In A.J.pén.*, 2007-12, pp. 467-470.

natives » déjà instituées ; exclusion du système de justice pénale des infractions de petite délinquance ; suppression des très courts temps pénitentiaires...

Car la crainte d'un contrôle social accru est réelle et fondée : elle se vérifie déjà relativement à la médiation pénale dans la mesure où elle s'applique principalement à des situations qui n'auraient pas fait l'objet de poursuites auparavant et, plus gravement encore, au travers de l'introduction récente du marchandage pénal dont attestent la composition pénale et le plaider-coupable [167]. Surtout, de nombreuses expériences [168] démontrent que ces dispositifs, loin de faire baisser l'incarcération, ne constituent qu'un « ajout punitif » parmi d'autres.

En théorie, la privation pénale de liberté occupe la place hiérarchiquement la plus élevée. Elle semble pourtant bien encore constituer, dans l'esprit du législateur pénal, l'*ultima ratio*, sans doute à cause des diverses autres peines disponibles mais surtout des potentialités de certaines d'entre elles à se substituer à l'emprisonnement.

En pratique, le bilan est bien moins satisfaisant. Il a déjà été souligné que le recours à la privation pénale de liberté était très fréquent (dans près d'un cas sur deux ; sans oublier le taux élevé de détention provisoire supérieur à un détenu sur quatre) [169]. A l'inverse et malgré les évolutions récentes plus favorables, les mesures alternatives à l'emprisonnement de courte durée sont assez exceptionnelles : dans environ un peu plus d'un cas sur

---

167. V. art. 41-2, 495-7 et s. *C.P.P.*

168. V. A. NORMANDEAU, Bilan criminologique de quatre politiques et pratiques pénales américaines contemporaines, *In R.S.C.,* 1996/2, pp. 333-346 ; L. WACQUANT, L'ascension de l'Etat pénal en Amérique, *In Actes de la recherche en sciences sociales*, 'De l'Etat social à l'Etat pénal', 1998-124, pp. 7-26 ; E. MORGAN, M. MORGAN, W.S. HYLTON, J. BRUNER, *Une passion américaine : prison et peine de mort*, Ed. Les Empêcheurs de penser en rond, 2004, 125 p.

169. V. *Supra*, Chap. 1 ; Comp. La justice. L'obligation impossible, *In Rev. Autrement*, Série Morales, 1994/16, 215 p. et not. H. LECLERC, Justice et exclusion, pp. 144-154 ; Prison : quelle réforme vaut la peine ?, Dossier *In Dedans/Dehors*, 2004-45, pp. 6-21.

dix, tous types confondus [170]. La sévérité de la réponse sociale contemporaine au phénomène criminel est surtout attestée par l'absence de proportionnalité entre la peine privative de liberté subie et le dommage social corrélatif. En ce sens, la plupart des peines privatives de liberté, hiérarchiquement supérieures dans l'échelle des sanctions, ont réprimé des comportements délictuels de moindre gravité. La durée moyenne de l'emprisonnement (de 7,4 mois en 2008) ne semble en effet pas en rapport avec les dommages résultant des délits, massivement représentés dans les condamnations prononcées par les tribunaux répressifs français (99,5% de l'ensemble, généralement).

Cette sévérité incontestable est encore illustrée par l'augmentation significative des longues peines, sans que la morphologie des actes commis n'ait véritablement changé. En ce sens, le nombre de condamnés purgeant des peines de plus de vingt ans est passé de 171 en 1995 à 1 579 au 1er janvier 2008, celui des condamnés à la réclusion criminelle à perpétuité a quadruplé en 20 ans (523 au 1er janvier 2008) [171] : « Au lieu d'insérer les gens à l'extérieur, la prison les intègre à l'intérieur » [172] ! Et que dire des conditions de détention actuelles, dont certaines sont régulièrement dénoncées par le Comité européen pour la

170. Les alternatives sortent de l'ombre, *In Dedans dehors*, 2006-60, pp. 14-33 ; A. SALLES, Mme Dati veut développer « la prison hors les murs », *In Le Monde*, 29 juill. 2008, p. 9.

171. V. not. M. LEBRANCHU, Le choix de la justice et de la raison, *In* Comment sanctionner le crime ?, *op. cit.*, pp. 23-34 ; Statistiques trimestrielles, *op. cit.*, 2008, www.justice.gouv.fr.

172. V. G. CHANTRAINE, *In Dedans/Dehors*, 2004-42, pp. 18-19 ; du même auteur, *Par-delà les murs*, PUF/Le Monde, 2004, 320 p. ; X. LAMEYRE, D. SALAS, Prisons. Permanence d'un débat, *In Problèmes politiques et sociaux*, 2004-902, pp. 1-119 ; X. LAMEYRE, Le temps et la peine : entre sujétions temporelles et subjectivation existentielle, *In* S. GABORIAU, H. PAULIAT (Dir.), Le temps, la Justice et le Droit, Presses Univ. de Limoges, Coll. Entretiens d'Aguessau, 2004, pp. 163-184 ; P. LEMOUSSU, Une forte aggravation de la répression, *In Justice*, 2004-180, pp. 4-9 ; Prison, état des lieux, *In A.J.pén.*, 2007-4, pp. 155-172.

prévention de la torture et des traitements inhumains comme contraires à la CEDH [173].

Dans le même esprit, la disparité des décisions judiciaires vient encore aggraver ce bilan. En effet, selon les régions de France, l'activité des juridictions varie considérablement, en volume certes, mais surtout au regard des infractions poursuivies et des condamnations prononcées. Une telle réalité conduit à des inégalités assez frappantes : 67 % des affaires jugées par le tribunal correctionnel de Quimper (Bretagne) sont relatives à la conduite en état d'ivresse (contre par exemple 3,7 % à Marseille, ce qui ne signifie pas exclusivement que l'on boive davantage en Bretagne que dans le Sud-est, mais encore que les contrôles sont plus fréquents...). Dans le même sens la police des étrangers est plus développée en zone frontalière que dans le reste du pays : 25 % du contentieux du Tribunal correctionnel de Bayonne qui, avec les tribunaux de Bobigny, Nanterre et Paris attraient les trois-quarts des affaires. Le trafic de stupéfiants conduit aux mêmes remarques : il est plus fréquemment sanctionné à Valenciennes (24 % de son activité), ville frontière proche de pays plus libéraux en la matière (Belgique et surtout Pays-Bas). Ces contentieux « d'initiative » indiquent que tous les français ne sont pas soumis à la même politique pénale de lutte contre le phénomène criminel [174]. Ce qui apparaît profon-

---

173. V. not. Rapport du CPT, *In Dedans dehors*, 2004-41, 2004-42, 2006-53 ; Les prisons françaises en pleine dérive (Rapport du CPT suite à sa visite en France en 2006, *In Dedans dehors*, 2008-64, p. 3 et s. ; A. SALLES, La France coupable de « traitements inhumains », *In Le Monde*, 7 déc. 2007, p. 9 ; Comp. Etats généraux de la condition pénitentiaire, *In Dedans dehors*, 2007-57-58, 79 p. ; Règles pénitentiaires européennes ; La nomination de M. J.M. DELARUE comme contrôleur général des lieux de privation de liberté était dans un contexte aussi préoccupant absolument indispensable ; justice.gouv.fr ; S. COYE, Conditions de détention indignes. La justice accepte d'indemniser un détenu, *In Dedans dehors*, 2008-65, pp. 12-14 ; A. CHAUVENET, C. ROSTAING, F. ORLIC, *La violence carcérale en question*, PUF, Coll. Le lien social, 2008, 347 p. ; N. GUIBERT, D. SALAS, Dissuasion et rupture, *In Le* Monde, 8-9 juill. 2007, p. 14 ; D. SALAS, C. CARSTOIU, La justice, *op. cit.*, p. 83 et s.

174. V. not. V. MARIETTE, S. LEMERLE, O. TIMBARD, *La physionomie des contentieux selon les tribunaux correctionnels*, Min. Justice, multigraph., 1996.

dément arbitraire et inégalitaire. La douloureuse réforme de la carte judiciaire aura-t-elle pour conséquence d'harmoniser davantage la réaction pénale au phénomène criminel [175] ?

Pourtant, le législateur pénal n'a pas manqué d'introduire la nuance face à cette réaction sociale cristallisée sur le « tout carcéral » et convaincue des vertus du « choc carcéral salutaire ». En dehors du sursis (total ou partiel ; simple ou avec mise à l'épreuve), diverses lois précitées ont mis à la disposition du juge des instruments alternatifs à la privation de liberté, offrant ainsi des potentialités nouvelles au traitement des comportements criminels : Loi du 17 juillet 1970 instituant le contrôle judiciaire socio-éducatif ; Loi du 11 juillet 1975 généralisant les substituts aux courtes peines privatives de liberté ; Loi du 10 juin 1983 introduisant le travail d'intérêt général et les jours-amende, Lois du 22 juillet 1992 étendant largement le domaine d'application des sanctions non privatives de liberté [176] ; Loi du 2 février 1995 renforçant les orientations éducatives de l'intervention du juge des enfants ; Loi du 15 juin 2000 renforçant la protection de la présomption d'innocence et les droits des victimes ; Loi du 9 mars 2004 portant adaptation de la justice aux évolutions de la criminalité, notamment.

C – Des potentialités du traitement des comportements criminels

Ces options de politique criminelle moderne correspondent bien à la philosophie de l'intervention sociale (avant tout ne pas nuire) et à la fonction avouée de la peine : la resocialisation du condamné [177]. En effet, de telles mesures d'individualisation de

175. V. Dossier *In A.J.pén.*, 2007-12, pp. 507-523 ; D. SALAS, A. CARSTOIU, La Justice, *op. cit.*, p. 29 et s.

176. L'art. 132-19 al. 2 *C.P.* participe indirectement de la même idée en obligeant la juridiction à motiver toute condamnation à un emprisonnement correctionnel ferme, en fonction des circonstances de l'infraction et de la personnalité de son auteur (V. art. 132-24) ; Pour autant, des « formules toutes prêtes » ont déjà cours. V. crim. 14 nov. 1994, *In Droit pénal*, 195/3, 59, p. 6.

177. Affirmer la primauté de l'objectif de réinsertion, *In Dedans dehors*, 2006-57, pp. 12-30.

la réponse pénale aux comportements criminels participent d'une triple ambition.

1) Adapter la sanction au dommage social réellement causé, certes au travers d'une analogie entre la peine et le délit [178], mais encore et surtout au regard des caractéristiques de la personnalité des intéressés. L'éventail des mesures non privatives de liberté doit permettre d'y parvenir [179], à la condition de procéder aux investigations médicales, psychologiques et sociales nécessaires, à la condition qu'une politique pénale globale et cohérente de *sentencing* soit effectivement mise en place... ce qui est très rarement le cas [180].

2) Ne pas désocialiser davantage en évitant les courtes peines privatives de liberté (inférieures à un an), aux conséquences toujours graves (rupture assez systématique des liens familiaux, professionnels, socio-culturels notamment ; perturbations souvent irréversibles d'ordre bio-psychologique liées aux condi-

---

178. V. C. BECCARIA, *op. cit.*, p. 111 et s. ; Comp. J.J. LEMOULAND, Brèves réflexions sur quelques siècles de philosophie pénale, *In Annales Univ. Sc. Soc. Toulouse*, Tome XXXV, 1987, citant Hegel (Principes de la philosophie du droit, 1821, § 99-101)(p. 165) qui a « ...mis en évidence l'identité du crime et de la peine » ; V. également R. POLIN, La notion de peine dans la philosophie du droit de Hegel, *In Rétribution et Justice pénale*, PUF, 1983, p. 85 et s. ; L. FAUCONNET, *op. cit.*, p. 17.

179. V. not. *The elaboration of standard minimum rules for non-institutional treatment*, Colloque de Poitiers, Public F.I.P.P., 1989/30, 200 p. ; Idem, Colloque de Groningue, Ed. Kluwer, 1989/31, 79 p. ; *Recomm. R(92)16* sur les Règle européennes sur les sanctions et mesures appliquées dans la communauté, Pub. Conseil de l'Europe, 1994, 74 p. ; *Réflexions pénologiques sur les sanctions et mesures appliquées dans la communauté,* Pub. Conseil de l'Europe, 1993, 108 p.

180. Sur le caractère facultatif de la plupart de ces investigations, V. Crim. 1 déc. 1960, *In D.* 1961, 385 ; Crim. 7 nov. 1989, *In Bull. Crim.,* 399, pp. 961-963 ; V. art. 81 al 6 et s. *C.P.P.* ; J. PINATEL, L'examen médico-psychologique et social de l'inculpé suivant la loi française, *In Ann. Intern. Crim.,* 1981-14, pp. 107-114 ; C. DEBUYST, L'observation psychosociale avant jugement, *In Les interventions psychosociales dans le système de justice pénale,* 20è Conférence de recherches criminologiques, Pub. Conseil de l'Europe, 1995, pp. 23-49 ; Comp. les propositions plus cohérentes mais curieusement limitées aux seules infractions sexuelles à l'égard des mineurs de 15 ans en matière délictuelle par M.L. RASSAT, *Propositions de réforme du Code de procédure pénale,* multigraph., Min. Justice, 1997, p. 158 et s.

tions actuelles d'emprisonnement, etc...)[181] sans commune mesure avec la gravité de l'infraction commise.

3) Impliquer autant que faire se peut le public dans la prévention[182] mais aussi dans la répression des comportements criminels. Deux formes principales sont en ce sens envisageables : sensibiliser objectivement et régulièrement le public aux réalités criminelles (caractéristiques du crime et des comportements criminels) ; associer la communauté à la restauration du condamné et de la victime. La première démarche est de nature à rendre effectif le retour du condamné dans la communauté. Trop souvent aujourd'hui l'indifférence voire l'hostilité des membres de la société civile compromettent lourdement les efforts déployés dans cette perspective par le condamné et les institutions de réinsertion post-pénale. Or, la réalité du phénomène observé indique clairement que c'est de chance(s) que le condamné a manqué durant sa socialisation antérieure. Nul ne peut en conséquence lui refuser celle de se resocialiser à l'issue de sa peine (au sens large).

La seconde démarche, complémentaire de l'autre, est plus ambitieuse mais certainement pas originale dans l'histoire de la gestion de la délinquance. Elle témoigne simplement d'un engagement actif des acteurs sociaux concernés par le crime : le condamné, la victime, la société (justice et public). Très timidement, mais très opportunément, quelques mesures pénales permettent la résorption des conflits par réconciliation des acteurs. C'est par exemple le cas du contrôle judiciaire socio-éducatif, de la dispense ou de l'ajournement de la peine lorsque ces différentes mesures s'accompagnent de l'obligation à réparer le dommage causé à la victime. C'est surtout le cas de la média-

---

181. V. en ce sens, not., L. HULSMAN, *op. cit.*, p. 63, 82 et s. ainsi que les postfaces de M. ANCEL (*Ibid.*, p. 170 et s.) et de C. FAUGERON (*Ibid.*, p. 175 et s.).

182. V. *Supra*, Sect. 1 ; V. également *Recommandations R(83)7* et *R(87)19* du Conseil de l'Europe précitées ; C. LAZERGES, Introduction à la politique criminelle, *op. cit.*, p. 109 et s.

tion pénale [183], de la réparation pénale [184] et du travail d'intérêt général principalement [185].

Dans de telles conditions, le recours à la privation pénale de liberté redevient l'*ultima ratio* [186]. L'incarcération peut effectivement s'avérer parfois nécessaire au regard des circonstances de gravité de l'infraction et/ou de la personnalité de l'infracteur. Néanmoins, il conviendrait de bien organiser la prise en charge des personnes privées de liberté en réservant :

- les Maisons d'arrêt aux seuls prévenus, placés en détention provisoire à titre très exceptionnel (organisées autour d'un régime assurant l'isolement de nuit, la séparation par sexe et selon l'âge, notamment, ainsi qu'une réelle et immédiate prise en charge médicale, psychologique et sociale) ;
- les Centres pénitentiaires régionaux aux condamnés à la privation de liberté de moyenne et longue durée [187] (structurés en petites unités, privilégiant l'architecture pavillonnaire [188], harmonieusement réparties sur le territoire national, et dont le régime est directement orienté vers la resocialisation) ;
- les Centres pénitentiaires spécialisés aux détenus présentant des troubles physiologiques, psychiatriques ou psychologiques déterminés [189]. Dotés de personnels permanents qualifiés,

---

183. V. not. C. LAZERGES, Essai de classification des procédures de médiation, *In Arch. pol. Crim.*, 1992/14, p. 17 et s.

184. V. not. M. VAILLANT (Dir.), *De la dette au don. La réparation pénale à l'égard des mineurs*, Ed. E.S.F., 1994, 238 p.

185. V. not. P. COUVRAT, Les trois visages du T.I.G., *In Rev. Sc. Crim.*, 1989/1, p. 152 et s. ; R. CARIO, Le travail d'intérêt général après dix ans d'application en France, *op. cit.*, p. 41 et s.

186. V. not. N. CHRISTIE, Eléments de géographie pénale, *In Actes de la recherche en sciences sociales*, 'De l'Etat social à l'Etat pénal', 1998-124, pp. 67-79 ; T. LAPPI-SEPPÄLÄ, Reducing the prison population : long-term experiences from Finland, *In Crime policy in Europe. Good practices and promises examples*, Pub. Conseil de l'Europe, 2004, 208 p.

187. Les courtes peines privatives, inférieures à un an, étant avantageusement remplacées par les peines dites de substitution ou alternatives.

188. V. C. ROUSSOPOULOS, *Les clés de Mauzac*, Film Vidéo, 1987.

189. Dans le cadre de l'application de l'art. 122-1 *C.P.* ou à l'occasion de troubles consécutifs à l'incarcération, de plus en plus fréquents ; V. not. C. PRIEUR, La majorité des détenus souffrent de troubles psychiques, *In Le*

ils auraient pour mission d'évaluer l'exacte dangerosité des intéressés, dont certains pourraient se voir imposer à la sortie un « suivi socio-judiciaire », sous forme d'obligation de soins principalement. D'autres par contre seraient susceptibles de demeurer incarcérés aussi longtemps que les connaissances scientifiques disponibles ne permettront pas d'établir un pronostic de resocialisation [190]. Dès l'établissement du diagnostic de dangerosité, au plus près de l'incarcération de l'intéressé, les soins pluridisciplinaires que son état requiert – sauf à observer qu'il n'est pas atteint d'une pathologie psychiatrique rendant incompatible sa détention en milieu carcéral – doivent obligatoirement être mis en œuvre. Tout au long de la prise en charge pénitentiaire, il importera de le suivre dans le cadre d'équipes pluridisciplinaires de criminologues (généralistes et cliniciens) pour que son état soit réévalué continuellement. A défaut, le diagnostic de « dangerosité » sera sans fondement scientifique. C'est bien la critique fondamentale que l'on doit adresser au dispositif sur la rétention de sûreté : absence quasi totale en France d'équipes pluridisciplinaires de criminologues, absence assez massive de programmes de soins susceptibles d'installer de telles prises en charge en termes de soins à la personne et de mesure de sa dangerosité criminologique ; absence totale de lieux non carcéraux spécialisés dans l'accueil de condamnés atteints de « troubles graves de la personnalité » [191].

Au sein de tous ces établissements pénitentiaires devrait être mis en place, dès la prise en charge effective, un programme

---

Monde, 8 déc. 2004 ; V. également Dix ans après la loi : quelle évolution dans la prise en charge des personnes détenues ?, Actes du Colloque *Santé en prison*, www.inpes.sante.fr : en ce sens, on estime que parmi la population carcérale masculine 40% souffrent de dépression, 33 % d'anxiété généralisée, 20 % de névrose traumatique, 17 % d'agoraphobie, 7 % de schizophrénie, 7 % de paranoïa ou de psychose chronique.

190. Sur ces différents points, V. not. P. MBANZOULOU, *La réinsertion sociale des détenus*, Ed. L'Harmattan, Coll. Sciences criminelles, 2000, 320 p. ; Relativement à l'incarcération des femmes, V. not. R. CARIO, Les femmes résistent au crime, *op. cit.,* Chap. 4, Prisonnières, pp. 115-151 ; comp. Régimes de détention différenciés. L'envers du décor, *In Dedans dehors*, 2007-63, pp. 17-34.

191. V. art. 706-53-13 et s. *C.P.P.*

assez individualisé de traitement en vue de la resocialisation des intéressés, meilleur rempart contre la récidive [192]. Ce traitement devrait conduire à combler le mieux possible les déficits accumulés en cours de socialisation (d'ordre médical et psychologique, familial, scolaire et professionnel notamment). L'adhésion du détenu à ce traitement sera d'autant plus forte et durable que les conditions d'exécution et d'aménagement de la peine valoriseront les efforts déployés, souvent considérables au regard de l'ancienneté et de l'importance des fractures. Naturellement, un tel traitement, orienté vers la resocialisation, interdit le recours aux peines perpétuelles et aux périodes de sûreté, absolument contraires à l'individualisation de l'exécution de la peine [193]. D'une manière générale, conformément aux recherches criminologiques constantes et à quelques heureuses législations étrangères pionnières, la durée totale de la peine exécutée ne devrait pas dépasser dix années d'incarcération.

La conclusion à ce troisième chapitre consacré à l'objet des sciences criminelles s'impose d'elle-même, très simplement. La réponse sociale au « défi » que nous lance le phénomène criminel doit être organisée au sein d'un système de justice restaurative, soucieux de prévenir et, au besoin, de réprimer les atteintes définies aux valeurs socio-culturelles admises comme essentielles [194], par la réparation globale de la victime et par une sanc-

---

192. V. les multiples travaux d'A. KENSEY et de P. TOURNIER qui martèlent, depuis de nombreuses années, cette rassurante évidence. V. récemment de ces auteurs, *Cohorte des personnes condamnées, libérées en 1996-1997 : examen de leur casier judiciaire 5 ans après la levée d'écrou*, Pub. Adm. Pénitentiaire, Coll. Travaux et Documents, 2005, 348 p. ; N. GUILBERT, Moins de 0,5 % des meurtriers commettent un nouveau crime, *In Le Monde*, 16 juin 2005/11.

193. V. not. A.M. MARCHETTI, *Perpétuités. Le temps infini des longues peines*, Plon Ed., Coll. Terre humaine, 2001, 327 p.

194. Comp. P. PONCELA, Livre I. Dispositions générales, *In Rev. Sc. Crim.*, 1993/3, numéro spécialement consacré au Nouveau Code pénal, p. 456 et not. p. 459 où l'auteur souligne que les « rédacteurs de ce code semblent avoir adhéré au lieu commun d'un droit pénal bifide : d'un côté les 'valeurs essentielles' ; de l'autre, les règles dites d'organisation ou de 'discipline'. Ce schéma faux réactualise une distinction éculée et mal comprise entre 'délits naturels' et 'délits conventionnels' ; V. dans le même esprit, J. PRADEL, *op. cit.* (1994), p. 22 qui condamne ce critère « assez fumeux... heureusement... [non]

tion proportionnée, individualisée [195] et orientée vers la resocialisation [196] du condamné. La mise en place d'une telle politique criminelle ne présente guère de difficultés insurmontables [197], seulement une volonté politique affirmée, constante et s'inscrivant dans la durée [198]. Il s'agit alors d'une question concernant l'entière communauté des êtres humains dont la résolution dépend essentiellement de notre aptitude à établir, enfin et tous concernés que nous sommes, une harmonie sociale fondée sur l'amour et le respect, de soi-même et d'autrui. Pour consolider un tel contrat social, le secours de la multidisciplinarité s'impose. Les sciences criminelles, par leur contenu diversifié, semblent destinées à jouer un rôle fondamental dans l'avènement de cette société-là.

---

repris en 1993, le législateur se bornant à viser la gravité »...(Comp. néanmoins p. 130) ; F. DESPORTES et F. LE GUNEHEC, Droit pénal général, *op. cit.*, 11è éd. 2004, pp. 67-94.

195. Sur cette inévitable et porteuse individualisation de la peine, V. not. T. PAPATHEODOROU, De l'individualisation des peines à la personnalisation des sanctions, *In R.I.C.P.T.*, 1993/1, pp. 107-117 ; J.H. SYR, *Punir et réhabiliter,* Ed. Economica, 1990, 135 p. ; J.H. SYR, *op. cit.*, pp. 217-235.

196. De valeur constitutionnelle : V. Décis. 93-334 DC du 20 janv. 1994, *J.O.* du 26, p. 1380 ; Comp. R. GASSIN, Criminologie, *op. cit.*, not. p. 15, où l'auteur évoque « l'angélisme de la criminologie du fait de sa prise de position obstinée en faveur de la resocialisation du délinquant » ; V. du même auteur, Les fonctions sociales de la sanction dans le Nouveau Code pénal, *In* Cahiers de la sécurité intérieure, 1994/18, *op. cit.*, p. 50 et s. ; Les fondements juridiques de la réinsertion des délinquants en droit positif français, *In R.S.C.,* 1996-1, pp. 155-182 et 1996-2, pp. 443-460.

197. V. en ce sens la *Circulaire* du 2 oct. 1992 du Ministre de la Justice rappelant (p. 2) qu'une « meilleure adaptation de la sanction à l'acte commis ainsi qu'à la personne de son auteur, grâce à une diversification accrue des mesures et des peines, contribuera à [l'efficacité des réponses judiciaires] ».

198. V. *Contra* les propositions renouvelées périodiquement de rétablissement de la peine de mort (*In Le Monde* du 30 oct. 1993) ou d'institution de la détention à vie (*In Libération* du 4 nov. 1993) (devenue réalité par la Loi du 1er février 1994) qui soulèvent chaque fois des levées de boucliers de la part des acteurs chargés de leur mise en œuvre et des criminalistes scientifiques ; les violences terroristes récentes, inexcusables en elles-mêmes, ont relancé le débat, V. M.E. CHARBONNIER, *In A.J. Pénal*, 2004-5, p. 171 ; *Le Monde*, 8 mai 2004/10.

4

Le contenu des sciences criminelles

Dans la mesure où le crime suppose, par définition, l'intervention d'une personne humaine, toutes les sciences anthropologiques et sociales ont vocation, plus ou moins directement, à abonder les sciences criminelles. Comment nier en ce sens que le crime, dans son émergence, sa dynamique et sa réparation interpelle les sciences de l'être humain, lequel évolue au sein de la communauté des êtres humains, plongée elle-même dans le monde du vivant. Il s'agit de bien considérer ici que le crime atteste, en effet, de l'existence d'un conflit entre membres d'un groupe socialisé, s'exprimant au travers d'une violation des normes établies de manière consensuelle.

Pendant de longues décennies, les disciplines qui participent à la compréhension et au traitement du phénomène criminel se sont développées de manière inégale et isolée. Les craintes rarement fondées de la domination d'une discipline sur une autre, la méconnaissance des apports respectifs de chacune d'entre elles, en sont les principales et désolantes raisons. Si les champs disciplinaires composant les sciences criminelles sont assez bien reconnus aujourd'hui, la cohérence globale de l'ensemble ainsi constitué est toujours imparfaite. Pourtant, les progrès scientifiques permanents, hors et dans les sciences criminelles, soulignent la complexité de l'approche des comportements humains, notamment agressifs. Ils militent, inéluctablement, dans le sens d'une approche interdisciplinaire, mieux encore transdisciplinaire, du phénomène criminel. Dans le même ordre d'idées, les caractéristiques socio-démographiques, économiques et culturelles de notre monde contemporain indiquent, comparativement, que ce sont inévitablement les individus les plus vulnérables, les plus démunis, qui deviennent et demeurent infracteurs et ... victimes. Dans de telles conditions, il devient urgent de prévenir et combattre l'apparition de telles inégalités, la répression pénale ne constituant alors que l'extrême recours [1].

Dans toute société un tant soit peu organisée, il importe donc de clairement et précisément définir les valeurs socialement protégées, d'analyser leurs transgressions dans une perspective globale et intégrée afin de mettre en œuvre rationnellement leur prévention et de promouvoir la restauration sociale des protagonistes de l'infraction commise. Se trouvent ainsi schématiquement mises en situation les principales composantes des sciences criminelles, de la prévention des infractions à la prise en charge des victimes : la philosophie criminelle (Section 1), la criminologie (Section 2), la politique criminelle (Section 3), le

---

1. Sur ces différentes composantes, V. not. P. BOUZAT et J. PINATEL, *Traité de Droit pénal et de criminologie*, Tome 1, Ed. Dalloz, 1970/1975, p. 3 et s. ; R. GASSIN, Criminologie, *op. cit.*, p. 12 et s., 585 et s. ; R. MERLE et A. VITU, Traité de droit criminel, *op. cit.*, p. 19 et s. ; J. PRADEL, Droit pénal général, *op. cit.*, p. 66 et s. ; M.L. RASSAT, Droit pénal, *op. cit.*, p. 11 et s. ; J.H. ROBERT, Droit pénal général, *op.cit.,* p. 31 et s. ; B. BOULOC, Droit pénal général, *op. cit.*, p. 19 et s. ; F. TULKENS et M. VAN de KERCHOVE, *op. cit.*, p. 3 et s. ; J. BORRICAND, A.M. SIMON, *Droit pénal et procédure pénale*, Sirey, 6è éd. 2006, p. 9 et s. ; F. DEBOVE, F. FALLETTI, *Précis de droit pénal et procédure pénale*, PUF, Coll. Service public, 2é éd. 2006, p. 7 et s. ; R. BERNARDINI, *Droit pénal général*, Gualino Ed., 2003, p. 60 et s. ; On ne saurait passer sous silence le rôle essentiel joué par la Prophylaxie criminelle entre les deux guerres mondiales. Contrarié par le retour offensif des idées néo-classiques, ce mouvement scientifique disparut lors du second conflit mondial. La Prophylaxie criminelle défendait la promotion de l'ensemble des mesures à caractère collectif ayant pour but de s'opposer à la commission d'infractions. Sur cette question, V. M. ANCEL, La défense sociale nouvelle, *op. cit.* (1981), p. 96 et s. ; J. PINATEL, Le phénomène criminel, *op. cit.*, p. 176 et s. ; R. GASSIN, Criminologie, *op. cit.*, p. 20 et s. ; G. LOPEZ, S. TZITZIS (Dir.), *Dictionnaire des sciences criminelles*, Ed. Dalloz, 2004, 1013 p.

droit criminel (Section 4), la criminalistique (Section 5) et la victimologie (Section 6).

Section 1 – La philosophie criminelle

Seul le souci de la synthèse a guidé, *a priori*, le choix de présenter, sous cet intitulé très général, la philosophie pénale (§ 1) et la pénologie (§ 2). L'une et l'autre participent en ce sens de la philosophie criminelle dont l'objet est, d'une part, de déterminer les valeurs socio-culturelles fondatrices de l'harmonie sociale et, d'autre part, de justifier la réponse sociale à leur transgression. Elles ont encore une caractéristique commune, paradoxale et regrettable : constituer les composantes les plus pauvres, en France pour le moins, des sciences criminelles [2].

§ 1 – La philosophie pénale

La philosophie est, étymologiquement, l'amour de la sagesse, non comme propriété mais comme tâche. En un sens plus technique, la philosophie est un système de réflexion critique sur les questions relatives à la connaissance et à l'action [3]. Ainsi définie, nul doute que la philosophie englobe, naturellement, la philosophie pénale, qui devient par là-même le creuset fondateur des sciences criminelles. En effet, la question criminelle dépend des relations sociales entre humains, entendues d'un

---

2. Sur l'ensemble de ces questions, V. not. La philosophie de la justice pénale et la politique criminelle contemporaines, *In Rev. Int. Dr. Pénal*, 1982, Vol. 53, n° 3-4, p. 553 et s. ; La philosophie pénale, *In Arch. Phil. Droit*, 1983/28, 444 p. ; La peine : quel avenir ?, Ed. du Cerf, 1983, 157 p. ; *Rétribution et justice pénale*, Univ. Sc. Sociales de Paris, PUF, 1983, 106 p. ; F. RINGELHEIM (Dir.), Punir mon beau souci, *op. cit.*, 446 p. ; La faute, la répression et le pardon, *op. cit.*, 478 p. ; R. MERLE, *La pénitence et la peine. Théologie, Droit canonique, Droit pénal*, Ed. Cerf/Cujas, 1985, 157 p. ; P. PONCELA, *Droit de la peine*, PUF, Coll. Thémis, 2è éd. 2001, 479 p. : S. TZITZIS, *La philosophie pénale,* PUF, Coll. Que sais-je ?, 1996, 3043, 127 p.

3. V. G. DUROZOI et A. ROUSSEL, Dictionnaire de philosophie, *op. cit.*, p. 253 et s.

point de vue socio-éthique très élargi [4]. Pour autant, il convient de ne pas trop étendre le domaine de la philosophie pénale et de le circonscrire (eu égard à l'objet propre de la pénologie) à la définition du Bien commun [5], à la conception de l'être humain et à la légitimation de l'intervention pénale.

Définir le Bien commun, c'est établir un système de valeurs considérées comme essentielles par la plupart des membres du groupe concerné. La détermination claire et formelle des droits et devoirs, des libertés et des contraintes est inévitable. C'est une question de justice sociale [6]. Il n'est en rien « scandaleux » que des sujets de droits soient « susceptibles d'être punis ou châtiés s'ils enfreignent telle ou telle règle... du jeu social » [7], dans un système de justice pénale démocratique pour le moins.

Les réticences à l'élaboration des règles communautaires sont d'ordre purement éthique [8] : comment apprécier un acte, un comportement comme bons ou mauvais? On ne peut en effet ignorer le caractère contingent, relatif de toute incrimination [9].

---

4. V. W. NAUCKE, Philosophie pénale contemporaine et rétribution civile, *In* Arch. Phil. Droit, *op. cit.*, p. 5 ; Pour une approche extensive du domaine de la philosophie pénale, V. not. R. MERLE et A. VITU, *op. cit.*, p. 98 et s.

5. V. J. PARAIN-VIAL, Peut-on trouver un fondement au droit de punir ?, *In* F. RINGELHEIM (Dir.), Punir mon beau souci, *op. cit.*, p. 61 et s. ; Comp. F. RIGAUX, *Ibid.*, p. 73.

6. V. M. ANCEL, *In R.I.D.P.*, 1982/3-4, p. 885 et s.

7. V. M. FOUCAULT, *In* F. RINGELHEIM (Dir.), Punir mon beau souci, *op. cit.*, pp. 45-46.

8. V. P. PONCELA, La philosophie pénale : une inscription en marge et dans le texte, *In* F. RINGELHEIM (Dir.), Punir mon beau souci, *op. cit.*, p. 57-58 ; Comp. J. RUSS, La pensée éthique contemporaine, PUF, Coll. Que sais-je ?, 1994/2834, 127 p. ; R. DWORKIN, *Une question de principe,* PUF, Coll. Recherches politiques, 1996, 512 p.

9. Dans certaines sociétés primitives, le crime au sens où nous l'entendons n'existe pas et la « réaction sociale » mise en place étonne profondément. V. en ce sens, L. HULSMAN et J. BERNAT de CELIS, *op. cit.*, p. 150 ; R. VERDIER, Contribution de l'ethnologie au problème de la rétribution, *In* Rétribution et justice pénale, *op. cit.*, p. 19 et s. ; La relativité du crime dépend encore de l'existence ou non de faits justificatifs d'ordre de la loi et de commandement de l'autorité légitime (art. 122-4 *C.P.*), de légitime défense (art. 122-5 et 6 *C.P.*) et d'état de nécessité (art. 122-7 *C.P.*).

On ne doit cependant pas oublier qu'il existe des principes de nature à établir des distinctions précises entre valeur sociale essentielle et manquement à la discipline sociale [10]. On doit cependant comprendre que ce Bien commun participe fondamentalement de la cohésion sociale [11], de l'harmonie de la communauté des citoyens [12], de l'équilibre du corps social [13], de la ritualisation [14], de la socialité [15], de la permanence du lien social plus globalement. C'est en ce sens que la « force et la certitude des valeurs » sur lesquelles se fondent le droit pénal se trouvent dans « le pacte social, à conviction et à intensité variables » [16]. Au regard de telles considérations, il est raisonnable de croire que seules les atteintes graves contre les personnes, les biens et l'autorité (crimes ou délits) autorisent à appréhender pénalement ceux qui posent de tels comportements.

La philosophie pénale doit encore apprécier la responsabilité de l'auteur de l'infraction précédemment définie. Tout a été écrit ou presque sur cette question centrale au travers de l'opposition libre arbitre/déterminisme susceptible de caractériser les actions humaines [17]. Pour sortir d'une telle approche aporétique, il semble suffisant de rappeler que pour être responsable pénalement,

---

10. V. *Supra*, Chap. 3, Sect. 1.

11. V. not. E. DURKHEIM, De la division du travail social, op. *cit.*, p. 73 et s. ; M. XIBERRAS, *op. cit.*, p. 193 et s.

12. V. M. ANCEL, *op. cit.*, *In* R.I.D.P., 1982, p. 594.

13. V. P. FAUCONNET, *La responsabilité. Etude de sociologie*, Lib. F. Alcan, 1920, 400 p. ; P. PONCELA, Autour de l'œuvre de Fauconnet, *In* Arch. Phil. Droit, 1977/22, p. 131 et s. ; Comp. *Supra*, Le crime comportement social différentiel, Chap. 2, Sect. 2.

14. V. B. CYRULNIK, Les nourritures affectives, *op. cit.*, p. 122 et s.

15. V. not. les travaux de M. MAFFESOLI (*Le temps des tribus*, Ed. Méridien Klincksieck, 1988, 226 p.) cités par M. XIBERRAS, *op. cit.*, p. 179 et s.

16. V. Le droit de punir et le dialogue ambigu du pénaliste et de la conscience publique, *In* F. RINGELHEIM (Dir.), Punir mon beau souci, *op. cit.*, p. 19.

17. Sur cette question de la responsabilité pénale, V. les développements qui y sont consacrés dans les Traités et Manuels de Droit pénal précités ; P. FAUCONNET, *op. cit.*, p. 25 et s. ; G. TARDE, *La philosophie pénale* (1890), Ed. Cujas, 4è éd., p. 85 et s. ; J. LACAN, Prémisses à tout développement possible de la criminologie (1950), *In Autres écrits*, Ed. Le Seuil, 2001, pp. 121-125.

il faut être coupable et imputable des faits reprochés. En d'autres termes, tout comportement humain s'inscrivant avec conscience et volonté en violation d'une valeur sociale protégée consomme la rupture du lien social entre l'auteur et le groupe concernés. L'auteur de la transgression doit indéfectiblement se voir attribuer l'acte commis [18]. Et tous les auteurs d'infractions possèdent le droit fondamental à être déclarés responsables de leurs actes. Y compris les personnes dont le discernement est fragilisé par l'âge ou des troubles mentaux. C'est un impératif pédagogique pour les mineurs, thérapeutique pour les autres [19]. C'est un impératif symbolique pour la victime et ses proches qui, dès cette nomination, pourront tenter de sortir de la détresse et envisager leur restauration sociale.

La nature de la réponse sociale procède d'un autre registre. L'irresponsabilité c'est la défection du sujet, l'annulation de l'acte, l'anonymat [20]. Or les actes ont bien été posés, ils doivent être reconnus et leur auteur doit en répondre [21]. Non seulement la responsabilité « introduit le sérieux dans l'existence mais elle fonde la possibilité même d'une vie morale ». Par la responsabilisation de l'acteur, on quitte le passé de la faute commise pour s'inscrire dans le présent à la recherche de l'engagement, pour l'avenir, de ne pas commettre la même erreur [22]. Fondatrice de

---

18. Sur l'imputabilité consistant à « attribuer l'action à quelqu'un comme à son véritable auteur », V. not. P. RICOEUR, Le juste, *op. cit.*, p. 43 et s. ; F. DIGNEFFE, *op. cit.*, p. 828 et s.

19. Cette reconnaissance est également indispensable aux victimes et à leurs proches pour symboliser l'émotion provoquée par l'infraction ; V. par ex. A. BEGAG, *L'enfer du non-lieu*, Ed. Gallimard, Coll. Page blanche, 1994, 128 p. ; J. CASTAIGNEDE, L'effectivité de la protection pénale du mineur victime d'abus sexuels, *In* R. NERAC (Dir.), *op. cit.*, pp. 77-110.

20. V. en ce sens l'œuvre fondamentale d'E. LEVINAS et not., J.-F. REY, *Lévinas : le passeur de justice*, Ed. Michalon, Coll. Le bien commun, 1997, p. 40.

21. V. en ce sens M. VAILLANT, Droit à l'adolescence, droit à la clémence, droit à la responsabilité, *In J.D.J.*, 1995/144, 25.

22. V. sur ces points J. HENRIOT, Responsabilité, *In Encyclopaedia Universalis,* Vol. 19, pp. 948-949.

l'identité, la responsabilité précède la liberté [23]. « En somme, précisait déjà Paul FAUCONNET, la liberté ne serait pas, comme on le dit, la condition de la responsabilité, mais bien plutôt sa conséquence ». Et le sentiment de liberté, comme celui de responsabilité résulteraient « des relations qui s'établissent entre l'homme et la réalité morale, entre l'individu et la société » [24]. Sans responsabilité, il n'y a pas d'humanité nous enseigne encore Paul RICŒUR [25].

Il serait vain, en conséquence, de rejeter, aujourd'hui encore, dans le champ de la pathologie les comportements sociaux différentiels que constituent les crimes et les délits graves. De fait comme de droit, le crime « tient aux conditions générales de la vie collective ». Il n'est pas moins normal qu'il soit puni [26] et, en ce domaine des sciences criminelles, le monopole de la prévention et de la répression doit appartenir à l'Etat, sauf à déléguer certaines de ses prérogatives à des personnes privées compétentes habilitées. Le droit positif n'est pas vraiment cohérent sur cette question fondamentale de la responsabilité, tant en ce qui concerne les mineurs que les majeurs. La doctrine est très partagée quant à l'interprétation à donner à l'Ordonnance du 2 février 1945. Certains auteurs y lisent l'affirmation d'un principe général d'irresponsabilité (variable selon l'âge), d'autres nuancent la responsabilité du mineur, dont la personnalité est en cours de formation, selon sa capacité à tirer profit de la sanction pénale [27]. En ce qui concerne les majeurs, le Code pénal, après

23. J.F. REY, *Ibid.*, p. 34 et s.

24. La responsabilité. Essai de sociologie, *op. cit.*, p. 390 et s.

25. V. P. RICŒUR , Le juste, *op. cit.*, p. 41 et s.

26. V. en ce sens E. DURKHEIM, Les règles de la méthode sociologique, *op. cit.*, p. VIII et 65 et s. ; C. LAZERGES, L'enseignement de la politique criminelle en troisième cycle, *op. cit.*, p. 76 ; F. TULKENS et M. VAN de KERCHOVE, *op. cit.*, p. 34 et s.

27. V. C. LAZERGES, Seuils d'âge et responsabilité pénale, *In Droit pénal européen des mineurs*, Presses Univ. d'Aix-Marseille, 1992, pp. 47 et s. ; C. MILLE, Le cas particulier de la responsabilité pénale des mineurs, *In* T. ALBERNHE (Dir.), Criminologie et psychiatrie, *op. cit.*, pp. 571-581 ; R. CARIO, Jeunes délinquants, *op. cit.,* p. 260 et s. et réf. citées ; J. CASTAIGNEDE, La responsabilité pénale du mineur : évolution ou révolution ?, *Rev. pénit. et Dr. pén.*, 2004-2, pp. 273-284.

avoir affirmé que nul n'est pénalement responsable que de son propre fait (art. 121-1 *C.P.*), prévoit quelques causes d'irresponsabilité ou d'atténuation de celle-ci. L'article 122-1, plus particulièrement, en organise le régime autour de l'existence de trouble psychique ou neuropsychique de nature à abolir ou simplement altérer le discernement ou le contrôle des actes de l'intéressé. Dans le premier cas, ce n'est que depuis la Loi du 15 juin 2000 que la Cour d'assises doit se prononcer sur la culpabilité de l'accusé lorsqu'est « invoquée comme moyen de défense l'existence de l'une des causes d'irresponsabilité pénale » (art. 349-1 *C.P.P.*). Dans le second cas, l'ambiguïté demeure [28]. Si la reconnaissance de la culpabilité d'une personne dont le discernement est altéré par un trouble psychique est logique, il semble anormal de le condamner pénalement. En effet, d'un point de vue médico-légal, la frontière entre abolition et altération est d'autant plus étroite que les nosographies psychopathologiques sont parfois vagues [29]. D'un point de vue socio-judiciaire, la peur inspirée par l'infracteur, ni totalement malade ni totalement sain, risque de favoriser sa neutralisation. D'un point de vue pénal, on peut douter du sens que donnera l'intéressé à la peine prononcée. Du point de vue du traitement, les établissements pénitentiaires ne sont pas adaptés à l'incarcération (de plus en plus fréquente) de tels condamnés déficients psychiques, dont la présence indifférenciée perturbe profondément la gestion de la détention [30].

Au regard du droit civil, la nomination de la faute (alternativement ou cumulativement à la faute pénale) n'est pas d'une plus grande cohérence, tant en ce qui concerne les personnes dont le discernement est aboli (art. 389-2 *C.Civ.*) que celles bénéficiant d'une cause d'irresponsabilité. Longtemps anorma-

28. V. not. V. CATOIRE, A propos de l'altération des facultés mentales, *In* C. LAZERGES (Dir.), *op. cit.*(1995), pp. 57-69.

29. V. en ce sens l'utilisation assez fréquente du concept flou de psychopathie, R. CARIO, Jeunes délinquants, *op. cit.*, p. 202 et s.

30. V. M. MATHIEU, 55 % des détenus souffrent de troubles psychiatriques, *In Le Monde*, 16 août 2002/4 ; Dix ans après la loi : quelle évolution dans la prise en charge des personnes détenues ?, Actes du Colloque *Santé en prison*, www.inpes.sante.fr.

lement liée à la faute pénale par la jurisprudence, la faute civile tend aujourd'hui à s'en dissocier [31].

La philosophie pénale doit enfin participer à l'élaboration et à l'évaluation du système de justice pénale, à sa légitimation plus généralement [32]. Caractérisé par des principes spécifiques garants des droits et devoirs des citoyens dans les Etats démocratiques, le système de justice pénale va notamment produire (ou pérenniser) normativement les valeurs pénalement protégées. Le formalisme de la loi pénale, associé aux principes intangibles de la procédure pénale sont de nature à assurer une intervention sociale répressive minimale, d'extrême recours.

Et que le système de justice publique ne soit pas le seul mode de résolution des conflits sociaux n'y changera rien, il demeure inévitable. Si l'on doit circonscrire le plus possible le traitement pénal aux atteintes aux valeurs fondatrices de notre société, il importe quand même de se méfier d'une gestion strictement privée des conflits. Les théories radicales ou abolitionnistes en sciences criminelles contestent fort l'ordre moral sur lequel repose la réaction sociale contemporaine. Elles prônent la déjudiciarisation totale de la prise en charge des situations-problème, des comportements problématiques [33]. Mais le danger du non respect des droits fondamentaux de l'individu est alors bien réel, les sociétés libertaires se rapprochant, de ce point de vue, des sociétés totalitaires dans leur rejet de la légalité.

---

31. V. not. art. 10, 372, 470 *C.P.P.*, M.L. RASSAT, Droit pénal général, *op. cit.*, p. 367 et s. ; V. également les conditions autonomes de saisine de la Commission d'indemnisation des victimes d'infractions dès lors que le préjudice résulte de faits volontaires ou non présentant le caractère matériel d'une infraction, art. 706-3 *C.P.P.* ; V. art. 121-3 al. 1 *C.P.* mod. L. 10 juillet 2002 relatif à la faute non intentionnelle ; M.F. STEINLE-FEUERBACH, Les délits non intentionnels au regard de la Loi du 10 juillet 2000, *In Journal des Accidents et des Catastrophes (J.A.C.)*, 2001-14, http://www.iutcolmar.uha.fr/cerdacc.

32. En ce sens, la philosophie pénale est une épistémologie, V. P. PONCELA, *In* F. RINGELHEIM (Dir.), Punir mon beau souci, *op. cit.*, p. 57.

33. V. R. GASSIN, *op. cit.*, p. 43, 224 et s. ; L. HULSMAN et J. BERNAT de CELIS, *op. cit.*, p. 110 ; C. DEBUYST, *Modèle éthologique et criminologie*, Ed. Mardaga, Bruxelles, 1986, 183 p.

Ce n'est pas sans paradoxe que les instruments européens de protection des droits de l'homme assimilent aujourd'hui à la « matière pénale » des modes, parfois beaucoup plus redoutables, de restauration prétendue communautaire du lien social [34]. Une telle attitude est conforme à la nécessité d'une réponse sociale au phénomène criminel, judiciairement organisée (ou contrôlée), ayant pour unique fonction la (re)socialisation du condamné, la restauration de la victime et le rétablissement de la paix sociale.

§ 2 – La pénologie

En totale complémentarité avec la philosophie pénale, la pénologie constitue l'autre branche de la philosophie criminelle. Elle peut être définie comme la discipline ayant pour objet d'étudier les fonctions de la peine et l'adaptation de la peine à ces fonctions [35]. Encore dénommée science pénitentiaire, la pénologie, au sens strict, ne saurait être confondue ni avec le droit de l'exécution des peines, ni avec le droit pénitentiaire [36].

Durant de longs siècles, la peine a eu pour fonction d'arrêter brutalement les actions nuisibles à la société par la neutralisa-

---

34. Il est en ce sens bien connu que d'autres instances non répressives (au sens formel) traitent très fréquemment de matières détournées du pénal : le pouvoir disciplinaire (y compris en prison), le boycott professionnel, l'exclusion de fédérations diverses not., constituent des « peines privées » aux effets bien supérieurs, au surplus, aux peines légales ; V. sur ces points not., *In* F. RINGELHEIM (Dir.), Punir mon beau souci, *op. cit.*, les remarques de R. LALLEMAND (p. 14 et s.), M. FOUCAULT (p. 43), F. RIGAUX (p. 78 et s.) ; M. ANCEL, *op. cit.*, R.I.D.P., 1982, p. 594 ; J.P. CERE, *Le contentieux disciplinaire dans les prisons françaises et le Droit européen*, Ed. L'Harmattan, Coll. Sciences criminelles, 1999, 323 et s.

35. Comp. P. CUCHE, *Traité de science et de législation pénitentiaires*, L.G.D.J., 1905, p. 1 ; J. PINATEL, *Traité élémentaire de science pénitentiaire et de défense sociale*, Lib. du Recueil Sirey, 1950, p. LXXI et s. ; G. STEFANI, G. LEVASSEUR et R. JAMBU-MERLIN, *Criminologie et science pénitentiaire*, Ed. Dalloz, 5è éd. 1982, p. 3 et s. ; B. BOULOC, Pénologie, *op. cit.*, p. 1 et s. ; G. KELLENS, Punir. Droit des sanctions pénales, *op. cit.*, p. 5 et s.

36. V. *Infra*, Sect. 4 ; Comp. B. BOULOC, Pénologie, *Eod. Loc.* ; V. du même auteur, Aspects pénologiques, *In Enfance et délinquance*, Ed. Economica, 1993, p. 154 et s. ; J. PRADEL, Droit pénal général, *op. cit.*, p. 55 et s.

tion de leurs auteurs. A l'élimination pure et simple (directe, ou indirecte par l'exclusion du groupe) ont été progressivement préférés des modes plus humains de neutralisation. La justice publique [37] a en effet permis de tempérer quelques excès de la réaction privée au crime. Pour autant, que cette vengeance privée fût enserrée dans des règles précises et bien que la violence de la réaction publique se soit progressivement atténuée, il demeure que la rigueur des modes de preuve (ordalies, questions préparatoire et préalable, notamment) comme la cruauté des châtiments ont dominé l'histoire classique de la pénalité. Mais il serait imprudent d'oublier que nombre des modalités applicables favorisait si bien l'apaisement des conflits qu'on tente de les (ré)inventer à l'époque contemporaine [38].

Ce n'est qu'à compter de la fin du XVIIIè siècle, sous l'influence des philosophes des Lumières, qu'un intérêt scientifique est porté aussi bien aux origines et justifications du droit de punir (du domaine de la philosophie pénale) qu'aux fonctions de la peine. Aux théories rétributives absolues s'opposent les théories utilitaristes relatives. Selon les premières, le condamné est puni parce qu'il a commis une faute, *punitur quia peccatum est.* La peine procède ainsi d'une fonction morale : c'est une mesure d'expiation. Juste en elle-même, la peine doit faire souffrir le condamné. La rétribution peut emprunter diverses modalités : divine (lorsque l'infraction porte atteinte à un précepte divin) ; morale (la peine étant un impératif catégorique de la raison de punir) ; ou juridique (la peine s'imposant du seul fait qu'une règle de droit pénal a été violée) [39].

---

37. Sur les principes et caractéristiques de l'organisation judiciaire répressive, V. *Supra*, Chap. 2, Sect. 2, § 2.

38. V . not J.P. ALLINNE, Les victimes : des oubliées de l'histoire du droit ?, *In* R. CARIO, D. SALAS (Dir.), *op.cit.*, pp. 34-58 ; R. CARIO, Victimologie, *op. cit.*, p. 18 et s.

39. Comp. P. PONCELA, Eclipses et réapparitions de la rétribution en droit pénal, *In* Rétribution et justice pénale, *op. cit.*, p. 11 et s. ; Les travaux d'E. KANT (*Critique de la raison pure*, 1781) et de J. de MAISTRE (*Les soirées de Saint Pétersbourg ou Entretiens sur le gouvernement temporel de la providence*, 1821) sont en ce sens d'illustres modèles de la « Justice absolue ».

Les secondes sont davantage dominées par le souci de défense de la société. Elles soutiennent que la peine doit détourner du crime, *punitur ut ne peccetur*. De ce point de vue, la peine a alors une fonction utilitaire [40]. Elle doit servir à détourner les citoyens en général (prévention générale ou intimidation collective) de la délinquance selon des modalités diverses : publicité des châtiments capitaux ; contrainte psychologique (peine supérieure au plaisir escompté) ; rappel des valeurs essentielles aux citoyens. La peine peut encore servir à détourner le condamné (« prévention » spéciale ou intimidation individuelle) de la récidive en l'éliminant, ou en lui inspirant la crainte de souffrances nouvelles, ou en ravivant en lui son sens moral en vue de le reclasser dans la société.

Ces deux fonctions classiques de la peine ont en commun de se fonder sur le libre arbitre dont jouit tout individu. Elles postulent que l'infracteur a fait le choix de transgresser sciemment la norme pénale. Néanmoins, la philosophie de la répression sur laquelle reposait ces deux grandes systématisations va évoluer, non seulement vers un adoucissement (nécessaire) de la peine elle même, mais encore vers un objectif d'individualisation (inévitable) de la peine.

Sous l'impulsion de l'école positiviste, la justification de la peine va être fortement modifiée. La répression de l'infracteur en tant qu'individu déterminé dans ses comportements exclut toute tentative de rétribution et/ou toute perspective de prévention. Face au phénomène criminel, la société doit mettre en œuvre des mesures de défense sociale adaptées à la dangerosité de l'infracteur. Selon la témibilité et l'adaptabilité évaluées des condamnés, différents moyens seront utilisés : réparatoires, répressifs ou éliminatoires [41]. De toutes les innovations positi-

---

40. V. P. PONCELA, L'empreinte de la philosophie utilitariste sur le droit pénal français, *In La peine : quel avenir* ?, Ed. du Cerf, 1983, p. 51 et s. ; J. BENTHAM fut sans conteste le fondateur de « l'utilitarisme » en droit pénal. Ses travaux seront développés par la suite par l'école néo-classique, sous la bannière de la célèbre formule : « jamais plus qu'il n'est juste, jamais plus qu'il n'est utile » ; Comp. M. CUSSON, *Le contrôle social du crime*, PUF, Sociologies, 1983, p. 157 et s.

41. V. en ce sens, E. FERRI, *op. cit.*, p. 462 et s.

vistes dans la lutte contre les comportements criminels, celle de l'adaptation de la sanction à la personnalité du condamné va profondément pénétrer notre système de justice pénale. La doctrine de défense sociale nouvelle notamment, d'inspiration positiviste, prétend que la meilleure des défenses dont dispose la société c'est encore l'adaptation, l'amélioration du condamné par l'application de peines et/ou de mesures de sûreté [42].

Sans qu'il soit possible d'affirmer aujourd'hui que la fonction de la peine exclut toute idée de souffrance (inutile) ou de prévention (indémontrable), il est de doctrine criminaliste dominante et d'opinion commune constante que la peine n'a d'autre fonction que celle de favoriser la (re)socialisation du condamné [43]. En France, pour le moins, les réponses pragmatiques en termes de « juste dû » ne semblent pas vraiment faire école. L'inquiétude du retour aux excès de la rétribution est cependant réelle, au regard des condamnations concrètement prononcées par les tribunaux répressifs [44].

Les caractéristiques précitées du crime et des criminels renforcent encore cette évidente et juste fonction de resocialisation de la peine. De très nombreuses recherches, développées dans les champs en permanente évolution des sciences politiques, économiques ou sociales notamment, ont en effet pertinemment analysé les mécanismes qui conduisent soit à la normalisation soit à la marginalisation socio-culturelle, au sens large, des êtres humains. Or, les possibilités d'atteindre les standards dominants de notre pays et de respecter durablement les objectifs qu'ils assignent ne sont pas les mêmes pour tous les citoyens. De l'accumulation des handicaps, de toutes natures, dépendront les

42. V. *Supra*, Introduction, Sect. 5.

43. Comp. F. RIGAUX, Les fonctions de la répression pénale dans un ordre Juridique, *In* F. RINGELHEIM (Dir.), Punir mon beau souci, *op. cit.*, p. 74 et s. ; J.L. VULLIERME, La fin de la justice pénale. Polysémie de la peine, pluralité des modes de réparation, *In* Philosophie pénale, *op. cit.*, 1983, p. 155 et s.

44. V. *Supra,* Chap. 1, Sect. 1 ; R. GASSIN, *op. cit.,* p. 624 et s. ; A. NORMANDEAU, Bilan criminologique de quatre politiques pénales américaines contemporaines, *In R.S.C.,* 1996-2, pp. 333-346 ; sur le *Justice model of just desert* et l'idéologie de *Law and order,* V. J. DIGNAN and M. CAVADINO, *op. cit.,* pp. 9-78.

potentialités d'adaptation sociale. Précisément, les personnes jugées ont en commun de n'avoir pu, ou su (ou voulu plus exceptionnellement) dépasser un stade très élémentaire de socialisation. Dans la très grande majorité des cas, leur(s) activité(s) criminelle(s) en atteste(nt) formellement.

Dans de telles conditions, la société, au nom de laquelle la justice est rendue, doit simplement répondre aux comportements criminels en offrant au condamné les moyens de combler les déficits accumulés en vue d'une (ré)insertion sociale harmonieuse. N'est-il de plus belle fonction que celle de ramener un être humain parmi les autres [45] ? Il ne serait en effet pas tolérable qu'à l'échec de la société à prévenir l'émergence des facteurs généraux favorisant les passages à l'acte criminel s'ajoute celui de son incapacité à réparer le dommage social causé par le – et au – condamné, plus inacceptable encore car nettement repéré et individualisé [46].

Depuis quelques années, la justice pénale tend à mieux prendre en considération la dignité de personne humaine de la victime. Elle essaie, en ce sens, de lui proposer, tout au long du procès dont elle redevient un authentique acteur, une réparation globale (matérielle, psychologique et sociale) des conséquences du crime subi. Cette évolution significative de la réponse judiciaire au crime ouvre des perspectives très prometteuses. En rendant aux intéressés la régulation du conflit qui les oppose, la justice devient restaurative. Sous son contrôle bienveillant, les parties vont en effet avoir la possibilité de trouver elles-mêmes la solution qui conduira à la resocialisation de l'un et à la restauration de l'autre [47].

---

45. V. C. CHERKI-NICKLES et M. DUBEC, *op. cit.*, p. 273.

46. Sur ces aspects, V. récemment not. A. GARAPON, F. GROS, T. PECH, *Et ce sera justice. Punir en démocratie*, Ed. O. Jacob, 2001, 331 p. ; B. GUILLARME, *Penser la peine*, PUF, Coll. Questions d'éthique, 2003, 187 p. ; N. FRIZE, *Le sens de la peine. État de l'idéologie carcérale*, Ed. L. Scheer, 2004, 95 p. ; G. CASADAMONT, P. PONCELA, *Il n'y a pas de peine juste*, Ed. O. Jacob, 2004, 279 p.

47. V. *Infra*, Sect. 6.

En résumé, pour anciennes que soient les réflexions philosophiques réservées au phénomène criminel, sa morphologie sociale demeure toujours floue, voire insaisissable. Sans doute parce que le « temps d'une sagesse partagée face à la chose juridique » [48] n'est pas encore atteint. D'où la nécessité et l'urgence à analyser le phénomène criminel dans ses dimensions sociale et individuelle, perspective scientifique globale et intégrée qu'embrasse aujourd'hui la criminologie.

Section 2 – La criminologie

La criminologie scientifique a été fondée à la fin du siècle dernier par trois savants italiens : Cesare LOMBROSO, Enrico FERRI et Raffaele GAROFALO [49]. Plusieurs définitions jalonnent son existence [50]. Emile DURKHEIM, dans les règles de la méthode sociologique (1895), précise pertinemment à ce propos : « […] Nous constatons l'existence d'un certain nombre d'actes qui présentent tous ce caractère extérieur que, une fois accomplis, ils déterminent de la part de la société cette réaction particulière qu'on nomme la peine. Nous en faisons un groupe *sui generis*, auquel nous imposons une rubrique commune ; nous appelons crime tout acte puni et nous faisons du crime ainsi défini l'objet d'une science spéciale, la criminologie » [51]. Cette définition sera reprise par de nombreux criminologues contemporains [52]. Dans les multiples rééditions de son manuel, Raymond GASSIN voit dans la criminologie « […] la science qui étudie les facteurs et les processus de l'action criminelle et qui détermine, à partir de la connaissance de ces facteurs et de

---

48. V. P. PONCELA, *op. cit.* (1984), p. 58.

49. V. Sur ces auteurs, V. not. J. PINATEL, Le phénomène criminel, *op. cit.*, p. 94, 102, 138 et s. ; G. PICCA, *La criminologie*, PUF, Que sais-je ?, 5è éd. 2000, n°2136, p. 25 et s.

50. V. not. R. Gassin, 'Criminologie', *In* G. LOPEZ, S. TZITZIS (Dir.), *Dictionnaire des sciences criminelles, op. cit., pp. 207-210 ; G. Kellens, ; 2léments de criminologie,* op. cit., p. 5 et s. ; R. Gassin, Criminologie, *op. cit.*, pp. 5-37.

51. PUF, Quadrige, 1981, p. 35.

52. V. not. J. Pinatel, Traité de criminologie, *op. cit.*, pp. 4-5.

ces processus, les moyens de lutte les meilleurs pour contenir et si possible réduire ce mal social » [53].

Le contenu de la criminologie a profondément évolué ces dernières années. Non seulement en termes de contenu, mais encore dans sa nature même. En ce sens, il importe aujourd'hui d'entrevoir la discipline dans son endroit (sous l'angle agressologique traditionnel) comme dans son envers (sous l'angle victimologique beaucoup plus nouveau). Seules des préoccupations didactiques peuvent conduire, comme ici, à les présenter séparément… par peur sans doute de tomber dans l'oubli congénital dont souffre toujours la seconde composante, qu'elle soit générale ou clinique.

Au regard de ces généralités, la criminologie peut être définie comme une science multidisciplinaire ayant pour objet l'analyse globale et intégrée du phénomène social provoqué par les actions criminelles, dans leur genèse et leur dynamique, sous la double dimension individuelle et sociale, à des fins de prévention et de traitement. Elle est composée de deux principales branches : la criminologie générale (§ 1) et la criminologie clinique (§ 2).

§ 1 – La criminologie générale

La criminologie générale se propose de rapprocher, comparer et synthétiser les données relevées dans les travaux scientifiques effectués au sein de ce qu'il est convenu d'appeler les criminologies spécialisées, d'orientation biologique, psychologique et sociologique. A l'origine, chacune d'entre elles s'est développée comme un rameau de la discipline mère : biologie, psychologie ou sociologie… criminelle. Les progrès des sciences humaines et sociales en général, de la criminologie en particulier, ont conduit lentement mais sûrement chacune de ces criminologies spécialisées à s'ouvrir aux autres. Si l'intégration des approches du phénomène criminel, pluridisciplinaire par l'humanité même du champ scientifique qui nous occupe, n'est

53. Criminologie, *op. cit.*, p. 36.

toujours pas aboutie, les trois « rameaux » se sont autonomisés pour atteindre une dimension globale, au sein de la criminologie générale.

La criminologie biologique, au sens large, a beaucoup évolué depuis les travaux de Cesare LOMBROSO, qui s'inscrivaient eux-mêmes en rupture par rapport aux recherches antérieures sur la phrénologie et la craniologie. D'autres auteurs ont ensuite étudié l'influence des troubles physiologiques sur le développement des comportements (gémellité, perturbations hormonales principalement). Dans le même esprit déterministe, certains criminologues ont même cru apercevoir dans les anomalies chromosomiques que présentait le caryotype de quelques condamnés, le chromosome du crime.

Si l'on ne peut écarter d'un trait de plume l'influence de l'une ou de l'autre de ces caractéristiques biologiques, il importe d'en limiter les effets. On ne saurait pour autant ignorer – et la remarque est essentielle – que la plupart des comportements humains activés par le système nerveux central, y compris les comportements agressifs, sont appris au sein de la socioculture [54]. Une telle orientation atteste du passage de la biologie criminelle à la criminologie à orientation neurobiologique, par intégration des données des deux autres criminologies spécialisées.

La criminologie psychologique permet quant à elle de constater que la formation de la personnalité de tout être humain dépend étroitement des circonstances et des modalités de sa socialisation. Concept de base de la criminologie, le concept de personnalité est susceptible de différentes acceptions : individualité physique et psychologique ; résultante de forces diverses ; lien entre l'organisme et le milieu ; expression des valeurs culturelles acquises... Cette richesse du concept de personnalité est encore attestée par son caractère dynamique, évolutif et globalisant. En ce sens, à chaque modification de l'un des éléments

---

54. V. H. LABORIT, Les mécanismes biologiques et sociologiques de l'agressivité, *In Rev. Internat. Sciences Sociales*, 1978/XXX, p. 768 et s. ; V. *Supra*, Chap. 2, Sect. 2, § 2.

(organisme, personnalité ou milieu), c'est l'ensemble qui se modifie.

Diverses théories psychologiques, psychiatriques ou psychanalytiques ont été développées à l'endroit des transgresseurs, en termes de psychopathologie, de morpho-caractériologie, de névrose, principalement. Plus récemment, les apports de la psychologie différentielle et, surtout, de la psycholinguistique permettent de mieux comprendre l'influence prépondérante du langage et de l'éducation dans la formation de la personnalité. A cet égard, l'intégration de tels travaux à la théorie de la personnalité criminelle conduit à soutenir que le passage à l'acte criminel est essentiellement guidé par les aptitudes bio-psychologiques, mais encore sociales, des intéressés à gestualiser ou à symboliser les affects en provenance de l'environnement [55]. Ici encore, le passage de la psychologie (au sens large) criminelle à une criminologie à orientation psychologique est patente.

La criminologie sociologique a, dans une perspective voisine, nettement démontré les influences exercées par le milieu non seulement sur les motivations mais encore sur les modalités de la transgression des normes pénales. La sociologie a toujours participé à l'analyse du phénomène criminel et les analyses de l'Ecole de Chicago marquent encore la criminologie contemporaine. L'importance du groupe social dans le développement de la déviance, la fabrication étatique de la norme, la stigmatisation dans la prise en charge des infracteurs ont été consécutivement étudiées. Dans le même sens, les mécanismes du processus pénal ont été démontés pour laisser apparaître un produit fini très particulier en termes de précarités.

A côté de ces théories interactionnistes, organisationnelles ou idéologiques (encore appelées radicales), d'autres perspectives d'appréhension du phénomène criminel sont offertes par la sociologie différentielle et la socio-linguistique. Ainsi, selon la richesse matérielle de la niche écologique, l'apprentissage et la conduite des rôles sociaux varieront profondément d'un individu

55. V. *Supra*, Chap. 2, Sect. 1, § 2.

à l'autre [56]. Dans de telles conditions, les interactions étudiées entre société, groupes sociaux et individus indiquent que la sociologie criminelle a dorénavant atteint la dimension de criminologie à orientation sociologique, soucieuse d'intégrer les apports concordants des deux autres criminologies spécialisées.

En résumé, s'il ne fait aucun doute que la plupart des comportements criminels attestent notamment d'inégalités sociales, économiques et culturelles de tous ordres et amplitudes, il demeure qu'ils sont agis par un être humain nettement individualisé. On ne saurait donc ignorer (et pas davantage abusivement privilégier) un seul détail dans l'explication du phénomène criminel, d'origine biologique, psychologique ou sociologique. La complexité de l'action humaine conduit ainsi la criminologie générale à opérer la synthèse des apports provenant des criminologies spécialisées précitées, dans une démarche globale et intégrée, où théorie et empirie se mêlent. Cette démarche scientifique synthétique de la criminologie n'a rien à voir avec le « bavardage » auquel Michel FOUCAULT a pu faire allusion dans son œuvre [57]. Au plan appliqué, la criminologie clinique s'inscrit également dans une perspective scientifique au travers du traitement de resocialisation susceptible d'être proposé à ceux qui ont enfreint la norme pénale.

§ 2 – La criminologie clinique

La criminologie clinique consiste en l'approche multidisciplinaire du cas individuel. Le but de cette approche criminolo-

---

56. V. Supra, Chap. 2, Sect. 1, § 1

57. A propos de ce « bavardage criminologique » auquel font référence nombre d'auteurs, M. FOUCAULT a lui-même convenu que ce fut « peut-être un mot un peu désinvolte. Donc retirons-le. », *In* F. RINGELHEIM (Dir.), Punir mon beau souci, *op. cit.*, p. 38. Ce qu'ajouta l'auteur n'est guère retenu aujourd'hui et pourtant bien révélateur du dysfonctionnement de notre système de justice pénale, dans certaines de ses composantes ou de ses doctrines... : « ...A partir du moment où une institution qui présente tant d'inconvénients, qui suscite tant de critiques, ne donne lieu qu'à la répétition indéfinie des mêmes discours, le bavardage est un symptôme sérieux... ! » ; Comp. néanmoins J.P. BRODEUR, La criminologie entre savoir et pouvoir, *In* Rev. Autrement, *op. cit.*, 1994/145, pp. 101-119.

gique, multidisciplinaire par définition, est d'apprécier l'état dangereux de l'infracteur. L'analyse de sa capacité criminelle (ou témibilité) et de son adaptabilité sociale conduit alors à émettre une hypothèse sur sa conduite future et à élaborer un programme de mesures susceptibles de l'éloigner de la délinquance. L'état dangereux criminologique apparaît donc comme un concept opérationnel essentiel, dynamique, évolutif et global, supposant des évaluations tout au long de la prise en charge. Il se distingue en cela de l'expertise médico-légale qui se limite à l'appréciation de la « dangerosité » de l'infracteur au moment des faits et de son aptitude à tirer profit d'une sanction pénale [58]. En d'autres termes, il appartient à la criminologie clinique de participer à la réduction de la récidive en proposant un diagnostic de dangerosité, en formulant un pronostic social et en élaborant un traitement de (re)socialisation personnalisé.

L'intérêt de la criminologie clinique est incontestable. Par l'observation de l'infracteur (à l'aide d'examens médical, psychologique et d'enquête sociale au sens large) [59], elle permet au juge pénal, s'il s'agit d'une infraction, d'adapter la réponse sociale (peine ou mesure de sûreté) à la personnalité de l'intéressé. Il faut se convaincre que seule une telle démarche permet d'obtenir l'adhésion du condamné au traitement qui lui est proposé. Si la société accepte, à l'expiration de la mesure, la réintégration de l'intéressé, les chances de non-récidive augmentent véritablement.

---

58. V. sur ces points not., J. PINATEL, L'examen médico-psychologique et social de l'inculpé suivant l'expérience française, *In* L'expertise criminologique, *Ann. Intern. de Criminologie*, 1981/19, Vol. 1-2, pp. 107-113 ; C. DEBUYST, L'observation psychosociale avant et après le jugement, *In* Les interventions psychosociales dans le système de justice pénale, *Recherches criminologiques*, 1995-31, pp. 25-49 ; J. LEYRIE, L'état dangereux criminologique, *In Médecine et droit*, 1996-pp. 7-11 ; T. ALBERNHE (Dir.), *op. cit.*, p. 547 et s.

59. V. art. 81, 156 et s. *C.P.P.* ; J. PINATEL, Le phénomène criminel, *op. cit.*, not. p. 66, 83 et s. ; V. Les travaux de l'Ecole lyonnaise et, not., M. COLIN, La clinique criminologique : une approche pluridisciplinaire, *In Rev. Nervure*, 1988/7, p. 30 et s. ; V. également J.M. ELCHARDUS, La question thérapeutique en clinique criminologique, *In* La personnalité criminelle (R. CARIO et al.), *op. cit.*, p. 71 et s.

Dans cet esprit, la recherche en criminologie clinique doit alimenter la clinique criminologique. Elle doit tendre à mieux percevoir, au plan quantitatif, les différences de degré existant entre infracteurs et non-infracteurs, en termes de seuils délinquantiels différentiels. Il ne saurait plus être question, en effet, d'établir des typologies rigides et académiques d'infracteurs, auxquelles correspondrait une échelle définie de sanctions. La recherche criminologique doit encore conduire à s'interroger, au plan qualitatif, sur les mécanismes qui président à la formation de la personnalité de ceux d'entre les humains qui posent de graves comportements hétéro-agressifs. Particulièrement, les infracteurs ayant en commun de vivre une crise identitaire sévère, provoquée par l'accumulation de souffrances et de handicaps aussi divers que profonds, la recherche clinique doit participer à la promotion des mesures susceptibles de favoriser la restauration du lien social. Est-il besoin de souligner que de telles recherches doivent être menées dans le cadre d'une démarche multidisciplinaire, nécessairement, conformément aux principes et méthodes des sciences biologiques, humaines et sociales ? On ne saurait pas davantage oublier que la criminologie comporte encore quelques règles méthodologiques propres, comme celles des niveaux d'interprétation, de la primauté de la description et, surtout, de l'approche différentielle [60].

La criminologie générale et la criminologie clinique sont aujourd'hui l'objet de vives et systématiques critiques de la part de multiples détracteurs, juristes ou sociologues principalement. Pourtant, sans crainte parfois de l'apostasie, les opposants ont en commun de pratiquer eux-mêmes la démarche qu'ils reprochent aux criminologues, à savoir le réductionnisme. Ces dénigrements, souvent injustifiés, n'empêchent nullement la criminologie, générale ou clinique, d'avancer dans l'analyse scientifique du phénomène social provoqué par les actes criminels. Si des dispositions énergiques et responsables étaient, enfin, prises [61],

---

60. Sur ces différents aspects méthodologiques, V. not. J. PINATEL, *La criminologie*, Ed. SPES, 1960/1969, p. 97 et s. ; R. GASSIN, Criminologie, *op. cit.*, p. 34 et s. ; R. Cario, Victimologie, *op. cit.*, p. 103 et s.

61. V. en ce sens M. ANCEL, *op. cit.*, R.I.D.P., 1982/53, p. 594 : « ...Souvent les réformes n'ont pas été appliquées faute de moyens, souvent

il serait possible de vérifier l'opérationnalité des propositions formulées par les criminologues, tant en matière fondamentale qu'appliquée, dans la perspective globale et intégrée du « passage à l'acte au passage à l'être » en vue de la (re)socia-lisation des acteurs, en particulier, de la restauration psychologique et sociale des victimes [62] et de la réconciliation communautaire, en général [63].

Or, de même que l'hostilité sociale à l'égard des condamnés n'est plus à démontrer, l'absence de criminologues – généraliste ou clinicien – au sein des agences de contrôle social (police et justice au sens large) ne peut qu'être profondément regrettée. Le premier pourrait avoir pour mission de favoriser la coordination des actions entreprises au sein de ces agences par les différents personnels ; le second serait plutôt chargé de suivre l'évolution du traitement de resocialisation mis en place pour chaque condamné et de promouvoir son individualisation, en collaboration avec les autres personnels [64].

---

elles se sont heurtées à la résistance de ceux qui auraient dû les mettre en œuvre et souvent enfin elles se sont perdues dans une routine administrative qui perpétuait les plus mauvaises pratiques de la répression ancienne. Toutes ces défaillances, toutes ces lacunes et toutes ces déviations doivent être dénoncées... » ; V. du même auteur, *In Archives de Politique Criminelle*, 1975, n° 1, p. 31 ; J. PINATEL, La société criminogène, *op. cit.*, Réformes techniques et résistances au changement, p. 257 et s. ; D. SZABO, *Criminologie et politique criminelle*, Ed. Vrin, 1978, p. 236 et s. ; J. VERIN, La recherche conduirait-elle à abandonner la politique criminelle de réinsertion sociale ?, *In* Mélanges Pinatel, *op. cit.*, p. 70.

62. Sur la victimologie, générale et clinique, V. not. C. DAMIANI, *Les victimes. Violences publiques et crimes privés*, Bayard Editions, 1997, 278 p. ; G. LOPEZ, *Victimologie*, Dalloz, 1998, 264 p. ; R. CARIO (Dir.), *Victimes : du traumatisme à la restauration*, Ed. L'Harmattan, Coll. Sciences criminelles, 2002, 352 p. ; G.N. FISCHER (Dir.), *Psychologie des violences sociales*, Ed. Dunod, 2003, 272 p. ; P. BESSOLES, C. MORMONT (Dir.), *Victimologie et criminologie. Approches cliniques*, Champ social Ed., 2004, pp. 7-74 ; V. *Infra*, Sect. 6..

63. Expression empruntée *In La médiation-réparation à l'égard des mineurs : du passage à l'acte au passage à l'être*, Pub. D.P.J.J., multigraph., 1992.

64. V. en ce sens, Profession Criminologue. Professionnalisation ou spécialisation, Actes du 28è Congrès de l'Association Française de Criminologie, *op. cit.*, et not. R. CARIO, La formation en criminologie dans les Universités

Si la justification de la réaction sociale au phénomène criminel est de répondre scientifiquement et humainement aux comportements criminels en vue de réduire la récidive par une (re)socialisation de leurs auteurs, on comprend alors mal les réticences, voire les résistances, des autorités politiques à prendre en compte et à expérimenter les propositions les plus raisonnables que défend la criminologie en particulier. Il en va pourtant du respect à l'égard de la personne des condamnés et de celle de la victime, dont la mesure est le fondement même de nos libertés [65]. Aussi la recherche de cet équilibre entre les nécessités de la protection sociale contre le crime et la promotion des droits individuels ou collectifs est apparue fondatrice de la politique criminelle.

Section 3 – La politique criminelle

La politique criminelle peut être définie sommairement comme l'organisation rationnelle de la réaction sociale contre le crime. Elle est née en Allemagne parmi les disciples de FEUERBACH à la fin du XVIIIè siècle. Elle s'est développée ensuite sous l'influence des travaux de Adolphe PRINS et de Franz Von LISZT [66]. Elle a connu une réelle fortune en France sous l'impulsion de l'œuvre de Henri DONNEDIEU DE VABRES et de Marc ANCEL. Ses aboutissements les plus récents proviennent princi-

---

françaises, p. 75 et s. ; G. KELLENS (Dir.), Criminologie et société, *op. cit.*, 162 p. ; Est-il besoin de souligner que l'absence de criminologues au sein d'établissements fermés se fait plus particulièrement sentir. La double mission de garde et d'insertion qui caractérise de tels établissements nécessite, en effet, une coordination en vue de globaliser le traitement de resocialisation de ceux qui justifient une telle prise en charge ; Comp. R. GASSIN, *op. cit.*, p. 259 et s.

65. V. en ce sens R. LALLEMAND, *In* F. RINGELHEIM (Dir.), Punir mon beau souci, *op. cit.*, p. 33.

66. Sur ces auteurs, V. not., M.S. GROENHUIJSEN et D. VAN der LANDEN, L'Union Internationale de Droit Pénal dans la zone de tension entre les notions de droit classique et les conceptions juridiques modernes, *In R.I.D.P.*, 1990/61, n° 1-2, p. 143 et s.

palement des travaux de Mireille DELMAS-MARTY et de Christine LAZERGES [67].

Après avoir schématiquement posé les contours très généraux de la politique criminelle (§ 1), il conviendra d'envisager la structure autour de laquelle elle se construit et se développe (§ 2).

§ 1 – La politique criminelle. Contours

La plupart des définitions de la politique criminelle soulignent, très généralement, qu'elle est une science et un art. Une science d'observation et d'évaluation des politiques criminelles en action. Un art dans les propositions prospectives qu'elle formule en vue d'éviter la dissolution, par les comportements criminels, du lien social [68]. Elle est, en d'autres termes, théorie et pratique des différentes formes de contrôle social [69].

On doit ainsi bien comprendre que la politique criminelle fait encore partie intégrante des sciences sociales. Elle constituerait même, selon certains auteurs, une branche de la science politique, en tant qu'influant, elle aussi, sur les mécanismes de régulation sociale [70]. Par conséquent, la politique criminelle couvre un domaine vaste, non limité aux incriminations pénales [71]. Elle participe activement à la prévention de la délin-

---

67. Madame M. DELMAS-MARTY, Professeure au Collège de France, a longtemps dirigé la Section de Sciences Criminelles de l'Institut Français de Droit Comparé (Panthéon-Sorbonne). Elle est également Directeure de la Revue de Science Criminelle et de Droit pénal comparé. Madame C. LAZERGES, Professeure à l'Université Panthéon-Sorbonne (Paris I), dirige l'Equipe de Recherche en Politique Criminelle (E.R.P.C.). Elle est aussi Rédacteur-en-chef des Archives de Politique Criminelle.

68. V. not. M. ANCEL, Pour une étude systématique des problèmes de politique criminelle, *In Arch. Pol. Crim.*, 1975-1, p. 15 et s. ; C. LAZERGES, Introduction à la politique criminelle, *op. cit.*, p. 7 et s..

69. V. M. DELMAS-MARTY, *Les grands systèmes de Politique criminelle*, PUF, Coll. Thémis, 1992, p. 13.

70. V. C. LAZERGES, L'enseignement de la politique criminelle en troisième cycle, *op. cit.*, p. 75 et s.

71. V. P. CONTE, P. MAISTRE du CHAMBON, Droit pénal général, *op. cit.*, p. 9 et s.

quance, à tous les niveaux institués de l'intervention sociale ou judiciaire. Elle s'intéresse encore à toutes formes de déviance et d'inadaptation en vue de favoriser l'agrégation pacifique des intérêts, pas toujours convergents, des membres de la communauté humaine [72]. La politique criminelle ne saurait donc être réduite à la formulation de simples recettes [73] ou de programmes destinés à la seule lutte contre les infractions constatées. En effet, la réponse pénale est une riposte possible au crime, mais ni la seule, ni la plus justifiée [74].

La démarche de la politique criminelle se prétend alors globale du phénomène social débouchant notamment sur le crime. C'est dans cet esprit que Christine LAZERGES la définit comme « une réflexion épistémologique sur le phénomène criminel, un décryptage du phénomène criminel et des moyens mis en œuvre pour lutter contre les comportements de déviance ou de délinquance ; elle est également une stratégie juridique et sociale fondée sur des choix politiques pour répondre avec pragmatisme aux problèmes posés par la prévention et la répression du phénomène criminel entendu largement » [75].

Discipline scientifique en formation, la politique criminelle est souvent réduite aux politiques criminelles développées, çà et là, au gré des idéologies dominantes. Pourtant, la politique criminelle possède bien une structure qui lui est propre, indépendamment des modèles et des mouvements qui la caractérisent.

---

72. V. J. BAUDOUIN, *Introduction à la science politique*, Mémentos Dalloz, 3è éd., 1992, p. 24 et s.

73. V. M.L. RASSAT, Pour une politique anticriminelle du bon sens, *op. cit.*, 204 p. ; du même auteur, Droit pénal, *op. cit.*, p. 84 et s. ; J. PRADEL, Droit pénal général, *op. cit.*, p. 65 et s. ; Comp. G. PICCA, *op. cit.*, p. 95 et s. ; P. PONCELA, *op. cit.* (1983), *In* La philosophie pénale, p. 56.

74. V. *Supra*, Chap. 3, Sect. 2.

75. V. C. LAZERGES, Introduction à la politique criminelle, *op. cit.*, p. 9.

§ 2 – La politique criminelle. Structure [76]

La politique criminelle, on l'a souligné, a l'ambition de participer à la promotion de la cohésion sociale et à la survie du corps social. Elle participe, en ce sens et notamment, à la détermination des valeurs sociales à protéger. Elle élabore également les stratégies destinées à assurer leur respect. Mais il va sans dire que la mise en œuvre de l'une comme des autres est étroitement liée à l'idéologie qui les sous-tend : libérale, égalitaire ou totalitaire. Pour autant, les fluctuations susceptibles d'être observées ne sont pas complètement aléatoires car, comme à l'intérieur de tout système, les relations s'établissant entre les éléments qui le composent sont généralement soumises à des invariants.

Ainsi, la structure propre de la politique criminelle repose sur quatre invariants, regroupés deux à deux en invariants comportementaux d'écart à la norme (constitutifs de délinquance ou de déviance) et en invariants collectifs de réponse aux transgressions (révélateurs de réponse étatique ou sociétale). Ces invariants organisent quatre séries de relations fondamentales, elles-mêmes décomposées en relations dérivées. Principalement, « l'atome » de la politique criminelle se développe autour du jeu suivant :

. infraction - réponse étatique (I - Re)
. infraction - réponse sociétale (I - Rs)
. déviance - réponse étatique (D - Re)
. déviance - réponse sociétale (D - Rs).

La valeur heuristique d'une telle structure de politique criminelle est incontestable dans la mesure où elle permet d'intégrer, avec souplesse, acteurs engagés et actions entreprises pour prévenir et, au besoin, réprimer le crime et les comportements criminels et/ou prévenir et au besoin traiter la déviance. Son instrumentalité rend alors possible la comparaison des différents systèmes de politique criminelle en action dans le monde au

---

76. Les développements qui suivent sont directement inspirés des travaux de M. DELMAS-MARTY ; V. not. Les grands systèmes de politique criminelle, *op. cit.*, p. 45 et s. ; C. LAZERGES, *Ibid.*, p. 25 et s.

travers de modèles généraux. Elle est susceptible de rendre encore compte des mouvements qui affectent ces systèmes [77].

Peuvent être ainsi repérés, tout d'abord, trois modèles où la réponse étatique à la délinquance ou à la déviance domine : Etat-société libéral, Etat égalitaire, Etat totalitaire. Deux modèles privilégiant la réponse sociétale peuvent ensuite être décrits au travers des caractéristiques de Société autogestionnaire ou de Société libertaire [78].

La richesse et la fécondité des propositions de Mireille DELMAS-MARTY n'échapperont à personne. Elles renforcent l'accession de la politique criminelle au sein des sciences criminelles et le rôle essentiel qu'elle y joue. Elles confirment encore que la politique criminelle est le point de rencontre privilégié du droit pénal et de la criminologie. En d'autres termes, elle est bien science et art et, comme se plaisait à le souligner Marc ANCEL, elle est de nature à promouvoir une « meilleure formulation des règles positives à la lumière des données criminologiques afin d'assurer la défense sociale » [79]. Et cette formulation des règles positives, comme leur mise en œuvre, sont du domaine du droit criminel.

Section 4 – Le droit criminel

Le droit criminel peut être défini comme la branche du droit qui a pour fonctions d'élaborer, en général, les normes juridiques destinées à prévenir les agissements contraires à l'harmonie sociale et de réprimer, en particulier, les personnes qui néanmoins les transgressent. La doctrine contemporaine préfère assez généralement aborder la matière sous l'appellation de

---

77. Ces mouvements sont regroupés par M. DELMAS-MARTY autour de trois séries de stratégies : d'adaptation (variantes et variations à l'intérieur d'un modèle), de rupture (glissements d'un modèle à l'autre), d'expansion ou de retrait (modifications du champ de la politique criminelle), *Ibid.*, p. 263 et s.

78. V. sur ces modèles, M. DELMAS-MARTY, *Ibid.*, p. 85 et s. ; V. également D. SZABO, Pour une science de la politique criminelle, *In* R.I.C.P.T., Vol. XLVI, 1993-2, pp. 177- 182.

79. V. M. ANCEL, La défense sociale nouvelle, *op. cit.* (1981), p. 34 et s.

Droit pénal. Un tel choix apparaît d'autant plus réducteur qu'à la critique étymologique s'en ajoute une d'ordre éthique. Le droit criminel envisage en ce sens l'infraction, la responsabilité pénale et la sanction (peine et mesure de sûreté). Le droit criminel participe encore à la prévention du phénomène criminel, pas seulement à la répression des comportements criminels [80]. Le droit criminel favorise, enfin, la prise en compte de la victime comme acteur au procès pénal et comme personne humaine à restaurer socialement.

Expression très concrète des principes organisateurs fondamentaux de tout système de justice pénale démocratique, le droit criminel puise à de multiples sources : internationales et régionales [81], d'une part, constitutionnelles [82], législatives et

---

80. V. en ce sens R. MERLE et A. VITU, Traité de droit criminel. Problèmes généraux de la science criminelle, *op. cit.*, p. 211 et s. ; J.H. ROBERT, *op. cit.*, p. 50 et s., qui rappelle que c'est la Chambre criminelle de la Cour de Cassation qui est compétente en la matière ; c'est dans cet esprit que M. ANCEL A fondé en 1936 la *Revue de Science criminelle et de droit pénal comparé.*

81. V. not. sur l'internationalisation du droit pénal, l'un des buts essentiels de l'Association Internationale de Droit Pénal, A. HUET et R. KOERING-JOULIN, *Droit pénal international*, PUF, Coll. Thémis, 2è éd. 2001 439 p. ; M.C. BASSIOUNI (Ed.), Commentaries on the international law commission's 1991 draft code of crimes against the peace and the security of mankind, *In N.E.P.*, 1993/11, 296 p. ; du même auteur, *The statute of the international criminal court*, Transnational publishers Inc., 1999, 793 p. ; W. BOURDON, E. DUVERGER, *La Cour pénale internationale. Le Statut de Rome*, Ed. Le Seuil, Coll. Points, 2000, 290 p. ; A ce jour, 106 Etats ont ratifié le Traité de Rome 1998/2002) portant création de la Cour Pénale Internationale (CPI), icc-cpi.int, iccnow.org.

82. Elargies traditionnellement au « bloc de constitutionnalité » (Déclaration des Droits de l'Homme et du Citoyen de 1789, Préambule de la Constitution de 1946 et Constitution de 1958). A ces sources que l'on « redécouvre » s'ajoutent encore les Principes Généraux de Droit en droit pénal ; Sur ces différents points, V. J. PRADEL et A. VARINARD, *Les grands arrêts du droit criminel*, Tome 1, 4è éd. 2004, p. 3 et s. ; L. PHILIP, La constitutionnalisation du droit pénal français, *In R.S.C.,* 1985, p. 711 et s. ; D. MAYER, L'apport du Droit constitutionnel au droit pénal en France, *In R.S.C.*, 1988, p. 439 et s. ; Comp. M. de BECHILLON, *La notion de principe général en Droit privé,* Presses Univ. d'Aix-Marseille, 1998, 298 p.

réglementaires, de l'autre. Le déclin si souvent commenté de la légalité apparaît, dans ces conditions, assez pessimiste [83].

Destiné à prévenir les infractions aux valeurs sociales essentielles qu'il est censé édicter et à réprimer au nom de la société leurs transgresseurs éventuels, le droit criminel appartient donc au Droit public. Pour autant, les juridictions pénales ayant en charge sa mise en œuvre participent de l'ordre judiciaire privé. L'originalité du droit criminel s'observe encore dans les relations qu'il entretient avec les autres branches du droit : le droit administratif (incriminations des contraventions ; mesures de sûreté pré-délictuelles, droit administratif-pénal...) ; le droit international public (coopération internationale en matière pénale ; Cour pénale internationale...) ; le droit civil (action civile exercée devant les juridictions répressives, indemnisation des victimes [84]...), principalement. Naturellement, ces relations n'entament en rien l'autonomie réelle du droit criminel. En effet et contrairement à ce qu'écrivirent ROUSSEAU et, après lui, PORTALIS [85], la loi pénale pallie très efficacement le faible rendement social [86] de la plupart des sanctions autres que pénales.

---

83. V. sur cet aspect, A. CERF-HOLLENDER, Le nouveau code pénal et le principe de légalité, *In Arch. Pol. Crim.*, 1994/16, p. 9 et s. ; J.P. DELMAS SAINT HILAIRE, Les principes de la légalité des délits et des peines, *In* Mélanges BOUZAT, Ed. Pédone, 1980, pp. 149-165 ; Y. MAYAUD, *Droit pénal général*, PUF, Coll. Droit fondamental, 2è éd. 2007, p. 31 et s. ; M. DELMAS-MARTY, Légalité pénale et prééminence du droit selon la CEDH, *In Mélanges VITU*, 1989, Ed. Cujas, p. 151 et s. ; M.C. SORDINO, *Droit pénal général*, Ed. Ellipses, 2005, p. 28 et s. ; J. LEROY, *Droit pénal* général, LGDJ, 2è éd. 2007, p. 85 et s. ; Comp. J. PRADEL, *Droit pénal comparé*, Ed. Dalloz, Précis, 2è éd. 2002, 803 p. ; J. PRADEL, G. CORSTENS, *Droit pénal européen*, Ed. Dalloz, Précis, 3è éd. 2008, 620 p.

84. V. Y. LAMBERT-FAIVRE, S. PORCHY-SIMON, *Droit du dommage corporel. Systèmes d'indemnisation*, Dalloz, 6è éd. 2008, à paraître ; V. *Infra*, Sect. 5.

85. Pour qui les lois pénales sont « moins une espèce particulière de lois que la sanction de toutes les autres » , *In* not. J.J. ROUSSEAU, *Du contrat social* (1762), Ed. Garnier-Flammarion, 1966, p. 91.

86. Selon l'heureuse expression du Doyen J. CARBONNIER, *Sociologie juridique*, Ed. Armand Colin, Coll. U, 1971, p. 130 et s.

Ainsi et au-delà du souci de synthèse qui anime les présents développements, il convient de préciser le contenu du droit criminel en distinguant, à grands traits, le droit criminel fondamental (§ 1) du droit criminel appliqué (§ 2).

§ 1 – Le droit criminel fondamental

Encore appelé droit criminel substantiel, il établit les règles de fond de la matière. Il se subdivise lui-même en droit pénal général et en droit pénal spécial. Le premier, *droit pénal général*, élabore les théories générales relatives à l'infraction (dans ses éléments légal, matériel et moral), à la responsabilité pénale (en termes de participation – principale, accessoire et intermédiaire – et d'imputabilité), à la sanction pénale (variétés et quantum principalement des peines et des mesures de sûreté).

Le second, *droit pénal spécial*, miroir des civilisations [87], énumère à la manière d'un catalogue les infractions prévues et punies par la loi ou le règlement. De manière assez détaillée, les comportements interdits sont exposés aussi bien quant au(x) mode(s) qu'à l' (aux) intention(s) de faire. De la même manière, les sanctions légalement prévues guident et conditionnent le choix du magistrat ayant à connaître de leur violation [88].

L'essentiel des dispositions de droit pénal général sont rassemblées dans le Code pénal, substantiellement augmentées et clarifiées (par rapport à la jurisprudence notamment) par les Lois du 22 juillet 1992, constitutives du nouveau Code pénal [89]. Par contre, malgré un louable effort d'adaptation aux valeurs de

87. V. R. Merle et A. Vitu, Traité de Droit criminel. Droit pénal spécial, *op. cit.*, Tome III, p. 13.

88. V. not M. Veron, *Droit pénal spécial,* Ed. A. Colin Coll. U, 12è éd. 2008, 480 p. ; J. Pradel, M. Danti-Juan, *Droit pénal spécial*, Ed. Cujas, 4è éd. 2007, 864 p. ; P. Conte, *Droit pénal spécial*, Ed. Litec, 3è éd. 2007, 432 p. ; V. Malabat, *Droit pénal spécial*, Ed. Dalloz, Coll. HyperCours, 3è éd. 2007, 621 p.

89. Art. 111-1 à 133-17 *C.P.*, soit 176 articles, auxquels il convient d'ajouter les dispositions générales du Décret en Conseil d'Etat du 29 mars 1993, R.131-1 à 36.

notre temps et de simplification structurelle, les Lois de juillet 1992 ne contiennent pas, très loin s'en faut, l'ensemble des infractions aujourd'hui prévues et punies par la loi ou le règlement. De multiples textes sont en effet porteurs d'incriminations en droit des affaires et des sociétés commerciales, en droit du travail, en droit fiscal, par exemple [90].

Grammaire et vocabulaire [91] du droit pénal définis, il convient de fixer le lieu où s'écrit l'histoire de celui qui, délibérément, par imprudence, ignorance ou mise en danger délibérée, commet des fautes pénales de lecture et/ou de posture. En d'autres termes, au « code des malfaiteurs » répond le « code des honnêtes gens ».

§ 2 – Le droit criminel appliqué

Encore qualifié de droit criminel formel, il établit les règles de forme relatives à l'organisation du procès pénal, d'une part, et à l'organisation de l'exécution pénale, de l'autre. *La procédure pénale* (ou mieux encore le droit judiciaire pénal), en premier lieu, a une double mission : 1°) organiser et déterminer la compétence des juridictions répressives ; 2°) établir les règles relatives à la recherche, à la poursuite, à l'instruction et au jugement des infractions.

En ce sens, le procès pénal, seul mode de réalisation de la loi pénale, se déroule devant la Cour d'assises (au cas de crime), ou le Tribunal correctionnel (au cas de délit) ou le Tribunal de police (au cas de contravention). Des principes fondamentaux organisent les différentes phases du procès pénal : séparation des autorités de poursuite, d'instruction et de jugement ; indé-

---

90. V. not. M. DELMAS-MARTY, G. GIUDICELLI-DELAGE (DIR.), *Droit pénal des affaires*, PUF, Coll. Thémis, 4è éd. 2000, 707 p. ; M. DELMAS-MARTY, C. TEITGEN-COLLY, *Punir sans juger ?* De la répression administrative au droit administratif pénal, Economica, 1992, 191 p. ; J. BRURON, *Droit pénal fiscal*, L.G.D.J, 1998, 161 p. ; J.F. RENUCCI, *Droit pénal économique,* Ed. Masson, 1997, 167 p. ; A. COEURET, E. FORTIS, *Droit pénal du travail*, Ed. Litec, 3è éd. 2008, 429 p.

91. V. R. MERLE et A. VITU, *Eod. loc.*, p. 9 et s.

pendance et impartialité des magistrats répressifs ; droits de la défense notamment [92].

Dans le même esprit, des principes directeurs d'aide à la décision devraient être systématisés afin de rendre plus cohérent le prononcé des peines. Les magistrats pourraient, en ce sens, bénéficier de formation spécifique à la prise de décision en général, comme d'aides (sous formes de *guidelines*) à la détermination de la peine : proportion entre la gravité de l'infraction et la peine en particulier ; adaptation de la peine à la personnalité du condamné ; prise en compte des aspirations à réparation de la victime ; recours toujours exceptionnel à l'incarcération (peine de dernier recours ; « peine de la peine » [93]) ; développement des sanctions applicables dans la communauté ; non discrimination pour raison d'ethnie, de couleur, de sexe, de nationalité, de statut social... de l'infracteur ou de la victime ; sans oublier de mettre à la disposition des juges des statistiques très précises et détaillées des décisions rendues sur l'ensemble du territoire [94]...

Les modalités d'exécution ou d'application de la sanction, en second lieu, pourraient être heureusement regroupées en un droit ou, plus modestement, en un *code de l'exécution des peines*. Un certain nombre de règles, de connaissance pas toujours

---

92. Sur ces point essentiels, V. not. J. PRADEL, Procédure pénale, *op. cit.*, p. 25 et s. ; M.L. RASSAT, *Traité de procédure pénale*, PUF, Coll. Droit Fondamental, 2001, p. 51 et s. ; P. CONTE, P. MAISTRE DU CHAMBON, *Procédure pénale*, 4è éd. 2002, p. 17 et s. ; J. BUISSON, S. GUINCHARD, *Procédure pénale*, LITEC, 2è éd. 2002, p. 277 et s. ; T. GARE, C. GINESTET, *Droit pénal et procédure pénale*, Dalloz, Coll. Hyper cours, 4è éd. 2006, p. 185 et s. ; G. STEFANI, G. LEVASSEUR, B. BOULOC, *Procédure pénale*, Dalloz, Précis, 19è éd., 2004, p. 1 et s. ; Sur les spécificités de la procédure appliquée aux mineurs, V. not. J.F. RENUCCI, *op. cit.*, p. 128 et s. ; A. GARAPON et D. SALAS (Dir.), *La justice des mineurs. Evolution d'un modèle*, L.G.D.J., 1995, 153 p. ; J.P. ROSENCZVEIG, *Le système français de protection de l'enfance*, Ed. Jeunesse et droit, 1998, 700 p. ; R. CARIO, Jeunes délinquants, *op. cit.*, Chap. 2, p. 81 et s.

93. V. A. GARAPON et D. SALAS, *op. cit.*, p. 106 et s.

94. Sur le Sentencing, V. not. J. DIGNAN and M. CAVADINO, *op. cit.*, p. 84 et s. ; *Recomm. R(92)17* sur la cohérence dans le prononcé des peines, pub. Conseil de l'Europe, 1993, 48 p. ; F. VANHAMME, La rationalité de la peine. Une approche socio-cognitive des tribunaux correctionnels, *In R.D.P.C.*, 2006-2, pp. 134-167.

aisée, organisent en effet le régime des différentes sanctions constituant l'arsenal répressif. Dans le même sens, les institutions chargées de l'exécution des peines voient leur mission (de service public) étroitement réglementées, qu'il s'agisse de sanctions (peines ou mesures de sûreté) exécutées en milieu ouvert ou fermé (au sens large). Le droit pénitentiaire en constitue la forme la plus aboutie. Il illustre parfaitement, en particulier, les liens s'établissant nécessairement entre la justice et l'administration pénitentiaire par le canal du juge de l'application des peines [95].

Il importe de saluer, au regard de la complexité des réalités de la resocialisation des condamnés, la récente juridictionnalisation de l'exécution des sanctions pénales. Amorcée par la Loi du 15 juin 2000 qui avait réalisé, de ce point de vue, « un bond en avant » remarquable, la généralisation des juridictions de l'application des peines (juge de l'application des peines, tribunal de l'application des peines, chambre de l'application des peines) a été aboutie par celle du 9 mars 2004. Dorénavant, tous les contentieux relatifs à l'individualisation de la sanction, y compris pénitentiaires, sont juridictionnalisés [96]. La victime est, plus qu'hier, susceptible d'y jouer un rôle, dont il n'est pas certain qu'il s'agisse bien de l'un des siens [97]. Quant à celui du

---

95. V. not. B. Bouloc, Pénologie, *op. cit.*, p. 91 et s. ; S. Plawski, *Droit pénitentiaire*, P.U. Lille III, 1977, p. 253 et s. ; F. Staechele, *La pratique de l'application des peines*, Ed. Litec, 1995, 419 p. ; Observatoire international des prisons, Le guide du prisonnier, *op. cit.*, 507 p. ; M. Herzog-Evans, *Droit de l'application des peines*, Dalloz, Coll. Référence, 2è éd. 2005, 908 p.

96. V. not. G. Levasseur, Aperçu sur la judiciarisation de l'exécution des sanctions répressives, *In Rev. Pénitentiaire,* 1983-4, pp. 327-352 ; B. Bouloc, Pénologie, *op. cit.,* p. 60 ; V. *Contra* M.L. Rassat, Rapport au Garde des Sceaux, *op. cit.,* p. 36 ; sur ces lois récentes, V. not. P. Poncela, Le chantier du droit de l'exécution des peines est ouvert. Quelques remarques sur la Loi du 15 juin 2000, *In Rev. sc. crim.*, 2000-4, pp. 887-894 ; C. Lazerges, De la judiciarisation à la juridictionnalisation de l'exécution des peines, *In La sanction du droit. Mélanges offerts à Pierre Couvrat*, PUF, Pub. Fac. Droit Poitiers, 2001-39, pp. 489-503 ; B. Lavielle, M. Jonas, X. Lameyre, Le guide des peines, *op. cit.*, p. 525 et s. ; M. Herzog-Evans, Droit de l'application des peines, *op. cit.*, p. 55, 698 et s.

97. Sur le droit à l'information, mais davantage encore sur le droit à l'oubli de la victime, V. not. R. Cario, La place de la victime dans l'exécution

Juge délégué aux victimes (JUDEVI), il demeure urgent de lever les ambiguïtés de son avènement par le Décret du 13 novembre 2007 [98].

Procédure pénale et exécution pénale ont encore en commun de cristalliser en elles une préoccupation récente mais néanmoins aiguë, touchant à la protection des droits des hommes ou des femmes suspecté(e)s, mis(es) en examen ou condamné(e)s à des sanctions plus ou moins contraignantes (mise à l'épreuve, obligation de faire, privation pénale de liberté...). Sans contestation possible, les recherches effectuées en ce riche domaine des « droits humains » soulignent que partout où de tels droits sont bafoués plus ou moins gravement, le totalitarisme règne [99]. Ennemi juré de l'arbitraire, le formalisme du procès pénal caractérise aussi la criminalistique, injustement qualifiée de science auxiliaire du droit pénal [100].

Section 5 – La criminalistique

La criminalistique est composée d'un ensemble de disciplines et de techniques ayant pour triple objet la détermination 1°) des circonstances exactes de commission d'une infraction, 2°) de l'identification et 3°) de la personnalité de son auteur. Elle

---

des peines, *In Rec. Dalloz*, 2002, chron., pp. 145-151 ; Qui a peur des victimes ?, *In A.J. pénal*, 2004-12, pp. 427-428 et pp. 434-437 ; D. Salas, Présence de la victime dans le procès et sens de la peine, *Eod. loc.*, pp. 430-431 ; X. Lavielle, M. Jonas, X. Lameyre, Le guide des peines, *op. cit.*, p. 597 et s.

98. V. not. C. Lienhard, Le juge délégué aux victimes, *In Rec. Dalloz*, 2007-44, p. 3120 ; J. Buisson, Le juge délégué aux victimes d'infractions, *In Procédures*, nov. 2007, 44 ; S. Portelli, Le juge pénal et les victimes, *In* J.L. Senon et al. (Dir.), Psychocriminologie, *op. cit.*, pp. 323-336 ; S. Bouzige, Le juge délégué aux victimes : outil de communication ou amélioration du soutien des victimes ?, *In A.J.pén.*, 2008-9, pp. 361-362.

99. V. not. M. Delmas-Marty (Dir.), *Procès pénal et droits de l'homme*, PUF, Coll. Les voies du droit, 1992, 311 p. ; F. Sudre, *Droit européen et international des droits de l'Homme*, PUF, Coll. Droit fondamental, 8è éd. 2008, 843 p.

100. Comp. C. Pecqueur, Les sciences, auxiliaires du droit ?, *In* Rev. Autrement, Science ou justice, *op. cit.*, pp. 43-49.

est mise en œuvre par les Services de Police judiciaire (dépendant de la Police Nationale ou de la Gendarmerie Nationale) et par les Instituts de Médecine légale. La criminalistique apporte donc au quotidien une aide aux enquêteurs et aux magistrats (du parquet ou de l'instruction) dans l'exercice de leurs missions. Il est essentiel de souligner le rôle très important que jouent les premières conclusions des « experts » (de la police judiciaire et de la médecine légale) sur le déroulement de la procédure, voire même sur le prononcé de la sanction. Traditionnellement, trois disciplines, aujourd'hui parfaitement complémentaires et de plus en plus intégrées, méritent d'être présentées : l'anthropométrie criminelle (§1), la police scientifique (§2) et la médecine légale (§3) [101].

§ 1 – L'anthropométrie criminelle

Alphonse BERTILLON est considéré comme le fondateur de cette discipline dont la vocation est de recenser les signes anthropométriques particuliers des infracteurs. Par un classement méthodique, des fiches établies sur les individus arrêtés, il lui fut alors possible de repérer les condamnés récidivistes. Il a dans le même esprit institué la photographie anthropométrique (face et profil des intéressés). Il fut encore le premier à photographier la scène du crime et à en systématiser le relevé par un plan précis des lieux. A la suite du britannique Francis GALTON, il va finalement participer à la promotion en France du procédé d'identification par les empreintes digitales, en incluant

---

101. V. not. E. HEILMANN, L'ordre savant, *In* Rev. Autrement, *Ibid.*, pp. 13-25 ; M. KALUSZYNSKI, Le criminel sous le regard du savant, *Ibid.*, pp. 74-87 ; J. FROMBONNE, *La criminalistique,* PUF, Que sais-je ?, 1996, 370, 128 p. ; C. DIAZ, *La police technique et scientifique*, PUF, Que sais-je ?, 2000-3537, 126 p. ; A. BUQUET, *Manuel de criminalistique moderne*, PUF, Coll. Criminalité internationale, 2001, 262 p. ; Sur le rôle spécifique joué en ces matières par la police (au sens large) au niveau régional et international, V. Systèmes de police comparés et coopération, *In Les cahiers de la sécurité intérieure,* Tome 1, 1993-13, pp. 11-230 et Tome 2, 1993-14, pp. 11-196 ; L. GLEILSAMER, *Interpol. Policiers sans frontières*, Ed. Fayard, 1997, 336 p. ; D. OWEN, *Science et crime*, Tana Ed., 2000, 240 p.

l'empreinte des doigts de la main droite dans sa fiche de signalement anthropométrique [102].

Le bertillonage n'a pas cessé d'être amélioré. En ce sens, les innovations introduites par Edmond LOCARD (inventeur de la poroscopie, identification par les traces des orifices sudoripares), René CANONGE (identification par les fiches et l'image) et Pierre CHABOT (le portrait-robot) ont substantiellement amélioré les performances de l'anthropométrie criminelle. Plus particulièrement, la dactyloscopie (science des empreintes digitales) constitue l'une des techniques les plus sophistiquées et fiables dont disposent aujourd'hui encore les services de l'Identité Judiciaire [103]. Les fiches anthropométriques que ces services confectionnent recèlent ainsi de multiples renseignements (signes anatomiques, proportions, tatouages, cicatrices...), rassemblés dans des fichiers informatisés, rejoignant par là, plus généralement, les préoccupations de la police technique et scientifique.

§ 2 – La police technique et scientifique

Elle porte sur l'ensemble des procédés dont dispose la Police judiciaire (Police Nationale et Gendarmerie) pour la recherche et l'arrestation des infracteurs. Après avoir connu une situation alarmante, les services français de police technique ont été très notablement améliorés à la suite du Décret du 8 mai 1985. Des formations performantes sont instituées [104] et des crédits consé-

---

102. A. BERTILLON est l'auteur de plusieurs ouvrages dont l'*Anthropologie métrique* (1904) est le plus connu. Bertillon est devenu célèbre encore par les expertises qu'il effectua dans les affaires Ravachol et Dreyfus ; V. également M. MALHERBE, Identité judiciaire. L'œuvre d'Alphonse Bertillon, *In Rev. Liaisons*, 1990/298, p. 20 et s. ; M. KALUSZYNSKI, La République à l'épreuve du crime, *op. cit.*, pp. 139-167.

103. V. sur ces aspects E. LOCARD, *Traité de criminalistique*, Ed. Desvignes, Tome 1, 1931, p. 249 et s. ; J. GAYET, *Manuel de police scientifique*, Ed. Payot, 1961, 462 p. ; G. BARBIER, Y. BONVALET, Les innovations de l'Intérieur, *In Rev. Civic*, 1994/44, pp. 22-29 ; C. DIAZ, *op. cit.*, p. 7 et s.

104. Confirmées par le D. du 19 fév. 1992 portant statut des corps des ingénieurs, des techniciens et des aides de la police nationale.

quents ont permis d'augmenter les recrutements et de moderniser les matériels. Actuellement, la police technique et scientifique, en profonde mutation, est présente dans les deux corps compétents en matière de police judiciaire (art. D. 4 *C.P.P.*). Ainsi, la Police nationale rassemble, au sein d'une Sous-direction particulière (SCIJ), les cinq Laboratoires inter-régionaux de Police scientifique, le Service de documentation et des diffusions, le Service du traitement de l'information judiciaire et les 19 Services régionaux de police judiciaire (SPIJ). Ces différents éléments sont réunis par le Système de traitement de l'information criminelle (STIC), instrument très pertinent « d'aide à l'enquête » [105].

La Gendarmerie nationale dispose, quant à elle, d'un Institut de recherche criminelle situé à Rosny-sous-Bois (IRCGN), chargé d'effectuer, à la demande des Unités et des magistrats, les examens ou expertises scientifiques, d'assister et de former les enquêteurs et techniciens des Unités de recherche (Sections ou Brigades). Par ailleurs, le Service technique de recherche judiciaire et de documentation (STRJD) gère les fichiers informatisés communs aux deux corps de police judiciaire et le Système d'information judiciaire (SIJ), alimenté par les différents « Judex » qui sont opérationnalisés sur le terrain [106].

Plus précisément, la police technique permet d'apporter la preuve indiciale, la matérialité des faits. Selon des techniques appropriées, la scène et les lieux du crime sont fixés [107]. Toutes traces et tous débris biologiques (sang, poils, sperme, cheveux...) voire odeurs [108] de nature à orienter l'enquête sont relevés, avec le secours de matériels de plus en plus performants,

---

105. V. not. Police technique et scientifique : la recherche au service des enquêtes, *In Civic*, 1994/39, p. 25 et s. ; B. GRAVET, Police technique et pratiques professionnelles, *In Les cahiers de la sécurité intérieure,* 1995, pp. 25-34 ; interieur.gouv.fr/police ; comp. interpol.com.

106. V. defense.gouv.fr/gendarmerie.

107. V. not. J.C. MARTIN, *Investigation de scène de crime*, Presses polytechniques et universitaires romandes, Lausanne, 2002, 184 p.

108. V. not. P. KREMER, Flair à conviction. La police française se lance dans l'odorologie, *In Le Monde 2*, 18-19 avril 2004, pp. 46-49.

comme le microscope électronique à balayage. Le développement de la balistique légale (identification des armes, analyse des cartouches, des résidus et trajectoires des tirs) [109], en perpétuel perfectionnement, se situe à la frontière de la police technique et de la police scientifique. Le cas échéant, il peut être fait appel au concours d'experts (art. 156 et s. *C.P.P.*) ou de personnes extérieures qualifiées (art. 74, 77 *C.P.P.*). C'est ainsi que l'analyse criminelle s'ouvre aux « détectives informatiques » et à « l'analyse comportementale » ou profilage, dont les mérites, pour ne pas être contestables, sont néanmoins à fortement relativiser [110].

Les progrès de l'informatique permettent également la multiplication de bases de données, toujours plus étendues [111] et coûteuses, mais pas toujours respectueuses des libertés individuelles. A côté du STIC et du JUDEX, policiers et gendarmes ont accès aux fichiers nationaux des automobiles (FNA), des permis de conduire (FNPC), des étrangers (FNE). Plus spécifiquement, ils disposent encore du STIC-Canonge, des fichiers des voitures volées (FVV), des personnes recherchées (FPR), des fichiers automatisés des empreintes digitales (FAED) et des empreintes génétiques (FNAEG). Des fichiers particuliers sont également utilisés pour la lutte contre le terrorisme (FIT), le vol d'objets d'art et le faux monnayage (TREIMA), sans oublier les fichiers personnels à la DST ou à la DGSE. Plus récemment, le système d'analyse des liens de la violence associée aux crimes (SALVAC)

---

109. V. not. A. GALLUSSER, M. BONFANTI, F. SCHÜLTZ, *Expertise des armes à feu*, Presses polytechniques et universitaires romandes, Lausanne, 2002, 196 p.

110. A propos de la série de logiciels « Anacrime », V. H. MORIN, Les détectives informatiques dévoilent les fréquentations des criminels, *In Le Monde*, 13 fév. 2002/32 ; Sur le Profiling, V. not. E. CAMPOS, Tueurs en série : enquête sur les serial killers, Ed. Plein Sud, 1995, 249 p. ; S. BOURGOIN, *Serial killers : enquête sur les tueurs en série*, Ed. Grasset, 1999, 378 p. ; L. NEGRIER-DORMONT, R.M. NOSSINTCHOUK, *Tueurs en série*, Ed. Flammarion, Coll. Dominos, 2001, 128 p. ; J.F. ABGRALL, *Dans la tête du tueur : sur les traces de Francis Heaulme*, Ed. Albin Michel, 2002, 247 p.

111. Sur cet aspect, V. not. P. SMOLAR, Le fichier des empreintes génétiques traverse une crise de croissance, *In Le Monde*, 7 déc. 2004/11.

a été mis à la disposition de la police judiciaire [112]. Cette fichophylie aiguë qui vient de s'abattre sur le législateur ne s'arrête pas là car il convient d'y ajouter, pour le champ criminel entendu au sens large, le fichier national automatisé des auteurs d'infractions sexuelles (FIJAIS), le fichier des personnes recherchées (FPR)... Sans compter sur d'autres potentiels fichiers comme « Edvige » qui consolident non seulement notre société biométrique mais nous introduisent davantage encore dans une société de surveillance généralisée [113].

La police scientifique est mise en œuvre soit par les Laboratoires de police scientifique, soit par des experts agréés. Elle fait appel à la biologie, à la chimie, à l'entomologie [114], à la toxicologie, principalement. Cette dernière science, consacrée à l'étude des poisons ou toxiques (de leurs origines aux moyens de les combattre) a fait des progrès absolument considérables dans les domaines de la spectrométrie de masse (identification et dosage des molécules organiques) ou de la chromatologie en phase gazeuse (identification et dosage de l'alcool éthylique

---

112. V. not. M. SCHWENDENER, Les fichiers de police, *In A.J. pénal*, 2003-1, pp. 21-23.

113. V. not. L. du 18 mars 2003 (sur la sécurité intérieure), 9 mars 2004 (sur l'adaptation de la justice aux évolutions de la criminalité), 12 déc. 2005 (sur le traitement de la récidive), 21 mars 2006 (sur la lutte contre le terrorisme), 5 mars 2007 (sur la prévention de la délinquance)... et leurs décrets d'application consécutifs ; V. M. VALO, Biométrie. Extrême fichage : danger !, *In Le Monde 2*, 16 sept. 2006, pp. 21-26 ; S. COYE, J. BERARD, Demain, tous fichés ?, *In Dedans dehors*, 2006-57, pp. 28-30 ; V. BRIOUX, G. TOMASOVITCH, Deux enfants menacés de prélèvements ADN, *In Le parisien*, 5 mai 2007 ; Fichiers de police : concilier sécurité et liberté, *In A.J.pén.*, 2007-2, Dossier, pp. 57-73 ; F. DUMONT, On fiche vos enfants, ne vous en fichez pas, *In Homme et libertés*, 2007-139, pp. 16-18 ; P. PIAZZA, La biométrie : usages policiers et fantasmes technologiques, *In* L. MUCCHIELLI (Dir.), La frénésie sécuritaire, *op. cit.*, pp. 125-236 ; J. DANET, Politique sécuritaire et contrôle social, deux faces d'un même danger, *In Hommes et libertés*, 2008-142, pp. 13-19 ; M.E. CHARBONNIER, Nom d'oiseau, *In A.J.pén.*, 2008-9, p. 343.

114. L'entomologie médico-légale consiste à étudier l'ordre d'arrivée et le stade de développement des insectes qui viennent déposer leurs œufs ou larves dans un cadavre. Elle permet de préciser le délai *post mortem*, de déterminer s'il y a eu déplacement du corps et d'indiquer les circonstances particulières de la mort (par intoxication not.).

dans le sang) [115]. Plus récemment encore, les analyses portant sur l'empreinte génétique (déterminée par la formule de l'ADN – acide désoxyribonucléique – quasiment unique pour chaque individu) ont élargi le champ des techniques à la disposition de la police scientifique, non sans inquiétudes quant aux modalités de recueil, à l'utilisation des résultats [116] et aux coûts corrélatifs phénoménaux pour la justice [117].

§ 3 – La médecine légale

La médecine légale judiciaire est contemporaine de la criminologie, pour le moins dans sa mise en œuvre scientifiquement organisée. La création des premiers Instituts de médecine légale et, surtout, les premiers enseignements de médecine, psychiatrie et psychologie légales sont intervenus à la charnière des XIX et XXè siècles [118]. Les missions de la médecine légale s'exercent

115. A côté du Laboratoire central de la Préfecture de police, existent cinq Laboratoires inter-régionaux à Lille, Lyon, Marseille, Paris et Toulouse regroupés, depuis la Loi du 15 nov. 2001, au sein de l'Institut national de police scientifique.

116. V. not. E. HEILMANN, En quête de l'identité, *In* Rev. Autrement, *op. cit.*, pp. 30-42 ; J.C. GALLOUX, L'empreinte génétique : la preuve parfaite, *In S.J.*, 1991, p. 104 et s. ; sur les développements inattendus et très délicats de cette preuve génétique, V. A. BROCHOT-DENYS, La police scientifique : prises de conscience, *In* Les cahiers de la sécurité intérieure, *op. cit.*, 1995-21, pp. 17-24 ; V. article de E. INCIYAN et C. PRIEUR, *In Le Monde* 16 août 1997/1-5 ; C. HENNAU-HUBLET, *L'analyse génétique à des fins de preuve et les droits de l'homme*, Ed. Bruylant, 1997, 509 p ; P. CEAUX, Une affaire relativise le rôle de l'ADN dans la quête de vérité, *In Le Monde*, 29-30 mai 2005/8 ; V. art. 706-54 introduit par la Loi du 17 juin 1998 relative à la prévention et à la répression des infractions sexuelles ainsi qu'à la protection des mineurs, portant création d'un fichier national informatisé centralisant traces et empreintes génétiques d'abuseurs sexuels condamnés ; V. interieur.gouv.fr.; Sécurité, sciences et technologie, Dossier *In Rev. de la Gendarmerie*, 2003-208, pp. 22-81 ; J.C. CROCQ, Le guide des infractions, *op. cit.*, pp. 120-183.

117. V. not. N. GUILBERT, La justice piégée par l'explosion du coût des enquêtes, *In Le Monde*, 30 nov. 2004/13.

118. Sur la médecine légale, V. not. J. PLANQUES, *La médecine légale judiciaire*, PUF, Coll. Que sais-je ?, 1967/789, p. 15 et s. ; J.L. CLEMENT, *Sciences légales et police scientifique*, Ed. Masson, 1987, 296 p. ; P. CECCALDI, M. DURIGON, *Médecine légale à usage judiciaire*, Ed. Cujas, 1980, 624 p. ;

généralement au sein des Unités Médico-Judiciaires (UMJ), très inégalement réparties sur le territoire national [119]. Elles comprennent l'ensemble des connaissances médicales nécessaires, en premier lieu, à la fixation de la matérialité des faits constitutifs d'une infraction. En ce sens, l'expertise médico-légale tend à découvrir sur un être humain vivant, sur un cadavre ou sur de simples traces, les circonstances de l'infraction (gravité, origine des coups, heure du décès, position de la victime, cause principale de la mort...) ou sa qualification précise (empoisonnement, viol...).

La médecine légale a, en second lieu, pour mission de déterminer l'état mental du sujet. L'expertise neuro-psychiatrique (souvent complétée par une expertise psychologique en matière de crime) doit, en ce sens, établir s'il y a lieu, ou non, à atténuer ou exclure la responsabilité pénale de l'auteur. Pour essentiels que soient de tels examens, ils n'ont pas de caractère obligatoire. L'expertise psychiatrique, non prévue par la loi, est d'application prétorienne. Quant à l'expertise psychologique, prévue pour les crimes de manière impérative, elle n'est pas requise à peine de nullité [120]. Assez exceptionnelles jusqu'alors,

---

L. PREVOST, *Eléments de criminalistique appliquée*, Ed. Modulo, 1990, 232 p. ; M. KALUSZYNSKI, *op. cit.*, p. 159 et s. ; T. FAICT (Dir.), *Médecine sociale, médecine légale, éthique et déontologie*, Ed. Ellipses, 2003, 240 p. ; V. *Supra*, sect. 1, § 1.

119. V. sur ce point D. SAUBADER, Un rapport parlementaire met en lumière les insuffisances de la médecine légale en France, *In Le Monde*, 27 déc. 2003/7 ; O. JARDE, *Rapport au Premier ministre sur la médecine légale*, multigraph., 30 p., www.assemblee-nationale.fr.

120. Sur la réglementation des expertises en matière pénale, V. art. 156 et s. *C.P.P.* ; M.A. FRISON-ROCHE, D. MAZEAUD (Dir.), *L'expertise*, Ed. Dalloz, 1995, 143 p. ; M.L. RASSAT, Traité de procédure pénale, *op. cit.*, p. 417 et s. ; B. BOULOC, Procédure pénale, *op. cit.*, p. 678 et s. ; sur l'expertise psychiatrique, V. not. Expertise psychiatrique et justice. Magie blanche et robe noire, *In Actes*, 1974/5-6, p. 3 et s. ; Y. TYRODE, T. ALBERNHE, *Psychiatrie légale. Sociale, hospitalière, expertale*, Ed. Ellipses, 1995, pp. 925-977 ; C. JONAS, *Le psychiatre face aux juges*, Ed. Ellipses, 1997, 159 p. ; T. ALBERNHE (Dir.), *Criminologie et psychiatrie*, Ed. Ellipses, 1997, pp. 547-595 ; C. LOUZOUN, D. SALAS (Dir.), *Justice et psychiatrie. Normes, responsabilité, éthique*, Ed. Erès, 1998, 312 p. ; sur l'expertise psychologique, V. not. C. DUFLOT-FAVORI, *Le psychologue expert en justice*, PUF, 1988, 192 p. ; L.M. VILLERBU, J.L. VIAUX (Dir.), *Ethique et pratiques psychologiques dans*

les expertises psychologiques de victimes sont appelées à se développer, tant en ce qui concerne les enfants victimes de maltraitances que les adultes. Il importe néanmoins que celles-ci cessent de constituer, en pratique, des expertises de « crédibilité », pour s'intéresser utilement aux conséquences que le crime subi peut entraîner sur le psychisme de la victime, sur sa situation familiale et sociale [121].

Pendant très longtemps, ce n'est que par l'intervention de la médecine légale qu'un intérêt particulier et direct était porté aux victimes d'infractions pénales. Des insuffisances demeurent néanmoins quant à la juste indemnisation du dommage corporel, pour de multiples raisons : les conséquences physiques du crime sont délicates à apprécier et évolutives ; les barèmes d'évaluation sont très variés ; les souffrances corrélatives sont difficilement quantifiables, notamment [122]. C'est précisément grâce aux conquêtes de la victimologie que le sort réservé à la victime évolue profondément.

---

l'expertise, Ed. L'Harmattan, Coll. Psycho-logiques, 1998 ; sous la direction des mêmes auteurs, *Expertise psychologique, psychopathologie et méthodologie*, Ed. L'Harmattan, 1999, 451 p. ; L'expertise : un acte psychologique, *In Le Journal des psychologues*, 2000-181, pp. 21-48 ; G. CASILES-HUGUES, Le droit et la criminologie face à l'altération des facultés mentales, *In La détérioration mentale*, Presses Univ. Aix-Marseille, 2002, pp. 171-181.

121. V. art. 706-48 *C.P.P.* (enfants victimes d'infractions de nature sexuelle) introduit par la Loi du 17 juin 1998 ; art. 81-1 *C.P.P.* introduit par la Loi du 15 juin 2000 ; V. not. L. DALIGAND, L'expertise médico-psychologique, *In* P.F. CHANOIT, J. de VERBIZIER (Dir.), *Les sévices sexuels sur les enfants*, Ed. Erès, Coll. Psychiatrie et société, 1999, pp. 50-54 ; S. PORTELLI, Le rôle du juge auprès de l'enfant victime, *In* C. DAMIANI (Dir.), *Enfants victimes de violences sexuelles : quel devenir ?*, Ed. Hommes et perspectives, 1999, pp. 67-74.

122. V. not. Y. LAMBERT-FAIVRE, S. PORCHY-SIMON, Droit du dommage corporel, *op. cit.*, p. 127 et s. ; CNAV, *2ème Rapport annuel du Conseil National de l'Aide aux Victimes*, Min. Justice, multigraph., 2002, spé. L'expertise dans l'évaluation du dommage corporel, 27 p. plus Annexes ; R. CARIO, Victimologie, *op. cit.*, p. 283 et s.

Section 6 – La victimologie

La victimologie est apparue relativement récemment dans le concert des sciences criminelles. Elle peut être définie comme la discipline scientifique multidisciplinaire ayant pour objet l'analyse globale des victimisations, sous leur double dimension individuelle et sociale, dans leur émergence, leurs processus, leurs conséquences et répercussions, afin de favoriser leur prévention et, le cas échéant, la réparation corporelle, psychologique et sociale de la victime. Quelques auteurs soutiennent l'autonomie de la victimologie par rapport à la criminologie. D'autres défendent la complémentarité entre les deux disciplines, chacune se consacrant à l'un des côtés d'une même réalité : le crime commis par l'infracteur au préjudice de la victime [123]. Ce n'est que par commodité didactique que la victimologie est étudiée séparément de la criminologie (V. *Supra* Section 2), avec ce souci supplémentaire de ne pas l'oublier dans le concert des sciences considérées traditionnellement comme criminelles !

---

123. Sur ce débat, V. F.R. PAASCH, Problèmes fondamentaux et situation de la victimologie, *In Rev. Internat. Dr. Pénal*, 1967, p. 121 et s. ; J. PINATEL, Le phénomène criminel, *op. cit.* (1987), p. 219 et s. ; R. GASSIN, Criminologie, *op. cit.*, p. 171 et s. ; A. GARCIA-PABLOS de MOLINA, *Manual de criminologia*, Ed. Escapa-Calpe, 1988, p. 76 et s. ; G. LANDROVE-DIAZ, *Victimologia*, Ed. Tirant lo Blanch, 1990, 150 p. ; P. ROCK (Dir.), *Victimology*, Ed. Darmouth, 1994, 464 p. ; T. PETERS, Victimisation, médiation et pratiques orientées vers la réparation, *In* R. CARIO, D. SALAS (Dir.), Œuvre de justice et victimes, *op. cit.*, pp. 203-254 ; R. ZAUBERMAN, P. ROBERT, *Du côté des victimes : un autre regard sur la délinquance,* Ed. L'Harmattan, 1995, 259 p. ; L. RODRIGUEZ MANZANERA, *Victimologia. Estudio de la victima,* Ed. Porrua, Mexico, 3è éd. 1996, 465 p. ; G. LOPEZ, Victimologie, *op. cit.*, p. 13 et s. ; C. DAMIANI, Les victimes, *op. cit.*, p. 13 et s. ; L. ZEDNER, Victims, *In* R. MAGUIRE and al., The Oxford handbook of criminology, *op. cit.*, pp. 419-456 ; R. CARIO, Victimologie, *op. cit.*, p. 13 et s. ; G. LOPEZ, S. PORTELLI, S. CLEMENT, *Les droits des victimes. Droits, auditions, expertise clinique*, Ed. Dalloz, Coll. Etats de droit, 2è s. 2007, 411 p. ; J.A. WEMMERS, *Introduction à la victimologie*, Les Presses de l'Univ. De Montréal, Coll. Paramètres, 2003, 226 p. ; V. entrées de victimologie, *In* G. LOPEZ, S. TZITZIS (Dir.), *Dictionnaire des sciences criminelles*, Ed. Dalloz, 2004, 1013 p. ; J.L. SENON, G. LOPEZ , R. CARIO (Dir.), Psychocriminologie. Prévention, prise en charge, expertise, *op. cit.*, p. 245 et s.

Quoi qu'il en soit, la reconnaissance de la victimologie provient sans aucun doute, tout d'abord, de l'intérêt croissant porté par le système de justice pénale à la victime en vue de sa réparation globale (§ 1). Elle s'affirme maintenant par la (re)découverte du rôle qu'elle est susceptible de jouer dans le procès pénal, non seulement à l'égard du fonctionnement de la justice elle-même mais, surtout, à l'égard de la restauration du lien social (§ 2).

§ 1 – De l'indemnisation de la victime en général...

Il est incontestable que la victime a été la grande oubliée [124] de la justice. Pour avoir obtenu du législateur révolutionnaire le droit de mettre en mouvement l'action publique par constitution de partie civile, sa place dans le procès pénal n'a réellement été reconnue, timidement certes mais fondamentalement, que par la Loi du 22 mars 1921 offrant un défenseur à la partie civile [125]. Elle s'est affirmée avec le nouveau Code de procédure pénale de 1958, développée avec les lois de 1993 (4 janvier et 24 août) et, très récemment, consolidée avec les Lois du 15 juin 2000 et du 9 mars 2004. Reconnue au niveau international [126] comme digne de protection, la victime joue dorénavant un rôle non négli-

---

124. V. not. J. VERIN, La victime et le système pénal, *In R.S.C.*, 1980, p. 763 et s. ; G. FILIZZOLA, G. LOPEZ, *Victimes et victimologie,* PUF, Que sais-je ?, 1995, 3040, p. 1.

125. Cette Loi du 22 mars 1921 comble ainsi l'inégalité entre les parties introduite par la Loi du 8 déc. 1897 ayant accordé ce même droit à la défense aux personnes inculpées ; Sur ces points, V. par ex. J. PRADEL, Procédure pénale, *op. cit.*, p. 241 et s. ; V. art. 114, 82-1, 89-1, 99 al. 2, 167 et 183 *C.P.P.* ; H. BONNARD, La participation des victimes d'infraction au procès pénal, *In Mélanges offerts à Georges Levasseur*, Ed. Gazette du Palais/Litec, 1992, pp. 287-296 ; B. BOULOC, H. MATSOPOULOU, *Droit pénal général et procédure pénale*, Ed. Sirey, 16è éd. 2006, p. 145 et s.

126. V. not. *Résolution* 40/34 de l'Assemblée Générale des Nations Unies (consécutive aux travaux du 7ème Congrès de L'O.N.U. tenu à Milan quelques mois auparavant) du 29 nov. 1985 portant « Déclaration des principes fondamentaux de justice relatifs aux victimes de la criminalité et aux victimes d'abus de pouvoirs ; *Convention* Européenne relative au dédommagement des victimes d'infractions violentes, Strasbourg 24 nov. 1983 ; R. CARIO, Victimologie. Les textes essentiels, *op. cit.*, 2è éd. 2002, 208 p.

geable dans la mise en mouvement de l'action publique [127]. Cependant, l'ouverture de la constitution de partie civile à des tiers (groupements professionnels ou associations) au conflit d'ordre pénal n'est pas sans provoquer de surcharge au contentieux pénal déjà fort encombré, au détriment de la victime elle-même [128].

Parallèlement à cette reconnaissance d'acteur au procès, l'indemnisation de la victime s'est nettement améliorée au cours de la précédente décennie. Le premier jalon fut posé par la Loi du 3 janvier 1977, ouvrant à la victime un droit à réparation forfaitaire du dommage provoqué par des faits, volontaires ou non, présentant le caractère d'une infraction. Le dernier jalon d'importance, pour l'heure, provient de la Loi du 6 juillet 1990, modifiée par les Lois du 15 juin 2000, 9 sept. 2002 et 1er juillet 2008 [129]. La plupart des évolutions législatives ou réglementai-

---

127. V. not. F. BOULAN, Le double visage de l'action publique exercée devant la juridiction répressive, *In J.C.P.*, 1973, II, 2563 ; R. MERLE, La distinction entre le droit de se constituer partie civile et le droit d'obtenir réparation du dommage causé, *In Mélanges en l'honneur d'A. Vitu*, Ed. Cujas, 1989, p. 397 et s. ; M.C. ROCA, De la dissociation entre la réparation et la répression dans l'action civile exercée devant les juridictions répressives par la victime, *In D.*, 1991, Chron., p. 85 et s. ; V. également, *L'indemnisation des victimes de la violence*, Actes Journée d'étude et d'information, Pub. Min. Justice/Min. Econ., fin. et budget, 1990, multigraph., 172 p. ; V. A. GARAPON, D. SALAS, La République pénalisée, *op. cit.*, p. 16 et s.

128. V. J. PRADEL, Procédure pénale, *op. cit.*, p. 280 et s. et réf. citées ; P. BRUCKNER, *La tentation de l'innocence*, Ed. Grasset, 1995, Livre de Poche, 13927, 283 p. ; J.M. CHAUMONT, Du culte du héros à la concurrence des victimes, *In Criminologie*, 2000-33 (La victimologie : quelques enjeux), pp. 167-183 ; D. SALAS, La trace et la dette, *In Rev. Sc. Crim.*, 1996-3, pp. 619-623.

129. V. sur les droits des victimes, not., A. D'HAUTEVILLE, Le droit des victimes, *In* R. CABRILLAC et al. (dir.), Droits et libertés fondamentaux, *op. cit.*,, pp. 641-658 ; C. LAZERGES, Introduction à la politique criminelle, *op. cit.*, p. 82 et s. ; R. CARIO, Victimologie, *op. cit.*, p. 167 et s. ; Les droits des victimes d'infraction, *In Problèmes politiques et sociaux*, La Doc. Française, 2007-943, 120 p. ; Procès et exécution des peines : la nouvelle place des victimes, Dossier *In A.J.pén.*, 2008-9, pp. 349-362.

res [130] portent la marque des propositions des Associations de victimes [131] comme de celles des Services d'aide aux victimes. Afin de rendre effectif ce droit à indemnisation, des Services d'aide aux victimes ont en effet été créés à partir de 1983, sur les très fortes recommandations du Ministère de la Justice, parfaitement conscient des grandes difficultés rencontrées sur le terrain par la victime : méconnaissance de ses droits, lenteur des procédures, absence de prise en compte de la victimisation secondaire, souffrances multiples [132].

Un peu plus de 150 associations et quelques bureaux municipaux accueillent les victimes de la délinquance (plus de 250 000 en 2007) [133]. Depuis 1986, les divers services sont regroupés au sein de l'Institut national d'aide aux victimes et de médiation (INAVEM) dont les objectifs sont principalement de définir et évaluer les missions d'aide aux victimes, d'une part, d'assurer la coordination et le soutien de ces services, de l'autre. Tous les partenaires s'accordent à reconnaître le remarquable travail effectué par les Services d'aide aux victimes. Néanmoins, la nécessité de dépasser l'éclatement des prises en charge par les intervenants compétents (policier, magistrat, avocat, assureur, médecin, travailleur social) et des réponses (indemnitaire, psychologique ou sociale) dont souffrent les victimes est d'une actualité toujours criante. La globalisation de l'aide aux victimes s'impose, en effet, de l'information à la réintégration

---

130. V. not. *Circ.* NORJUS 9800177C du 13 juillet 1998 relative à la politique pénale d'aide aux victimes d'infractions pénales, *B.O.M.J.*, 1998-71, p. 34.

131. Les unes regroupent les parents d'enfants victimes (« Aide aux parents d'enfants victimes », A.P.E.V., apev.org), les autres celles d'attentats terroristes (« S.O.S. Attentats », sos-attentats.org) ou celles victimes de catastrophes ou d'accidents collectifs (« F.E.N.V.A.C. », fenvac.com), notamment.

132. V. not. R. CARIO, A. GAUDREAULT (Dir.), *L'aide aux victimes : 20 ans après*, Ed. L'Harmattan, Coll. Sciences criminelles, 2003, 128 p.

133. V. en ce sens, INAVEM, *Rapport 2007*, multigraph., 30 p. ; M.C. DESDEVISES, Les associations d'aide aux victimes, *In R.S.C.*, 1985/3, p. 541 et s. ; R. CARIO, L'évolution de l'aide aux victimes en France, *In Les Petites Affiches*, 2005-80, pp. 3-11, R. CARIO, O. MONS, Mouvement associatif d'aide aux victimes, *In* J.L. SENON, G. LOPEZ , R. CARIO (Dir.), Psychocriminologie, *op. cit.*, pp. 291-298.

sociale en passant par l'accueil, l'écoute, le conseil, l'assistance, l'aide matérielle d'urgence, l'accompagnement psychologique et, naturellement, la réparation indemnitaire. Elle suppose, pour être atteinte, la centralisation, immédiatement après les faits, de tous les problèmes rencontrés par la victime entre les mains d'un service d'aide aux victimes, coordinateur des interventions. Elle nécessite encore une collaboration plus soutenue entre les différents acteurs, la victime et l'infracteur occupant une place centrale. Elle exige un suivi complet de la victime, y compris post-judiciaire. Comme Jocelyne CASTAIGNEDE l'a pertinemment suggéré [134], il convient de réduire le plus possible l'écart entre les droits objectifs [135] auxquels peuvent prétendre les victimes et le vécu découlant de leur victimisation. En ce sens, la Loi du 15 juin 2000 (mod. L. 9 mars 2004), renforçant la protection de la présomption d'innocence et les droits des victimes, a notablement stabilisé le « statut » légal de la victime [136]. Cependant, les conclusions des expertises disponibles quant à la réparation psychologique et sociale des victimes [137] ont été, une fois encore, insuffisamment prises en compte. On aborde par là les préoccupations de la victimologie contemporaine qui, au-delà de la réparation pécuniaire, souligne la nécessité d'un soutien psychologique de la victime qui peut au surplus se révéler, dans

---

134. V. Colloque « Victimes : de l'éclatement à la globalisation » organisé le 7 avril 1994 par l'Association paloise d'aide aux victimes (APAVIM), l'Association régionale de criminologie d'Aquitaine (ARCA) et l'Unité Jean Pinatel de sciences criminelles comparées (UJP) de Pau.

135. Sur la procédure d'indemnisation devant la Commission d'indemnisation des victimes d'infractions (CIVI) et sur leur montant, V. not. C. LAZERGES et T. FROMENT, La jurisprudence des CIVI, *In Arch. Pol. Crim.*, 1988/10, p. 107 et s. ; *L'indemnisation des victimes. Recueil de jurisprudence*, Min. Justice, multigraph., 2000, 40 p. ; C. LIENHARD, N. PIGNOUX, La réparation indemnitaire des préjudices des victimes d'infractions, *In* J.L. SENON, G. LOPEZ , R. CARIO (Dir.), Psychocriminologie, *op. cit.*, pp. 337-344 ; T. TISSERAND, Le mécanisme d'indemnisation des victimes d'infractions, *Ibid.*, pp. 345-353.

136. V. A. D'HAUTEVILLE, *op. cit.*, p. 611 et s. ; R. CARIO, Victimologie, *op. cit.*, p. 225 et s.

137. V. not. J. GORTAIS, *L'aide psychologique aux victimes*, multigraph., Min. Justice, 1992, 89 p. ; M.N. LIENEMANN, *Pour une nouvelle politique publique d'aide aux victimes*, La Documentation française, 1999, 230 p.

certains cas, d'une grande disponibilité pour la restauration du lien social.

§ 2 – ... à la restauration des acteurs en particulier

L'accent doit alors être mis sur le rôle que la victime est amenée à jouer dans l'apaisement de l'émotion, individuelle et sociale, suscitée par le crime. La victimologie est apparue comme discipline scientifique au milieu de ce siècle [138]. Elle s'est développée dans un premier temps comme une excroissance de la criminologie. De très savantes études ont ainsi été entreprises sur le « couple infracteur-victime », dans une perspective strictement étiologique. Parallèlement, les études entreprises ont établi des typologies de victimes pour souligner leur rôle dans les passages à l'acte criminel qui les atteint [139]. La connaissance de telles caractéristiques est d'une utilité non négligeable pour la prévention de la victimisation, pour l'abaissement du risque situationnel de victimisation. Sortie de l'ombre, la victime n'en a pas pour autant été grandie par certains auteurs qui l'accablent d'un rôle peu enviable, aussi bien actif que passif, dans sa victimisation.

---

138. Traditionnellement les travaux de H. VON HENTIG (Remarks on the interaction of perpetrator and victim, *In Journal of Criminal Law and Criminology*, 1940/ 41, p. 303 et s.) et de B. MENDELSOHN (Une nouvelle branche de la science bio-psycho-sociale, la victimologie, *In R.I.C.P.T.*, 1956/2, p. 95 et s.) sont cités comme fondateurs de la discipline ; V. également H. ELLENBERGER, Relations psychologiques entre le criminel et sa victime, *In R.I.C.P.T.*, 1954, p. 103 et s. ; M. WOLFGANG, *Patterns in criminal homicide*, Univ. of Pennsylvania Press, 1958, 340 p. ; Cette relative jeunesse explique le peu de cas que lui portent pénalistes et criminologues contemporains, en France pour le moins. La consultation des bibliographies et des index thématiques des traités et manuels est évocatrice à cet égard, à quelques remarquables exceptions près.

139. V. principalement E.A. FATTAH, *Understanding criminal victimization*, Ed. Prentice-Hall, 1991, 412 p. ; A. GARCIA-PABLOS de MOLINA, *op. cit.*, p. 79 et s. ; M. JOUTSEN, *The role of victim in European criminal justice systems*, Pub. HEUNI, Helsinki, 1987/11, 368 p. ; E.A FATTAH, *The interchangeable roles of victim and victimizer,* pub. HEUNI, Papers, 1994-3, 26 p. ; T. ALBERNHE (Dir.), *op. cit.*, p. 489 et s. ; R. CARIO, Victimologie, *op. cit.*, p. 115 et s.

Si la réponse à l'interpellation fondamentale posée par Ezzat A. FATTAH, « La victime est-elle coupable ? » [140], demeure aujourd'hui encore discutée, l'orientation victimologique contemporaine s'écarte du couple pénal étriqué ainsi formé pour s'intéresser davantage à la victime. En ce domaine de la victimologie, comme dans celui de la criminologie des femmes [141], les recherches effectuées par les femmes victimologues ont déterminé les nouvelles orientations, de manière magistrale : à la fois pour dénoncer la « culpabilisation » abusive des femmes victimes prises en charge par le système pénal et pour soutenir l'impérieuse nécessité de la prise en charge psychologique du traumatisme provoqué par l'infraction et vécu au quotidien par la victime [142].

Les recherches victimologiques actuelles ne cessent de renforcer ces orientations fondamentales [143]. L'approche sociologique dévoile l'importance du style de vie dans la victimisation, s'interroge sur la proximité des relations entre victimes et infracteurs, sur l'interchangeabilité de leurs rôles et l'ampleur de la revictimisation. L'approche psychologique souligne la profondeur, la variété des traumatismes découlant de l'effraction psychique provoquée par l'acte criminel et développe des thérapies adaptées [144]. D'autres recherches victimologiques analy-

---

140. Presses Universitaires de Montréal, 1971, 251 p. ; comp. R. CARIO, P. MBANZOULOU (Dir.), *La victime est-elle coupable ? Autour de l'œuvre d'Ezzat A. Fattah*, Ed. L'Harmattan, Coll. Controverses, 2004, 122 p.

141. V. not. R. CARIO, Femmes et criminelles, *op. cit.*, p. 23 et s. et réf. citées.

142. Sauf à se garder des excès de la démagogie... comme de ceux de la misogynie ; V. not. E.A. FATTAH, La victimologie : entre les discours épistémologiques et les attaques idéologiques, *In Déviance et Société*, 1981/5, pp. 71-92.

143. Sur l'ensemble de ces travaux, V. not. G. LOPEZ, *op. cit.*, p. 19 et s. ; C. DAMIANI, *op. cit.*, p. 85 et s. ; R. CARIO, Victimologie, *op. cit.*, p. 129 et s. ; C. VAILLANT, C. DAMIANI, *Etre victime : aides et recours*, Ed. Vuibert, Coll. Guid'utile, 2003, 188 p. ; *Le guide des droits des victimes*, Min. Justice / Prat Ed., 2005, 233 p.

144. V. not. R. CARIO (Dir.), *Victimes : du traumatisme à la restauration*, Ed. L'Harmattan, Coll. Sciences criminelles, 2002, 346 p. ; G. LOPEZ, A. SABOURAUD-SEGUIN (Dir.), *Psychothérapie des victimes. Le traitement multimodal des victimes*, Ed. Dunod, 1998, 327 p.

sent encore le vécu, l'expérience des personnes victimisées et leur mobilisation pour remettre « de l'ordre dans un monde qui a basculé dans le chaos » [145].

La prise en considération de la souffrance de la victime d'infraction a favorisé l'essor de structures d'aide, certes matérielle comme on l'a vu plus haut, mais surtout psychologique et sociale. Deux directions ont été empruntées. La première, naturellement, concerne la victime elle-même qui a été plus ou moins fortement traumatisée par l'infraction subie. Le respect de sa dignité passe par l'écoute de sa souffrance, par une aide psychologique, psychiatrique voire psychanalytique, immédiatement après les faits, tout au long de la procédure pénale et après le jugement (si le traumatisme persiste ou s'aggrave).

La seconde direction, complémentaire et plus actuelle encore, porte sur les potentialités de la participation de la victime à sa propre restauration psychologique et, parfois cumulativement, à la (re)socialisation du condamné. Il est à cet égard possible de soutenir que la meilleure manière de combattre les affects douloureux provoqués par l'infraction consiste à les médiatiser. Concernant les infractions de petite et moyenne délinquance principalement, la mise en contact des protagonistes favorise l'échange des émotions et dissipe la violence [146]. La réconciliation pourra alors avoir lieu, la victime offrant en échange de sa réparation (matérielle et/ou psychologique) le pardon à l'infracteur condamné pénalement [147]. Un tel mode de

---

145 V. D. DRAY, *Victimes en souffrance. Une ethnographie de l'agression à Aulnay-sous-Bois*, L.G.D.G., 1999, 318 p. ; V. également M. BARIL, L'envers du crime (1984), *op. cit.*, 288 p.

146. V. not. B. CYRULNIK, Les nourritures affectives, *op. cit.,* p. 144.

147. Comp. J. LAPLANCHE, Réparation et rétribution : une perspective psychanalytique, *In* La philosophie pénale, *Arch. Phil. Droit*, p. 121 ; A. BERISTAIN, *Nueva criminología desde el derecho penal y la victimología*, Ed. Tirant lo Blanch, 1994, p. 344 et s. ; P. RICŒUR, Le juste, *op. cit.*, p. 185 et s. ; M. VAILLANT, La réparation, *op. cit.*, p. 112 et s. ; E. MORIN, Pardonner, c'est résister à la cruauté du monde, *In Le Monde des débats*, mars 2000, pp. 24-26 ; Comp. J. DERRIDA, *Sur parole. Instantanés philosophiques*, Ed. de l'Aube, 1999, 123-142 ; H. DUMONT, Le pardon, une valeur de justice et d'espoir, un plaidoyer pour la tolérance et contre l'oubli, *In Rev. Canadienne de criminologie*, 200-42-3, pp. 299-322.

régulation des conflits, fortement symbolique, est d'autant plus opportun qu'il repose sur la responsabilisation de tous les partenaires au traitement de l'infraction [148].

Des recherches très originales ont en effet mis en évidence la volonté exprimée par la victime, dans la plupart des cas, de participer à la détermination et à l'accompagnement de la sanction/réparation infligée au condamné, dans le cadre d'une médiation pénale socio-judiciaire ou d'une réparation pénale notamment. Il est indiscutable que chaque fois qu'un tel mode de régulation des conflits est possible, il favorise la recomposition du lien social interpersonnel aux intéressés et, au-delà, du tissu social environnant dans son ensemble. Il évite pour le moins que le système de justice pénale « ne vole leur conflit aux personnes directement impliquées » [149]. La victimologie permet ainsi à la justice pénale de remplir sa mission de garantir la sécurité publique en associant à la répression de l'auteur de la transgression la victime elle-même. De simplement réparatrice, elle devient alors restaurative de la paix sociale [150].

---

148. V. sur ces expériences innovantes not., T. PETERS, I. AERTSEN, Approche restaurative des crimes et des délits en Belgique, *In A.P.C.*, 1999-21, pp. 161-179 ; T. PETERS, Victimisation, médiation et pratiques orientées vers la médiation, *In* R. CARIO, D. SALAS, Œuvre de justice et victimes, *op. cit.*, pp. 203-254 ; M. VAILLANT (Dir.), *De la dette au don. La réparation pénale à l'égard des mineurs*, Ed. E.S.F., 1994, 238 p. ; de la même auteure, M. VAILLANT, *La réparation. De la délinquance à la découverte de la responsabilité*, Ed. Gallimard, 1999, 148 p. ; G. JOHNSTONE, *Restorative justice : ideas, values, debates*, Willan pub., 2002, 190 p. ; G. JOHNSTONE, D.W. VAN NESS (Dir.), *Handbook of restorative justice*, Willan pub., 2008, 650 p.

149. V. not. N. CHRISTIE, Conflicts as property, *In The British Journal of Criminology*, 1977-17, pp. 1-15 ; J. VERIN, Une politique criminelle fondée sur la victimologie et sur l'intérêt des victimes, *In R.S.C.*, 1981, p. 895 et s. ; M. WRIGHT, *Justice for victims and offenders. A restorative response to crime*, Waterside Press, 2nd ed. 1996, 223 p. ; D. TUTU, *Il n'y a pas d'avenir sans pardon. Comment se réconcilier après l'Apartheid?*, Ed. Albin Michel, 2000, 285 p. ; R. CARIO, Justice restaurative, *op. cit.*, 164 p.

150. V. not. sur ces aspects, H. ZEHR, *Changing lenses. A new focus for crime and justice*, Herald Press, 1990, 290 p. ; B. GALLAWAY, J. HUDSON, *Criminal justice, restitution and reconciliation*, Ed. Wilson Tree Press Inc., 1990, 236 p. ; J. BRAITHWAITE, *Crime, shame and reintegration*, Cambridge Univ. Press, 1993, 216 p. ; A. BERISTAIN, Nueva criminología desde el derecho penal y la victimología, *op. cit.*, p. 275 et s. ; H. BIANCHI, *Justice as a*

Les composantes des sciences criminelles, par leur richesse et diversité, doivent pouvoir conduire à une approche véritablement transdisciplinaire et globalisée du phénomène criminel et de ses acteurs : la société par le bras de la justice, l'acteur de l'acte, la victime de l'infraction. De la détermination du Bien commun à la restauration de l'harmonie sociale, chacune d'entre elles a un rôle précis à tenir, sans hégémonie, avec modestie et dans une authentique perspective de collaboration scientifique, fondamentale et appliquée. En toute humanité et solidarité.

---

sanctuary : toward a system of crime control, Indiana Univ. Press, 1994 ; J. DIGNAN, M. CAVADINO, Which model of criminal justice offers the best scope for assisting victims of crime ?, *In* E.A. FATTAH, T. PETERS (Eds), *Support for crime victims in a comparative perspective*, Essays dedicated to Prof. F. MCCLINTOCK, Samenleving Criminaliteit & Strafrechtspleging, 1998-13, 256 p. ; La justice réparatrice, *In Criminologie*, 1999-32, pp. 3-159 ; Justice réparatrice, *In Forum*, 2000-12-1, pp. 28-44 ; E.A. FATTAH, Victim redress and victim-offender reconciliation in theory and practice, *In The Hokkaigakuen Law Journal*, 1999-35, pp. 155-182 ; Du châtiment à la justice réparatrice : une évolution ?, *In Rev. Canadienne de Criminologie*, 2000-42-3, pp. 249-420.

Conclusion

Il n'est pas de méchants, il n'est que des souffrants a pu écrire Fernand GREGH [1]. Cette citation s'est imposée, de manière lancinante mais de plus en plus persistante, au point de devenir cardinale, tout au long de la réflexion amorcée dans cette introduction aux sciences criminelles. La principale source de toutes ces souffrances ne serait-elle pas, comme le suggèrent avec force quelques auteurs, la déprivation [2], le déficit d'amour [3] parental et/ou social ? L'impossibilité à établir (ou à entretenir) harmonieusement la communication avec autrui provoque, à n'en point douter, des inhibitions prolongées de l'action qui conduisent, inévitablement, à l'agressivité, dirigée contre soi-même ou contre autrui [4].

Il apparaît donc urgent et essentiel de permettre aux citoyens de notre humanité de (re)trouver, pour s'y épanouir, le sentiment

---

1. Cité par H. LABORIT, *In* R. CARIO, Femmes et criminelles, *op. cit.*, Postface, p. 278.

2. V. D.W. WINNICOTT, *Déprivation et délinquance*, Biblio. Scientifique, Payot, 1994, 314 p. ; V. également B. GREGOIRE, J.P. LEBLANC, J. PIQUET, Le placement familial pour adolescents, *In* M. VAILLANT (Dir.), *L'hébergement éducatif*, C.N.T.E./PJJ, Vaucresson, 1993, 195 p. et not., p. 151.

3. V. en ce sens, A. BEGAG, C. DELORME, *op. cit.*, p. 188 et s.

4. V. en ce sens les travaux d'Henri LABORIT et not., *La colombe assassinée*, Ed. Grasset, 1983, 211 p. ; V. *Supra*, Chap. 2, Sect. 2.

océanique d'amour [5], de soi même, donc des autres. C'est bien là l'ambition des sciences criminelles : participer à l'élaboration du Bien commun, favoriser sa consolidation, prévenir toute éventuelle atteinte aux valeurs sociales essentielles qu'il promeut, (re)socialiser ceux qui les transgressent, restaurer leurs victimes. En d'autres termes, (ré)intégrer l'individu dans sa dimension d'acteur social, en totale ego-altérité, en parfaite intercompréhension [6]. Et une telle harmonie ne peut émerger et se pérenniser que dans une société de partage.

Plus pragmatiquement, si seules les atteintes aux valeurs sociales que nous considérons comme essentielles étaient incriminées pénalement, si une authentique prévention précoce était mise en œuvre pour éviter leur transgression, un gain substantiel d'effectivité pour le système de justice pénale pourrait être obtenu, auquel s'ajouteraient des gains financiers formidables à la société civile [7] et un regain inestimable d'harmonie sociale au bénéfice de notre communauté humaine. Sans compter les souffrances épargnées.

Ainsi, le rôle premier de la prévention s'affirme. Que sa promotion soit imparfaite aujourd'hui, que ses résultats ne soient pas toujours visibles, elle constitue pourtant bien, logiquement, le seul rempart à l'exclusion sous toutes ses formes. La répression demeure alors accessoire, elle intervient lorsque la prévention n'a pas permis d'éviter la transgression d'une valeur sociale essentielle. Selon la gravité de celle-ci, le mode d'intervention, toujours attentif aux droits et devoirs des acteurs au conflit d'ordre pénal, sera plus ou moins rigide ou flexible,

---

5. V. en ce sens les travaux de Boris CYRULNIK et not., *Sous le signe du lien*, Ed. Hachette, Coll. Histoire et philosophie des sciences, 1989, p. 179.

6. V. J. HABERMAS, *Morale et communication. Conscience morale et activité communicationnelle*, Ed. du Cerf, Coll. Passages, 1983, p. 147 et s. ; Comp. K. VAN METER (Dir.), *La sociologie*, Ed. Larousse, Coll. Textes essentiels, 1992, p. 765 et s. ; P. FEYEREISEN, *Le cerveau et la communication*, PUF, Coll. Psychologie d'aujourd'hui, 1994, 213 p. ; F. DUBET, *op. cit.* (1994), p. 91 et s.

7. V. *Supra*, Chap. 1, sect. 2, où le coût annuel global de la prévention et de la répression du phénomène criminel a été estimé à près de 50 Md€.

autoritaire ou négocié, privatif ou restrictif de liberté, réparateur ou réconciliateur.

Mais qu'il n'y ait pas de malentendu. L'œuvre est d'envergure. « Les handicaps, s'ils ne sont pas insurmontables, sont cependant sévères. Ils se traduisent par l'incapacité à maîtriser les langages de base de la communication sociale, la perte du lien social, voire celle des repères dans le temps et dans l'espace » [8]. Dans un tel contexte, la prévention du phénomène criminel et, au besoin, la répression et le traitement des auteurs de transgressions d'ordre pénal [9], nécessitent le concours de tous. On ne saurait, en ce sens, abandonner l'observation du phénomène en vue de le prévenir et de le traiter à un champ disciplinaire particulier, relevant du politique, du social, du clinique ou du scientifique.

D'où l'importance primordiale, galvaudée dans notre pays, de l'évaluation. Ce déficit scientifique chronique nuit à l'épanouissement des bonnes pratiques, dû à la rareté des études évaluatives en matière de politiques criminelles mises en œuvre, autant par les institutions publiques que par leurs partenaires traditionnels. De telles évaluations, certes délicates lorsqu'il s'agit de l'activité humaine, sont pour autant nécessaires dans une société où la tentation de la culpabilisation individuelle, toute comme celle de la psychologisation des réponses, sont envahissantes. Il apparaît tout à fait normal que tous les acteurs qui participent à la prévention, la répression et au traitement du phénomène criminel rendent compte de la manière dont leur activité contribue finalement au bien commun. Il apparaît tout à fait utile, dans le même sens, que les bonnes pratiques soient effectivement disséminées sur l'ensemble du territoire national [10].

---

8. V. Les contrats de ville du XIè Plan, *op. cit.*, p. 123.

9. V. *Supra*, Chap. 3, Sect. 2 ; P. BOUZAT et J. PINATEL, Traité de droit pénal et de criminologie, *op. cit.,* Tome 1, p. 1.

10. V. not. Y. CHARPENEL, Les rendez-vous de la politique pénale, *op. cit.*, P. 98, 142 et s. ; B. PERRET, *L'évaluation des politiques publiques*, Ed. La Découverte, Coll. Repères, nouv. éd. 2008, 120 p.

Le challenge est fortement mobilisateur : réduire le plus possible l'exclusion dont souffrent certains d'entre nous ; mettre en œuvre l'harmonie sociale entre tous. Sans être naïvement optimiste, c'est ce vers quoi tendent pour leur part, conformément à leur objet, les sciences criminelles. Sans vouloir réveiller les vieux démons, il est permis de préférer au célèbre slogan « soyez réaliste, demandez l'impossible », l'invitation de nos amis québécois suggérant [que l'] « on ferait plus de choses si on en croyait moins d'impossibles » [11].

11. Cette invitation a accompagné la mise en place du Centre pour adolescents de Boscoville ; V. sur cette originale institution, M. LE BLANC, Boscoville : la rééducation évaluée, *In Cahiers du Québec*, Coll. Droit et criminologie, Ed. Hurtubise H.M.H., 1983, 402 p. ; Comp. G. BONNEMAISON, La prévention de la criminalité en milieu urbain, *op. cit.*, p. 11 ; J.M. DELARUE, La politique de la ville, *In Regards sur l'actualité*, La Documentation française, 1993/196, p. 17 ; J. MENANTEAU, *op. cit.*, p. 203 et s.

Bibliographie générale

J.F. ABGRALL, *Dans la tête du tueur : sur les traces de Francis Heaulme*, Ed. Albin Michel, 2002, 247 p.

Acteur social et délinquance. Une grille de lecture du système de justice pénale, Hommage à C. DEBUYST, Ed. Mardaga, Bruxelles, 1990, 475 p.

W. ACKERMANN, R. DULONG, H.P. JEUDY, *Imaginaires de l'insécurité*, Lib. des Méridiens, 1983, 120 p.

Adolescents et placement familial, Actes des IIèmes Journées d'études de l'Œuvre de l'Abbé Denis, Pau, Multigraph., 1996,272 p.

M.F. AEBI, Les indicateurs de la criminalité : leurs limitations, leur complémentarité et leur influence sur les théories criminologiques, *In RICPT*, 2002-2, pp. 113-156.

M.F. AEBI, *Comment mesurer la délinquance ?*, Ed. A. Colin, 2006, 317 p.

M.F. AEBI, N. DELGRANDE, *Statistique pénale du Conseil de l'Europe. Space I. Enquête 2006*, multigraph. 2008, 92 p., coe.int.

I. AERTSEN, R. MACKAY, C. PELIKAN, J. WILLEMSENS, M. WRIGHT, *Renouer les liens sociaux. Médiation et justice réparatrice en Europe*, Ed. Conseil de l'europe, 2004, 141 p.

M.A. AGARD-PEANO, *Surpopulation carcérale et politique criminelle. 1945-1990,* Thèse, Univ. Bordeaux III, 1990, 3 Vol., 594 p. et Annexes.

M. AGRAPART-DELMAS, *De l'expertise criminelle au profilage : témoignage d'une psychocriminologue sur la piste des grands meurtriers et en guerre contre les pseudo-profilers*, Ed. Favre, 2001, 200 p.

A. AICHHORN, *Jeunes en souffrance* (1925), Les éd. du Champ social, Coll. Psychanalyse, 2000, 209 p.

D. AJBALI, *Violences et immigration*, Ed. Desmaret, 2001, 271 p.

T. ALBERNHE (Dir.), *Criminologie et psychiatrie*, Ed. Ellipses, 1997, 752 p.

H.J. ALBRECHT, L'économie du droit pénal et de l'exécution des peines. Evolution et tendances de l'aspect économique du droit pénal, *In R.I.C.P.T.,* 1997-1, pp. 17-37.

J.P. ALLINNE, *Gouverner le crime. Les politiques criminelles de la Révolution au XXIè siècle. 1. L'ordre des notables : 1789-1920*, Ed. L'Harmattan, Coll. Traité de sciences criminelles, 2003, Vol. 7-1, 301 p.

J.P. ALLINNE, *Gouverner le crime. Les politiques criminelles de la Révolution au XXIè siècle. 2. Le temps des doutes : 1920-2004*, Ed. L'Harmattan, Coll. Traité de sciences criminelles, 2004, Vol. 7-2, 304 p.

J.P. ALLINNE, Les victimes : des oubliées de l'histoire du droit ?, *In* R. CARIO et D. SALAS (Dir.), *Œuvre de justice et victimes*, Ed. L'Harmattan, Coll. Sciences criminelles, 2001, pp. 25-58.

A. ALVAZZI DEL FRATE, U. ZVEKIC, J. VAN DICK (Dir.), *Understanding crime*, Pub. UNICRI, 1993-39, 714 p.

F. AMARA, Nous devons parier sur la banlieue, *In Le Monde*, 16 janv. 2008, p. 18.

M. ANCEL, Le problème des jeunes adultes délinquants devant les conceptions de la défense sociale, *In R.S.C.*, 1961, p. 565 et s.

M. ANCEL, Pour une étude systématique des problèmes de politique criminelle, *In Arch. Pol. Crim.*, 1975-1, p. 15 et s.

M. ANCEL, *La défense sociale nouvelle,* Ed. Cujas, 3è éd. 1980, 381 p.

M. ANCEL, *La défense sociale*, PUF, Que sais-je ?, 2è éd. 1989, n°2201, 127 p.

D.A. ANDREWS, J. BONTA, S. WORMITH, Il est possible de prévoir et d'influencer la récidive, *In Forum,* 1989/1-2, p. 14 et s.

B. ANDRIEUX, Le modèle de l'anomalie fonctionnelle en biologie, *In* L. MUCCHIELLI (Dir.), *Histoire de la criminologie française*, Ed. L'Harmattan, 1995, pp. 411-428.

A. J. ARNAUD, *Clefs pour la justice*, Ed. Seghers, 1977, 224 p.

Association Pénombre, *Chiffres en folie*, Ed. La Découverte, 1999, 226 p.

B. AUBUSSON de CAVARLAY et T. GODEFROY, *Condamnations et condamnés : qui condamne t-on ? A quoi ? Pourquoi ?*, pub. SEPC, 1981, polycop., 2 vol., 179 et 195 p.

B. AUBUSSON de CAVARLAY, Du parquet au jugement : la sélection des affaires et des personnes poursuivies, *In Données Sociales* 1990, p. 430 et s.

B. AUBUSSON de CAVARLAY, M.S. HURE, *Arrestations, classements, déferrements, jugements. Suivi d'une cohorte d'affaires pénales de la police à la justice*, CESDIP, Etudes et données pénales, 1995/12, multigraph., 249 p.

B. AUBUSSON de CAVARLAY, Notes statistiques, *In* C. LAZERGES, J.P. BALDUYCK, *Réponses à la délinquance des mineurs*, La Doc. française, 1998, pp. 263-291.

B. AUBUSSON de CAVARLAY, Le mode de calcul des statistiques nous enferme dans un cercle vicieux, *In Le Monde*, 29 janv. 2002/10.

B. AUBUSSON de CAVARLAY, Les lourdes peines dans la longue durée, *In* Comment sanctionner le crime ?, Erès, 2002, pp. 51-60.

B. AUBUSSON de CAVARLAY, N. LALAM, R. PADIEU, P. ZAMORA, Les statistiques de la délinquance, *In France, Portrait social. 2002-2003*, pub. INSEE, Coll. Références, 2002, pp. 141-158.

J. AUDET, J.F. KATZ, *Précis de victimologie générale*, Ed. Dunod, 2è éd. 2006, 522 p.

M. AUBOUIN, A. TEYSSIER, J. TULLARD, *Histoire et dictionnaire de la police. Du Moyen Age à nos jours*, Ed. R. Laffont, 2005, 1088 p.

N. AYMARD, D. LHUILLIER, Sécurité et identité professionnelles des personnels de surveillance de l'Administration Pénitentiaire, *In Droit et Société*, 1993/25, p. 435 et s.

C. BACHMANN, N. LEGUENNEC, *Violences urbaines. Ascencion et chute des classes moyennes à travers cinquante ans de politique de la ville,* Ed. Albin Michel, 1996, 557 p.

G. BACHELARD, *L'eau et les rêves. Essai sur l'imagination de la matière* (1942), Ed. Corti, 1991, 268p.

J.M. BADER, Cerveau : la biochimie de la violence, *In Rev. Science et vie*, 1994, n° 925, pp. 48-54.

F. BAILLEAU, Y. CARTUYVELS (Dir.), *La justice pénale des mineurs en Europe. Entre modèle Welfare et inflexions néo-libérales*, Ed. L'Harmattan, Coll. Logiques sociales, 2007, 330 p.

L. BALAGNO et al., *La résilience : le réalisme de l'espérance. Des interactions au fil du temps*, Ed. Erès, Coll. Fondation pour l'enfance, 2001, 180 p.

C. BALIER, *Psychanalyse des comportements violents* (1988), P.U.F., Coll. Le fil rouge, 6è éd. 2003, 288 p.

C. BALIER (Dir.), *La violence en abyme : essai de psychocriminologie*, P.U.F., Coll. Le fil rouge, 2005, 389 p.

G. BARBIER, Y. BONVALET, Les innovations de l'Intérieur, *In Rev. Civic*, 1994/44, pp. 22-29.

M. BARIL, *L'envers du crime* (1984), Ed. L'Harmattan, Coll. Traité de sciences criminelles, 2002, 288 p.

M.G. BARRA, P. BRUSTON, E. LENOIR (Dir.), *Politique de la ville et prévention de la délinquance,* Les éd. de la DIV, 2004, 312 p.

J. BARRET-KRIEGEL, *Les droits de l'homme et le droit naturel*, PUF, Coll. Quadrige, 1989, 118 p.

A. BARTHELEMY, *Un avenir pour la ville? Face à la crise urbaine*, Ed. Esprit, 1995, 175 p.

M.C. BASSIOUNI (Ed.), *Commentaries on the international law commission's 1991 draft code of crimes against the peace and the security of mankind*, In N.E.P., 1993-11, 296 p.

M.C. BASSIOUNI (Dir.), *The international criminal court,* Nouvelles Etudes Pénales, Ed. Erès, 1997-13, 288 p.

M.C. BASSIOUNI, *The statute of the International Criminal Court*, Transnational publishers, New York, 1999, 793 p.

M.C. BASSIOUNI, *Introduction au droit pénal international*, Ed. Bruylant, 2002, 343 p.

M.B. BAUDET, J.P. STROOBANTS, L'antiterrorisme ? Un marché de la peur et de l'irrationnel qui attire les convoitises, *In Le Monde économique* du 11 oct. 2005, p. II.

J. BAUDOUIN, *Introduction à la science politique*, Mémentos Dalloz, 3è éd., 1992, 135 p.

J. BAUDOUIN, *La philosophie politique de Karl Popper*, PUF, Coll. Questions, 1994, 242 p.

P. BAUDRY, C. BLAYA, M. CHOQUET, E. DEBARBIEUX, X. POMMEREAU, *Souffrances et violences à l'adolescence. Qu'en penser ? Que faire ?*, Ed. E.S.F., 2000, 161 p.

A. BAUER, X. RAUFER, *Violences et insécurité urbaines*, PUF, Que sais-je, 9è éd. 2006, 127 p.

C. BAYLON, *Sociolinguistique. Société, langue, discours*, Ed. Nathan/Univ., 1991, 304 p.

J.C. BECANE, M. COUDERC, *La loi*, Ed. Dalloz, 1994, 301 p.

C. BECCARIA, *Des délits et des peines* (1764), Ed. Flammarion, Coll. Champs, 1979, 202 p.

H.S. BECKER, *Outsiders. Etude de sociologie de la déviance*, PUF, 1985, 247 p.

A. BEGAG, C. DELORME, *Quartiers sensibles*, Ed. du Seuil, Coll. Le point virgule, 1994, 213 p.

A. BEGAG, *L'enfer du non-lieu*, Ed. Gallimard, Coll. Page Blanche, 1994, 128 p.

C. BELAÏD et al. (Dir.), *Banlieues, lendemains de révolte*, Ed. La dispute, 2006, 154 p

Z. BELMOKHTAR, Les victimes face à la justice : le sentiment de satisfaction sur la réponse judiciaire, *In Infostat Justice*, 2007-98, 4 p.

M. BENASAYAG, E. CHARLTON, *Cette douce certitude du pire. Pour une théorie critique de l'engagement*, Ed. La Découverte, Coll. Essais, 1991, 199 p.

M. BENASAYAG, A. del REY, *Eloge du conflit*, Ed. La Découverte, 2007, 228 p.

J. BENTHAM, *Théorie des peines et des récompenses* (1775), Ed. Bossange, 1825, 111 p.

J. BERARD, Le mirage électronique, *In Dedans/dehors*, 2005-49, pp. 3-4.

J.L. BERGEL, *Théorie générale du droit*, Ed. Dalloz, 3è éd. 1999, 356 p.

M. BERGER, *L'échec de la protection de l'enfance*, Ed. Dunod, 2003, 252 p.

J. BERGERET (Dir.), *Abrégé de psychologie pathologique*, Ed. Masson, 1972, 278 p.

J. BERGERET, *La violence fondamentale. L'inépuisable Œdipe*(1984), Ed. Dunod, nouv. Ed. 2000, 251 p.

J. BERGERET, *La personnalité normale et pathologique*, Ed. Dunod, 1978, 33 p.

J. BERGERET, La violence et sa prévention chez l'enfant et chez l'adolescent, *In* P. TAP, H. MALEWSKA-PEYRE, *Marginalités et troubles de la socialisation*, PUF, 1993, pp. 201-222.

A. BERISTAIN, *Nueva criminologia desde el derecho penal y la victimologia*, Tirant Lo Blanch, 1994, 404 p.

A. BERISTAIN, *Victimologia. Nueve palabras clave*, Tirant Lo Blanch, 2000, 622 p.

A. BERISTAIN, *Protagonismo de las victimas de hoy y manana*, Tirant Lo Blanch, 2004, 398 p.

H. BERKMOËS, G.L. BOURDOUX, La prévention de la criminalité. Introduction, *In R.D.P.C.*, 1986, pp. 733-782.

A BERNARD, R. CARIO (Dir.), *Les politiques publiques d'aide aux victimes*, Ed. L'Harmattan, Coll. Sciences criminelles, 2001, 286 p.

R. BERNARDINI, *Droit pénal général*, Gualino Ed., 2003, 681 p.

J. BERNAT de CELIS, Pourquoi les tribunaux français appliquent-ils si peu les peines dites de substitution ?, *In Arch. Pol. Crim.*, 1984/7, p. 199 et s.

J.C. BERNHEIM , *Criminologie. Idées et théories*, Ed. du Méridien, Montréal, 1999, 327 p.

B. BERNSTEIN, *Langage et classes sociales, codes socio-linguistiques et contrôle social*, Ed. de Minuit, 1975, 347 p.

M.A. BERTRAND, *Les femmes et la criminalité* (1979), Ed. Athéna, Montréal, 2003, 209 p.

J.M. BESSETTE, *Sociologie du crime*, PUF, Coll. Le sociologue, 1982, 178 p.

P. BESSOLES, C. MORMONT (Dir.), *Victimologie et criminologie. Approches cliniques*, Champ social Ed., 2004, pp. 7-74.

A. BEZIZ-AYACHE, *Dictionnaire de droit pénal général et procédure pénale*, Ed. Ellipses, 4è éd. 2008, 313 p.

H. BIANCHI, *Justice as a sanctuary : toward a system of crime control*, Indiana Univ. Press, 1994, 199 p.

Bilan et perspectives du droit pénal de l'entreprise, Ed. Economica, 1989, p. 189, 256 p.

B. BISSUEL, Les errements de la politique de la ville, *In Le Monde*, 26 fév. 2002/1, 10.

B. BISSUEL, Pourquoi un tel fiasco de l a politique de la ville ?, *In Le Monde*, 11 nov. 2005/24-27.

E.J. BLAKESLY, M. GAIL SNYDER (Eds), *Fortress America : gated communities in the United States*, Brookings Institution Press, new ed. 1999, 208 p.

N. BLANC (Dir.), *Emotion et cognition. Quand l'émotion parle à la cognition*, Ed. In press, 2006, 219 p.

S. BLANCHARD, Comment prévenir le « mal-être » des 12-25 ans, *In Le Monde* 25 avril 2002/20.

C. BLATIER, Placement sous surveillance électronique, *In J.D.J.*, 1997-166, p. 27.

C. BLATIER, *La délinquance des mineurs. L'enfant, le psychologue, le droit*, P.U. Grenoble, Coll. Vies sociales, 1999-14, 292 p.

M. BODIER, C. CHAMBAZ, Lire, écrire : les difficultés des adultes, *In Données sociales 1996*, pub. INSEE, 1996, pp. 490-497.

J.L. BODIGUEL, *Les magistrats : un corps sans âme*, PUF, Coll. Politique d'aujourd'hui, 1991, 294 p.

S. BODY-GENDROT, *Ville et violence : l'irruption de nouveaux acteurs*, PUF, Coll. Recherches politiques, 1993, 256 p.

J. BOËLDIEU, C. BORREL, La proportion d'immigrés est stable depuis 25 ans, *In INSEE Première*, 2000-748.

C. BOLZE, P. PEDROT, *Les juges uniques : dispersion ou réorganisation du contentieux ?*, Ed. Dalloz, 1996, 140 p.

P. BON, *La police municipale*, Thèse, Univ. Bordeaux I, 1975, 505 p.

J.P. BONAFE-SCHMITT, *La médiation : une justice douce*, Ed. Syros, 1992, 280 p.

L. BONELLI, Tolérance zéro pour les « encombrants », *In Justice*, 2001-167, pp. 13-16.

L. BONELLI, Les contrats locaux de sécurité : une sécurité déléguée, *In Regards sur l'actualité française*, La Doc. Française, 2002-284, pp. 53-63.

L. BONELLI, *La France a peur. Une histoire sociale de l'insécurité*, Ed. La Découverte, 2008, 418 p.

P. BONFILS, A. GOUTTENOIRE, *Droit des mineurs*, Ed. Dalloz, Coll. Précis, 2008, 1121 p.

H. BONNARD, La participation des victimes d'infraction au procès pénal, *In Mélanges offerts à Georges Levasseur*, Ed. Gazette du Palais/Litec, 1992, pp. 287-296.

G. BONNEMAISON, *Face à la délinquance : prévention, répression, solidarité*, Rapport au Premier ministre, La Documentation Française, 1982, 212 p.

F. BONNET, De l'analyse économique du crime aux nouvelles criminologies anglosaxonnes ? Les origines théoriques des politiques pénales contemporaines, *In Dév. Soc.*, 2006-30-2, pp. 137-154.

M. BORN, *Jeunes déviants ou délinquants juvéniles*, Ed. P. Mardaga, Bruxelles, 1983, 157 p.

M. BORN, P. THYS (Dir.), *Délinquance juvénile et famille*, Ed. L'Harmattan, Coll. Sciences criminelles, 2001, 256 p.

M. BORN, *Psychologie de la délinquance*, Ed. De Boeck, Coll. Ouvertures psychologiques, 2è éd. 2005, 294 p.

J. BORRICAND, Les contrats de ville : un nouvel outil de prévention de la délinquance en milieu urbain, *In Problèmes actuels de science criminelle*, Presses Univ. Aix Marseille, 1991/IV, p. 87 et s.

J. BORRICAND, A.M. SIMON, *Droit pénal et procédure pénale*, Ed. Sirey, Coll. Aide-mémoire, 6è éd. 2008, 460 p.

S. BOUCHARD, C. CYR (Dir.), *Recherche psychosociale. Pour harmoniser recherche et pratique*, Presses Univ. Du Québec, 1998, 605 p.

R. BOUDON, *Les méthodes en sociologie*, PUF/Que sais-je ?, 1988, n°1334, 127 p.

R. BOUDON, La 'mesure statistique' : un contrepoids à l'idéologie, *In Cahiers de la Sécurité Intérieure*, 1991/4, p. 7 et s.

F. BOULAN, Le double visage de l'action publique exercée devant la juridiction répressive, *In J.C.P.*, 1973, II, 2563.

F. BOULAN (Dir.), *Les prisons dites « privées ». Une solution à la crise pénitentiaire ?*, Ed. Economica, 1987, 228 p.

B. BOULOC, Le récidivisme, *In R.S.C.*, 1983, p. 199 et s.

B. BOULOC, *Pénologie*, Ed. Dalloz, Coll. Précis, 3è éd. 2005, 508 p.

B. BOULOC, *Droit pénal général*, Ed. Dalloz, 20è éd., 2007, 720 p.

B. BOULOC, *Procédure pénale*, Ed. Dalloz, 21 éd. 2007, 1055 p.

B. BOULOC, H. MATSOPOULOU, *Droit pénal général et procédure pénale*, Ed. Sirey, 16è éd. 2006, 533 p.

P. BOUMARD (Dir.), *L'école, les jeunes, la déviance*, PUF, Coll. Education et formation, 1999, 174 p.

S. BOURGOIN, *Serial killers : enquête sur les tueurs en série*, Ed. Grasset, 1999, 378 p.

W. BOURDON, E. DUVERGER, *La Cour pénale internationale. Le Statut de Rome*, Le Seuil, Coll. Points, 2000, 364 p.

R. BOUSQUET, *Insécurité : nouveaux risques. Les quartiers de tous les dangers*, Ed. L'Harmattan, Coll. Villes et entreprises, 1998, 232 p.

R. BOUSQUET, *Insécurité : nouveaux enjeux. L'expertise et les propositions policières*, Ed. L'Harmattan, Coll. Villes et entreprises, 1999, 349 p.

P. BOUZAT, J. PINATEL, *Traité de droit pénal et de criminologie*, Ed. Dalloz, 1970, Tome I, 882 p.

S. BOUZIGE, Le juge délégué aux victimes : outil de communication ou amélioration du soutien des victimes ?, *In A.J.pén.*, 2008-9, pp. 361-362.

Bracelet électronique : miroir aux alouettes, Dossier *In Dedans/Dehors*, 2003-36, pp. 12-26.

J. BRAITHWAITE, *Crime, shame and reintegration*, Cambridge Univ. Press, 1993, 216 p.

F. BRION, *Contrôle de l'immigration, crime et discrimination. Essai de criminologie réflexive à propos des propriétés et des usages politiques du crime et de la science qui le prend pour objet*, Thèse, Univ., Louvain La Neuve, 1995, multigraph., 374 p.

V. BRIOUX, G. TOMASOVITCH, Deux enfants menacés de prélèvements ADN, *In Le parisien*, 5 mai 2007.

A. BROCHOT-DENYS, La police scientifique : prises de conscience, *In* Les cahiers de la sécurité intérieure, 1995-21, pp. 17-24.

J.P. BRODEUR, La criminologie entre savoir et pouvoir, *In* Rev. *Autrement,* Justice ou science ?, 1994/145, pp. 101-119.

L. BRONNER, Les chiffres de la police surestiment le phénomène des bandes, *In Le Monde*, 19 sept. 2007, p. 9

M. BROUSSE-DELANOË, J. MILLER, Le criminel et son crime, *In L'Ane*, 1983/8, p. 36 et s.

P. BRUCKNER, *La tentation de l'innocence*, Ed. Grasset, 1995, Livre de Poche, 13927, 283 p.

A. BRUEL, Aller vite peut-être, mais savoir où aller !, *In Adolescents menaçants ou mineurs irresponsables ?*, Pub. Ecole Nat. Magistrature, C.N.F.E./P.J.J., multigraph., 1994, pp. 127-156.

A. BRUNEL, *Justice. L'autorité sans pouvoir*, Ed. du Félin, 1991, 158 p.

B. BRUNET, Politique de la ville et justice, *In Rev. Droit et Société*, 1993/23-24, pp. 117-141.

J.S. BRUNER, *Le développement de l'enfant. Savoir faire, savoir dire*, PUF, 7è éd. 1998, 320 p.

J. BRURON, *Droit pénal fiscal*, L.G.D.J, 1998, 161 p.

W. BUIKHUISEN, La criminologie intégrale, *In Déviance et société*, 1977-1, p. 95 et s.

J. BUISSON, S. GUINCHARD, *Procédure pénale*, LITEC, 2è éd. 2002, 880 p.

A. BUQUET, *Manuel de criminalistique moderne. La science et la recherche de la preuve*, PUF, Coll. Criminalité internationale, 2001, 262 p.

G. BURDEAU, Loi, *In Encyclopaedia Universalis*, Vol. 13, p. 992 et s.

J.F. BURGELIN, P. LOMBARD, *Le procès de la justice*, Ed. Plon, 2003, 162 p.

R. CABRILLAC, M.A. FRISON-ROCHE, T. REVET (Dir.), *Libertés et droits fondamentaux*, 13è éd. 2007, Ed. Dalloz, 885 p.

E. CAMPOS, *Tueurs en série : enquête sur les serial killers*, Ed. Plein Sud, 1995, 249 p.

G. CAMILLERI, C. LAZERGES, *Atlas de la criminalité en France*, Ed. Reclus/La Doc. Française, Coll. Dynamique du territoire, 1992, 159 p.

G. CANGUILHEM, *Le normal et le pathologique* (1966), PUF, Coll. Quadrige, 3è éd. 1991, 224 p.

G. CANIVET, *Amélioration du contrôle extérieur des établissements pénitentiaires*, Rapport au Garde des Sceaux, La Doc. Française, Coll. des Rapports officiels, 2000, 263 p.

J.M. CARBASSE, *Histoire du droit pénal et de la justice criminelle*, PUF, Coll. Droit fondamental, 2è éd. 2006, 486 p.

S. CARBONNEAU, Prévention développementale, *In* G. LOPEZ, S. TZITZIS (Dir.), *Dictionnaire des sciences criminelles*, Ed. Dalloz, 2004, pp. 739-745.

J. CARBONNIER, *Sociologie juridique*, Ed. A. Colin, 1971, 320 p.

C. CARDET, *Le contrôle judiciaire socio-éducatif. Substitut à la détention provisoire entre surveillance et réinsertion*, Ed. L'Harmattan, Coll. Sciences criminelles, 2000, 400 p.

C. CARDET, *Le placement sous surveillance électronique*, Ed . L'Harmattan, Coll. La justice au quotidien, 2004, 90 p.

R. CARIO, Aspectos estadisticos del internamiento de menores en Francia, *In* A. BERISTAIN y J.L. de la CUESTA (ed.), *Los derechos humanos ante la criminologia y el derecho penal*, San Sebastian, 1986, p. 131 et s.

R. CARIO, Le délinquant acteur social. Concept opérationnel en criminologie ?, *In Rev. Sc. Crim.*, 1991/4, p. 826 et s.

R. CARIO, A.M. FAVARD (Dir.), *La personnalité criminelle*, Ed. Erès, 1991, 208 p.

R. CARIO, L'amélioration du climat social dans le monde pénitentiaire, *In Rev. Pénitentiaire*, 1992/2, p. 126 et s.

R. CARIO, *Femmes et criminelles*, Ed. Erès, 1992, 330 p.

R. CARIO (Dir.), *La peine de mort*, Ed. Erès, 1993, 196 p.

R. CARIO, Le travail d'intérêt général après 10 ans d'application en France, *In Eguzkilore*, Cuaderno del Instituto Vasco de Criminologia, 1993/7, p. 41 et s.

R. CARIO, A.M. FAVARD, R. OTTENHOF (Dir.), *Profession criminologue : spécialisation ou professionnalisation*, Ed. Erès, 1994, 227 p.

R. CARIO, La réaction sociale aux infractions commises en France par les étrangers, *In Rev. de Droit pénal et de criminologie,* 1995/6, pp. 587-604.

R. CARIO, La responsabilité des hautes autorités politiques de l'Etat quant aux actes accomplis dans l'exercice de leurs fonctions. Le cas de la France, *In R.I.C.P.T.*, 1995/1, pp. 21-37.

R. CARIO (Dir.), *La médiation pénale : entre répression et réparation,* Ed. L'Harmattan, Coll. Logiques juridiques, Série Science criminelle, 1997, 239 p.

R. CARIO, *Les femmes résistent au crime,* Ed. L'Harmattan, Coll. Transdisciplines, 1997, 192 p.

R. CARIO, Grandeur et décadence de l'éducatif en droit pénal des mineurs, *In J.D.J.,* 1997-164, pp. 7-16.

R. CARIO, Le criminologue dans la cité, *In* G. KELLENS (Dir.), *Criminologie et société. Le criminologue dans la cité : hier, aujourd'hui, demain*, Actes du cinquantième anniversaire de l'Ecole Liégeoise de Criminologie Jean Constant, Ed. Bruylant, 1998, 162 p., spé. pp. 101-116.

R. CARIO, *Jeunes délinquants. A la recherche de la socialisation perdue*, Ed. L'Harmattan, Coll. Sciences criminelles, 2è éd. 1999, 416 p.

R. CARIO, D. SALAS (Dir.), *Œuvre de justice et victimes. Volume 1*, Ed. L'Harmattan, Coll. Sciences criminelles, 2001, 256 p.

R. CARIO, *Victimologie. De l'effraction du lien intersubjectif à la restauration sociale*, Ed. L'Harmattan, Coll. Traité de sciences criminelles, Vol. 2-1, 3è éd. 2005, 335 p.

R. CARIO (Dir.), *Victimes : du traumatisme à la restauration*, Ed. L'Harmattan, Coll. Sciences criminelles, 2002, 346 p.

R. CARIO, *Victimologie. Les textes essentiels*, Ed. L'Harmattan, Coll. Traité de sciences criminelles, Vol. 2-2, 2è éd. 2002, 208 p.

R. CARIO, La place de la victime dans l'exécution des peines, *In Rec. Dalloz*, 2002, chron., pp. 145-151.

R. CARIO, A. GAUDREAULT (Dir.), *L'aide aux victimes : 20 ans après*, Ed. L'Harmattan, Coll. Sciences criminelles, 2003, 128 p.

R. CARIO, *La prévention précoce des comportements criminels. Stigmatisation ou bientraitance sociale ?*, Ed. L'Harmattan, Coll. Controverses, 2004, 108 p.

R. CARIO, Les droits des victimes : état des lieux, *In A.J. Pénal*, 2004-12, pp. 425-429.

R. CARIO, Médias et insécurité : entre droit d'informer et illusions sécuritaires, *In Rec. Dalloz*, 2004, Chron., pp. 75-80.

R. CARIO, P. MBANZOULOU (Dir.), *La victime est-elle coupable ? Autour de l'œuvre d'Ezzat A. Fattah*, Ed. L'Harmattan, Coll. Controverses, 2004, 122 p.

R. CARIO, Qui a peur des victimes ?, *In A.J.Pénal*, 2004-12, pp. 434-437.

R. CARIO, *Justice restaurative. Principes et promesses*, Ed. L'Harmattan, Coll. Traité de sciences criminelles, 2005-8, 164 p.

R. CARIO, L'évolution de l'aide aux victimes en France, *In Les Petites Affiches*, 2005-80, pp. 3-11.

R. CARIO, Les droits des victimes devant la Cour pénale internationale », *In* ***A.J. Pénal***, 2007-6, pp. 261-266

R. CARIO (Dir.), Les droits des victimes d'infraction, *In Problèmes politiques et sociaux*, La Doc. Française, 2007-943, 120 p.

J. CARON, *Précis de psycholinguistique*, PUF, Coll. Le psychologue, 1989, 259 p.

C. CARRA, *Délinquance juvénile et quartiers « sensibles ». Histoires de vie*, Ed. L'Harmattan, Coll. Déviance et société, 2001, 197 p.

N. CARRIER, Les criminels universitaires. Les formations discursives de la déviance criminalisée, *In Champ pénal*, 2005-2, en ligne www.champpenal.revues.org.

G. CASADAMONT, P. PONCELA, *Il n'y a pas de peine juste*, Ed. O. Jacob, 2004, 279 p.

G. CASILES-HUGUES, Le droit et la criminologie face à l'altération des facultés mentales, *In La détérioration mentale*, Presses Univ. Aix-Marseille, 2002, pp. 171-181.

D. CASONI, L. BRUNET, *La psychocriminologie. Apports psychanalytiques et applications cliniques*, Les Presses Univ. de Montréal, Coll. Paramètres, 2003, 244 p.

S. CASSEN, S. MAZA, *La resocialisation des victimes d'infractions*, Rapport DEA Droit pénal, multigraph., Pau 1994, 94 p.

J. CASTAIGNEDE, *La reproduction sociale de l'inadaptation dans le système familial*, Thèse, Pau 1985, 280 p.

J. CASTAIGNEDE, L'effectivité de la protection pénale du mineur victime d'abus sexuels, *In* R. NERAC (Dir.), *Le mineur et le droit* pénal, Ed. L'Harmattan, Coll. Sciences criminelles, 1997, pp. 77-110.

J. CASTAIGNEDE, La prise en charge des abuseurs sexuels par le droit pénal, *In* R. CARIO, J.C. HERAUT (Dir.), *Les abuseurs sexuels : quel(s) traitement(s)*, Ed. L'Harmattan, Coll. Sciences criminelles, 1997, pp. 19-38.

J. CASTAIGNEDE, La loi n° 2002-1138 du 9 septembre 2002 : un nouveau regard porté sur le droit pénal des mineurs, *In Rec. Dalloz*, Chron., 2003, pp. 779-785.

J. CASTAIGNEDE, La responsabilité pénale du mineur : évolution ou révolution ?, *Rev. pénit. et Dr. pén.*, 2004-2, pp. 273-284.

R. CASTEL, *L'insécurité sociale. Qu'est-ce qu'être protégé*, Le Seuil, 2003, 95 p.

J.F. CAUCHIE, G. CHANTRAINE, De l'usage du risque dans le gouvernement du crime. Nouveau prudentialisme et nouvelle pénologie, *In Champ pénal*, 2005-II, en ligne www.champpenal.revues.org.

M. CAVADINO, J. DIGNAN, *The penal system : an introduction,* Sage pub., 3rd ed. 2002, 405 p.

M. CAVADINO, J. DIGNAN, *Penal Systems. A comparative approach*, Sage pub., 2006, 380 p.

P. CEAUX, Une affaire relativise le rôle de l'ADN dans la quête de vérité, *In Le Monde*, 29-30 mai 2005/8.

P. CECCALDI, M. DURIGON, *Médecine légale à usage judiciaire*, Ed. Cujas, 1980, 624 p.

J. CEDRAS, *La justice pénale aux Etats-Unis*, Ed. Economica/Presses Universitaires d'Aix-Marseille, Coll. Le point sur, 2è éd. 2005, 392 p.

J.P. CERE, *Le contentieux disciplinaire dans les prisons françaises et le Droit européen*, Ed. L'Harmattan, Coll. Sciences criminelles, 1999, 400 p.323 et s.

A. CERF-HOLLENDER, Le nouveau code pénal et le principe de légalité, *In Arch. Pol. Crim.*, 1994/16, p. 9 et s.

R. CERVINI, *Los procesos de decriminalización*, 2è éd. 1993, Ed. Univ. LTDA, Montevideo, 227 p.

N. CHAMBON, Les politiques municipales en France : émergence, logique d'action et complémentarité avec les autres secteurs de la sécurité, *In Les Cahiers de la sécurité intérieure,* 1994-16, pp. 48-60.

N. CHAMBON, Une démarche pragmatique pour amorcer une culture de l'évaluation en France, multigraph., 2001, crime-prevention-intl.org.

G. CHANTRAINE, *In Dedans/Dehors*, 2004-42, pp. 18-19.

G. CHANTRAINE, *Par-delà les murs*, PUF/Le Monde, 2004, 320 p.

M.E. CHARBONNIER, *In A.J.pén.*, 2004-5, p. 171.

M.E. CHARBONNIER, Nom d'oiseau, *In A.J.pén.*, 2008-9, p. 343.

R. CHARLES, *Histoire du Droit pénal*, PUF, Que sais-je ?, 4è éd. 1976, n°690, 127 p.

B. CHARLOT, J . EMIN (Dir.), *Violences à l'école. Etat des savoirs*, Ed. A. Colin, 1997, 432 p.

Y. CHARPENEL, *Les rendez-vous de la politique pénale. Concilier devoir de justice et exigence de sécurité*, Ed. A. Colin, Coll. Sociétales, 2006, 320 p.

J.M. CHAUMONT, Du culte du héros à la concurrence des victimes, *In Criminologie*, 2000-33 (La victimologie : quelques enjeux), pp. 167-183.

A. CHAUVENET, G. BENGUIGUI, F. ORLIC, *Le personnel de surveillance des prisons*, pub. CNRS/EHESS, 1992, 299 p.

A. CHAUVENET, C. ROSTAING, F. ORLIC, *La violence carcérale en question*, PUF, Coll. Le lien social, 2008, 347 p.

J. CHAZAL, R. CHAZAL, *L'enfance et la jeunesse délinquantes,* PUF, Coll. Que sais-je ?, 12é éd. 1993, n° 563, 127 p.

C. CHERKI-NICKLES, M. DUBEC, *Crimes et sentiments*, Ed. Le Seuil, 1992, 280 p.

G. CHEVALIER, *sociologie critique de la politique de la ville*, Ed. L'Harmattan, Coll. Questions contemporaines, 2005, 256 p.

E. CHEVALLEREAU, Ville : l'éternel retour du plan banlieue, *In Le Monde*, 13 fév. 2008, p. 16.

J. CHEVALLIER, *L'Etat de droit*, Ed. Montchrestien, Coll. Clefs/politique, 1993, 160 p.

J.C. CHESNAIS, *Les morts violentes en France*, Pub. PUF/INED, 1976, 346 p.

C. CHIARAMONTI, L'asocialité dénoncée par ses victimes, *In Données Sociales 1990*, Pub. INSEE, p. 434 et s.

C. CHIARAMONTI, Un solide instrument de mesure : la statistique des faits constatés établie par la Direction Centrale de la Police Judiciaire, *In Cahiers de la Sécurité Intérieure*, 1991/4, p. 15 et s.

M. CHOQUET, S. LEDOUX, *Adolescents. Enquête nationale,* Les Ed. INSERM, Coll. Analyse et prospective, 1994, 346 p.

M. CHOQUET, S. LEDOUX, C. HASSLER, C. PARE, A. DRU, D. CAZIER, M.L. VINCENT, D. DRAY, *Adolescents (14-21 ans) de la Protection Judiciaire de la Jeunesse. Enquête épidémiologique*, Multigraph., Min. Justice/P.J.J., 1998, 146 p.

M. CHOQUET, Point de vue épistémologique, *In* P. BAUDRY, C. BLAYA, M. CHOQUET, E. DEBARBIEUX, X. POMMEREAU, *Souffrances et violences à l'adolescence. Qu'en penser ? Que faire ?*, Ed. ESF, Coll. Actions sociales/confrontations, 2000, pp. 75-98.

M. CHOQUET, C. HASSLER, D. MORIN, *Violences des collégiens et lycéens : constats et évolutions*, Pub. INSERM, 2005, 143 p.

N. CHRISTIE, Conflicts as property, *In The British Journal of Criminology*, 1977-17, pp. 1-15.

N. CHRISTIE, *Au bout de nos peines* (*Limits to pain*, 1981), trad. D. KAMINSKI, Ed. De Boeck/Larcier, Coll. Perspectives criminologiques, 2005, 136 p.

N. CHRISTIE, *Crime control as industry. Towards gulags, Western style ?*, Routledge Pub., 1993, 208 p., trad. française, *L'industrie de la punition : Prison et politique pénale en Occident*, Ed. Autrement, 2003, 223 p.

N. CHRISTIE, Eléments de géographie pénale, *In Actes de la recherche en sciences sociales*, 'De l'Etat social à l'Etat pénal', 1998-124, pp. 67-79.

N. CHRISTIE, Between civility and state, *In* V. RUGGIERO and al. (Eds), *The new european criminology. Crime and social order in Europe*, Routledge Ed., 1998, pp. 119-124.

D. CIAVALDINI, Le modèle psychodynamique et psychocriminologie, *In* J.L. SENON, G. LOPEZ , R. CARIO (Dir.), Psychocriminologie, *op. cit.*, pp. 21-31.

CIM-10. Classification internationale des troubles mentaux et des troubles du comportement, Organisation Mondiale de la Santé, Ed. Masson, 10è révision, 1994, 305 p.

A. CICOUREL, *La société cognitive* (1972), PUF 1979, 240 p.

R.V. CLARKE, P. MAYHEW, *Designing out crime,* pub. HMSO, London, 1980-17, 186 p.

R.V. CLARKE, Les technologies de la prévention situationnelle, *In Cahiers de la Sécurité Intérieure,* 1995/21, pp. 101-113.

R.V. CLARKE, *Situational crime prevention. Successful case studies*, Harrow and Heston pub., 2nd ed. 1997, 357 p.

J.L. CLEMENT, *Sciences légales et police scientifique*, Ed. Masson, 1987, 296 p.

A. COEURET, E. FORTIS, *Droit pénal du travail*, Ed. Litec, 3è éd. 2008, 429 p.

A.K. COHEN, *La déviance,* Ed. Duculot, 1971, Coll. Sociologie nouvelle, 239 p.

M.A. COHEN, The crime victim's perspective in cost-benefit analysis, *In* B.C. WELSH, D.P. FARRINGTON, L.W. SHERMAN (Eds), *Costs and benefits of preventing crime*, Westview Press, 2001, pp. 23-50.

M. COLIN, La clinique criminologique : une approche pluridisciplinaire, *In Rev. Nervure*, 1988/7, p. 30 et s.

Collectif Octobre 2001, *Comment sanctionner le crime ?*, Ed. Erès, Coll. Trajets, 2002, 150 p.

M. CONCHE, *Le fondement de la morale,* PUF, Coll. Perspectives critiques, 2è éd., 1993, 149 p.

Conseil national de l'évaluation, *Petit guide l'évaluation des politiques publiques*, La Documentation française, 1996, 124 p.

P. CONTE, La réflexion sur la recherche juridique universitaire ou l'art de faire prendre des vessies pour des lanternes (éloge de la découverte), *In Droits,* Rev. française de théorie juridique, 1994/20, pp. 143-148.

P. CONTE, P. MAISTRE du CHAMBON, *Procédure pénale*, Ed. Masson, 4ème éd. 2002, 468 p.

P. CONTE, *Droit pénal spécial*, Ed. Litec, 3è éd. 2007, 432 p.

P. CONTE, P. MAISTRE du CHAMBON, *Droit pénal général*, Ed. Masson, 7ème éd. 2004, 394 p.

M. COPPEL, A.C. DUMARET, Rôle des prises en charge psychothérapiques sur l'évolution à l'âge adulte des enfants placés, *In Adolescents et placement familial*, Actes IIème Colloque O.A.D., multigraph., 1996, pp. 157-166.

P.G. COSLIN, *Les adolescents devant les déviances,* PUF, Coll. Psychologie d'aujourd'hui, 1996, 266 p.

G. COTE, Les instruments d'évaluation du risque de comportements violents : mise en perspective critique, *In Criminologie*, 2001-34-1, pp. 31-45

G. COURTOIS, La vengeance chez Aristote et Senèque à la lumière de l'anthropologie juridique, *In Archives de Philosophie du droit*, 1983/28, Philosophie pénale, p. 29 et s.

P. COUVRAT, Les trois visages du T.I.G., *In Rev. Sc. Crim.*, 1989/1, p. 152 et s.

S. COYE, J. BERARD, Demain, tous fichés ?, *In Dedans dehors*, 2006-57, pp. 28-30

S. COYE, Conditions de détention indignes. La justice accepte d'indemniser un détenu, *In Dedans dehors*, 2008-65, pp. 12-14.

E. CRENNER, Insécurité et préoccupations sécuritaires, *In Données sociales. La société française*, pub. INSEE, 1999, pp. 366-372.

Criminal Victimization in The United States. 1994, U.S. Dep. of Justice, B.J.S., 1997, 150 p.

J.C. CROCQ, *Le guide des infractions*, Ed. Dalloz, 9è éd. 2008, 1433 p.

P. CSONKA, Council of Europe activities related to information technology, data protection and computer crime, *In Inform. and Communic. Technol. Law,* Oxford, 1996-5, pp. 177-196.

P. CUCHE, *Traité de science et de législation pénitentiaires*, L.G.D.J., 1905, 499 p.

M. CUSSON, *Le contrôle social du crime*, PUF, Sociologies, 1983, 342 p.

M. CUSSON, *Croissance et décroissance du crime*, PUF, Coll. Sociologies, 1990, 170 p.

M. CUSSON, L'analyse criminologique et la prévention situationnelle, *In R.I.C.P.T.*, Vol. XLV, 1992/2, pp. 137-149.

M. CUSSON, *Criminologie actuelle*, PUF/Sociologies, 1998, 254 p.

M. CUSSON, *La criminologie*, Ed. Hachette, 4è éd. 2007, 160 p.

M. CUSSON, Paradoxes américains : autodéfense et homicide, *In R.I.C.P.T.S.*, 1999-3, pp. 259-277.

M. CUSSON, *Prévenir la délinquance. Les méthodes efficaces*, PUF, Coll. Criminalité internationale, 2002, 220 p.

M. CUSSON, *La délinquance, une vie choisie. Entre plaisir et crime*, Ed. Hurtubise, Coll. Droit et criminologie, 2005, 226 p.

M. CUSSON, B. DUPONT, F. LEMIEUX et al. (Dir.), *Traité de sécurité intérieure*, Presses polytechniques et universitaires romandes, 2008, 705 p.

B. CYRULNIK, *Mémoire de singe et paroles d'homme*, Ed. Hachette, Coll. Pluriel, 1983, 303 p.

B. CYRULNIK, *Sous le signe du lien*, Ed. Hachette, Coll. Histoire et philosophie des sciences, 1989, 319 p.

B. CYRULNIK, *Les nourritures affectives*, Ed. O. Jacob, 1993, 244 p.

B. CYRULNIK, *Un merveilleux malheur*, Ed. O. Jacob, 1999, 239 p.

B. CYRULNIK, *De chair et d'âme*, Ed. O. Jacob, 2006, 257 p.

F. DABI, Y.M. CANN, *Les français et la Justice*, ifop.com.

A. D'HAUTEVILLE, Le droit des victimes, *In* R. CABRILLAC, M.A. FRISON-ROCHE, T. REVET (Dir.), *Droits et libertés fondamentaux*, 13è éd. 2007, pp. 641-658.

M. DAGNAUD (Dir.), Médias et violence. L'état du débat, *In Problèmes politiques et sociaux*, 2003-886, 123 p.

L. DALIGAND, L'expertise médico-psychologique, *In* P.F. CHANOIT, J. de VERBIZIER (Dir.), *Les sévices sexuels sur les enfants*, Ed. Erès, Coll. Psychiatrie et société, 1999, pp. 50-54.

A.R. DAMASIO, *Spinoza avait raison. Joie et tristesse, le cerveau des émotions*, Ed. O. Jacob, 2003, 346 p.

A.R. DAMASIO, *L'erreur de Descartes. La raison des émotions*, Editions O. Jacob, 1995, 368 p.

C. DAMIANI, *Les victimes. Violences publiques et crimes privés*, Bayard Editions, 1997, 278 p.

C. DAMIANI, C. VAILLANT, *Etre victime : aides et recours*, Ed. Vuibert, Coll. Guid'utile, 2003, 188 p.

A.C. DANA, *Essai sur la notion d'infraction pénale*, L.G.D.J., 1982, 118 p.

J. DANET, *Justice pénale, le tournant*, Ed. Gallimard / Le Monde, 2006, 293 p.

J. DANET, La spéculation pénale enfle, crevons la bulle !, *In Hommes et libertés*, 2007-139, pp. 12-15.

J. DANET, Cinq ans de frénésie pénale, *In* L. MUCCHIELLI, (Dir.), *La frénésie sécuritaire. Retour à l'ordre et nouveau contrôle social*, Ed. La Découverte, 2008, pp. 19-29.

J. DANET, Politique sécuritaire et contrôle social, deux faces d'un même danger, *In Hommes et libertés*, 2008-142, pp. 13-19

C. de BEAUREPAIRE, M. BENEZECH, C. KOTTLER (Dir.), *Les dangerosités. De la criminologie à la psychopathologie, entre justice et psychiatrie*, John Libbey Eurotext, 2004, 424 p.

D. de BECHILLON, *Les défis de la complexité. Vers un nouveau paradigme de la connaissance,* Ed. L'Harmattan, Coll. du G.R.T., 1994, 214 p.

D. de BECHILLON, *Qu'est-ce qu'une règle de droit ?,* Ed. O. Jacob, 1997, 302 p.

M. de BECHILLON, *La notion de principe général en Droit privé,* Presses Univ. d'Aix-Marseille, 1998, 298 p.

J.J. de BRESSON, Inflation des lois pénales et législations ou réglementations techniques, *In R.S.C.,* 1985-2, pp. 241-258 .

J. de CALAN, La prévention situationnelle en Angleterre : fondements, pratiques et enjeux, *In Cahiers de la Sécurité Intérieure,* 1995/21, pp. 143-157.

G. de CONINCK, La formation initiale du personnel de surveillance des établissements pénitentiaires, *In D.S.,* 1997-2, pp. 165-216.

E. de GREEFF, *Introduction à la criminologie*, (1937), 2è éd. 1946, J. Vandenplas éd., 416 p.

J. de MAILLARD, *Crimes et lois*, Ed. Flammarion, Coll. Dominos, 1994, 128 p.

E. DEBARBIEUX, *La violence en milieu scolaire. 1 – L'état des lieux*, Ed. ESF, 1997, 180 p.

E. DEBARBIEUX, *La violence en milieu scolaire. 2 – Le désordre des choses*, Ed. ESF, 1999, 190 p.

E. DEBARBIEUX (Dir.), *L'oppression quotidienne*, La Doc. Française, 2002, 249 p.

F. DEBOVE, F. FALETTI, *Précis de droit pénal et procédure pénale*, PUF, Coll. Service public, 2001, 531 p.

F. DEBOVE, La justice pénale instantanée, entre miracles et mirages, *In Droit pénal*, 2006-9, pp. 4-7.

C. DEBUYST, *Modèle éthologique et criminologie*, Ed. Mardaga, Bruxelles, 1986, 183 p.

C. DEBUYST, Morel et la Psychiatrie légale : la mise en place de la notion de dégénérescence, *In Déviance et société*, 1994/XVIII-2, pp. 133-152.

C. DEBUYST, L'observation psychosociale avant et après le jugement, *In* Les interventions psychosociales dans le système de justice pénale, *Recherches criminologiques*, Pub. Conseil de l'Europe, 1995-31, pp. 23-49.

C. DEBUYST, F. DIGNEFFE, J.M. LABADIE, A. PIRES, *Histoire des savoirs sur le crime et la peine*, Vol. 1, Des savoirs diffus à la notion de criminel-né, Ed. De Boeck, P.U. Montréal et Ottawa, 1995, 366 p.

C. DEBUYST, F. DIGNEFFE, A. PIRES, *Histoire des savoirs sur le crime et la peine*, Vol. 2, La rationalité scientifique et la naissance de la criminologie, Ed. De Boeck, P.U. Montréal et Ottawa, 1998, 518 p.

C. DEBUYST, F. DIGNEFFE, A. PIRES, *Histoire des savoirs sur le crime et la peine*, Vol. 3, Expliquer et comprendre la délinquance (1920-1960), Ed. Larcier, Bruxelles, 2008, 493 p.

C. DEBUYST, La délinquance comme interaction, *In* L. MUCCHIELLI, P. ROBERT (Dir.), Crime et sécurité, *op. cit.*, pp. 139-147.

M. DEFLEM, La notion de droit dans la théorie de l'agir communicationnel de Jürgen Habermas, *In Déviance et société*, 1994, 18-1, p. 95 et s.

L. DELANNOY-BRABANT, Quelles évolutions des politiques de traitement du crime à l'ère de la « nouvelle pénologie ». Une perspective internationale, *In La note de veille*, Centre d'analyse stratégique, 2008-106, www.strategie.gouv.fr.

M. DELBERGHE, Services publics. Des usagers satisfaits, *In Le Monde*, 21 juin 2008, p. 22.

M. DELEAN, Les chiffres élastiques de la délinquance, *In Libération*, 18-19 oct. 1986.

J.M. DELARUE, *Banlieues en difficulté : la relégation*, Ed. Syros Alternatives, 1991, 223 p.

Délinquance et précocité, Actes du 29ème Congrès de l'Association Française de Criminologie, Beauvais, Multigraph., 1995, 2 vol., 695 p.

M. DELMAS-MARTY, *Les chemins de la répression*, PUF, Coll. Droit d'aujourd'hui, 1980, 263 p.

M. DELMAS-MARTY, Pour des principes directeurs de législation pénale, *In Rev. Sc. Crim.*, 1985/2, p. 225 et s.

M. DELMAS-MARTY, Normes et droit. Repères pour une mise en conformité, *In Prospective et santé*, n° 40, 1986/87, p. 71 et s.

M. DELMAS-MARTY, Les conditions de rationalité d'une dépénalisation partielle en droit pénal de l'entreprise, *In Bilan et perspectives du droit pénal de l'entreprise*, Ed. Economica, 1989, p. 189 et s.

M. DELMAS-MARTY, Légalité pénale et prééminence du droit selon la CEDH, *In Mélanges VITU*, 1989, Ed. Cujas, p. 151 et s.

M. DELMAS-MARTY, Réflexions sur la matière pénale, *In* C. LAZERGES (Dir.), *L'enseignement des sciences criminelles aujourd'hui*, Ed. Erès, 1991, p. 15 et s.

M. DELMAS-MARTY, *Les grands systèmes de politique criminelle*, PUF, Coll. Thémis, 1992, 463 p.

M. DELMAS-MARTY (Dir.), *Procès pénal et droits de l'homme*, PUF, Coll. Les voies du droit, 1992, 311 p.

M. DELMAS-MARTY, C. TEITGEN-COLLY, *Punir sans juger*, Ed. Economica, 1992, 191 p.

M. DELMAS-MARTY, *Pour un droit commun*, Ed. du Seuil, Coll. Librairie du XXème siècle, 1994, 313 p.

M. DELMAS-MARTY (Dir.), *La responsabilité pénale de l'entreprise : vers un espace judiciaire européen unifié*, Dalloz, 1997, 124 p.

M. DELMAS-MARTY, G. GIUDICELLI-DELAGE (Dir.), *Droit pénal des affaires*, PUF, Coll. Thémis, 4è éd. 2000, 707 p.

M. DELMAS-MARTY, A. CASSESE (Dir.), *Crimes internationaux et juridictions internationales*, PUF, 2002, 336 p.

J.P. DELMAS SAINT HILAIRE, Les principes de la légalité des délits et des peines, *In* Mélanges en l'honneur du Doyen Pierre BOUZAT, Ed. Pédone, 1980, pp. 149-165.

P. DEREGNAUCOURT, Participation des populations. De quoi parle-t-on ?, *In Lien social*, 2000-524, p. 9.

J. DERRIDA, *Sur parole. Instantanés philosophiques*, Ed. de l'Aube, 1999, 123-142.

J. DESCHAMPS, *Savoir et/ou pouvoir. Essai sur la démarche scientifico-technique*, Presses Univ. Pau, 1996, 168 p.

M.C. DESDEVISES, Les associations d'aide aux victimes, *In R.S.C.*, 1985/3, p. 541 et s.

M.C. DESDEVISES, L'évaluation des actions de prévention de la délinquance dans le cadre de la politique de la ville, *In RICPT*, 2005-1, pp. 25-40.

F. DESPORTES, F. LE GUNEHEC, *Droit pénal général*, Ed. Economica, 15ème éd. 2008, 1200 p.

P. di MALTA, *Droit fiscal pénal*, PUF, Coll. Fiscalité, 1992, 282 p.

G. di MARINO, La nouvelle politique française de prévention de la criminalité urbaine, *In La Semaine Juridique*, 1991/46, 3535, p. 343.

C. DIAZ, *La police technique et scientifique*, PUF, Que sais-je ?, 2000-3537, 126 p.

F. DIEU, *Politiques publiques de sécurité*, Ed. L'Harmattan, Coll. Sécurité et société, 1999, 254 p.

F. DIEU, Réformer l'offre de sécurité dans les territoires ruraux français, *In* S. ROCHE (Dir.), *Réformer la police et la sécurité. Les nouvelles tendances en Europe et aux Etats-Unis*, Ed. O. Jacob, 2004, pp. 107-126.

F. DIEU, *Sociologie de la Gendarmerie*, Ed. L'Harmattan, Coll. Sécurité et société, 2008, 230 p.

J. DIGNAN, M. CAVADINO, Which model of criminal justice offers the best scope for assisting victims of crime ?, *In* E.A. FATTAH, T. PETERS (Eds), *Support for crime victims in a comparative perspective*, Essays dedicated to Prof. F. MCCLINTOCK, Samenleving Criminaliteit & Strafrechtspleging, 1998-13, 256 p.

J.L. DODIN, La Justice sous la caméra-loupe de R. Depardon, *In Le Monde*, 2 juin 2004/28.

J. DONZELOT (Dir.), *Face à l'exclusion : le modèle français*, Ed. Esprit, 1991, 227 p.

J. DONZELOT, P. ESTEBE, *L'Etat animateur. Essai sur la politique de la ville*, Ed. Esprit, 1994, 229 p.

J. DONZELOT, De la consultation à l'implication, *In Informations sociales*, 1995-43, pp. 21-32.

J. DONZELOT, C. MEVEL, A. WYVEKENS, *Faire société. La politique de la ville aux Etats-Unis et en France*, Ed. Le Seuil, Coll. La couleur des idées, 2003, 384 p.

J. DONZELOT, A. WYVEKENS, *La magistrature sociale : enquêtes sur les politiques locales de sécurité*, La Doc. Française, 2004, 250 p.

J. DONZELOT, La politique de la ville vue des Etats-Unis, *In Sciences humaines*, 2004-46, Hors série, pp. 76-81.

J. DONZELOT, *Quand la ville se défait : quelle politique face à la crise des banlieues ?*, Seuil / Points Essais, 2008, 185 p.

J. DONZELOT (Dir.), *Villes, violence et dépendance sociale : les politiques de cohésion en Europe*, La Documentation française, 2008, 288 p.

J.F. DORTIER (Dir.), *Le langage. Nature, histoire et usage*, Ed. Sciences humaines, 2001, 334 p.

J.F. DORTIER (Dir.), *Le cerveau et la pensée. La révolution des sciences cognitives*, Ed. Sciences humaines, 2è éd. 2003, 493 p.

F. DOSSE, *Paul Ricœur. Le sens d'une vie (1913-2005)*, Ed. La Découverte, 2008, 712 p.

D. DOWNES, P. ROCK, C. CHINKIN, C. GEARTY (Eds.), *Crime, social control and human rights. Essays in honour of Stanley Cohen*, Willan pub., 2007, 452 p.

D. DRAY, *Victimes en souffrance. Une ethnographie de l'agression à Aulnay-sous-Bois*, LGDG, Coll. Droit et société, 1999-25, 318 p.

I. DREAN-RIVETTE, *La personnalisation de la peine dans le Code pénal*, Ed. L'Harmattan, Coll. sciences criminelles, 2005, 270 p.

DSM-IV-TR. Manuel diagnostique et statistique des troubles mentaux, American Psychiatric Association / Ed. Masson, 2è éd. 2003, 1064 p.

Du châtiment à la justice réparatrice : une évolution ?, *In Rev. Canadienne de Criminologie*, 2000-42-3, pp. 249-420.

F. DUBET, *La Galère. Jeunes en survie*, Ed. Fayard, Coll. Mouvements 1987, 503 p.

F. DUBET, D. LAPEYRONNIE, *Les quartiers d'exil*, Ed. du Seuil, 1992, 250 p.

F. DUBET, *Sociologie de l'expérience*, Ed. du Seuil, 1994, 277 p.

C. DUBOIS, *Police municipale*, Ed. ETAI, Coll. Au cœur de l'action, 2006, 143 p.

M. DUGNAT (Dir.), *Prévention précoce, parentalité et périnatalité*, Ed. Erès, 2004, 253 p.

C. DUFLOT-FAVORI, *Le psychologue expert en justice*, PUF, 1988, 192 p.

J.E. DUMAS, *Psychopathologie de l'enfant et de l'adolescent*, 2è éd. 2002, Ed. De Boeck, Coll. Ouvertures psychologiques, 520 p.

F. DUMONT, On fiche vos enfants, ne vous en fichez pas, *In Hommes et libertés*, 2007-139, pp. 16-18.

H. DUMONT, Le pardon, une valeur de justice et d'espoir, un plaidoyer pour la tolérance et contre l'oubli, *In Rev. Canadienne de criminologie*, 200-42-3, pp. 299-322.

P. DUMOUCHEL (Dir.), *Violences, victimes et vengeances*, L'Harmattan et Les Presses de l'Université Laval, Coll. comprendre pour agir, 2000, 232 p.

E. DUPRE, Les perversions instinctives, *In Archives d'anthropologie criminelle*, 1912, p. 502 et s.

D. DUPREZ, M. HEDLI, *Le mal des banlieues ? Sentiment d'insécurité et crise identitaire*, Ed. L'Harmattan, Coll. Logiques sociales, 1992, 239 p.

P. DURET, H. PERINEL, Villepin : ville sûre ?, *In La lettre du cadre territorial*, 2005-297, pp. 33-38.

E. DURKHEIM, *De la division du travail social* (1893), PUF, Coll. Quadrige, 3è éd., 1994, 416 p.

E. DURKHEIM, *Les règles de la méthode sociologique* (1895), PUF, Coll. Quadrige, 20è éd., 1981, 149 p.

E. DURKHEIM, *Le suicide. Etude de sociologie* (1897), PUF, 5è éd., 1976, 463 p.

R. DWORKIN, *L'empire du droit*, PUF, Coll. Recherches politiques, 1993, 512 p.

P. EKBLOM, Vingt années de Revue Déviance et société, *In D.S.*, 1997-1, p. 54.

J.M. ELCHARDUS, La question thérapeutique en clinique criminologique, *In* R. CARIO, A.M. FAVARD (Dir.), *La personnalité criminelle*, Ed. Erès, 1991, p. 71 et s.

H. ELLENBERGER, Relations psychologiques entre le criminel et sa victime, *In R.I.C.P.T.*, 1954, p. 103 et s.

D.S. ELLIOTT DS, S.A. AGETON, R.J. CANTER, An integrated theoretical perspective on delinquent behavior, *In Journal of Research in Crime and Delinquency*, 1979-1, pp. 3-27.

J. ELLUL, *Déviances et déviants dans notre société intolérante*, Ed. Erès, Coll. Trajets, 1992, 172 p.

J.M. ERBES, Problèmes démographiques et équilibres urbains : données générales de criminalité urbaine, *In* La ville : peurs et espérances, *Rev. Pénitentiaire*, 1995-2, p. 33.

A. ERHENBERG, P. MIGNON (Dir.), *Drogues, politique et société*, Ed. Le Monde/Descartes, 1992, 369 p.

P. ESTEBE, J. DONZELOT, Le développement social urbain est-il une politique ? Les leçons de l'évaluation, *In Regards sur l'actualité*, 1993-196, p. 129 et s.

P. ESTEBE, Police, justice et politiques locales : de l'antagonisme au contrat. Un bilan des Conseils communaux de prévention de la délinquance, *In Les cahiers de la sécurité intérieure,* 1994/16, p. 25 et s.

P. ESTEBE, *L'usage des quartiers. Action publique et géographie dans la politique de la ville (1982-1999)*, Ed. L'Harmattan, Coll. Logiques politiques, 2004, 263 p.

M. ESTERLE-HEDIBEL, Jeunes des cités, police et désordres urbains, *In* L. MUCCHIELLI, P. ROBERT (Dir.), Crime et sécuité, *op. cit.*, pp. 376-384

Etrangers en prison, *In Information Prison-Justice*, pub. ARAPEJ, 1998-84, p. 13 et s.

Y. EUDES, Les forçats du GPS, *In Le Monde*, 1er avril 2005/13.

Expertise psychiatrique et justice. Magie blanche et robe noire, *In Actes*, 1974/5-6, p. 3 et s.

J. FAGET, *Justice et travail social. Le rhizome pénal,* Ed. Erès, Coll. Trajet, 1992, 208 p.

J. FAGET, *La médiation pénale. Essai de politique pénale,* Ed. Erès, 1997, 208 p.

J. FAGET, *Sociologie de la délinquance et de la justice pénale*, Ed. Erès, Coll. Trajets, 2è éd. 2007, 160 p.

T. FAICT (Dir.), *Médecine sociale, médecine légale, éthique et déontologie*, Ed. Ellipses, 2003, 240 p.

B. FALISSARD, F. ROUILLON, Enquête de prévalence des troubles mentaux parmi les personnes détenues, *In Actes du Colloque « Santé en prison »*, 2004, pp. 86-89, www.inpes.sante.fr.

D. FARGE, Président de la Commission sur la libération conditionnelle, multigraph., 2000, 53 p. plus Annexes.

D. FARRINGTON, B.C. WELSH, What works in preventing crime ?, *In The Annals*, 2001-578, pp. 8-173.

E.A. FATTAH, *La victime est-elle coupable ?*, Presses Universitaires de Montréal, 1971, 251 p.

E.A. FATTAH, La victimologie : entre les discours épistémologiques et les attaques idéologiques, *In Déviance et Société*, 1981/5, pp. 71-92.

E.A. FATTAH, *Understanding criminal victimization,* Ed. Prentice-Hall, 1991, 412 p.

E.A. FATTAH , *The interchangeable roles of victim and victimizer*, Pub. HEUNI, 1994-3, multigraph., 26 p.

E.A. FATTAH, *Criminology. Past, present and future. A critical overview,* MacMilan Press, London, 1997, 343 p.

E.A. FATTAH, T. PETERS (Eds), *Support for crime victims in a comparative perspective*, Essays dedicated to Prof. F. MCCLINTOCK, Samenleving Criminaliteit & Strafrechtspleging, 1998-13, 256 p.

E.A. FATTAH, Victim redress and victim-offender reconciliation in theory and practice, *In The Hokkaigakuen Law Journal*, 1999-35, pp. 155-182.

L. FAUCONNET, Une petite délinquance encombrante, *In Lien social*, 1999-480, p. 17.

P. FAUCONNET, *La responsabilité. Etude de sociologie*, Lib. F. Alcan, 1920, 400 p.

C. FAUGERON, P. TOURNIER, La crise des prisons françaises, *In* La justice, *Cahiers Français*, 1991/251, p. 3 et s.

C. FAUGERON, J.M. LE BOULAIRE, Quelques remarques à propos de la récidive, Pub. CESDIP, 1992/65, 26 p.

A.M. FAVARD, *L'évaluation clinique en action sociale*, Ed. Erès, 1991, Coll. Questions actuelles de criminologie, 109 p.

A.M. FAVARD, Participation communautaire et prévention de la délinquance, *In Sauvegarde de l'enfance*, 1991/46-1, p. 82 et s.

A.M. FAVARD, R. OTTENHOF, La connaissance de la criminalité urbaine, condition préalable à la mise en œuvre des politiques de prévention, *In La prévention de la criminalité en milieu urbain*, Pub. ISPEC/Presses Univ. Aix-Marseille, 1992, pp. 185-196.

A.M. FAVARD, Quelle place pour le criminologue dans la ville, *In* R. CARIO et al., *Profession criminologue*, Ed. Erès, 1993, p. 111 et s.

J. FAVARD, *Les prisons*, Ed. Flammarion, Coll. Dominos, 1994/18, 126 p.

Femmes criminelles, pub. CNEF de la police nationale, 2005, multigraph. 199 p.

C. FERRAND, *Exclusion et sous prolétariat*, Ed. Programme 7/PUF, 1982, 124 p.

E. FERRI, *La sociologie criminelle,* Ed. Alcan, 1905, 640 p., réédité Ed. Dalloz, 2004, 648 p.

P. FEYERABEND, *Contre la méthode. Esquisse d'une théorie anarchiste de la connaissance,* Ed. Le Seuil, Coll. Sciences, 1979, 340 p.

P. FEYEREISEN, *Le cerveau et la communication*, PUF, Coll. Psychologie d'aujourd'hui, 1994, 213 p.

P. FIACRE, Les infractions de masse : chiffres et tendances, *In Les cahiers de la sécurité intérieure*, 1996-23, pp. 14-22.

G. FILIZZOLA, G. LOPEZ, *Victimes et victimologie,* PUF, Que sais-je ?, 1995-3040, 128 p.

R. FILLIEULE, *Sociologie de la délinquance*, PUF, 2001, 284 p.

G.N. FISCHER (Dir.), *Psychologie des violences sociales*, Ed. Dunod, 2003, 272 p.

J. FLOCH, La participation des habitants : vers la citoyenneté par la solidarité, *In Rev. Administration*, 1991/152, pp. 113-115.

J. FLOCH, *Situation dans les prisons françaises*, 2000-2521, Http://www.assemblée-nationale.fr.

J.Y. FONTAINE, *Socioanthropologie du gendarme. Gendarmerie et démocratie,* Ed. L'Harmattan, Coll. Logiques sociales, 2007, 302 p.

R. FONTAINE, *Psychologie de l'agression*, Ed. Dunod, 2003, 288 p.

M. FOUCAULT, *Surveiller et punir*, Ed. NRF/Gallimard, 1976, 319 p.

M. FOUCAULT, *In* F. RINGELHEIM (Dir.), Punir mon beau souci. Pour une raison pénale, *Rev. Univ. Bruxelles*, 1984, p. 43.

J.A. FOX, M.W. ZAMITZ, *Homicide trends in the United States*, B.J.S. pub., 2004, 158 p.

S. FREUD, *Totem et tabou* (1913), Ed. Payot, 1965, Petite bibliothèque, 243 p.

K. FRIEDLANDER, *La délinquance juvénile. Etude psychanalytique*, P.U.F., 1951, 292 p.

M.A. FRISON-ROCHE, D. MAZEAUD (Dir.), *L'expertise*, Ed. Dalloz, 1995, 143 p.

N. FRIZE, *Le sens de la peine. État de l'idéologie carcérale*, Ed. L. Scheer, 2004, 95 p.

J. FROMBONNE, *La criminalistique,* PUF, Que sais-je ?, 1996-370, 128 p.

M. GABEL, L'impossible partenariat des professionnels : une maltraitance institutionnelle indirecte ?, *In Les cahiers de l'actif,* 248-249, pp. 31-36.

S. GABORIAU, H. PAULIAT (Dir.), *Le temps, la Justice et le Droit*, Presses Univ. de Limoges, Coll. Entretiens d'Aguessau, 2004, 373 p.

J. GAILLOT, *Coup de gueule contre l'exclusion*, Ed. Ramsay, 1994, 138 p.

B. GALLAWAY, J. HUDSON, *Criminal justice, restitution and reconciliation*, Ed. Wilson Tree Press Inc., 1990, 236 p.

J.C. GALLOUX, L'empreinte génétique : la preuve parfaite, *In S.J.*, 1991, p. 104 et s.

A. GALLUSSER, M. BONFANTI, F. SCHÜLTZ, *Expertise des armes à feu*, Presses polytechniques et universitaires romandes, Lausanne, 2002, 196 p.

A. GARAPON, D. SALAS, *La justice des mineurs. Evolution d'un modèle,* Ed. Bruylant/L.G.D.J., 1995, 153 p.

A. GARAPON, D. SALAS, *La République pénalisée,* Ed. Hachette, 1997, 144 p.

A. GARAPON, F. GROS, T. PECH, *Et ce sera justice. Punir en démocratie*, Ed. O. Jacob, 2001, 331 p.

A. GARAPON, D. SALAS, *Les nouvelles sorcières de Salem. Leçons d'Outreau*, Ed. du Seuil, 2006, 170 p.

A. GARAPON, *Peut-on réparer l'histoire ? Colonisation, esclavage, Shoah*, Ed. O. Jacob, 2008, 287 p.

A. GARCIA, La castration chimique des délinquants sexuels récidivistes sera expérimentée, *In Le Monde*, 10 nov. 2004/36.

A. GARCIA, Surpeuplées, les prisons françaises sont au bord de l'explosion, *In Le Monde*, 16 août 2002/4.

A. GARCIA-PABLOS de MOLINA, *Manual de criminologia*, Ed. Escapa-Calpe, 1988, 154 p.

H. GARDNER, *Les intelligences multiples. Pour changer l'école, la prise en compte des différentes formes d'intelligence,* Ed. Retz, 1996, 239 p.

T. GARE, C. GINESTET, *Droit pénal et procédure pénale*, Ed. Dalloz, Coll. Hyper cours, 4è éd. 2006, 427 p.

D. GARLAND, Les contradictions de la société punitive : le cas britannique, *In Actes de la recherche en sciences sociales*, 1998-124, pp. 49-67.

D. GARLAND, *The culture of control. Crime and social order in contemporary society*, Oxford Univ. press, 2001, 307 p.

J.P. GARNIER, *Le nouvel ordre local. Gouverner la violence*, Ed. L'Harmattan, 1999, 182 p.

B. GARNOT, *La justice en France de l'an mil à 1914*, Ed. Nathan/Université, 1993, 126 p.

R. GAROFALO, *La criminologie* (1891), Ed. Alcan, 1890, 479 p.

J. GARROY, La démocratie de proximité, *In Regards sur l'actualité*, La Doc. Française, 2002-281, pp. 15-22.

F. GARTNER, L'extension de la répression pénale aux personnes publiques, *In R.F.D.A.*, 1994/1, pp. 126-158.

R. GASSIN, La notion de prévention de la criminalité, *In La prévention de la criminalité en milieu urbain*, Presses Univ. d'Aix-Marseille, 1992, p. 21 et s.

R. GASSIN, Les fonctions sociales de la sanction dans le Nouveau Code pénal, *In* Cahiers de la sécurité intérieure, 1994/18, p. 50 et s.

R. GASSIN, Les fondements juridiques de la réinsertion des délinquants en droit positif français, *In R.S.C.*, 1996-1, pp. 155-182 et 1996-2, pp. 443-460.

R. GASSIN, Les relations entre la prévention situationnelle et le contrôle de la criminalité, *In R.I.C.P.T.*, 1996/3, pp. 259-271.

R. GASSIN, *Criminologie*, Coll. Précis Dalloz, 6è éd., 2007, 823 p.

R. GASSIN, La réforme des dispositifs territoriaux de prévention par le Décret du 17 juillet 2002 et l'évolution de la politique de prévention de la délinquance, *In Rev. pénitentiaire et de dr. pénal*, 2004-2, pp. 447-474.

J. GATTI-DOMENACH, L'utilisation des statistiques policières dans le discours politique, *In Cahiers de la Sécurité Intérieure*, 1991/4, p. 177 et s.

M. GAUCHET, *La révolution des droits de l'homme*, Ed. Gallimard, 1989, 341 p.

M. GAUDIN, L. PERCEROT, *La notion d'inadaptation*, Ed. CTNERHI, 1979, 208 p.

J.P. GAUDIN, *Les nouvelles politiques urbaines*, PUF, Coll. Que sais-je ?, 1993/2839, 127 p.

J. GAYET, *Manuel de police scientifique*, Ed. Payot, 1961, 462 p.

J.F. GAZEAU, *L'épreuve du double tour. Comptes et mécomptes de la justice pénale des mineurs,* Ed. CRIV, Multigraph., 1983, 310 p.

F. GERARD, F. OST, M. VAN de KERCHOVE, *Droit et intérêt*, Pub. Fac. Univ. St Louis, Bruxelles, 1990, Vol. 3, 452

Gestion public-privé des prisons : premier bilan, *In Justice*, 1992/133, p.10 et s.

R. GIRARD, *La violence et le sacré*, Ed. Grasset, 1972, Coll. Pluriel, 534 p.

R. GIRARD *Des choses cachées depuis la fondation du monde*, Ed. Grasset, 1978, Coll. Livre de poche, 4001, 637 p.

R. GIRARD, *Le bouc émissaire*, Ed. Grasset, 1982, Coll. Pluriel, 315 p.

R. GIRARD, *Et je vois Satan tomber comme l'éclair*, Ed. Grasset, 1999, 300 p.

R. GIRARD, Ce qui se passe aujourd'hui est une rivalité mimétique à l'échelle planétaire, *In Le Monde*, 6 nov. 2001/20.

G. GIUDICELLI-DELAGE, *Institutions judiciaires et juridictionnelles*, PUF, 2° éd. 1993, 368 p.

G. GIUDICELLI-DELAGE, *Droit pénal des affaires*, Dalloz, Mémentos, 5è éd. 2000, 285 p.

G. GIUDICELLE-DELAGE, C. LAZERGES (Dir.), *La victime sur la scène pénale en Europe*, PUF, Coll. Les voies du droit, 2008, 290 p.

G. GLASZE, C. WEBSTER, F. KLAUS (Eds), *Private cities : global and local perspectives*, Routledge Ed., Coll. Studies on human geography, 2005, 242 p.

L. GLEILSAMER, *Interpol. Policiers sans frontières*, Ed. Fayard, 1997, 336 p.

J.J. GLEIZAL, L'action des collectivités locales. Les politiques locales de sécurité, *In Cahiers français*, 1999-293, pp. 97-105.

F. GLOWACZ, C. GAVRAY, Dynamiques familiales : la clinique à l'épreuve de l'auto-révélation, *In* M. BORN, P. THYS (Dir.), *Délinquance juvénile et famille*, Ed. L'Harmattan, Coll. Sciences criminelles, 2001, p. 49 et s.

O. GODARD, *Droit pénal du travail*, Ed. Masson, 1980, 664 p.

T. GODEFROY, B. LAFFARGUE, *Les coûts du crime en France*, pub. C.E.S.D.I.P., Etudes et données pénales, 1993-66, 107 p.

T. GODEFROY, B. LAFFARGUE, *Estimation monétaire de la criminalité*, pub. C.E.S.D.I.P., Etudes et données pénales, 1995-71, 90 p.

E. GOFFMAN, *Stigmates. Les usages sociaux des handicaps* (1963), Les Ed. de Minuit, Coll. Le sens commun, 1975, 177 p.

C. GORGEON, P. ESTEBE, H. LEON, De la prévention sociale à la tranquillité publique. Glissement sémantique et renouveau de l'action publique, *In Les cahiers de la sécurité intérieure*, 2000-39, pp. 223-241.

C. GORING, *The english convict*, Reprint by Patterson Smith Pontclair, 1972, 528 p.

J. GORTAIS, *L'aide psychologique aux victimes*, multigraph., Min. Justice, 1992, 89 p.

S. GOYARD-FABRE, *Les fondements de l'ordre juridique*, PUF, 1992, 416 p.

Y. GRAFMEYER, I. JOSEPH, *L'école de Chicago. Naissance de l'écologie urbaine*, Ed. Aubier, 1984-1990, 378 p.

J. GRAHAM, B. BOWLING, *Young people and crime*, Home Office Publ., Research Study, 1995/145, 134 p.

P. GRAPIN, *L'anthropologie criminelle,* PUF, Que sais-je ?, 1973/1498, 127 p.

J.M. GRATIA, F. MARTINAT, L'histoire des statistiques de police judiciaire depuis 1945, *In Cahiers de la Sécurité Intérieure*, 1991/4, p. 95 et s.

B. GRAVET, Police technique et pratiques professionnelles, *In Les cahiers de la sécurité intérieure,* 1995, pp. 25-34.

M. GRAWITZ, *Méthodes des sciences sociales*, Dalloz, 11è éd. 2001, 1019 p.

A. GRAYCAR, P. GRABOSKY (Eds), *The Cambridge handbook of australian criminology*, Cambridge Univ. press, 2002, 380 p.

P.W. GREENWOOD, K.E. MODEL, C.P. RYDEL, J. CHIESA, *Diverting children from a life of crime : measuring costs and benefits*, RAND pub., Criminal justice, 1996, 69 p.

J.P. GREMY, *Les français et l'insécurité*, Pub. IHESI, 1997, 158 p.

M.S. GROENHUISEN, D. VAN der LANDEN, L'Union Internationale de Droit Pénal dans la zone de tension entre les notions de droit classique et les conceptions juridiques modernes, *In R.I.D.P.*, 1990/61, n° 1-2, p. 143 et s.

J.P. GUAY, M. CUSSON, La délinquance, la récidive et la psychopathie, *In* M. CUSSON et al. (Dir.), Traité de sécurité intérieure, *op. cit.*, pp. 175-184.

N. GUIBERT, P. SMOLAR, Sécurité, délinquance, l'avalanche législative, *In Le Monde*, 6 déc. 2006, pp. 22-23.

N. GUIBERT, La justice piégée par l'explosion du coût des enquêtes, *In Le Monde*, 30 nov. 2004/13.

N. GUIBERT, Le plaider coupable, une justice rapide, loin du procès public, *In Le Monde*, 1er oct. 2004/11.

N. GUIBERT, La justice française, mauvaise élève de l'Europe en matière budgétaire, *In Le Monde*, 11 mai 2005/9.

N. GUIBERT, Pour la Cour de Cassation, la procédure du plaider-coupable est contraire au droit français, *In Le Monde*, 20 avril 2005/10.

B. GUILLARME, *Penser la peine*, PUF, Coll. Questions d'éthique, 2003, 187 p.

S. GUINCHARD, J. BUISSON, *Procédure pénale*, Ed. LITEC, 2è éd. 2002, 1233 p.

S. GUINCHARD, M. BANDRAC, M. DOUCHY, F. FERRAND, X. LAGARDE, V. MAGNIER, H. RUIZ FABRI, L. SINOPOLI, J.M. SOREL, *Droit processuel. Droit commun et droit comparé du procès*, Précis Dalloz, 2è éd. 2003, 1181 p.

I. GUYOT, *L'étranger incarcéré*, Thèse, Univ. Pau, 2 Vol. multigraph., 729 p.

J. HABERMAS, *Morale et communication. Conscience morale et activité communicationnelle*, Ed. du Cerf, Coll. Passages, 1983, 213 p.

J. HABERMAS, *Théorie de l'agir communicationnel*, Ed. Fayard, 1987, Tome 1, Rationalité de l'action et rationalisation de la société (448 p.), Tome 2, Pour une critique de l'action fonctionnaliste (480 p.)

H . HAENEL, J. HARTUIS, *Justice sinistrée : démocratie en danger*, Ed. Economica, 1991, 132 p.

H. HAENEL, M.A. FRISON-ROCHE, *Le juge et la politique. Nouvelles règles du jeu*, PUF, 1998, 272 p.

H. HAENEL, R. LIZUREY, R. PICHON, *La gendarmerie*, PUF, Que sais-je ?, 2è éd. 1996-2143, 128 p.

E.T. HALL, *La dimension cachée*, Ed. Le Seuil, 1966, 254 p.

A. HAMMOUCHE, La politique de la ville : entre médiation et proximité, *In Droit et société*, 1998-38, pp. 109-129.

S. HARRATI, *La criminalité des femmes : la « sérialité » comme modèle d'étude du « processus acte »,* Thèse, Toulouse, 2003, Tome 1, 307 p.

S. HARRATI, D. VAVASSORI, L.M. VILLERBU, *Délinquance et violence*, Ed. A. Colin, Coll. 128, 2006, 127 p.

F. HAUT, H. HOPE, Les violences urbaines de novembre 2005 : une affaire de bandes ?, *In Cahiers de la sécurité*, 2007-1, pp. 19-25.

P. HEBBERECHT, F. SACK, *La prévention de la délinquance en Europe. Nouvelles stratégies,* Ed. L'Harmattan, Coll. Logiques sociales, Série Déviance-GERN, 1997, 256 p.

F. HEIDENSOHN, *Women and crime*, Ed. Macmillan, London, 1985, 213 p.

E. HEILMANN, L'ordre savant, *In* Rev. Autrement, Science ou justice, 1994-145, pp. 13-25.

C. HENNAU-HUBLET, *L'analyse génétique à des fins de preuve et les droits de l'homme*, Ed. Bruylant, 1997, 509 p.

J. HENRIOT, Responsabilité, *In Encyclopaedia Universalis,* Vol. 19, pp. 948-949.

N. HERPIN, *L'application de la loi : deux poids, deux mesures,* Ed. Le Seuil, 1977, 186 p.

M. HERZOG-EVANS, *Droit de l'application des peines*, Dalloz, 2è éd. 2005, 908 p.

M. HERZOG-EVANS, Les articles 474 et 723-15 ou le sens retrouvé des courtes peines d'emprisonnement. Plaidoyer pour un artisanat judiciaire, *In A.J.pén.*, 2008-6, pp. 274-276.

C.R. HOLLIN, Criminological psychology, *In* M. MAGUIRE and al., *The Oxford Handbook of criminology*, 3rd ed. 2002, pp. 144-174.

J. HOWARD, *L'état des prisons, des hôpitaux et des maisons de force en Europe au XVIIIè siècle* (1777), Les éditions de l'Atelier, 1994, 599 p.

A. HUET, R. KOERING-JOULIN, *Droit pénal international*, PUF, Coll. Themis, 2è éd. 2001, 456 p.

L. HULSMAN, J. BERNAT de CELIS, *Peines perdues. Le système pénal en question*, Ed. Le Centurion, 1982, 182 p.

M. HUYETTE, *Guide de la protection de l'enfant,* Dunod, 1997, 591 p.

J.J. HYEST, G.P. CABANEL, *Prisons : une humiliation pour la République*, Les Rapports du Sénat, 1999/2000-449, 2 vol., 224 et 551 p. (Annexes), Http://www.senat.fr.

Inquisitoire-accusatoire. Un écroulement des dogmes en procédure pénale ?, *In R.I.D.P.*, 1997/1-2, pp. 15-229.

M. JACCOUD, L. WALGRAVE (Dir.), La justice réparatrice, *In Criminologie*, 1999-32-1, pp. 3-159.

J. JACOBS, *The life and death of great american cities,* Randow House Press, New York, 1961, 468 p.

M. JANAS, E. MARTIN, Une photographie du quotidien de l'application des peines, *In A.J.pén.*, 2007-4, pp. 173-178.

B. JANKOWSKI, La police de proximité : regard de la recherche sur un nouveau style de police, *In Les cahiers de la sécurité intérieure,* 1993-13, pp. 209-230.

O. JARDE, *Rapport au Premier ministre sur la médecine légale*, multigraph., 30 p., www.assemblee-nationale.fr.

A. JAZOULI, *Une saison en banlieue. Courants et prospectives dans les quartiers populaires,* Ed. Plon, 1995, 370 p.

A. JEAMMAUD, La règle de droit comme modèle, *In Recueil Dalloz-Sirey*, 1990/28, Chronique XXXIV, p. 199 et s.

P. JEAMMET (Dir.), *Adolescences* (1993), Pub. Fondation de France/Ed. La Découverte, nouvelle éd. 2004, 226 p.

P. JEAMMET *In Adolescents et placement familial,* Actes IIème Colloque O.A.D., multigraph., 1996, p. 29 et s.

J.P. JEAN, Affaires classées, *In Pénombre*, 2001-24, pp. 5-6.

J.P. JEAN, *Le système pénal*, Ed. La Découverte, Coll. Repères, 2008, 122 p.

Jeunes adultes délinquants et politique criminelle, Pub. Conseil de l'Europe, Coll. Recherche criminologique, Vol. XXX, 1994, 153 p.

Jeunes délinquants et jeunes en milieu ouvert, Assoc. Des magistrats de la jeunesse, Ed. Erès, 1994, 246 p.

G. JOHNSTONE, *Restorative justice : ideas, values, debates*, Willan pub., 2002, 190 p.

G. JOHNSTONE, D.W. VAN NESS (Dir.), *Handbook of restorative justice*, Willan pub., 2008, 650 p.

I. JOLY, Le système écossais d'audition des enfants, *In* R. NERAC (Dir.), *Le mineur et le droit pénal*, Ed. L'Harmattan, 1997, pp. 221-268.

C. JONAS, *Le psychiatre face aux juges*, Ed. Ellipses, 1997, 159 p.

F. JONAS, *Histoire de la sociologie*, Ed. Larousse, 1991, 502 p.

M. JOUTSEN, *The role of victim in European criminal justice systems*, Pub. HEUNI, Helsinki, 1987/11, 368 p.

J. JUNGER-TAS, G.J. TERLOUW, M.W. KLEIN, *Delinquency behavior among young people in the western Europe. First results of the international self-report delinquency study,* Kluger Pub., 1994, 411 p.

Justice pénale et droits de l'homme, Rapports de la Commission Justice pénale et droits de l'homme, La mise en état des affaires pénales, La Doc. Française, 1991, 339 p.

Justice réparatrice, *In Forum*, 2000-12-1, pp. 28-44.

M. KALUSZYNSKI, Le criminel sous le regard du savant, *In* Rev. Autrement, Science ou justice, 1994-145, pp. 74-87.

M. KALUSZYNSKI, *La République à l'épreuve du crime. La construction politique du crime comme objet politique*, LGDJ, Coll. Droit et société, 2002-9, 251 p.

P. KARLI, Du « criminel-né » au « chromosome du crime », *In Rev. Autrement*, Science ou justice, 1994-145, pp. 88-100.

A. KARMEN, *Crime victims. An introduction to victimology* (1984), Wadsworth ed., 5th ed. 2004, 431 p

G. KELLENS, *Criminologie et société. Le criminologue dans la cité : hier, aujourd'hui, demain,* Actes du 50ème anniversaire de l'Ecole liégeoise de criminologie Jean Constant, Ed. Bruylant, 1998, 162 p.

G. KELLENS, *Eléments de criminologie*, Ed. Bruylant/Erasme, Coll. Espace Droit, 1998, 272 p.

G. KELLENS, *Punir. Pénologie et droit des sanctions pénales*, Ed. Univ. De Liège, 2000, 485 p.

A. KENSEY, P. TOURNIER, *Libération sans retour ?*, Pub. Min. Justice, 1994, multigraph., 137 p.

A. KENSEY, Mineurs en prison : aspects statistiques, *In* Péril « jeunes » ? *Cahiers de la sécurité intérieure,* 1997-29, pp. 39-47

A. KENSEY, C. CARDET, L'allongement des peines. Eléments bibliographiques sur les causes et les conséquences, *In Actualités bibliographiques*, pub. ENAP, 2001, 8 p.

A. KENSEY, *Trois ans et plus quinze ans après*, Pub. Adm. Pénitentiaire, Coll. Travaux et documents, 2003.

G. KERBAOL, *Les polices municipales. Agents de police ou agents municipaux ? Le devenir des polices municipales dans la gestion de la sécurité intérieure,* Mémoire D.E.A., Univ. Montpellier, 1997, multigraph., 128 p.

M. KILLIAS, *Criminologie*, Ed. Staempfli et Cie, Berne, 1991, 537 p.

M. KILLIAS, Gun ownership, suicide and homicide. An international perspective, *In* A. ALVAZZI dEL FRATE, U. ZVEKIC, J. VAN DICK (Dir.), *Understanding crime*, Pub. UNICRI, 1993-39, 714 p.

M.W. KLEIN (Dir.), *Cross-national research on self-reported crime and delinquency,* Ed. Kluwer/NATO, ASI Series, 1989/50, 438 p.

P. KREMER, Flair à conviction. La police française se lance dans l'odorologie, *In Le Monde 2*, 18-19 avril 2004, pp. 46-49.

P. KREMER, Le boom des résidences closes. A l'abri derrière les grilles, *In Le Monde 2*, 28 nov. 2005, pp. 26-30.

E.C. KRUG et coll. (Dir.), *Rapport mondial sur la violence et la santé*, public. O.M.S., 2002, 376 p.

T.S. KUHN, *La structure des révolutions scientifiques* (1962), Ed. Flammarion, Coll. Champs, 1983, 237 p.

L'adolescence : un défi pour la famille, XXVème Conférence des Ministres européens chargés des affaires familiales, Pub. Conseil de l'Europe, 1997, 141 p.

L'horreur judiciaire, *Les dossiers du Canard enchaîné*, 2005-95, 82 p.

L'indemnisation des victimes. Recueil de jurisprudence, Min. Justice, multigraph., 2000, 40 p.

La criminologie. Bilan et perspectives, Mélanges offerts à Jean Pinatel, éd. A. Pédone, 1980, 272 p.

La faute, la répression et le pardon, Ed. C.T.H.S., Paris, 1984, 478 p.

La justice réparatrice, *In Criminologie*, 1999, 32-1, pp. 1-159.

La justice réparatrice, *In Criminologie*, 1999-32, pp. 3-159.

La justice restaurative et les victimes, *In Les cahiers de la Justice, Revue d'études de l'ENM*, Ed. Dalloz, 2005-1, pp. 17-229.

La Justice restaurative, Rapport pour le Conseil National de l'Aide aux Victimes (*CNAV*), dir. R. CARIO, Min. Justice, multigraph., 2007, 61 p.

La justice. L'obligation impossible, *In Rev. Autrement*, Série Morales, 1994/16, 215 p.

La médiation-réparation à l'égard des mineurs : du passage à l'acte au passage à l'être, Pub. D.P.J.J., multigraph., 1992.

La peine : quel avenir ?, Ed. du Cerf, 1983, 157 p.

La philosophie de la justice pénale et la politique criminelle contemporaines, *In Rev. Int. Dr. Pénal*, 1982, Vol. 53, n° 3-4, p. 553 et s.

La philosophie pénale, *In Arch. Phil. Droit*, 1983/28, 444 p.

La place du droit pénal dans le droit, *In Rev. sc. crim.*, 2000-1, pp. 1-192.

La prévention de la criminalité urbaine, Ed. Conseil de l'Europe, 2002, 57 p.

La protection des jeunes contre les dangers physiques et moraux, Pub. Conseil de l'Europe, 1990, 76 p.

La peine : quel avenir ?, Ed. du Cerf, 1983, 157 p.

La prévention de la criminalité en milieu urbain, Pub. ISPEC/Presses Univ. d'Aix-Marseille, 1992, 270 p.

La sanction du droit. Mélanges offerts à Pierre COUVRAT, PUF, Pub. Fac. Droit Sc. Soc. Poitiers, 2001-39, 559 p.

J.M. LABADIE, *Les mots du crime*, Ed. De Boeck, 1995, 249 p.

J.M. LABADIE, *Psychologie du criminel*, Ed. L'Archipel, 2004, 419 p.

D. LABERGE, Les recherches sur les femmes criminalisées, *In Ann. Internat. de Criminologie*, 1991/29, p. 21 et s.

D. LABERGE, Sexe, genre et classe de sexe : quelques interpellations au droit pénal, *In* Femmes et droit pénal, *Dev. et Société,* 1992, 16-3, p. 271 et s.

D. LABERGE, P. LANDREVILLE, D. MORIN, M. ROBERT, N. SOULLIERE, *Maladie mentale et délinquance*, De Boeck Univ., Coll. Perspectives criminologiques, 1995, 153 p.

H. LABORIT, *Les comportements*, Ed. Masson, 1973, 404 p.

H. LABORIT, Proposition d'un modèle intégré des comportements normaux et anormaux à partir des données biocliniques, neurophysiologiques, éthologiques, cliniques et biologiques, *In Ann. médico-psychologiques,* 1974, Tome 1, pp. 47-60.

H. LABORIT, Les mécanismes biologiques et sociologiques de l'agressivité, *In Rev. Internat. Sciences Sociales*, 1978/XXX, p. 768 et s.

H. LABORIT, *La colombe assassinée*, Ed. Grasset, 1983, 211 p.

H. LABORIT, *L'inhibition de l'action*, Ed. Masson, 1979, 214 p.

H. LABORIT, *L'esprit du grenier*, Ed. Grasset, 1992, 296 p.

J. LACAN, Introduction théorique aux fonctions de la psychanalyse en criminologie, *In Ecrits,* Ed. Le Seuil, 1966, pp. 125-149.

J. LACAN, Motifs du crime paranoïaque : le crime des sœurs Papin, *In Le minotaure*, 1993/3.

J. LACAN, Prémisses à tout développement possible de la criminologie (1950), *In Autres écrits*, Ed. Le Seuil, 2001, pp. 121-125.

A. LACASSAGNE, *Précis de médecine légale*, Ed. Masson, 1905, 885 p.

P. LAFARGE (Dir.), *Les établissements pénitentiaires à gestion mixte*, Ed. A. Pédone, 1997, 79 p.

D. LAGACHE, *Le psychologue et le criminel,* Œuvres II, PUF, 1979, 427 p.

H. LAGRANGE, *La civilité à l'épreuve. Crime et sentiment d'insécurité*, PUF, 1995, 320 p.

H. LAGRANGE, *De l'affrontement à l'esquive. Violences, délinquance et usage de drogues*, Ed. Syros, 2001, 299 p.

H. LAGRANGE, *Demandes de sécurité. France, Europe, Etats-Unis*, Le Seuil, Coll. La République des idées, 2003, 109 p.

A. LAINGUI, *Histoire du droit pénal*, PUF/Que sais-je ?, 1985, n°690, 128 p.

G. LAKES, La surveillance électronique des délinquants et des prévenus, *In Réflexions pénologiques sur les sanctions et mesures appliquées dans la communauté,* Pub. Conseil de l'Europe, 1993, multigraph., pp. 89-103.

M. LALUMIERE, M. SETO, Qu'y a-t-il d'anormal chez les psychopathes ?, *In Psychiatrie*, 1998-2-6.

V. LAMANDA, *Amoindrir les risques de récidive criminelle des condamnés dangereux*, Rapport à M. le Président de la République, multigraph., 2008, 70 p., www.justice.gouv.fr.

Y. LAMBERT-FAIVRE, S. PORCHY-SIMON, *Droit du dommage corporel. Systèmes d'indemnisation*, Dalloz, 6è éd. 2008, à paraître.

X. LAMEYRE, D. SALAS, Prisons. Permanence d'un débat, *In Problèmes politiques et sociaux*, 2004-902, pp. 1-119.

X. LAMEYRE, *La criminalité sexuelle*, Ed. Flammarion, Coll. Dominos, 2000, 128 p.

X. LAMEYRE, Le temps et la peine : entre sujétions temporelles et subjectivation existentielle, *In* S. GABORIAU, H. PAULIAT (Dir.), Le temps, la Justice et le Droit, Presses Univ. de Limoges, Coll. Entretiens d'Aguessau, 2004, pp. 163-184.

N. LANCTOT, La délinquance féminine : l'éclosion et l'évolution, *In* M. LE BLANC, M. OUIMET, D. SZABO, *La criminologie empirique au Québec*, Presses Univ. Montréal, Coll. Paramètres, 3è éd. 2003, pp. 421-467.

P. LANDREVILLE, La surveillance électronique des délinquants, *In Rev. Autrement*, 1994-145, pp. 51-60.

P. LANDREVILLE, Va-t-on vers une américanisation des politiques de sécurité en Europe ?, *In* L. MUCCHIELLI, P. ROBERT (Dir.), *Crime et sécurité. L'état des savoirs*, Ed. La Découverte, 2002, pp. 424-433.

G. LANDROVE-DIAZ, *Victimologia*, Ed. Tirant lo Blanch, 1990, 150 p.

M. LANDRY, *L'état dangereux. Un jugement déguisé en diagnostic*, Ed. L'Harmattan, Coll. Psychologiques, 2002, 171 p.

G. LANTERI-LAURA, *Histoire de la phrénologie. L'homme et son cerveau selon F.J. Gall*, PUF, Coll. Dito, 1993, 288 p.

J. LAPLANCHE, Réparation et rétribution : une perspective psychanalytique, *In* La philosophie pénale, *Arch. Phil. Droit*, p. 121.

P. LASCOUMES, P. PONCELA, P. LENOËL, *Au nom de l'ordre. Une histoire politique du Code Pénal*, Ed. Hachette, 1989, 404 p.

P. LASCOUSMES, P. PONCELA, Intérêts à protéger et classification des infractions, *In* F. GERARD, F. OST, M. VAN de KERCHOVE, *Droit et intérêt*, Pub. Fac. Univ. St Louis, Bruxelles, 1990, Vol. 3, pp. 55-81.

P. LASCOUMES, *Corruptions*, Presses de Sciences Po, 1999, 169 p.

B. LAVIELLE, M. JANAS, X. LAMEYRE, *Le guide des peines. Personne physiques et morales. Prononcé, exécution. Application, extinction*, Ed. Dalloz, Coll. Guide, 4è éd. 2008, 1022 p.

C. LAZERGES, T. FROMENT, La jurisprudence des CIVI, *In Arch. Pol. Crim.*, 1988/10, p. 107 et s.

C. LAZERGES, La prévention réhabilitée, *In Rev. Sc. Crim.*, 1990/ 1, Chron. de Défense sociale, p. 178 et s.

C. LAZERGES (Dir.), *L'enseignement des sciences criminelles aujourd'hui*, Ed. Erès, 1991, 139 p.

C. LAZERGES, Seuils d'âge et responsabilité pénale, *In Droit pénal européen des mineurs*, Presses Univ. d'Aix-Marseille, 1992, pp. 47 et s.

C. LAZERGES, Essai de classification des procédures de médiation, *In Archives Pol. Crim.*, 1992/14, p. 17 et s.

C. LAZERGES, *De la politique de prévention de la délinquance à la politique de la ville*, *In* 49è Cours international de criminologie, Leuven, 1994, multigraph., p. 34 et s.

C. LAZERGES (Dir.), *Réflexions sur le nouveau code pénal,* Ed. A. Pédone, 1995, 171 p.

C. LAZERGES, *Introduction à la politique criminelle*, Ed. L'Harrmattan, Coll. Traité de sciences criminelles, 2000-1, 141 p.

C. LAZERGES, De la judiciarisation à la juridictionnalisation de l'exécution des peines, *In La sanction du droit. Mélanges offerts à Pierre Couvrat*, PUF, Pub. Fac. Droit Poitiers, 2001-39, pp. 489-503.

C. LAZERGES (Dir.), *Figures du parquet*, PUF, Coll. Les voies du droit, 2006, 275 p.

C. LAZERGES, La mutation du modèle protectionniste de justice des mineurs, *In R.C.S.*, 2008-1, pp. 200-207.

M. LE BLANC, *Boscoville : la rééducation évaluée*, Cahiers du Québec, Coll. Droit et criminologie, Ed. Hurtubise H.M.H., 1983, 402 p.

M. LE BLANC, M. FRECHETTE, *Délinquances et délinquants*, Ed. Gaëtan Morin, 1987, Chicoutimi, 384 p.

M. LE BLANC, M. FRECHETTE, Le passage à l'acte délictueux au cours de l'adolescence : une perspective développementale, *In R.I.C.P.T.*, Vol. XLIV, 1991-2, p. 145 et s.

M. LE BLANC, La personnalité délinquante : la contribution de J. PINATEL et une perspective développementale, *In* R. CARIO, A.M. FAVARD Dir.), *La personnalité criminelle*, Ed. Erès, 1991, p. 27 et s.

M. LE BLANC, La conduite délinquante des adolescents : son développement et son explication, *In* M. LE BLANC, M. OUIMET, D. SZABO (Dir.), *Traité de criminologie empirique*, pp. 367-420.

M. LE BLANC, M. OUIMET, D. SZABO (Dir.), *Traité de criminologie empirique*, 3è éd. 2003, Les Presses Univ. de Montréal, Coll. Paramètres, 779 p.

T. LE GOFF, Réformer la sécurité par la coproduction : action ou rhétorique ?, *In* S. ROCHE (Dir.), *Réformer la police et la sécurité. Les nouvelles tendances en Europe et aux Etats-Unis*, Ed. O. Jacob, 2004, pp. 81-104.

L'expertise : un acte psychologique, *In Le Journal des psychologues*, 2000-181, pp. 21-48.

Le centenaire de l'U.I.D.P./A.I.D.P., *In Rev. Internat. de Droit Pénal*, 1990/61, 353 p.

Le guide des droits des victimes, Min. Justice / Prat Ed., 2005, 233 p.

Le nouveau procès pénal après la Loi Perben II, Ed. Dalloz, 2004, 591 p.

Le sécuritaire contre la sécurité, Dossier *In Hommes et libertés*, 2002-120, pp. 30-57.

Le sens de l'école, Dossier, *In Rev. Sciences humaines,* 1997-76, p. 18 et s.

Le T.I.G. a 10 ans. Le résultat en vaut la peine, Pub. Min. Justice, multigraph., 1994, 132 p.

A. LEBON, *Migrations et nationalité en France en 2001*, La Documentation française, 2002, 118 p.

M. LEBRANCHU M, Le choix de la justice et de la raison, *In Comment sanctionner le crime ?*, Ed. Erès, 2002, pp. 23-34.

A. LECLERC et al., *Inégalités sociales et santé*, Ed. La Découverte, 2000, 384 p.

H. LECLERC, *Le nouveau code pénal*, Le Seuil, Coll. Points, 1994-280, 360 p.

R. LE GOIX, Communautés fermées, wwhypergeo.eu

H. LEHALLE, *Psychologie des adolescents,* PUF, 4è éd. 1995, 272 p.

H. LEHALLE, D. MELLIER, *Psychologie du développement : enfance et adolescence*, Ed. Dunod, 2002, 432 p.

S. LEMAN-LANGLOIS, *La sociocriminologie*, PUM, coll. Paramètres, 2007, 229 p.

M. LEMOINE, Le vocabulaire de la répression. Apparition du mot et approfondissement de la notion, *In La faute, la répression et le pardon*, Actes du 107è Congrès National des Sociétés Savantes, Ed. C.T.H.S., Paris, 1984, p. 391 et s.

R. LENOIR, *Les exclus*, Le Seuil, 1989, 192 p.

G. LEQUEUX, Les nouvelles dimensions des services de police chargés de la sécurité, Thèse, Univ. Nice, multigraph., 1992, 285 p.

J. LEROY, *Droit pénal général*, 2è éd. 2008, L.G.D.J., 532 p.

A. LEROI-GOURHAN, *Le geste et la parole*, Tome 1, Ed. Albin Michel, 1964, 323 p.

Les dix ans du Code pénal : le grand enfermement, Dossier *In Dedans/Dehors*, 2004-42, pp. 9-19.

Les enfants à risque, Centre pour la recherche et l'innovation dans l'enseignement, Pub. O.C.D.E., 1995, 159 p.

Les enfants de la rue, Comité directeur sur les problèmes sociaux (C.D.P.S.), pub. Conseil de l'Europe, 1994, 91 p.

Les interventions psychosociales dans le système de justice pénale, Recherche criminologique, Conseil de l'Europe, 1995, Vol. XXXI, 219 p.

P. LESTAGE, Complexité et structures cérébrales : PIAGET et PRIGOGINE, *In* D. de BECHILLON, *Les défis de la complexité. Vers un nouveau paradigme de la connaissance* ?, Ed. L'Harmattan/G.R.T., 1994, pp. 173-193.

L. LETURMY, J.L. SENON, La responsabilité pénale en droit français et l'irresponsabilité pénale des malades mentaux, *In* J.L. SENON, G. LOPEZ , R. CARIO (Dir.), Psychocriminologie, *op. cit.*, pp. 113-124.

V. LEVAN, La prévention situationnelle de l'habitat social : lettre d'amérique, *In Questions pénales*, 2005-XVIII-5, 4 p.

G. LEVASSEUR, Aperçu sur la judiciarisation de l'exécution des sanctions répressives, *In Rev. Pénitentiaire,* 1983-4, pp. 327-352.

T. LEVY, *Le désir de punir. Sur le privilège pénal*, Ed. Fayard, 1979, 258 p.

T. LEVY, *Éloge de la barbarie judiciaire*, Ed. O. Jacob, 2004, 188 p.

J. LEYRIE, L'état dangereux criminologique, *In Médecine et droit*, 1996, pp. 7-11.

M. LEZERTUA, Movimientos migratorios y derecho de asilo en la era de la globalization, *In Eguzkilore*, 2004, en cours de parution.

M.N. LIENEMANN, *Pour une nouvelle politique publique d'aide aux victimes*, La Documentation française, 1999, 230 p.

L'insertion des adolescents en difficulté. Rapport d'évaluation, Comité Intermin. de l'évaluation des politiques publiques et Commissariat Général du Plan, La Documentation Française, 1993, 374 p.

E. LOCARD, *Traité de criminalistique*, Ed. Desvignes, Tome 1, 1931, p. 249 et s.

C. LOMBROSO, *L'homme criminel* (1893), Ed. Alcan, 1895, 2 Tomes, 556 et 572 p.

C. LOMBROSO, G. FERRERO, *La femme criminelle et la prostituée* (1896), Ed. Alcan, 1896, 679 p.

G. LOPEZ, S. BORNSTEIN, *Les comportements criminels*, PUF, Que sais-je ?, 1994/297, 128 p.

G. LOPEZ, *Victimologie,* Dalloz, 1997, 264 p.

G. LOPEZ, A. SABOURAUD-SEGUIN (Dir.), *Psychothérapie des victimes. Le traitement multimodal des victimes*, Ed. Dunod, 1998, 327 p.

G. LOPEZ, S. PORTELLI, S. CLEMENT, *Les droits des victimes. Droits, auditions, expertise clinique*, Ed. Dalloz, Coll. États de droit, 2è éd. 2007, 411 p.

G. LOPEZ, S. TZITZIS (Dir.), *Dictionnaire des sciences criminelles*, Ed. Dalloz, 2004, 1013 p. ; format poche, 2007, 1013 p.

J.L. LOUBET DEL BAYLE, *Initiation aux méthodes des sciences sociales*, Ed. L'Harmattan, 2000, 272 p.

C. LOUZOUN, D. SALAS (Dir.), *Justice et psychiatrie. Normes, responsabilité, éthique*, Ed. Erès, 1998, 312 p.

O. LUMINET, *Psychologie des émotions : confrontation et évitement*, Ed. De Boeck, 2è éd. 2008, 256 p.

J.J. LUSTIN, Clinique infantile, *In* J. BERGERET (Dir.), *Abrégé de psychologie pathologique,* Ed. Masson, 1972, pp. 205-255.

Y. MADIOT, *Les droits de l'homme*, Ed. M.A., 1987, 237 p.

M. MAFFESOLI, *Le temps des tribus*, Ed. Méridiens Klincksieck, 1988, 226 p.

M. Maguire, R. Morgan, R. Reiner (Eds), *The Oxford Handbook of Criminology*, Clarendon Press, Oxford, 4th ed., 2007, 1185 p.
V. Malabat, *Droit pénal spécial*, Ed. Dalloz, Coll. HyperCours, 3è éd. 2007, 621 p.
M. Malherbe, Identité judiciaire. L'œuvre d'Alphonse Bertillon, *In Rev. Liaisons*, 1990/298, p. 20 et s.
V. Malochet, *Les policiers municipaux*, PUF/Le Monde, 2007, 212 p.
I. Mandraud, Au 1er janvier 2009, les gendarmes sous tutelle du ministère de l'intérieur, *In Le Monde*, 24 oct. 2008, p. 12.
P. Manent, *La cité de l'homme*, Ed. Fayard, Coll. L'esprit de la cité, 1994, 304 p.
A.M. Marchetti, *Pauvretés en prison*, Ed. Erès, Coll. Trajets, 1997, 222 p.
A.M. Marchetti, *Perpétuités. Le temps infini des longues peines*, Plon Ed., Coll. Terre humaine, 2001, 327 p.
M. Marcus, Un outil pour la politique criminelle, *In Rev. Sc. Crim.*, 1984/1, p. 47 et s.
V. Mariette, S. Lemerle, O. Timbard, *La physionomie des contentieux selon les tribunaux correctionnels*, Pub. Min. Justice, multigraph., 1996.
J.C. Martin, *Investigation de scène de crime*, Presses polytechniques et universitaires romandes, Lausanne, 2002, 184 p.
M.L. Martinez, *Vers la réduction de la violence à l'école. Contribution à l'étude de quelques concepts pour une anthropologie relationnelle de la personne en philosophie de l'éducation*, Presses Univ. du Septentrion, Coll. Thèse à la carte, 1999, 492 p.
M.L. Martinez, Victime et œuvre de justice : éclairages de l'anthropologie relationnelle, *In* R. Cario (Dir.), *Victimes : du traumatisme à la restauration*, Ed. L'Harmattan, Coll. Sc. criminelles, 2002, pp. 305-344.
R. Martinson, What works ? Questions and answers about prison reform, *In The public interest*, 1974/35, p. 22 et s.
F.L. Mary, *Femmes, délinquances et contrôle pénal. Analyse socio-démographique des statistiques administratives françaises*, CESDIP, Données et études pénales, 1996-75, 266 p.
P. Mary, Pénalité et gestion des risques : vers une justice « actuarielle » en Europe ?, *In D.S.*, 2001-25-1, pp. 33-51.
J.H. Matelly, C. Mouhanna, *Police : des chiffres et des doutes*, Ed. Michalon, 2007, 268 p.
J.H. Matelly, C. Mouhanna, Pratiques policières : le « travail » des chiffres, *In A.J.P.*, 2007-5, pp. 238-242.
Y. Mayaud, *Droit pénal général*, PUF, Coll. Droit fondamental, 2è éd. 2007, 650 p.
D. Mayer, L'apport du Droit constitutionnel au droit pénal en France, *In R.S.C.*, 1988, p. 439 et s.
M.T. Mazerol, *Evolution et devenir du criminel*, Ed. Le centurion, 1977, Coll. Justice humaine, 317 p.
P. Mbanzoulou, *La médiation pénale*, Ed. L'Harmattan, Coll. La justice au quotidien, 2è éd. 2004, 85 p.
P. Mbanzoulou, *La réinsertion sociale des détenus. De l'apport des surveillants de prison et des autres professionnels pénitentiaires*, Ed. L'Harmattan, Coll. Sciences criminelles, 2000, 320 p.
J. McCord, R. Tremblay (Eds), *Preventing deviant behavior. Interventions from birth through adolescence*, The Guilford Press, 1992, 391 p.
M. McMahon, La répression comme entreprise : quelques tendances récentes en matière de privatisation et de justice criminelle, *In Déviance et Société*, 1996-20, pp. 103-118.
J. Menanteau, *Les banlieues*, Ed. Le Monde/Marabout, 1994, 245 p.
F. Menard, Grandeurs et misères de la participation, *In Informations sociales*, 1995-43, pp. 33-40.
B. Mendelsohn, Une nouvelle branche de la science bio-psycho-sociale, la victimologie, *In R.I.C.P.T.*, 1956/2, p. 95 et s.
R. Merle, *La pénitence et la peine. Théologie, Droit canonique, Droit pénal*, Ed. Cerf/Cujas, 1985, 157 p.
R. Merle, La distinction entre le droit de se constituer partie civile et le droit d'obtenir réparation du dommage causé, *In Mélanges en l'honneur d'A. Vitu*, Ed. Cujas, 1989, p. 397 et s.
R. Merle, A. Vitu, *Problèmes généraux de la science criminelle. Droit pénal général*, Tome 1, Ed. Cujas, 7è éd. 1997, 1068 p.
P. Milburn, Violences et incivilités : de la rhétorique experte à la réalité ordinaire des illégalismes, *In Dév. et Soc.*, 2000/24-4, pp. 331-350.

P. MILBURN, *La réparation pénale à l'égard des mineurs*, pub. Min. Justice, Mission de recherche Droit et justice, Coll. Arrêt sur recherches, 2002-1, 171.

C. MILLE, Le cas particulier de la responsabilité pénale des mineurs, *In* T. ALBERNHE (Dir.), *Criminologie et psychiatrie*, Ed. Ellipses , 1997, pp. 571-581.

T.E. MOFFITT, S.A. MEDNICK (Dir.), *Biological contributions to crime causation*, N.A.T.O. Pub., ASI Series/40, 1988, 331 p.

L. MOOR, Aberrations chromosomiques portant sur les gonosomes et comportement anti-social. Etat actuel des connaissances, *In Ann. Internat. Criminologie*, 1967, p. 459 et s.

B.A. MOREL, *Traité des dégénérescences physiques, intellectuelles et morales de l'espèce humaine et des causes qui produisent ces variétés maladives*, Ed. J.B. Baillère, 1857

E. MORGAN, M. MORGAN, W.S. HYLTON, J. BRUNER, *Une passion américaine : prison et peine de mort*, Les Empêcheurs de penser en rond, 2004, 125 p.

E. MORIN, *La méthode. 1. La nature de la nature*, Ed. Le Seuil, 1977, Coll. Points, 410 p.

E. MORIN, *Le paradigme perdu : la nature humaine,* Ed. du Seuil, Coll. Points, 1979, 249 p.

E. MORIN, *La méthode. 3. La connaissance de la connaissance,* Ed. Le Seuil, 1986, Coll. Points, 248 p.

E. MORIN, Pardonner, c'est résister à la cruauté du monde, *In Le Monde des débats*, mars 2000, pp. 24-26.

H. MORIN, Les détectives informatiques dévoilent les fréquentations des criminels, *In Le Monde*, 13 fév. 2002/32.

P. MORMICHE, Le handicap se conjugue au pluriel, *In INSEE Première*, 2000-742.

V. MORROW, M. RICHARDS, *Transitions to adulthood : a family matter ?*, York Publ. Services, 1996, 149 p. G. MOSER, Aux sources de la violence, *In Rev. Sciences Humaines*, 1995/54, pp. 24-28.

L. MUCCHIELLI (Dir.), *Histoire de la criminologie française*, Ed. L'Harmattan, 1995, 544 p.

L. MUCCHIELLI, L'expertise policière de la « violence urbaine » : sa construction intellectuelle et ses usages dans le débat public français, *In Déviance et Société*, 2000-24, pp. 351-375.

L. MUCCHIELLI, *Violences et insécurité. Fantasmes et réalités dans le débat français*, Ed. La Découverte, 2002, 158 p.

L. MUCCHIELLI, Misère du débat sur l'insécurité, *In J.D.J.*, 2002-17, pp. 16-19.

L. MUCCHIELLI, P. ROBERT (Dir.), *Crime et sécurité. L'état des savoirs*, Ed. La Découverte, 2002, 439 p.

L. MUCCHIELLI, L'impossible constitution d'une discipline criminologique en France. Cadres institutionnels, enjeux normatifs et développements de la recherche des années 1880 à nos jours, *In Criminologie*, 2004/ 37-1, pp. 13-42.

L. MUCHIELLI, V. LE GOAZIOU (Dir.), *Quand les banlieues brûlent*, Ed. La Découverte, Coll. Sur le vif, 2006, 155 p.

L. MUCCHIELLI (Dir.), *Gendarmes et voleurs. De l'évolution de la délinquance aux défis du métier*, Ed. L'Harmattan, Coll. Sécurité et société, 2007, 312 p.

L. MUCCHIELLI (Dir.), *La frénésie sécuritaire. Retour à l'ordre et nouveau contrôle social*, Ed. La Découverte, 2008, 139 p.

J.Y. NAU, Mortalité par cancer : les inégalités sociales ont augmenté, *In Le Monde*, 3 sept. 2008, p. 8.

W. NAUCKE, Philosophie pénale contemporaine et rétribution civile, *In Arch. Phil. Droit*, 1983-28, p. 5.

L. NEGRIER-DORMONT, R.M. NOSSINTCHOUK, *Tueurs en série*, Ed. Flammarion, Coll. Dominos, 2001, 128 p.

L. NEGRIER-DORMONT, *Criminologie*, Ed. Litec, 1992, 322 p.

R. NERAC-CROISIER (Dir.), *Le mineur et le droit pénal,* Ed. L'Harmattan, Coll. Logiques juridiques, Série Science criminelle, 1997, 272 p.

E. NEUMAN, El preso victima del sistema penal, *In Eguzkilore*, n° extraordinario, 1988/1, p. 93 et s.

O. NEWMAN, *Defensible space : people and design in the violent city. Crime prevention through urban design,* Architectural Press, London, 1973, 264 p.

A. NORMANDEAU, Bilan criminologique de quatre politiques pénales américaines contemporaines, *In R.S.C.,* 1996-2, pp. 333-346.

Nouvelles stratégies sociales et système de justice pénale, Actes 19è Conf. de Rech. Criminologiques (1990), Pub. Conseil de l'Europe, 1994/XXIX, 119 p.

Observatoire International des Prisons (O.I.P.), *Le guide du prisonnier*, Ed. La Découverte, 3è éd. 2004, 507 p.

Observatoire International des Prisons, *Les conditions de détention en France*, Public. O.I.P/Ed. La Découverte., 2003, 240 p.

Observatoire National de la Délinquance, *Premier Rapport annuel*, Ed. INHES, multigraph., 2005, 577 p.

Observatoire National de la Délinquance *La criminalité en France. Rapport 2007*, dir. A. BAUER, CNRS Ed., 2007, 573 p.

Obsessions sécuritaires, *In* Manière de voir, *Le Monde diplomatique*, 2003-71, 98 p.

F. OCQUETEAU, *Gardiennage, surveillance et sécurité privée (commerce de la peur et/ou peur du commerce ?)*, CESDIP, 1992.

F. OCQUETEAU, *Les défis de la sécurité privée. Protection et surveillance dans la France d'aujourd'hui*, Ed. L'Harmattan, Coll. Logiques sociales, 1997, 183 p.

A. OGIEN, *Sociologie de la déviance*, Ed. A. Colin, 1995, 231 p.

G. OLLENDORFF, O. RUTHARDT, Les infractions de masse : quelles interprétations ?, *In Les cahiers de la sécurité intérieure,* 1996-23, pp. 7-148.

Organisation de Coopération et de Développement Economique (O.C.D.E.), *Les enfants à risque,* 1995, 159 p.

A. ORTOLLAND, *Comment prévenir le crime,* Ed. L'Harmattan , Coll. Logiques sociales, 1988, 204 p.

J. ORTOLAN, *Eléments de droit pénal*, Ed. Plon, 3è éd. 1863, 2 tomes, 606 et 580 p.

R. OTTENHOF, A.M. FAVARD, Criminologie clinique. De la crise au renouveau, *In R.S.C.*, 1989, p. 802 et s.

R. OTTENHOF (Dir.), *L'individualisation de la peine. De Saleilles à aujourd'hui*, Ed. Erès, Coll. Criminologie et sciences de l'homme, 2001, 284 p.

D. OWEN, *Science et crime*, Tana Ed., 2000, 240 p.

F.R. PAASCH, Problèmes fondamentaux et situation de la victimologie, *In Rev. Internat. Dr. Pénal*, 1967, p. 121 et s.

R. PACHE, E. FORT, *Enquête de satisfaction auprès des usagers de la Justice*, multigraph., 2001, 24 p., gip-recherche-justice.fr.

F.J. PANSIER, *La peine et le droit*, PUF, Coll. Que sais-je ?, 1994/2837, 127 p.

T. PAPATHEODOROU, De l'individualisation des peines à la personnalisation des sanctions, *In R.I.C.P.T.*, 1993/1, pp. 107-117.

J. PARAIN-VIAL, Peut-on trouver un fondement au droit de punir ?, *In* Punir mon beau souci. Pour une raison pénale, *Rev. Univ. Bruxelles*, 1984, p. 61 et s.

Pas de 0 de conduite (Le collectif), *Enfants turbulents : l'enfer est-il pavé de bonnes préventions* ?, Ed. Erès, 2008, 303 p.

S. PAUGAM (Dir.), *L'exclusion. L'état des savoirs,* Ed. La Découverte, Coll. Textes à l'appui, 1996, 583 p.

S. PAUGAM, *Les formes élémentaires de la pauvreté*, PUF, Coll. Le lien social, 2005, 276 p.

K. PEASE, Crime reduction, *In* M. MAGUIRE, R. MORGAN, R. REINER (Dir.), *The Oxford handbook of criminology*, Clarendon Press, 3rd ed. 2002, pp. 947-979.

C. PECQUEUR, Les sciences, auxiliaires du droit ?, *In* Rev. Autrement, Science ou justice, 1994-145, pp. 43-49.

P. PEDRON, *Droit et pratiques éducatives de la Protection judiciaire de la jeunesse*, Ed. Gualino, 2è éd. 2008, 810 p.

P. PERETTI-WATEL, *L'enquête de victimation IHESI/INSEE. Première exploitation de l'enquête 1999*, pub. IHESI, multigraph., 36 p.

P. PERETTI-WATEL, L'inscription du sentiment d'insécurité dans le tissu urbain, *In Les cahiers de la sécurité intérieure*, 2000-39, pp. 201-221.

B. PERRET, *L'évaluation des politiques publiques*, Ed. La Découverte, 2008, 120 p.

J.M. PERRET, *Les contraventions de grande voirie*, PUF, Que sais-je ?, 1994/2894, 127 p.

T. PETERS, I. AERTSEN, Approche restaurative des crimes et des délits en Belgique, *In A.P.C.*, 1999-21, pp. 161-179.

T. PETERS, Victimisation, médiation et pratiques orientées vers la réparation, *In* R. CARIO, D. SALAS (Dir.), *Œuvre de justice et victimes*, Ed. L'Harmattan, Coll. Sciences criminelles, pp. 203-254.

J.M. PETITCLERC, *Eduquer ou enfermer ?*, Ed. Dunod, 2007, 136 p.

D. PEYRAT, *Éloge de la sécurité*, Ed. Gallimard / Le Monde, 2003, 238 p.

V. PEYRE, M. JACQUEY, *Les clubs de prévention*, Ed. Cujas, 1965, 172 p.

A. PEYREFITTE (Dir.), *Réponses à la violence*, Ed. Presses Pockett, 1977, 2 vol., 238 et 540 p.

A. PEYREFITTE, *Les chevaux du lac ladoga. La justice entre feu et glace,* Ed. Plon, 1981, 426 p.

L. PHILIP, La constitutionnalisation du droit pénal français, *In R.S.C.,* 1985, p. 711 et s.

Philosophie pénale, In Arch. Phil. Droit, 1983/28, 444 p.

J. PIAGET, *L'épistémologie génétique* (1970), PUF, Coll. Que sais-je ?, 4è éd. 1988, 1399, 127 p.

P. PIAZZA, La biométrie : usages policiers et fantasmes technologiques, *In* L. MUCCHIELLI (Dir.), La frénésie sécuritaire, *op. cit.*, pp. 125-236.

G. PICCA, *La criminologie*, PUF, Que sais-je ?, 7è éd. 2005, n° 2136, 127 p.

J. PINATEL, *Traité élémentaire de science pénitentiaire et de défense sociale*, Lib. du Recueil Sirey, 1950, 567 p.

J. PINATEL, Rapport général au VIè Congrès international de défense sociale, Le statut légal et le traitement des jeunes adultes délinquants, *In* A. BESSON, M. ANCEL (Dir.), *Seuils d'âge et législation pénale*, Belgrade, 1961, Ed. Cujas, 272 p.

J. PINATEL, *La société criminogène*, Ed. Calmann-Lévy, Coll. Examens, 1971, 297 p.

J. PINATEL, *Traité de Criminologie*, Ed. Dalloz, 1975, 752 p.

J. PINATEL, L'examen médico-psychologique et social de l'inculpé suivant l'expérience française, *In* L'expertise criminologique, *Ann. Intern. de Criminologie*, 1981/19, Vol. 1-2, pp. 107-113.

J. PINATEL, Les nouveaux développements de la personnalité criminelle, *In* R.S.C., 1985, p. 775 et s.

J. PINATEL, *Le phénomène criminel*, Ed. M.A., 1987, 225 p.

J. PINATEL, *Histoire des sciences de l'homme et de la criminologie*, Ed. l'Harmattan, Coll. Traité de sciences criminelles, 2001-3, 128 p.

J. PIQUET, De l'agir à la conduite en passant par la communication, *In Adolescents en famille d'accueil.* Techniques et équipes de placement familial spécialisé, pub. Œuvre de l'Abbé Denis et CNTE/PJJ Vaucresson, 1994, p. 153 et s.

A. PIRES, F. DIGNEFFE, Vers un paradigme des inter-relations sociales ? Pour une reconstruction du champ criminologique, *In* Rev. *Criminologie*, Vol. XXV, 1992-2, p. 13 et s.

J. PLANQUES, *La médecine légale judiciaire*, PUF, Coll. Que sais-je ?, 1967, n°1789, 127 p.

S. PLAWSKI, *Droit pénitentiaire*, P.U. Lille III, 1977, p. 253 et s.

R. POLIN, La notion de peine dans la philosophie du droit de Hegel, *In Rétribution et Justice pénale*, PUF, 1983, p. 85 et s.

P. PONCELA, Autour de l'œuvre de Fauconnet, *In Arch. Phil. Droit*, 1977/22, p. 131 et s.

P. PONCELA, L'empreinte de la philosophie utilitariste sur le droit pénal français, *In La peine : quel avenir* ?, Ed. du Cerf, 1983, p. 51 et s.

P. PONCELA, Droit de punir et pouvoir de punir : une problématique pour l'Etat, *In Archives de Philosophie du droit*, 1983/28, Philosophie pénale, p. 123 et s.

P. PONCELA, Eclipses et réapparitions de la rétribution en droit pénal, *In Rétribution et justice pénale*, Univ. Sc. Sociales de Paris, PUF, 1983, p. 11 et s.

P. PONCELA, La philosophie pénale : une inscription en marge et dans le texte, *In* F. RINGELHEIM (Dir.), Punir mon beau souci. Pour une raison pénale, *Rev. Univ. Bruxelles*, 1984, p. 57-58.

P. PONCELA, Le chantier du droit de l'exécution des peines est ouvert. Quelques remarques sur la Loi du 15 juin 2000, *In Rev. sc. crim.*, 2000-4, pp. 887-894.

P. PONCELA, *Droit de la peine,* PUF, Coll. Thémis, 2è éd. 2001, 479 p.

K. POPPER, *La logique de la découverte scientifique* (1934), Ed. Payot, 1982, 492 p.

S. PORTELLI, Le rôle du juge auprès de l'enfant victime, *In* C. DAMIANI (Dir.), *Enfants victimes de violences sexuelles : quel devenir ?*, Ed. Hommes et perspectives, 1999, pp. 67-74.

S. PORTELLI, *Traité de démagogie appliquée. Sarkosy, la récidive et nous*, Ed. Michalon, Coll. Régénération, 2006, 138 p.

S. PORTELLI, *Ruptures*, Lulu éd., 2007, 102 p.

S. PORTELLI, *Récidivistes. Chronique de l'humanité ordinaire*, Ed. Grasset, 2008, 262 p.

C. POUTET, Une évaluation de l'activité des juridictions en 2004, *In Infostat Justice*, 2005-80, 4 p.

J. PRADEL, *Histoire des doctrines pénales*, PUF, Coll. Que sais-je ?, 1989, n°2484, 128 p.

J. PRADEL, *Le nouveau Code pénal*, Ed. Dalloz Service, 1994, 244 p.

J. PRADEL, M. DANTI-JUAN, *Droit pénal spécial*, Ed. Cujas, 4è éd. 2007, 864 p.

J. PRADEL, *Droit pénal comparé*, Ed. Cujas, 2è éd. 2002, 803 p.

J. PRADEL, G. CORSTENS, *Droit pénal européen*, Ed. Dalloz, Coll. Précis, 3è éd. 2008, 620 p.

J. PRADEL, A. VARINARD, *Les grands arrêts du droit criminel*, Tome 1, Ed. Sirey, 6è éd. 2007, 733 p.

J. PRADEL, *Droit pénal général*, Ed. Cujas, 15è éd., 2004, 756 p.

J. PRADEL, *Procédure pénale*, Ed. Cujas, 13è éd. 2006, 989 p.

J. PRATT, Dangerosité, risque et technologie du pouvoir, *In* Criminologie, 2001-34-1, pp. 101-121.

L. PREVOST, *Eléments de criminalistique appliquée*, Ed. Modulo, 1990, 232 p.

Prévenir la délinquance en milieu urbain et auprès des jeunes. Recueil international de pratiques inspirantes, pub. Centre international pour la prévention de la délinquance, crime-prevention-intl.org.

Prison : peine de pauvre et pauvre peine, Dossier *In Dedans/Dehors*, 2005-47, pp. 9-23.

Prison : quelle réforme vaut la peine ?, Dossier *In Dedans/Dehors*, 2004-45, pp. 6-21.

Prisons à la dérive. Inflation carcérale et dérive pénale. Pour une nouvelle intelligence de la peine, *In Rev. Esprit*, 1995/10.

Prisons. Un état des lieux, pub. Observatoire International des Prisons / L'esprit frappeur, 2000, 320 p.

J. PROULX, *Profession criminologue*, Les Presses univ. Montréal, 2007, 70 p.

N. QUELOZ, F. BÜTIKOFER REPOND, D. PITTET, R. BROSSARD, B. MEYER-BISCH (Dir.), *Délinquance des jeunes et justice des mineurs. Les défis des migrations et de la pluralité ethnique*, Staempfli Ed. / Bruylant Ed., Coll. Criminalité, justice et sanction, 2005-5, 816 p.

R. QUIVY, L. VAN CAMPENHOUDT, *Manuel de recherche en sciences sociales*, 3è éd., 2006, Ed. Dunod, 256 p.

M. RAND, S.M. CATALANO, *Criminal Victimization 2006*, U.S. Department of Justice, Bureau of Justice Statistics, multigraph., déc. 2007, ncjrs.org.

Rapport de la Commission nationale de déontologie de la sécurité (La Documentation française, 2005, 536 p.), Dossier *In Dedans/Dehors*, 2004-43, pp. 9-17.

M.L. RASSAT, *Pour une politique anticriminelle du bon sens*, Ed. La Table ronde, 1983, 204 p.

M.L. RASSAT, *Droit pénal*, PUF, Coll. Droit fondamental, 2è éd. 1999, 669 p.

M.L. RASSAT, *Institutions judiciaires*, PUF, Coll. Droit fondamental, 2è éd. 1996, 320 p.

M.L. RASSAT, *Propositions de réforme du Code de procédure pénale. Rapport au Ministre de la justice,* multigraph., 1997, 303 p.

M.L. RASSAT, *Traité de procédure pénale*, PUF, Coll. Droit fondamental, 3è éd., 2001, 892 p.

X. RAUFFER, Le *cimetière des utopies*, Ed. Suger, 1986, 249 p.

X. RAUFER, Des bandes délinquantes juvéniles au crime organisé violent, *In Cahiers de la sécurité*, 2007-1, pp. 33-42.

J. RAWLS, *Théorie de la justice* (1971), Ed. du Seuil, 1987, 665 p.

J. RAWLS, *La justice comme équité. Une reformulation de la théorie de la justice*, Ed. La Découverte, 2008, 289 p.

S.G. RAYMOND, *Malade ou criminel ?*, Ed. Aubier, 1999, 190 p.

M. RAYNAL, *Justice traditionnelle et justice moderne. Le devin, le juge, le sorcier*, Ed. L'Harmattan, Coll. Logiques juridiques, 1994, 338 p.

Recommandation R(00)20 sur Le rôle de l'intervention psychosociale précoce dans la prévention des comportements criminels, 2001, 57 p.

Recommandation R(83)7 sur La participation du public à la politique criminelle, pub. Conseil de l'Europe, 1984, 74 p.

Recommandation R(85)11 sur La position de la victime dans le cadre du droit pénal et de la procédure pénale, 198525 p.

Recommandation R(85)4 sur La violence au sein de la famille, 1986, 16 p.

Recommandation R(87)18 sur La simplification de la justice pénale, 1988, 38 p.

Recommandation R(87)19 sur L'organisation de la prévention, 1988, 50 p.

Recommandation R(87)21 sur L'assistance aux victimes et la prévention de la victimisation, 1988, 40 p.

Recommandation R(87)3 sur Les règles pénitentiaires européennes, 1987, 98 p.

Recommandation R(88)20 sur la Réaction sociale à la délinquance juvénile et *Recommandation R(88)6* sur Les Réactions sociales au comportement délinquant des jeunes issus de familles migrantes, 1989, 88 p.

Recommandation R(90)4 sur L'élimination du sexisme dans le langage, 1995, 13 p.

Recommandation R(92)16 sur les Règles européennes sur les sanctions et mesures appliquées dans la communauté, 1994, 74 p.

Recommandation R(92)17 sur La cohérence dans le prononcé des peines, 1993, 48 p.

Recommandation R(99)19 sur La médiation en matière pénale, 2000, 36 p.

Recommandation R(00)19 sur Le rôle du ministère public dans le système de justice pénale, 2001, 44 p.

Recommandation R(00)20 sur *Le rôle de l'intervention psychosociale précoce sur la prévention des comportements criminels*, 2001, 57 p.

I. REGNIER, Images d'exception d'une justice ordinaire, *In Le Monde*, 1-17 mai 2004/20.

M. RENEVILLE, *Crime et folie*, Ed. Fayard, 2003, 527 p.

J.F. RENUCCI, *Enfance délinquante et enfance en danger*, Ed. du CNRS, 1990, 304 p.

J.F. RENUCCI, *Droit pénal des mineurs*, Ed. Masson, 1994, 237 p.

J.F. RENUCCI, *Droit pénal économique,* Ed. Masson, 1997, 167 p.

J.F. RENUCCI, *Le droit pénal des mineurs*, PUF, Que sais-je ?, 2008/2 616, 128 p.

J.F. RENUCCI, *Traité de droit européen des droits de l'homme*, L.G.D.J., 2007, 1135 p.

Rétribution et justice pénale, Univ. Sc. Sociales de Paris, PUF, 1983, 106 p.

J.F. REY, *Lévinas : le passeur de justice*, Ed. Michalon, Coll. Le bien commun, 1997, p. 40.

F. RICHARD, *Les troubles psychiques à l'adolescence*, Ed. Dunod, Coll. Les topos, 2000, 128 p.

P. RICŒUR, *Soi-même comme un autre,* Ed. du Seuil, 1990, Coll. Points, 428 p.

P. RICŒUR, *Le juste*, Ed. Esprit, 1995, 223 p.

F. RIGAUX, Les fonctions de la répression pénale dans un ordre Juridique, *In* F. RINGELHEIM (Dir.), Punir mon beau souci. Pour une raison pénale, *Rev. Univ. Bruxelles*, 1984, p. 74 et s.

F. RINGELHEIM (Dir.), In *Punir mon beau souci. Pour une raison pénale*, Rev. Univ. Bruxelles, 1984, 446 p.

B. RIME, *Le partage social des émotions*, P.U.F., Coll. Psychologie sociale, 2005, 420 p.

C. RIZK, J. BOE, Les résultats de l'enquête de victimation 2006, *In Grand angle*, 2006-10, inhes.interieur.gouv.

C.N. ROBERT, L'abolition, *In* Collectif octobre 2001 (Dir.), *Comment sanctionner le crime*, Ed. Erès, Coll. Trajets, 2002, pp. 35-50.

D. ROBERT, *La justice et le chaos,* Ed. Stock, 1996, 347 p.

J.H. ROBERT, La classification tripartite des infractions selon le nouveau Code pénal, *In* Rev. *Droit pénal*, 1995/1, pp. 1-3.

J.H. ROBERT, *Droit pénal général*, 6è éd., 2005, 564 p.

M. ROBERT, La justice pénale et le contentieux de masse, *In* Délinquances quotidiennes, *Les Cahiers de la sécurité intérieure,* 1996-23, pp. 68-85.

P. ROBERT, C. FAUGERON, *Les forces cachées de la justice*, Ed. Le Centurion, 1980, 204 p.

P. ROBERT, *La question pénale*, Ed. Droz, Genève, 1984, 249 p.

P. ROBERT, J.M. RENOUARD, *In La prévention de la délinquance à l'aune de la recherche*, Ed. L'Harmattan, 1991, p. 192.

P. ROBERT (Dir.), *Les politiques de prévention de la délinquance à l'aune de la recherche. Bilan international*, Ed. L'Harmattan, 1991, 284 p.

P. ROBERT, P. TOURNIER, *Etrangers et délinquance. Les chiffres du débat*, Ed. L'Harmattan, 1991, 264 p.

P. ROBERT, Evaluer la prévention, *In Arch. Pol. Crim.*, 1994-16, pp. 53-70.

P. ROBERT, B. AUBUSSON de CAVARLAY, M.L. POTTIER, P. TOURNIER, *Les comptes du crime*, Ed. L'Harmattan, Coll. Logiques sociales, 2è éd. refondue, 1994, 329 p.

P. ROBERT, F. SOUBIRAN-PAILLET, M. VAN DE KERCHOVE (Dir), *Normes, normes juridiques, normes pénales*, Ed. L'Harmattan, Coll. Déviance/GERN, 1997, 2 vol. , 353 et 255 p.

P. ROBERT, *L'insécurité en France*, Ed. La Découverte, Repères, 2002-353, 120 p.

P. ROBERT, R. ZAUBERMAN, M.L. POTTIER, H. LAGRANGE, Mesurer le crime. Entre statistiques de police et enquêtes de victimisation (1985-1995), *In Rev. Française de Sociologie*, 1999 XL-2, pp. 259 et s.

M.C. ROCA, De la dissociation entre la réparation et la répression dans l'action civile exercée devant les juridictions répressives par la victime, *In D.*, 1991, Chron., p. 85 et s.

S. ROCHE, *Le sentiment d'insécurité*, PUF, Coll. Sociologie d'aujourd'hui, 1993, 320 p.

S. ROCHE, *Insécurité et liberté*, Ed Le seuil, 1994, 191 p.

S. ROCHE, *Sociologie politique de l'insécurité. Violences urbaines, inégalités et globalisation*, P.U.F., 1998, 283 p.

S. ROCHE, Prévention et répression en France : transformation de l'action publique dans les villes (1975-1999), *In R.I.C.P.T.S.*, 1999-4, pp. 387-413.

S. ROCHE, *La délinquance des jeunes*, Ed. du Seuil, Coll. L'épreuve des faits, 2001, 303 p.

S. ROCHE, Les statistiques ne servent à rien, *In Le Monde*, 6 fév. 2001/17.

S. ROCHE (Dir.), *En quête de sécurité. Causes de la délinquance et nouvelles réponses*, Ed. A. Colin, 2003, 343 p.

S. ROCHE (Dir.), *Réformer la police et la sécurité. Les nouvelles tendances en Europe et aux Etats-Unis*, Ed. O. Jacob, 2004, 338 p.

S . ROCHE, Le frisson de l'émeute : violences urbaines et banlieues, Ed. du Seuil, 2006, 221 p.

P. ROCK (Dir.), *Victimology*, Ed. Darmouth, 1994, 464 p.

P. ROCK, Sociological theories of crime, *In* R. MAGUIRE and al., *The Oxford handbook of criminology*, 3rd ed. 2002, pp. 51-82.

E. ROHDE, « Trop de loi, tue la loi.... La jungle législative, *In Le Monde*, 24 janvier 2007, pp. 20-21.

L. RODRIGUEZ MANZANERA, *Victimologia. Estudio de la victima,* Ed. Porrua, Mexico, 3a ed. 1996, 465 p.

P. RONSANVALLON, *La nouvelle question sociale. Repenser l'Etat-providence,* Ed. Le Seuil, 1995, 226 p.

J.P. ROSENCZVEIG, *Enfants victimes, enfants délinquants*, Ed. Balland, 1991, 440 p.

J.P. ROSENCZVEIG, *Le dispositif français de protection judiciaire de la jeunesse,* Ed. Jeunesse et droit, éd. 2005, 1483 p.

M.P. ROSSI, *Traité de droit pénal*, Ed. Sautelet et Barbezat, Paris/Genève, 1825, 3 Vol., 306, 338 et 318 p.

N. ROULAND, *Anthropologie juridique*, PUF, 1988, 496 p.

N. ROULAND, *L'anthropologie juridique*, PUF, Que sais-je ?, 1995, n°2528, 127 p.

N. ROULAND, *Aux confins du Droit*, Ed. O. Jacob, 1991, 318 p.

J.J. ROUSSEAU, *Du contrat social* (1762), Ed. Garnier/Flammarion, 1966, 187 p.

C. ROUSSOPOULOS, *Les clés de Mauzac*, Film Vidéo, 1987.

F. ROUVILLOIS (Dir.), *La société au risque de la judiciarisation*, Ed. Litec, 2008, 149 p.

L. RUDOLPH, C. SOULLEZ, *Les stratégies de la sécurité 2002-2007*, PUF, Coll. Questions judiciaires, 2007, 238 p.

J. RUSS, *La pensée éthique contemporaine*, PUF, Coll. Que sais-je ?, 1994/2834, 127 p.

G. SAINATI, De l'insécurité à l'insécurisation de la population, *In Justice*, 2001-167, pp. 17-19.

G. SAINATI, L. BONELLI (Dir.), *La machine à punir. Pratiques et discours sécuritaires*, Ed. L'esprit frappeur, 2001-95, 295 p.

G. SAINATI, U. SCHALCHLI, *La décadence sécuritaire*, La fabrique Ed., 2007, 105 p.

D. SALAS, *Du Procès pénal. Eléments pour une théorie interdisciplinaire du procès*, PUF, Coll. Les voies du Droit, 1992, 264 p.

D. SALAS, La trace et la dette, *In Rev. Sc. Crim.*, 1996-3, pp. 619-623.

D. SALAS, *Le tiers pouvoir. Vers une autre justice*, Hachette littérature, Coll. Pluriel, 1998, 329 p.

D. SALAS, Présence de la victime dans le procès et sens de la peine, *In A.J. pénal*, 2004-12, pp. 430-431.

D. SALAS, *La volonté de punir. Essai sur le populisme pénal*, Hachette littératures, 2004, 287 p.

D. SALAS, A. CARSTOIU, *La Justice*, Le cavalier bleu éd., Coll. Idées reçues, 2008, 127 p.

R. SALEILLES, *L'individualisation de la peine*, Ed. Alcan, 1898, 281 p., réédité Ed. Erès, R. OTTENHOF (Dir.), *L'individualisation de la peine. De Saleilles à aujourd'hui*, 2001, 284 p.

A. SALLES, Jean-Marie Delarue. Le juste des prisons, *In Le Monde*, 24 juin 2008, p. 16.

A. SALLES, Le projet de loi pénitentiaire enterre le principe d'un détenu par cellule, *In Le Monde*, 29 (p. 9) et 31 (p. 10) juill. 2008.

A. SALLES, Les personnes « dangereuses » pourront être enfermées à vie, *In Le Monde*, 23 fév. 2008, p. 1, 2, 10

S. SAMSON, L. PUECH, Les charlatans du mirage sécuritaire, *In Justice*, 2004-179, pp. 2-6.

Santé en prison, Actes du Colloque du 7 déc. 2004, multigraph., 2005, 107 p., inpes.sante.fr.

D. SAUBADER, Un rapport parlementaire met en lumière les insuffisances de la médecine légale en France, *In Le Monde*, 27 déc. 2003/7.

F. SAUVAGNAT, *Destins de l'adolescence*, In Ann. Clin. Psycho, Rennes, 1992, 170 p.

S. SCHNEIDER, *Refocusing crime prevention*, Univ. Toronto Press, 2007, 359 p.

M.A. SCHMELCK, *Introduction à l'étude des toxicomanies*, Ed. Nathan, 1993, 128 p.

M. SCHWENDENER, Les fichiers de police, *In A.J. pénal*, 2003-1, pp. 21-23.

L.J. SCHWEINHART, H.V. BARNES, D.P. WEIKART, *Significant benefits. The High/Scope Perry Preschool Study Through Age 27,* The High/Scope Press, Michigan, 1993, 253 p.

Science ou justice ? Les savants, l'ordre et la loi, *In Rev. Autrement*, 1994-145, 200 p.

Sécurité et justice, *In Regards sur l'actualité*, 2002-284, pp. 5-63.

Sécurité, sciences et technologie, Dossier *In Rev. de la Gendarmerie*, 2003-208, pp. 22-81.

J.L. SENON, G. LOPEZ , R. CARIO (Dir.), *Psychocriminologie. Prévention, prise en charge, expertise*, Ed. Dunod, 2008, 443 p.

J.L. SENON, Psychiatrie et prison : toujours dans le champ de l'actualité, *In Ann. Médico Psychologiques*, 2004-162, pp. 646-652, www.sciencedirect.com.

C. SERON (Dir.), *Don, pardon et réparation*, Ed. Fabert, 2007, 222 p.

E. SERVERIN, La proximité comme paradigme de constitution des territoires de la justice, *In* M. BELLET, T. KIRAT, C. LARGERON (Dir.), Approches multiformes de la proximité, Ed. Hermès, 1998, pp. 65-83.

D.J. SHOEMAKER, *Theories of delinquency. An examination of explanation of delinquent behaviour*, Oxford Univ. Press, 4th ed. 2000, 294 p.

L. SIMOURD, D.A. ANDREWS, Délinquance chez les hommes, délinquance chez les femmes. Corrélation, *In Rev. Forum,* 1994/1-6, pp. 26-31.

P. SIMULA, La sécurité publique à l'épreuve du territoire, *In CEREQ Bref*, 1999-154.

T. SLINGENEYER, La nouvelle pénologie, une grille d'analyse des transformations des discours, des techniques et des objectifs de la pénalité, *In Champ pénal* 2007-IV, champpenal.revues.org.

P. SMOLAR, Une nouvelle carte des commissariats et des gendarmeries d'ici à 2005, *In Le Monde*, 7 août 2003/5.

P. SMOLAR, Le fichier des empreintes génétiques traverse une crise de croissance, *In Le Monde*, 7 déc. 2004/11.

D. SOULEZ-LARIVIERE, H. DALLE (Dir.), *Notre Justice. Le livre vérité de la justice française*, Ed. Robert Laffont, 2002, 444 p.

J.C. SOYER, *Justice en perdition*, Ed. Plon, 1982, 224 p.

F. STAECHELE, *La pratique de l'application des peines,* Ed. Litec, 1995, 419 p.

J.M. STEBE, *La crise des banlieues*, Que sais-je ?, 3è éd. 2007-3507, 127 p.

G. STEFANI, G. LEVASSEUR, R. JAMBU-MERLIN, *Criminologie et science pénitentiaire*, Ed. Dalloz, 5è éd. 1982, 890 p.

M.F. STEINLE-FEUERBACH, Les délits non intentionnels au regard de la Loi du 10 juillet 2000, *In Journal des Accidents et des Catastrophes (J.A.C.)*, 2001-14, iutcolmar.uha.fr/cerdacc.

F. SUDRE, *Droit européen et international des droits de l'Homme*, PUF, Coll. Droit fondamental, 8è éd. 2008, 843 p.

J.H. SYR, *Punir et réhabiliter*, Ed. Economica, Coll. Le point sur, 1990, 135 p.

J.H. SYR, Les avatars de l'individualisation dans la réforme pénale, *In R.S.C.*, 1994-2, pp. 217-235.

Systèmes de police comparés et coopération, *In Les cahiers de la sécurité intérieure,* Tome 1, 1993-13, pp. 11-230 et Tome 2, 1993-14, pp. 11-196.

D. SZABO, *Criminologie et politique criminelle*, Ed. Vrin/PUM, 1978, 318 p.

D. SZABO, Au milieu de l'affrontement des doctrines criminologiques, *In* La criminologie. Bilan et perspectives, *Mélanges offerts à J. Pinatel*, Ed. Pédone, 1980, p. 23 et s.

D. SZABO, La prévention : concepts et stratégie, *In Rev. Sc. Crim.*, 1984/4, p. 685 et s.

D. SZABO, Pour une science de la politique criminelle, *In R.I.C.P.T.*, Vol. XLVI, 1993-2, pp. 177- 182.

P. TAP, H. MALEWSKA-PEYRE, *Marginalités et troubles de la socialisation,* PUF, 1993, 335 p.

G. TARDE, *La philosophie pénale* (1890), Ed. Cujas, 4è éd., 1972, 578 p.

I. TAYLOR, P. WALTON and J. YOUNG, *The new criminology. For a social theory of deviance*, 6è éd. 1973, Ed. Routledge and Kegan Paul, London, 325 p.

L. TAYLOR, *Born to crime. The genetics causes of criminal behaviour*, London, Greenwood Press, 1984, 179 p.

J.P. TERRAIL (Dir.), *La scolarisation de la France : critique de l'état des lieux,* Ed. La Dispute, 1997, 250 p.

P.M. THIBAULT, *Le défi des prisons privées,* Ed. Albin Michel, 1995, 221 p.

P. THYS, *Criminels de guerre. Etude criminologique*, Ed. L'Harmattan, Coll. Sciences criminelles, 2007, 225 p.

K. TOMASEVSKI, *Foreigners in prison*, Pub. HEUNI, 1994, 97 p.

J. TOUBON, *Pour en finir avec la peur. La sécurité sans esprit de parti,* Laffont, 1984, 202 p.

A. TOURAINE, *Le retour de l'acteur. Essai de sociologie*, Ed. Fayard, 1984, 350 p.

P. TOURNIER, A. KENSEY, *Le retour en prison, Aspects diachroniques*, Pub. SCERI, 1991, 95 p.

P. TOURNIER, *Démographie des prisons françaises : toujours plus*, Public. CESDIP, 1992, n° 64, 114 p.

P. TOURNIER, A. KENSEY, *Sanctions alternatives à l'emprisonnement et « récidive »,* Pub. Adm. Pénitentiaire, Coll. Travaux et Documents, 2005, 308 p.

P. TOURNIER, A. KENSEY, *Cohorte des personnes condamnées, libérées en 1996-1997 : examen de leur casier judiciaire 5 ans après la levée d'écrou*, Pub. Adm. Pénitentiaire, Coll. Travaux et Documents, 2005, 348 p.

P. TOURNIER, *La loi pénitentiaire*, Ed. L'Harmattan, Coll. Controverses, 2007, 114 p.

L. et S. TOURNYOL du CLOS, *La délinquance des jeunes*, Ed. L'Harmattan, Coll. Pour comprendre, 2007, 255 p.

R. TREMBLAY, *Prévenir la violence dès la petite enfance*, Ed. O. Jacob, 2008, 269 p.

P. TRUCHE, Violente justice/justice non violente, *In Cahiers Français*, Ed. La Doc. Française, 1991, n°251, p. 111 et s.

F. TULKENS (Dir.), *Acteur social et délinquance. Une grille de lecture du système de justice pénale*, Hommage à C. Debuyst, Ed. Mardaga, Bruxelles, 1990, 475 p.

F. TULKENS, M. VAN DE KERCHOVE, *Introduction au droit Pénal. Aspects juridiques et criminologiques*, Ed. Story Scientia, Bruxelles, 1991, 426 p.

D. TUTU, *Il n'y a pas d'avenir sans pardon. Comment se réconcilier après l'Apartheid?*, Ed. Albin Michel, 2000, 285 p.

Y. TYRODE, T. ALBERNHE (Dir.), *Psychiatrie légale. Sociale, hospitalière, expertale*, Ed. Ellipses, 1995, 1150 p.

S. TZITZIS, *La philosophie pénale,* PUF, Que sais-je ?, 1996-3043, 127 p.

UTTING, *Reducing criminality among young people : a sample of relevant programmes in the United Kingdom,* Pub. Home Office, Research Study 161, 1997, 104 p.

M. VAILLANT (Dir.), *L'hébergement éducatif,* Ed. CNFE/PJJ, 1993, 195 p.

M. VAILLANT (Dir.), *De la dette au don. La réparation pénale à l'égard des mineurs*, Ed. E.S.F., 1994, 238 p.

M. VAILLANT, Droit à l'adolescence, droit à la clémence, droit à la responsabilité, *In J.D.J.*, 1995/144, 25.

M. VAILLANT, *La réparation. De la délinquance à la découverte de la responsabilité*, Ed. Gallimard, 1999, 148 p.

M. VAILLANT, C. LAOUENAN, *Les violences du quotidien. Idées fausses et vraies questions*, Ed. De la Martinière Jeunesse, 2002, 232 p.

M. VALO, Biométrie. Extrême fichage : danger !, *In Le Monde 2*, 16 sept. 2006, pp. 21-26.

M. VAN de KERCHOVE, Symbolisme et instrumentalité. Stratégies de pénalisation et de dépénalisation dans une société pluraliste, *In* Punir mon beau souci. Pour une raison pénale, *Rev. Univ. Bruxelles*, 1984, p. 123 et s.

M. VAN de KERCHOVE, F. OST, *Le système juridique entre ordre et désordre*, PUF, 1988, 256 p.

J. VAN DIJK, 'Criminal victimisation : a global view', Paper presented at the International Conference on *Surveying crime. A global perspective*, Rome, nov. 1998, multigraph., 34 p.

L. VAN EECKHOUT, A Marseille, une association tire de la rue les mineurs étrangers, *In Le Monde*, 31 mai 2005/18.

F. VANHAMME, La rationalité de la peine. Une approche socio-cognitive des tribunaux correctionnels, *In R.D.P.C.*, 2006-2, pp. 134-167.

K. VAN METER (Dir.), *La sociologie*, Ed. Hachette, Coll. Textes essentiels, 1992, 831 p.

L. VAN OUTRIVE, Interactionnisme et néo-marxisme. Une analyse critique, *In D.S.*, 1977/3, pp. 253-289.

J.M. VARAUT, L'utilitarisme de J. Bentham, prémisse et mesure de la justice pénale, *In* R.S.C., 1982/2, p. 261 et s.

R. VERDIER, Contribution de l'ethnologie au problème de la rétribution, *In Rétribution et justice pénale*, Univ. Sc. Sociales de Paris, PUF, 1983, p. 19 et s.

R. VERDIER, G. COURTOIS, Y. THOMAS, *La vengeance : étude d'ethnologie, d'histoire et de philosophie*, Ed. Cujas, 1984, 4 vol., 225, 196, 160 et 256 p.

R. VERDIER (Dir.), *Vengeance. Le face-à-face victime/agresseur*, Ed. Autrement, Coll. Mutations, 2004, 237 p.

J. VERIN, La recherche conduirait-elle à abandonner la politique criminelle de réinsertion sociale ?, *In* La *criminologie,* Mélanges offerts à Jean Pinatel, Ed. A. Pedone, 1980, p. 70.

J. VERIN, La victime et le système pénal, *In R.S.C.*, 1980, p. 763 et s.

J. VERIN, Une politique criminelle fondée sur la victimologie et sur l'intérêt des victimes, *In R.S.C.*, 1981, p. 895 et s.

M. VERON, *Droit pénal spécial*, Ed. A. Colin, Coll. U, 12è éd. 2008, 480 p.

G. VIGNOBLE, *Les maisons de justice et du droit*, Rapport au Garde des Sceaux, multigraph., 1995, 27 p.

L.M. VILLERBU (Dir.), *Violence, délinquance, psychopathie*, Les Presses Univ. de Rennes, Pub. Annales Cliniques Psychologiques, 1992, 282 p.

L.M. VILLERBU, J.L. VIAUX (Dir.), *Ethique et pratiques psychologiques dans l'expertise*, Ed. L'Harmattan, Coll. Psycho-logiques, 1998, 298 p.

L.M. VILLERBU, J.L. VIAUX (Dir.), *Expertise psychologique, psychopathologie et méthodologie*, Ed. L'Harmattan, 1999, 451 p.

L.M. VILLERBU (Dir.), *Dangerosité et vulnérabilité en psychocriminologie*, Ed. l'Harmattan, Coll. Sciences criminelles, 2003, 302 p.

L.M. VILLERBU (Dir.), *Identification et sérialité. De la police scientifique à l'analyse psycho-criminologique*, Ed. l'Harmattan, Coll. Sciences criminelles, 2008, 279 p.

J. VINCENT, S. GUINCHARD, G. MONTAGNIER, A. VARINARD, *Institutions judicaires judiciaires : organisation, juridictions, gens de justice*, Ed. Dalloz, 8ème éd., 2005, 974 p.

J.D. VINCENT, *Biologie des passions* (1986), Ed. O. Jacob, Coll. Opus, nouvelle éd.1994, 406 p.

A. VOGELWEITH, Le visible plus que le réel, *In Justice,* 1997-151, p. 3 et s.

G.B. VOLD, T.J. BERNARD, J.B. SNIPES, *Theoretical criminology*, 5th ed., Oxford Univ. Press, 2002, 346 p.

F. VOLTAIRE, *Dictionnaire philosophique* (1764), Ed. Garnier-Flammarion, 1964, 380 p.

H. VON HENTIG, Remarks on the interaction of perpetrator and victim, *In Journal of Criminal Law and Criminology*, 1940/ 41, p. 303 et s.

J.L. VULLIERME, La fin de la justice pénale. Polysémie de la peine, pluralité des modes de réparation, *In* La philosophie pénale, *In Arch. Phil. Droit*, 1983/28, p. 155 et s.

L. WACQUANT, La tentation de l'Etat pénal en Europe, *In Actes de la recherche en sciences sociales*, 'De l'Etat social à l'Etat pénal', 1998-124, pp. 3-6.

L. WACQUANT, L'ascension de l'Etat pénal en Amérique, *In Actes de la recherche en sciences sociales*, 'De l'Etat social à l'Etat pénal', 1998-124, pp. 7-26.

L. WACQUANT, *Les prisons de la misère*, Raison d'agir Ed., 1999, 191 p.

L. WACQUANT, *Punir les pauvres. Le nouveau gouvernement de la misère*, Ed. Agone, Coll. Contre-feux, 2004, 347 p.

L. WALGRAVE, F. de CAUTER, Une tentative de clarification de la notion de prévention, *In Annales de Vaucresson*, 1986/24-1, p. 31 et s.

L. WALGRAVE, *Délinquance systématisée des jeunes et vulnérabilité sociétale*, Ed. Médecine et Hygiène, Genève/Paris, 1992, 154 p.

L. WALGRAVE, A la recherche de la criminologie, *In R.I.C.P.T.*, Vol. XLVI, 1993-1, p. 9 et s.

H. WALLACE, *Victimology./ Legal, spychological and social perspectives*, 2nd ed. 2007, Pearson Ed., 403 p.

J.L. WARSMANN, *Les peines alternatives à la détention, les modalités d'exécution des courtes peines, la préparation des détenus à la sortie de prison*, Rapport au Garde des Sceaux, pub. La Documentation française, 2003, 89 p.

B.C. WELSH, D.P. FARRINGTON, L.W. SHERMAN (Eds), *Costs and benefits of preventing crime*, Westview Press, 2001, 289 p.

J.A. WEMMERS, *Introduction à la victimologie*, Les Presses de l'Univ. De Montréal, Coll. Paramètres, 2003, 226 p.

K.S. WILLIAMS, *Text book on criminology*, Blackstone press Ltd, 5th ed. 2004, 563 p.

L.B. WHORF, *Linguistique et anthropologie*, Ed. Denoël, 1969, 224 p.

J.Q. WILSON, G.L. KELLING, Broken windows, *In The Atlantic monthly*, 1982, pp. 29-38 (trad. *In* Les cahiers de la sécurité intérieure, 1994-15, pp. 163-180).

J.Q. WILSON, R. HERRNSTEIN, *Crime and human nature*, New York, Ed. Simon and Schuster, 1985, 639 p.

D.W. WINNICOTT, *Déprivation et délinquance*, Bibliothèque scientifique, Payot, 1994, 314 p.

M. WOLFGANG, *Patterns in criminal homicide,* Univ. Pennsylvania Press, 1958, 340 p.

M. WRIGHT, *Justice for victims and offenders. A restorative response to crime*, Waterside Press, 2nd ed. 1996, 223 p.

A. WYVEKENS, *L'insertion locale de la justice pénale. Aux origines de la justice de proximité,* Ed. L'Harmattan, Coll. Logiques sociales, Série Déviance et société, 1997, 364 p.

M. XIBERRAS, *Les théories de l'exclusion*, Ed. Méridiens Klincksieck, Coll. Références Sociologie, 2è éd. 2000, 242 p.

Y a-t-il des exclus ? L'exclusion en débat, *In Rev. Lien social et politiques/RIAC,* 1995-34, 170 p.

I. ZAKINE, A. MATHE, A. REYNAUD, C. SAMET, *La ville. Peurs et espérances*, *In* Rev. Pénitentiaire et de Dr. Pénal, 1995/2, pp. 9-230 (également publié à La Documentation Française, 1995, 246 p.).

R. ZAUBERMAN, Grandes enquêtes en recherche pénale et difficultés de réalisation : réflexions complémentaires à propos des enquêtes de victimisation, *In Déviance et Société*, 1982/6, p. 281 et s.

R. ZAUBERMAN, P. ROBERT, C. PEREZ-DIAZ, *Les victimes. Comportements et attitudes. Enquête nationale de victimation*, pub. CESDIP, 1990/52, 2 vol., 282 et 587 p.

R. ZAUBERMAN, P. ROBERT, *Du côté des victimes : un autre regard sur la délinquance,* Ed. L'Harmattan, Coll. Logiques sociales, 1995, 259 p.

R. ZAUBERMAN, P. ROBERT, M.L. POTTIER, Profils de victimes, profils de victimations, *In D.S.*, 2004-28-3, pp. 369-384.

L. ZEDNER, Victims, *In* R. MAGUIRE and al., *The Oxford handbook of criminology*, 3rd ed., 2002, pp. 419-456.

H. ZEHR, *Changing lenses : a new focus for crime and justice*, Herald Press, 1990, 280 p.

H. ZEHR, *The little book of restorative justice*, Good books Pub., 2002, 72 p.

U. ZVEKIC, Les attitudes des victimes envers la police et la punitivité : résultats des sondages internationaux de victimisation, *In R.I.C.P.T.,* 1997-1, pp. 3-13.

Quelques sites internet pertinents

Amnesty International, http://www.amnesty.org
Assemblée Nationale, http://www.assemblee-nationale.fr
Association contre le harcèlement professionnel, http://www.ifrance.com/achp
Association d'Aide aux Parents d'Enfants Victimes, http://www.apev.org
Association Québécoise Plaidoyer-Victimes, http://www.aqpv.ca
Association suisse contre l'impunité (Track impunity always), http://www.trial-ch.org
Australian Institute of Criminology, http://www.aic.gov.au
Avocats sans frontières, http://www.asfworld.org
Center for the study and prevention of violence, colorado.edu/cspv
Centre Européen de Recherche sur le Droit des Accidents Collectifs et des Catastrophes, http://www.iutcolmar.uha.fr/cerdacc
Centre international pour la prévention du crime, crime-prevention-intl.org
Centre de ressources sur l'histoire des crimes et des peins (CRHCP), www.enap-mediatheque.paprika.net
Coalition mondiale contre la peine de mort, worldcoalition.org
Comité International de la Croix Rouge, http://www.icrc.org

Commission Internationale de Juristes, http://www.icj.org
Conseil de l'Europe, http://www.coe.int
Conseil Economique et Social des Nations Unies, www.un.org/french/ecosoc
Conseil Economique et social, http://www.ces.fr
Cour pénale internationale, http://www.icc-cpi.int
Criminocorpus, www.criminocorpus.cnrs.fr
Droit francophone, http://droit.francophonie.org
Ecole Nationale de la Magistrature, http://www.enm.justice.fr
Ensemble contre la peine de mort (ECPM), www.abolition.fr
European Forum for victim-offender mediation and restorative justice, http://www.euforumrj.org
Evaluation des programmes de prévention aux Etats-Unis, Rapport L.W. Sherman, http://www.ncjrs.org/works/overview.htm
Fédération Internationale des Ligues des Droits de l'Homme, http://www.fidh.org
Fédération des associations socio-judicaires, www.citoyens-justice.fr
Fondation européenne pour l'amélioration des conditions de vie et de travail, http://www.fr.eurofound.ie
Fonds de garantie des victimes d'actes terroristes et d'autres infractions, www.fgti.fr
Glossaire « Justice criminelle en Europe », www.ju-lex.com
Haute autorité de lutte contre des discriminations et pour l'égalité, www.halde.fr
Haut Commissariat des N.U. aux Droits de l'Homme, http://www.unhchr.org
Home Office, Research Development and Statistics Directorate Publications, London, www.homeoffice.gov.uk/rds
Human Rights Watch, http://www.hrw.org
Institut National d'Aide aux Victimes et de Médiation, http://www.inavem.org
International Institute for democracy and electoral assistance, www.idea.int
International Institute for Restorative Practices, www.restorativepractives.org / iirp.org
Journal International de Victimology, http://www.jidv.com
Justice restaurative, http://www.restorativejustice.org
Prison Fellowship International, Centre for Justice and Reconciliation
La Stratégie nationale pour la prévention du crime, prevention.gc.ca
Le portail de l'administration française, http://www.service-public.fr.
Le service public de la diffusion du droit, http://www.legifrance.gouv.fr.
Master « Criminologie et Droit des victimes », http://www.univ-pau.fr/RECHERCHE/DESSDV
Ministère de la Justice, http://www.justice.gouv.fr
Ministère la justice des Pays-Bas, http://www.wodc.nl ; http://www.victimology.nl
Native Law Center of Canada, http://www.usak.ca/nativelaw
Observatoire national de la délinquance (OND), www.inhes.interieur.gouv.fr
O.N.U.Vienne, http://www.unodc.org
Office of Juvenile Justice and Delinquency Prévention, ojjdp.ncjrs.org.
Penal Reform International, http://www.penalreform.org
Reporters sans frontière, http://www.rsf.org
Réseau Internet francophone Violence et handicap, Faculté d'Education Permanente de Montréal, http://www.fep.umontreal.ca/handicap
Revue Champ pénal / Penal field, www.champpenal.revues.org
Sénat, http://www.senat.fr
SOS-Attentats, http://www.sos-attentats.org
Textes officiels français, http://www.legifrance.gouv.fr
U.S. Department of Justice, http://www.ncjrs.org
U.S. Department of Justice, *Office for victims of crime*, http://www.ojp.usdoj.gov/ovc
Union Européenne/Eurolex, http://www.europa.eu.int/eur-lex
Victims trust fund campaign, http://www.victimstrustfund.org

Index des auteurs

Table des matières

L'HARMATTAN, ITALIA
Via Degli Artisti 15 ; 10124 Torino

L'HARMATTAN HONGRIE
Könyvesbolt ; Kossuth L. u. 14-16
1053 Budapest

L'HARMATTAN BURKINA FASO
Rue 15.167 Route du Pô Patte d'oie
12 BP 226
Ouagadougou 12
(00226) 76 59 79 86

ESPACE L'HARMATTAN KINSHASA
Faculté des Sciences Sociales,
Politiques et Administratives
BP243, KIN XI ; Université de Kinshasa

L'HARMATTAN GUINEE
Almamya Rue KA 028
En face du restaurant le cèdre
OKB agency BP 3470 Conakry
(00224) 60 20 85 08
harmattanguinee@yahoo.fr

L'HARMATTAN COTE D'IVOIRE
M. Etien N'dah Ahmon
Résidence Karl / cité des arts
Abidjan-Cocody 03 BP 1588 Abidjan 03
(00225) 05 77 87 31

L'HARMATTAN MAURITANIE
Espace El Kettab du livre francophone
N° 472 avenue Palais des Congrès
BP 316 Nouakchott
(00222) 63 25 980

L'HARMATTAN CAMEROUN
BP 11486
(00237) 458 67 00
(00237) 976 61 66
harmattancam@yahoo.fr

639326 - Février 2016
Achevé d'imprimer par

1livre.com
du rêve à la réalité !

www.ingramcontent.com/pod-product-compliance
Lightning Source LLC
LaVergne TN
LVHW011433061026
849535LV00004BA/797
* 9 7 8 2 2 9 6 0 6 7 7 1 4 *